아동발달
심리

아동발달심리

초판 발행 2023년 1월 31일

지은이 최경숙 · 송하나 · 정진나 · 강민희
펴낸이 류원식
펴낸곳 교문사

편집팀장 김경수 | **책임진행** 김선형 | **디자인** 신나리 | **본문편집** 오피에스디자인

주소 10881, 경기도 파주시 문발로 116
대표전화 031-955-6111 | **팩스** 031-955-0955
홈페이지 www.gyomoon.com | **이메일** genie@gyomoon.com
등록번호 1968.10.28. 제406-2006-000035호

ISBN 978-89-363-2435-3 (93590)
정가 25,000원

저자와의 협의하에 인지를 생략합니다.
잘못된 책은 바꿔 드립니다.

최경숙
송하나
정진나
강민희
지음

아동발달 심리

CHILD DEVELOPMENTAL PSYCHOLOGY

교문사

머리말

《아동발달심리학》이 2006년 출간되고 다음 해에 대한민국학술원 우수학술도서로 선정되면서 아동발달심리학은 이제 새로 쓰지 않아도 되겠구나 하는 생각이 머리를 스쳐 간 적이 있다.

그러던 중 최근에 정진나 교수가 이 책을 교재로 쓰려고 했으나 출판사에 남은 책이 없다 하여 "새로 책을 쓰면 어떨까요"라는 제안을 해왔다.

사실 이전 책이 출간된 지는 어언 15년이 지났다. 그동안 이 분야에서는 새로운 여러 연구들이 보고되어 왔으며 이론적 관점 또한 보완·변화해 가고 있다.

이러한 상황에서 최경숙 본인은 주저하였으나 젊은 후배 교수들의 열의와 간곡한 의지로 인해 본 저술에 참여하였다. 처음에는 개정판으로 시작하였으나 2006년 출간된 책과는 체제가 다르고 연구 내용 또한 새롭게 추가되면서 《아동발달심리》라는 이름으로 출간하게 되었다.

따라서 이 《아동발달심리》에서는 각 영역에서 이루어져 온 새로운 연구결과들과 현재 변화해 가는 패러다임을 아우르면서 현존하는 기초지식을 제공하고자 하였다.

이에 더해서 지난 2, 30년 동안 심리학에서 신경과학의 비중이 증가하면서 아동발달심리 분야에도 영향을 미쳤다. 즉 아동발달과 뇌신경 발달을 연결하는 연구들이 이루어져 오고 있으며 이를 근간으로 발달기제를 찾으려는 노력이 증가하고 있다. 이러한 새로운 변화도 각 장에 첨가해 보려고 노력하였다.

더불어 2000년경에 초보적인 연구가 이루어졌던 영역이 시간이 지나면서 상당한 연구결과가 모여진 경우도 새로 소개하였다.

그리고 본 저서에서는 청년기까지 초점을 맞추어 내용을 큰 묶음으로 나누는 '부'가 없이 발달 내용의 흐름이나 이해를 높일 수 있도록 15장으로 정리하였다. 각 장에서 발달 내용의 활용이나 응용을 시사하는 내용과 최근 새로운 자료를 반영한 표와 그림, 사진 등도 삽입하고자 하였다.

이상에서와 같이 최근의 변화를 반영하고자 했으나 아직은 부족하고 충분하지 않다. 그러나 이 분야의 새로운 변화를 짚으려는 작은 노력으로 보아주길 바란다.

1장, 2장은 최경숙, 3장, 4장, 5장, 6장은 강민희, 7장, 8장, 9장, 10장은 정진나, 11장, 12장, 13장은 송하나가 저술하였다. 그리고 14장은 정진나, 15장은 강민희가 마무리하였다.

이 책이 나오기까지 교정을 도와준 최원하, 장혜연 외 여러분들에게 고마운 마음을 전한다. 또 이 책을 출간해 주신 교문사 류원식 대표님과 정용섭 부장, 편집을 맡아주신 김선형 부장을 비롯한 직원 여러분께 감사를 드린다.

2023년 1월

저자 대표 최경숙

차례

CHAPTER 3

유전과 환경

CHAPTER 4

태내발달과 신생아

CHAPTER 5

영아기 지각과 학습

CHAPTER 6

신체발달

CHAPTER 7

인지발달

CHAPTER 8

정보처리의 발달

CHAPTER 9

지능발달

CHAPTER 10

언어발달

CHAPTER 11

정서발달

CHAPTER 12

자아와 사회인지발달

CHAPTER 13

성역할 발달

CHAPTER 14

도덕발달과 공격성

CHAPTER 15

발달의 맥락: 가족, 또래, 미디어

CHAPTER 1
발달개념과 연구법

1. 발달개념
2. 발달연구법

01

발달개념과 연구법

아동이 발달한다는 것이 무슨 의미인지, 발달에서 아동은 어떠한 역할을 하며 성숙과 학습의 영향은 어떠한지 등은 아동발달을 이해하는 데에 기본이 되는 주제다. 또 아동발달을 객관적으로 다룰 수 있게 해주는 과학적 연구방법에 대한 지식도 필수적이다. 이 장에서는 발달의 개념 및 기본주제와 연구방법에 대해 살펴보고자 한다.

1. 발달개념

1) 발달

발달
development
인간의 전 생애 동안 연령의 증가와 함께 일어나는 모든 변화과정. 그러나 약물이나 피로에 의한 일시적인 변화는 포함하지 않음

난자와 정자가 만나 수정된 순간부터 죽음에 이르기까지 인간의 전 생애 동안 일어나는 연령 관련 변화를 발달이라 한다. 발달은 신체 및 운동, 인지, 언어, 사회적 관계, 정서 등 모든 영역에서의 변화를 포함한다. 이러한 변화에는 외적인 성장과 기능의 향상도 있지만, 구조와 기능의 쇠퇴도 있다. 또 발달의 변화양상과 과정은 순서가 있고 특정한 방식으로 나타나며 지속성도 있다. 따라서 발달은 약물이나 피로에 의한 일시적인 변화와는 구별된다.

발달을 연구하는 분야를 발달과학이라고 한다. 발달과학은 생물학, 심리학,

의학, 사회학, 인류학, 교육학 등 여러 학문 분야에서 접근할 수 있다. 그중 가장 대표적인 분야가 발달심리학이다.

2) 발달심리학

발달심리학은 인간의 전 생애 발달과정을 다룬다. 인간의 발달시기는 연령 범위에 따라 대략적으로 다음과 같이 구분할 수 있다.

발달심리학
developmental psychology
인간이 발달함에 따라 어떻게 변화하는지, 또 이러한 변화를 일으키는 요인은 무엇인지를 연구하는 심리학의 한 분야

- 태내기: 수정부터 출생 전까지
- 영아기: 출생부터 2세까지
- 유아기(학령전기): 3세부터 5세(초등학교 입학 전)까지
- 학령기: 6세부터 11세(사춘기가 되기 전)까지
- 청소년기: 12세부터 18세까지
- 성인 초기: 청소년기가 끝나는 시기부터 40세까지
- 성인 중기: 40세 이후부터 65세까지
- 성인 후기: 65세 이후

아동발달심리는 아동기(수정~청소년기)에 초점을 두며 아동의 연령이 증가함에 따라 어떠한 변화가 일어나는지, 그 변화는 왜 일어나는지를 연구하는 분야다. 또 변화는 아동 개인마다 어떠한 차이가 있으며, 그 개인차의 원인은 무엇인지도 밝히고자 한다. 아동발달심리의 학문적 목표는 다음과 같다.

아동발달심리
child developmental psychology
태내기부터 청소년기까지 발달을 기술하고 설명하는 발달심리학의 한 분야

첫째, 시간의 흐름에 따른 발달적 변화를 객관적이고 정확하게 기술한다. 이러한 기술은 발달변화의 공통된 패턴과 개인 간 다양성을 모두 포함한다.

둘째, 발견된 발달변화가 왜 일어나는지를 설명한다. 이러한 설명은 전형적인 변화와 그렇지 않은 변화의 원인은 무엇이며, 그러한 변화는 어떻게 일어나는지 등을 알게 해준다.

셋째, 발달에 대한 기술과 설명에 기초하여 개인의 발달을 진단하고 발달이 바람직한 방향으로 나아가도록 돕는다. 전형적인 발달과정을 알면 이에 비

추어 개인의 발달수준을 정확히 진단할 수 있다. 또 발달을 저해하는 원인을 알면 그 원인을 통제하여 앞으로 일어날 수 있는 발달적 문제를 효과적으로 예방할 수 있다.

따라서 아동발달심리는 학문적 목적에서뿐 아니라 실용적인 의미에서도 중요한 학문이다. 실제로 아동발달심리는 부모, 교사, 정부에 수많은 현실적 문제에 대한 해결방안과 실질적 시사점을 제공해왔다. 발달에 대한 지식은 아동의 건강한 발달을 돕는 환경을 조성하고 발달에 적합한 양육과 교육방법, 치료적 개입의 적용을 위해 필요하다.

3) 발달의 기본 주제

발달심리학이 확립된 이래로 약 100여 년 동안 끊임없이 논란이 되어온 발달의 기본주제들이 있다. 이 주제들은 이론에 따라 주장되는 바가 다르나 오늘날 대체로 합의된 방향은 다음과 같다.

능동성과 수동성의 문제
activity vs. passivity issue
아동이 자신의 발달에 능동적 공헌자인가 아니면 환경의 영향을 받기만 하는 수동적 수혜자인가 하는 것에 대한 연구자들 간의 논쟁

(1) 능동적인가, 수동적인가

아동이 단순히 주변 환경의 영향을 받아 수동적으로 발달해 간다는 견해는 과거 한동안 지속되었다. 그러나 이와 반대로 아동은 자신의 발달에 적극적으로 영향력을 행사하는 능동적 존재라는 주장 또한 있어 왔다.

일반적으로 현대의 아동발달심리는 아동의 능동적 역할을 강조한다. 즉, 아동은 주변 세계를 이해하고자 자발적으로 노력하며 발달해 간다는 것이다. 아동은 부모나 교사에 의해 단순히 만들어지는 존재가 아니라, 오히려 주변 사람들에게 영향을 주고 다른 사람의 행동을 형성하며 자신의 발달을 만들어나가는 적극적이고 능동적인 존재로 간주되고 있다.

(2) 연속적인가, 비연속적인가

연속성과 비연속성의 문제
continuity vs. discontinuity issue
발달적 변화가 양적이고 연속적인가 아니면 질적이고 비연속적인가에 대한 논쟁

발달이 조금씩 점진적으로 변화하는 연속적 과정인지, 아니면 갑자기 매우 다른 변화가 일어나는 비연속적 과정인지에 대한 논란도 오래 지속되었다. 연속성 입장은 새로운 기술이나 기능 또는 지식이 비교적 일정하게 점진적으로 누적되면서 발달이 이루어진다고 본다. 반면 비연속성 입장은 발달 시기에 따라 변화가 거의 없는 시기와 변화가 급격하게 이루어지는 시기가 있으며, 이전과는 비교적 독립적으로 이후의 발달이 일어난다고 본다.

연속성 입장은 행동이나 기능이 학습과 경험에 의해 습득된다고 본다. 이 입장은 단순한 요소들이 모여 더 높은 수준의 능력이 만들어지는 양적인 변화를 강조한다. 반면에 단계이론에서 흔히 볼 수 있는 비연속성 입장은 기존의 기능이나 행동의 단순 결합만으로는 설명될 수 없는, 질적인 변화를 강조한다.

현재도 연속성과 비연속성 주제는 여전히 논란이 되고 있다. 그러나 대다수 학자들은 발달특성에 따라 연속적 과정으로 설명되는 부분과 비연속적 과정으로 설명되는 부분이 모두 존재한다는 것을 인정하고 있다(Rutter, 1987).

(3) 성숙인가, 학습인가

성숙
maturation
학습이나 경험에 의한 변화가 아니라 나이가 들면서 유전에 의해 나타나는 신체 혹은 행동상의 발달변화

학습
learning
경험, 연습 혹은 훈련에 의해서 나타나는 행동의 비교적 영속적인 변화

성숙은 유전적으로 결정된 방향으로 이루어지는 발달변화를 의미한다. 이는 경험이나 학습과는 비교적 무관하다. 반면에 학습은 경험에 의해 일어나는 발달변화를 의미한다. 따라서 성숙은 유전에, 학습은 환경에 그 원천을 둔다.

발달이 성숙과 학습 중 어느 것에서 비롯되는지를 밝히기란 쉽지 않다. 유전과 환경은 거의 모든 상황에서 상호작용하기 때문에 발달에서 그 효과를 분리해내거나 상대적 영향력을 알아내는 것은 매우 어렵다. 운동능력을 예로 들면, 걷기는 신체적 제한이 있는 경우가 아니면 연습 기회가 없었다고 해서 그 출현이 크게 지연되지는 않는다. 그러나 기초적인 걷기 능력이 획득된 후에는 경험과 연습을 통해 근육의 협응이 이루어지고 불필요한 움직임이 제거되면서 걷는 모습이 세련되어지고 속도도 빨라진다. 이처럼 처음에는 성숙에 의존하는 듯 보이

는 운동능력도 성숙과 학습이 함께 작용한 결과다.

언어발달이나 인지발달도 유전과 환경이 상호작용한 결과다. 부모가 얼마나 열심히 말을 가르쳐 주는가와는 상관없이 일정한 나이가 되면 대다수 아동은 자연스레 말을 하기 시작한다. 그러나 아동이 획득하는 언어는 경험에도 의존한다. 아동은 주변 사람들이 하는 말을 듣고 언어를 배우며 부모와의 상호작용에 의해서도 영향을 받는다.

4) 발달연구의 역사

발달에 관한 과학적 연구의 역사는 100년이 넘었다. 발달에 대한 초기의 관심사는 주로 아동기로, 철학적 아동관에서 시작되어 이후 아동에 대한 과학적 이해로 발전되었다.

(1) 철학적 아동관

John Locke(1632~1704)
영국의 경험주의 철학자로 아동의 경험이 아동발달의 기본적인 결정요인이라고 주장함

Jean-Jacques Rousseau (1712~1778)
프랑스 철학자로 아동이 선천적인 발달 잠재력을 갖고 태어난다고 주장함

발달연구에 영향을 준 대표적인 철학자는 Locke와 Rousseau이다. 영국의 John Locke(1693/1922)는 발달의 결정요인이 경험이라고 보았다. 그는 갓 태어난 아기의 마음은 마치 백지상태와 같아서 학습과 경험에 의해 인간이 형성된다고 주장했다.

한편, 프랑스의 Jean-Jacques Rousseau(1762/1979)는 Locke와는 달리 아동이 선천적으로 타고난 도덕적 본성 덕분에 옳고 그른 것을 직관적으로 통찰할 수 있다고 보았다. 즉, 아동은 건강하게 성장할 수 있는 발달 잠재력을 갖고 태어나므로 성인의 지시나 감독 없이도 잘 성장할 수 있다는 것이다. 따라서 부모나 교사의 간섭은 오히려 아동의 발달을 저해할 수 있다고 여겨졌다. 이후 Rousseau의 견해를 받아들인 스위스의 교육 이론가 Pestalozzi는 1774년 그의 3세 아들의 발달과정을 관찰한 보고서를 출판하였다. 그는 이 책에서 아동의 자발적 활동을 통한 발달과 교육을 중시했다.

(2) 발달심리학 설립 초기

발달연구의 역사에서 주요 사건 중의 하나는 1859년 Charles Darwin의 진화론의 출현이다. 이후 Darwin(1877)은 자신의 어린 자녀가 보인 초기의 발달과정을 기술한 관찰일지를 출판했다. 그는 아동이 인간 본성에 대한 유용한 정보를 제공해 줄 수 있기에 면밀한 관찰로 그 발달과정을 추적하는 것은 인류의 진화론적 역사를 이해할 수 있게 해준다고 믿었다.

William Preyer(1882/2010)도 자신의 아들이 4세가 될 때까지의 발달과정을 기록한 아동일지를 발표했다. 그는 반사행동의 발달과정과 그러한 과정에 미치는 경험의 영향에 관심을 가졌다.

발달심리학의 설립 초기에 등장한 이들 아동일지는 과학적 연구자료로서는 제한점이 있었다. 당시의 일지들은 보통 한두 명의 아동을 대상으로 했고 객관적인 관찰이라고 보기도 어려웠다. 또 비체계적인 관찰로 인해 발달의 보편적 양상을 밝히기도 불가능했다. 이러한 사실에도 불구하고, 이들 일지는 아동발달의 주요 논점을 제시하고 과학적인 연구방법에 대한 학문적 관심을 불러 일으키는 데에 중요한 역할을 했다는 의의를 지닌다(Cairns, 1998).

Charles Darwin (1809~1882)
영국의 생물학자로 1859년에 출판한 「종의 기원」이라는 저서에서 진화론을 주장함

(3) 과학적 연구의 시작

많은 아동을 대상으로 체계적인 연구가 시작된 것은 20세기 초반 미국의 심리학자 G. Stanley Hall에 의해서였다. Hall(1891)은 정교하게 고안된 질문지법을 사용하여 아동들에게 일상활동과 흥미 등에 관해 묻고 그 대답을 수집했다. 그 목적은 아동발달의 보편적 순서와 시기를 밝히는 데에 있었다. 이러한 Hall의 연구방법은 객관적인 측정법을 사용했다는 점에서 과학적인 발달연구의 효시로 평가받는다(Cairns & Cairns, 2006).

Hall과 거의 같은 시기에 프랑스의 Alfred Binet도 과학적인 발달연구에 크게 공헌했다. 그는 1905년에 지능검사를 개발하여 아동의 지능을 측정하고 실제 교육장면에 적용하였다.

G. Stanley Hall (1846~1924)
미국에서 아동을 대상으로 최초로 과학적이고 체계적인 연구를 한 심리학자

Alfred Binet(1857~1911)
프랑스의 심리학자로 지능검사의 창시자

(4) 20세기 초반

Arnold Gesell(1880~1961)
미국의 심리학자로 아동의 연령에 따른 발달적 변화가 선천적인 성숙의 결과라고 주장함

20세기 초반 선구적 역할을 했던 발달학자들은 Darwin의 영향을 받아 아동발달이 대부분 성숙의 결과라고 믿었다. 대표적인 학자로는 앞서 살펴본 Hall과 그의 제자 Arnold Gesell이 있다. Hall과 유사하게, Gesell도 연령에 따른 발달변화가 모든 아동에게서 보편적으로 나타나는 선천적인 것으로 여겼다(Gesell, 1933; Hall, 1904). 그는 아동관찰과 부모면접을 사용하여 아동의 운동능력, 사회적 행동, 성격특성에 관한 상세한 정보를 수집했다.

Hall과 Gesell의 주요 업적은 아동발달에 대한 상세한 기술을 바탕으로 발달연구에서 규준적 접근을 확립했다는 것이다. 규준적 접근은 많은 수의 아동들이 여러 행동영역에서 나타내는 연령별 발달의 평균치를 산출함으로써 발달의 전형적이고 일반적인 과정을 밝히고자 하는 접근법이다.

게젤 돔(Gesell Dome)
Gesell이 1920년대에 고안한 돔 모양의 아동관찰실. 일방향 거울과 모션 픽처 카메라로 아동의 행동을 관찰 · 녹화했던 장소
출처: Yale Child Study Center

이러한 경향이 지속되면서 1920년대와 1930년대에 미국의 하버드 대학과 캘리포니아 대학 및 여러 연구기관에서 10년 이상의 종단연구가 시작되었다. 이들 연구는 아동들을 장기간 추적 연구하여 연령에 따른 신체적, 심리적 변화에 대한 정보를 제공하였다.

이즈음에 미국과 유럽 심리학의 세 가지 연구 동향이 발달심리학에 크게 영향을 주기 시작했다. Freud의 정신분석학, Watson의 행동주의, Piaget의 인지발달론이 그것이다. 이 이론들은 현대 아동발달심리의 이론적 토대를 형성했다.

(5) 20세기 중반

규준적 접근
normative approach
연령에 따른 발달의 평균치를 산출하여 전형적인 발달 과정을 밝히고자 하는 아동발달연구의 접근법

제2차 세계대전 이후부터는 아동발달에 대한 이론적 설명을 검증하는 실험심리학이 등장했다. 실험심리학은 1960년대 중반까지 발달심리학의 주축을 이루었다. 당시의 아동심리학자들은 주로 행동주의 관점에서 관찰 가능한 외적 행동에 관심을 두었으며 환경결정론을 믿었다. 연구는 아동의 일상환경보다는 연구자가 상황을 통제할 수 있는 실험실에서 수행되었다. 그러나 1960년대에 행동주의의 한계점이 지적되기 시작했고 점차 Piaget 이론의 영향이 커

지기 시작했다.

한편, 이 시기에는 Piaget 이론 외에도 진화론적 관점에서 인간행동의 적응적 가치를 찾는 동물행동학 이론에 기초한 연구들도 이루어졌다. 또 아동이 사회적 상호작용을 통해 그가 속한 문화의 사고와 행동 양식을 내면화한다는 사회문화이론에 기초한 연구들도 수행되었다. 이 외에도 발달의 환경과 맥락을 강조하는 생태체계이론에 근거한 연구들도 행해지는 등 다양한 이론적 관점을 바탕으로 많은 연구가 이루어졌다.

환경결정론
environmental determinism
아동은 자신이 처한 환경에 의해 형성되는 수동적 존재라는 관점

(6) 20세기 후반 이후

20세기 후반에 이르러서는 컴퓨터 과학과 정보이론의 영향으로 정보처리이론이 대두되었다. 지금도 정보처리이론은 많은 인지발달 연구의 중요한 이론적 기초가 되고 있다.

최근에는 신경과학의 발전과 함께 발달적 신경과학이라는 분야가 출현했다. 이 분야는 뇌 발달과 심리행동 발달 간의 관계를 다룬다. 초창기에는 아동기 뇌 성숙에 따른 특정 영역의 발달과정을 살펴보는 연구가 주로 이루어졌다. 이후 뇌 연구법이 다양해지면서 뇌 성숙과 사고 및 사회정서 행동 간의 복잡한 발달적 관계도 활발히 탐색되었다. 그리고 이러한 탐색은 아동발달의 신경학적 기제와 그러한 기제의 본질을 밝히려는 시도로 이어지고 있다.

2. 발달연구법

1) 과학적 연구방법

과학적 연구방법
scientific method
이론이나 가설을 검증하기 위해 자료를 수집하고 해석하는 객관적인 연구방법

과학적 연구방법이란 이론에 기초한 가설을 검증하기 위해 객관적인 방법으로 자료를 수집하고 해석하는 연구방법을 말한다. 객관적이라는 것은 연구가

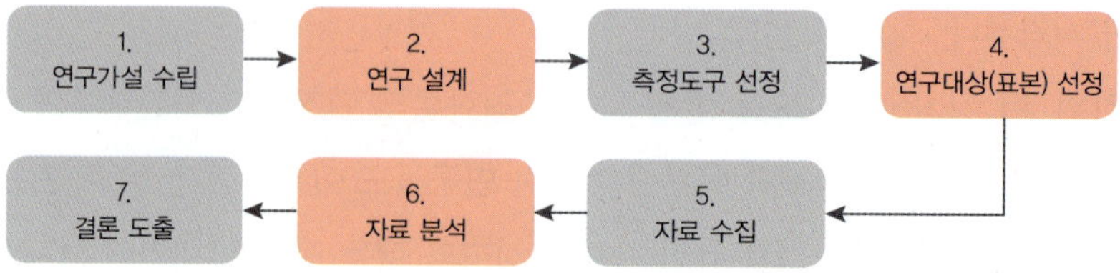

그림 1-1
과학적 연구의 과정

연구자의 경험, 신념, 태도에 영향을 받지 않고, 자료를 다루는 연구자라면 누구나 동일한 결론에 도달할 수 있어야 한다는 것을 의미한다.

가설
hypothesis
이론에 기반하는, 어떤 현상이나 관계에 대한 검증 가능한 예측

과학적 연구는 대부분 가설 수립과 함께 시작한다(그림 1-1). 가설이란 이론에 기초하여 앞으로 일어날 현상을 예측한 것이다. 가설은 연구방법을 결정하는 데에 중요한 역할을 한다.

연구자가 가설을 수립한 다음에는 연구설계를 하고 자료수집을 위한 측정도구를 정한다. 그리고 연구대상이 되는 표본을 선정한다. 표본은 모집단을 잘 대표할 수 있는 사람들로 표집한다. 여기서 모집단은 연구의 관심사가 되는 집단 전체고, 표본은 모집단 중에서 연구대상자로 표집된 사람들이다. 표본을 정하는 이유는 현실적으로 모집단을 대상으로 연구한다는 것이 불가능하기 때문이다. 대다수 연구자는 연구결과가 연구대상에만 국한되지 않고 연구에 참여하지 않았던 다른 아동들에게도 일반화될 수 있기를 원한다. 일반화를 위해서는 모집단의 특성을 잘 반영한 대표성 있는 표본으로부터 자료를 수집해야 한다.

가설과 연구대상(표본)이 정해지고 나면 가설과 관련된 측정치를 사용하여 자료를 수집하고, 이후 수집된 자료를 분석하여 가설을 검증한다. 그 검증결과를 바탕으로 연구자는 기존의 이론을 지지, 정교화, 혹은 기각할지를 결정하며 후속연구를 안내할 수 있다.

2) 발달 측정법

객관적인 자료수집을 위해서는 발달특성이 측정 가능해야 한다. 즉, 발달특성이 어떤 방법으로든 셀 수 있거나 잴 수 있어야 한다. 물론 측정 가능한 것만으로는 객관적일 수 없고 측정 도구가 신뢰도와 타당도를 갖추어야 과학적으

로 수용 가능한 객관적 자료가 될 수 있다.

측정의 신뢰도란 시간이 경과하여 다시 측정하거나 또는 다른 사람이 측정해도 일관되게 같은 측정값을 유지하는 정도를 말한다. 타당도는 측정하고자 하는 바를 정확하게 측정하는가와 관련된 문제다. 예를 들어, 우정을 측정하고자 했는데 인기도를 측정했거나, 우정을 측정했지만 정확하게 측정하지 못했다면 타당도를 갖춘 연구라 할 수 없다. 발달특성을 측정하는 방법으로는 관찰법, 자기보고법, 심리생리적 측정법, 사례연구법이 있다.

신뢰도
reliability
시간이 경과하여 다시 측정하거나 다른 사람이 측정해도 일관되게 같은 측정값을 유지하는 정도

타당도
validity
측정하고자 하는 것을 정확하게 측정하는 정도

(1) 관찰법

아동의 행동을 주의 깊게 관찰하여 기록하는 방법이다. 언어능력을 거의 요구하지 않아 어린 아동에게도 적용 가능하다는 장점이 있다. 과학적인 관찰법은 일상의 우연한 관찰과는 다르게 체계적이고 객관적이어야 하며, 면밀하게 계획되고 실행되어야 한다. 관찰법은 크게 자연관찰과 구조적 관찰로 나뉜다.

- 자연관찰: 일상의 자연스러운 환경에서 아동의 행동을 관찰하여 기록하는 방법이다. 보통 가정과 학교에서 보이는 특정 유형의 행동에 초점을 두어 기록한다. 인위적인 상황이 아닌 자연스러운 일상환경에서 아동의 행동을 측정할 수 있다는 장점이 있다. 그러나 어떤 행동은 일상에서 잘 일어나지 않기 때문에 자연관찰이 어렵다. 또 관찰자의 존재로 인해 아동의 행동이 평소와 달라질 수 있다. 이러한 관찰자 영향을 최소화하려면 아동이 눈치채지 못하도록 비디오 촬영을 하거나 사전에 관찰자가 아동과 친숙해지는 과정이 필요하다.

자연관찰
naturalistic observation
일상의 자연스러운 환경에서 아동을 관찰하여 기록하는 방법

- 구조적 관찰: 미리 짜여진 구조화된 상황에서 아동의 행동을 관찰하는 방법이다. 일상에서 잘 일어나지 않는 행동을 관찰하거나, 일상에서 통제하기 어려운 상황을 쉽게 통제할 수 있다는 장점이 있다. 예컨대 아기와 어머니의 상호작용을 관찰하기 위해 가정에서 자연관찰을 한다면 각 가정의 환경이나 상황 차이까지 통제하기는 어려울 것이다. 반면에 구조적 관찰에서는 모든 연구대상을 동일하게 구조화된 상황에서 관찰할

구조적 관찰
structured observation
구조화된 상황에서 아동의 행동을 관찰하는 방법

수 있다. 그러나 이는 일상에서의 관찰이 아니므로 연구대상이 평소와 같이 행동하지 않을 가능성에 주의해야 한다.

(2) 자기보고법

자기보고법은 질문에 대한 연구대상의 반응에 기초하여 자료를 수집하는 방법이다. 면접, 질문지법, 과제검사가 이에 속한다. 면접은 구두로 제시된 질문에 연구대상이 구두로 답하는 방법이고, 질문지법은 질문지에 연구대상이 답을 글로 쓰거나 표시하는 방법이다. 과제검사는 제시되는 과제나 검사를 수행하는 것이다.

임상 면접
clinical interview
연구대상의 이전 대답에 따라 융통성 있게 질문이 제시되는 비구조적 면접

구조적 면접, 검사, 질문지
structured interview, test, questionnaires
모든 연구대상에게 사전에 정해진 동일한 질문을 같은 순서로 제시하고 그 대답이나 반응을 수집하는 방법

- 임상 면접: 질문이 사전에 짜여지지 않고 연구대상의 이전 대답에 따라 융통성 있게 제시되는 비구조적 면접이다. 개인의 생각이나 관점에 대한 심층적 정보를 얻을 수 있다는 장점이 있으나, 수집된 자료가 객관적이지 않을 수 있고 연구대상들 간 비교가 어렵다는 한계가 있다.
- 구조적 면접, 검사, 질문지: 질문이 사전에 구조화되어 있어 모든 연구대상에게 같은 질문을 같은 순서로 제시하고 그 반응을 수집하는 방법이다. 구조적 방법은 연구대상들의 반응 간 비교가 가능하다는 장점을 지닌다. 그러나 언어능력이 부족한 어린 아동에게는 사용이 제한되며, 연구대상이 자신을 좋게 보이려고 거짓된 반응을 할 수 있다는 한계가 있다.

(3) 심리생리적 측정법

심리생리적 측정법
psychophysiological methods
심리적 행동과 신체의 신경생리적 반응 사이의 관계를 측정하는 방법

심리생리적 측정법은 심리적 행동과 신경생리적 반응의 관계를 측정하는 방법이다. 지각, 인지, 정서 반응의 생물학적 기초를 살펴보기 위해 사용된다. 아동이 특정 정보를 처리하거나 과제를 수행하는 동안 신체 및 뇌 기능에서 일어나는 변화를 측정한다.

신체 기능의 변화는 심박수, 혈압, 호흡, 동공 크기 같은 자율신경계의 비자발적 활동으로 측정한다. 이러한 활동은 심리상태에 매우 민감하므로 자신의 심리적 경험을 정확히 보고하기 어려운 어린 아동의 사고, 지각, 정서를 추

론하는 데에 유용하다.

뇌 기능의 변화는 주로 뇌파나 뇌영상 기법으로 측정한다. 먼저 뇌파 측정(electroencephalogram, EEG)은 여러 개의 전극을 두피에 위치시켜 그로부터 기록되는 뇌의 전기적 활동을 측정하는 것이다. 신체 움직임에 대한 내성이 비교적 강해 어린 아동에게도 널리 사용된다(Schiff et al., 2016). EEG를 사용해서 특정 자극(예: 그림, 말, 음악)의 처리와 관련된 뇌 활동을 측정하는 방법을 사건 관련전위(event-related potentials, ERPs)라 한다.

다음 뇌영상 기법은 뇌의 혈류량 변화를 3차원 뇌 영상을 통해 살펴보는 방법이다. 특정 기능과 관련된 뇌 부위나 비정상적인 뇌 기능에 관해 가장 구

표 1-1 **발달 측정법의 장단점**

측정방법	설명	장점	단점
관찰법			
자연관찰	자연스러운 일상환경에서 행동을 관찰, 기록하는 방법	일상의 행동을 측정할 수 있다.	관찰상황을 통제할 수 없다. 관찰자 영향이나 편견에 주의해야 한다.
구조적 관찰	미리 계획된 실험실 환경에서 행동을 관찰, 기록하는 방법	일상에서 잘 나타나지 않는 행동을 효율적으로 측정할 수 있다.	관찰된 행동이 일상의 행동과 다를 수 있다. 관찰자 영향이나 편견에 주의해야 한다.
자기보고법			
임상 면접	융통성 있는 면접 절차를 통해 개인에 대한 정보를 수집하는 방법	개인 심리상태에 관한 심층적 정보를 수집할 수 있다.	개인 간 비교가 어렵다. 부정확한 보고의 가능성이 있다.
구조적 면접, 검사, 질문지	모든 연구대상에 같은 질문을 같은 방식으로 제시하고, 그 반응을 수집하는 방법	연구대상들의 반응을 비교할 수 있다. 자료수집이 비교적 효율적이다.	개인에 관한 심층적 정보를 제공하기 어렵다. 부정확한 보고의 가능성이 있다.
심리생리적 측정법			
	신체, 인지, 사회정서적 행동과 신경생리적 반응의 관계를 측정하는 방법	발달의 생물학적 기초를 알 수 있다. 언어적 보고가 어려운 어린 아동의 발달특성을 추론하기에 유용하다.	아동이 느끼거나 지각하는 바를 정확히 알려주지는 못한다. 반응이 연구변인이 아닌 피로나 배고픔 같은 상황 요인 때문일 수도 있다.
사례연구법			
	개인에 대한 포괄적 정보를 수집·분석하여 결론을 도출하는 방법	특정 개인의 발달에 관한 풍부한 해석이 가능하다.	연구결과를 일반화하기 어렵다.

체적인 공간 정보를 제공한다. 예로는 양전자방출 단층촬영(positron emission tomography, PET), 기능적 자기공명영상(functional magnetic resonance imaging, fMRI) 기법이 있다. PET는 방사성 물질을 체내에 주입하는 침습적 방법인 반면, fMRI는 아무것도 주입하지 않는 비침습적 방법이다. fMRI는 자기장을 방출하는 스캔 장치를 사용하여 아동이 자극을 처리하는 동안 뇌에서 일어나는 혈류량 변화를 실시간으로 측정한다.

사례연구법
case study
특정 아동의 삶 전반에 관한 상세하고 종합적인 정보를 수집하고 분석하여 결론을 이끌어내는 방법

(4) 사례연구법

특정 아동의 삶 전반에 관한 상세하고 포괄적 정보를 수집하고 분석하는 방법이다. 개인의 기록에는 가정환경, 소득, 교육수준, 직업, 건강, 생활의 주요 사건, 심리검사결과 등이 포함된다. 이러한 정보는 주로 관찰이나 면접을 통해 수집되는데 면접 질문은 보통 구조화되어 있지 않고 사례에 따라 다르게 제시된다. 이 방법은 결론의 타당성이 개인 기록의 정확성에 달려 있다는 한계를 지닌다. 또 결과를 개인 간 비교하거나 다른 아동들에게 일반화하기에는 어려움이 있다.

3) 일반적 연구설계

변인
variables
연령, 성별, 인기도 등과 같이 개인이나 상황에 따라 변화하는 특성

연구가설이 수립되면 연구자는 수집할 자료에 대해 적절한 연구설계를 해야 한다. 연구설계란 연구변인들이 어떻게 관련되는지 살펴보기 위한 연구계획이다. 변인은 연령, 성별, 활동 수준 등 개인이나 상황에 따라 변화하는 특성을 말한다. 변인 간 관계를 살펴보기 위한 일반적 연구설계로는 상관설계와 실험설계가 있다.

(1) 상관설계

상관설계
correlational design
둘 이상의 변인들이 의미 있는 관계를 지니는지 살펴보기 위한 연구설계

상관설계는 둘 이상의 연구변인이 서로 의미 있는 관계를 지니는지 알아보고자 할 때 적용한다. 연구자는 변인에 인위적인 조작을 하지 않고 자연스러운 생활 경험 속에서 이미 존재하고 있는 변인들의 관계를 살펴본다.

예를 들어, 아동들이 폭력적 영상물을 많이 볼수록 공격적인 행동을 많이 하는지 알아보고자 할 때 상관설계를 적용해볼 수 있다. 연구자는 연구대상 아동들이 폭력성이 높은 영상물을 시청한 정도(변인A)와 공격적 행동을 하는 빈도(변인B)를 각각 측정한다. 변인A는 면접법이나 자연관찰법 등으로 각 아동이 평소 무슨 영상물을 시청하는지 조사하고, 그 영상물에 담긴 폭력적이고 공격적인 행동의 횟수와 정도로 측정할 수 있다. 변인B는 아동이 또래와의 놀이시간에 공격적 행동을 하는 빈도를 관찰하여 기록한다. 이렇게 수집한 자료로 두 변인의 관계를 상관계수로 검증한다.

상관계수는 자료를 통계적으로 처리하여 얻어진, 두 변인 간 상관관계의 정도와 방향을 나타낸 값이다. 상관계수(r로 표시)는 -1.00~1.00의 범위를 지닌다. 그 절대값은 관계의 정도를 나타내고, 앞의 부호는 관계의 방향을 나타낸다. +는 정적관계를, -는 부적관계를 나타낸다. 앞의 연구 예에서 두 변인의 상관계수가 .60으로 유의하게 나타났다면 '폭력적인 영상물을 많이 시청할수록 또래에게 더 공격적일 수 있다'고 결론 내릴 수 있다.

상관계수
correlational coefficient
두 변인 간 상관의 정도와 방향을 나타낸 값으로 -1.00~1.00의 범위를 지님

상관설계에서 주의할 점은 인과관계 결론을 내려서는 안 된다는 것이다. 상관관계만으로는 폭력적 영상물 시청이 공격적 행동을 일으키는 원인이라고 말할 수 없다. 폭력적 영상물 시청과 공격적 행동은 우연히 동시에 나타났을 수도 있고, 혹은 공격적인 행동을 많이 하는 아동들이 원래 폭력물을 좋아해서 그러한 영상을 더 많이 봤을 수도 있기 때문이다.

결론적으로 상관설계는 연구변인들 간의 의미 있는 관계를 발견하는 데에는 유용하지만, 인과관계를 밝히는 데에는 한계가 있다. 인과관계를 밝히기 위해서는 변인에 대한 처치나 조작이 이루어지는 실험설계가 필요하다.

(2) 실험설계

상관설계와 달리, 실험설계는 인과관계를 밝힐 수 있다는 강점이 있다. 이러한 이유로 실험설계는 발달연구에서 중추적 역할을 해왔다.

실험설계에서는 연구대상에게 실험적 처치를 하는데, 이를 독립변인이라고 한다. 앞의 연구 예에 실험설계를 적용하면, 독립변인은 아동들에게 보여주는

실험설계
experimental design
연구대상에게 실험적 처치를 하고, 그에 따른 반응 변화를 살펴보기 위한 연구설계. 인과관계 해석이 가능함

독립변인
independent variable
연구대상(실험집단)이 받는 실험적 처치

영상물 유형이 될 수 있다(그림 1-2). 즉, 한 집단(실험집단)은 폭력성이 높은 영상물을 보게 하고, 다른 집단(통제집단)은 폭력성이 거의 없는 영상물을 보게 한다. 여기서 영상물 유형에 따른 아동의 공격적 행동 반응이 종속변인이다. 종속변인이란 독립변인에 따라 종속되어서 변화하는 변인이라는 의미를 지닌다.

종속변인
dependent variable
독립변인에 따라 변화하는 연구대상의 반응

이 실험의 목적은 폭력적 영상물이 아동의 공격 행동에 미치는 효과를 살펴보는 것이다. 따라서 영상물 유형(독립변인)에 따라 실험집단과 통제집단 간 공격적 행동(종속변인)이 얼마나 다른지를 분석하면 된다. 분석 결과, 실험집단이 통제집단보다 공격성이 높게 나타난다면, 폭력적 영상물 시청이 아동의 공격적 행동을 증가시키는 원인이 된다고 결론 내릴 수 있다.

실험적 통제
experimental control
가외변인의 영향을 집단마다 동등하게 만드는 것

가외변인
confounding variable
독립변인 이외에 종속변인에 영향을 줄 수 있는 또 다른 변인

실험설계에서는 실험적 통제가 적절히 이루어져야 한다. 실험적 통제란 독립변인 이외의 가외변인이 종속변인에 영향을 미치지 않도록 모든 가외변인의 영향을 집단마다 동등하게 만드는 것이다. 대표적 방법은 연구대상을 무선적으로 배정하는 것이다. 무선배정은 각 연구대상이 동일한 확률로 실험집단과 통제집단에 배정되도록 하는 절차다. 무선배정을 하면 가외변인이 있다 하더라도 실험조건 이외의 조건이 두 집단에서 같아지게 되므로 가외변인의 영향을 최소화할 수 있다.

실험설계는 엄격한 실험적 통제가 요구되므로 연구자는 실험상황이 아동의 일상 환경과 다를 수 있다는 가능성에 늘 주의해야 한다. 그 차이가 너무 크면 연구결과를 일반화하기 어려울 수 있기 때문이다.

한편, 실험설계를 아예 적용할 수 없는 경우도 있다. 예컨대 생의 초기에 겪은 사회적 결핍이 이후의 지적 발달에 미치는 영향을 알아보고자 할 때, 영아

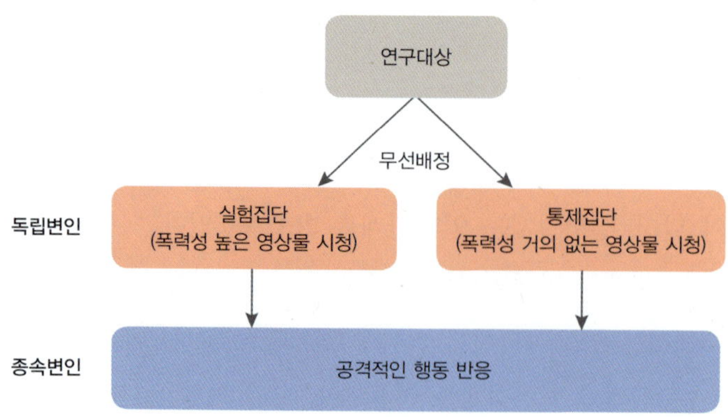

그림 1-2
실험설계 예시

들의 사회적 관계를 차단하는 실험적 처치를 하는 것은 비윤리적이므로 할 수 없다.

이 경우는 자연(또는 유사) 실험설계를 적용해 볼 수 있다. 이 설계는 서로 다른 양육환경, 학교환경, 교육프로그램처럼 이미 존재하는 처치상황들을 비교하기 위한 것이다. 만약 자연상황에서 생후 1~2년 동안 양육자와의 접촉이 차단된 시설에서 자란 아동들이 있다면 이 아동들과 정상적 가정환경에서 자란 아동들의 지적 발달수준을 비교해 볼 수 있을 것이다.

자연(유사) 실험
natural(or quasi) experiment
서로 다른 양육환경, 학교환경, 교육 프로그램과 같이 이미 존재하는 처치상황들을 비교·분석하는 연구

자연실험은 실험연구에 비해 사용 가능한 실험적 통제가 비교적 제한적이고, 이로 인해 결과에 대한 인과관계 해석에도 제한이 따른다. 그러나 자연상황에서의 변인이 실제 발달에서 의미 있는 원인과 결과에 대한 실마리를 제공한다는 점에서 유용하다.

4) 발달변화에 대한 연구설계

발달연구의 주된 관심사는 연령에 따른 발달적 변화다. 이를 살펴보기 위한 연구설계법으로는 종단적 설계와 횡단적 설계가 있다. 또 두 방법의 장점을 결합한 순차적 설계도 있다.

(1) 횡단적 설계

횡단적 설계는 같은 시기에 서로 다른 연령집단을 비교하기 위한 것이다(**그림 1-3**). 예를 들어, 연구자가 3세부터 7세까지 기질 특성의 변화를 살펴보고자 한다고 하자. 연구자는 비슷한 시기에 3세 집단, 5세 집단, 7세 집단을 각각 표집하여 이 세 집단의 기질특성 차이를 동시에 비교·분석한다. 이때의 분석은 각 집단의 평균값에 기초한다.

횡단적 설계
cross-sectional design
같은 시기에 서로 다른 연령집단을 비교·분석하기 위한 연구설계

횡단연구는 많은 아동을 비교적 단기간에 연구할 수 있다는 장점이 있다. 한계점은 첫째, 개인의 발달 추세를 밝히기 어렵다. 연령별 측정치가 곧 집단의 평균값이기 때문에 한 개인의 연속적인 발달 추세는 알 수가 없다. 둘째, 연령집단

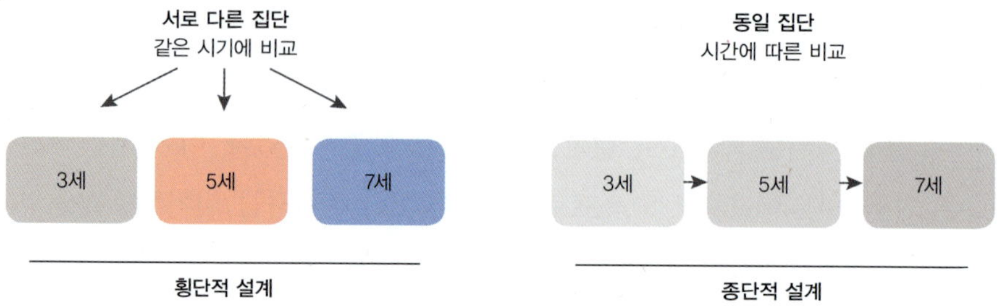

그림 1-3
횡단적 설계와 종단적 설계

동년배 효과
cohort effect
서로 다른 동년배(연령집단) 간 차이가 연령 관련 변화가 아니라 각 동년배가 공유한 사회문화적 경험 차이로 인해 나타나게 되는 오염효과

의 차이가 연령이 아닌 동년배 효과로 인해 왜곡될 수 있다. 동년배 효과란 동시대에 태어나고 자란 집단(동년배)이 사회문화적 경험을 공유함으로써 나타나는 효과를 말한다. 서로 다른 세대나 연령집단은 서로 다른 시기에 태어나 자랐으므로 집단 간 차이가 연령차만이 아니라 각 집단이 공유했던 독특한 역사적, 사회적 경험에서의 차이를 반영하는 것일 수 있다.

(2) 종단적 설계

종단적 설계
longitudinal design
동일한 개인들을 일정 기간에 걸쳐 반복 측정하기 위한 연구설계

패널자료
panel data
주로 큰 표본을 대상으로 여러 해 동안 다양한 변인들을 일정 시점마다 반복 측정하여 수집한 종단자료

종단적 설계는 동일한 개인들을 일정 기간에 걸쳐 반복 측정하기 위한 것이다(그림 1-3). 예를 들어, 연구자가 3~7세 사이의 발달변화를 살펴보고자 3세 아동들을 표집하여 이들이 7세가 될 때까지 주기적으로 자료를 수집하는 식이다. 종단연구 기간은 짧게는 1년부터 길게는 수십 년 혹은 전생애다.

종단연구의 자료는 연구자가 직접 수집할 수도 있고, 공공기관이나 연구소의 데이터 아카이브에 구축된 종단자료나 패널자료 중에서 필요한 자료를 선택하여 활용할 수도 있다. 패널자료란 주로 큰 표본을 대상으로 다양한 변인들을 여러 해에 걸쳐 일정 시점마다 반복 측정하여 얻어진 종단자료를 말한다(Elliott et al., 2008). 예로는 국내 육아정책연구소의 한국아동패널(Panel Study on Korean Children) 자료, 미국 NICHD(National Institute of Child Health and Human Development)의 Study of Early Child Care and Youth Development(SECCYD) 자료 등이 있다.

종단연구의 장점은 첫째, 같은 사람들을 계속 연구하기 때문에 한 개인의 발달 추세와 더불어 개인들 간에 공통된 발달 패턴을 모두 파악할 수 있다. 둘째, 초기 경험이나 행동이 이후의 행동과 어떻게 관련되는지 알 수 있다.

종단설계가 발달의 본질을 이해하기 위한 강력한 방법이기는 하지만 한계

점도 있다. 첫째, 시간과 비용이 많이 든다. 둘째, 표본의 탈락 문제가 있다. 연구 도중에 아동이 이사를 가거나 갑자기 참여를 중단하는 경우다. 만약 탈락자가 너무 많으면 그 표본은 더이상 대표성을 확보하지 못하게 될 수 있다. 셋째, 연습효과가 발생할 수 있다. 같은 검사가 반복되면 아동들이 검사에 친숙해져서 수행이 향상되기도 한다.

장기간에 걸친 종단연구는 동년배 효과에도 주의해야 한다. 동년배에서 표집된 연구대상 아동들은 다른 시대에 태어난 아동들과는 다른 경험을 하며 자란다. 예를 들어, 1970년대에 태어난 세대와 2000년대에 태어난 세대의 사회문화적 환경은 매우 다르므로 두 세대가 동일한 방식으로 발달한다고 단언하기는 어렵다. 이러한 동년배 효과는 연구결과를 연구가 진행되는 시대의 아동들에게만 한정시킬 수 있다.

(3) 순차(계열)적 설계

순차적 설계는 횡단설계와 종단설계의 장점을 합친 것이다. 같은 시기에 서로 다른 연령층의 아동들을 표집하고, 이들 연령집단을 여러 해에 걸쳐 반복 측정하여 그 결과를 비교한다. 예를 들어 3~7세 사이의 발달변화를 연구한다면, 같은 시기에 3세 집단, 4세 집단, 5세 집단을 각각 표집한다. 이후 3세 집단은 3세부터 4세, 5세에 반복 조사하고, 4세 집단은 4세부터 5세, 6세에 반복 조사한다. 5세 집단은 5세부터 6세, 7세에 반복 조사한다. 연구 기간은 2년으로 종단설계에 요구되는 4년보다 2년이 단축된다. 또 같은 연령의 자료가 서로 다른 집단에서 얻어지므로 출생연도에 따른 동년배 효과도 확인할 수 있다.

5) 기타 연구법

(1) 비교문화연구법

비교문화연구법은 서로 다른 문화권의 아동 자료를 비교 분석하는 연구법이

비교문화연구법
cross-cultural study
서로 다른 문화적 배경을 지닌 사람들을 대상으로 자료를 수집하여 비교 분석하는 방법

다. 한 문화권에서 발견된 사실이 다른 문화나 민족, 혹은 다른 사회계층에도 적용되는지 알게 해준다. 따라서 이 연구법은 모든 문화권에서 나타나는 보편적인 발달과정을 밝힐 수 있다. 한편, 어떤 비교문화연구는 발달의 보편성보다 문화적 다양성을 탐색하기도 한다. 이러한 연구는 서로 다른 문화에서 자라는 아동들은 발달의 경로와 양상이 다를 수 있다는 믿음에 기초한다.

(2) 빅데이터를 이용한 연구법

빅데이터에 대해 명확히 일치된 정의는 아직 찾기 힘들지만, 그 포괄적 의미로는 자료가 너무 커서 기존의 연구방법으로 분석하기 힘든 큰 자료를 뜻한다(Adjerid & Kelley, 2018). 그러나 빅데이터는 자료의 크기만으로 정의되는 것은 아니고, 분석방법의 맥락에서 이해되어야 하는 개념이다. 이론 기반의 과학적 연구방법과는 달리, 빅데이터 연구는 생활경험 속에서 생성된 큰 자료(예: 인터넷 정보검색, SNS 자료)를 가지고 그 자료가 지니는 어떤 패턴을 찾아내어 분석하는 방법에 기초한다(김청택, 2019).

빅데이터 분석
big data analysis
이론 기반의 연구모형 분석과는 달리 방대한 범위의 자료에서 어떤 의미나 패턴을 찾아내는 분석법

발달연구에서 빅데이터는 공공기관에 의해 장기간 구축된 대규모 종단자료나 패널자료의 전체 데이터셋(dataset)이 있다(Grimm et al., 2020). 이러한 큰 자료에 대한 분석은 발달에 대한 기존의 이해를 확장하고 기존의 연구방법론에서 간과된 새로운 사실을 발견할 기회를 제공한다는 점에서 최근 그 활용에 대한 관심이 증가하고 있다.

6) 발달연구의 윤리

인간을 대상으로 하는 연구에서 연구자는 종종 윤리적 문제에 직면한다. 특히 아동을 대상으로 할 때 연구윤리의 문제는 더 복잡해진다. 아동은 성인보다 상처받기 쉽고, 연구 참여가 의미하는 바를 잘 이해하지 못하는 경우가 많다. 이러한 이유로 발달연구자를 위한 연구윤리 가이드라인이 정부나 공공기관, 관련 학회에 의해 제시되고 있다. 최근 미국 아동발달연구회(SRCD)가 제

연구윤리
research ethics
연구대상을 신체적, 정신적 상해로부터 보호하기 위한 윤리기준

시한 연구윤리의 일반적 원칙과 기준을 요약하면 다음과 같다(The Society for Research in Child Development, 2021).

첫째, 연구대상이 연구에 참여함으로써 받을 수 있는 잠재적 위험을 최소화하고 혜택은 극대화 한다. 연구자는 연구대상이 안전한 상황에서 연구를 수행하고 신체적, 심리적 해를 가할 가능성이 있는 연구를 해서는 안 된다.

둘째, 연구대상의 존엄과 권리를 존중한다. 연구자는 연구대상을 차별하지 않으며 사생활 보호나 자기결정권 같은 인간 고유의 권리를 존중해야 한다.

셋째, 발달에 이로운 경험과 자원에 대한 접근기회를 연구대상 모두에게 동등하게 보장한다. 실험연구 참여로 인한 혜택이 일부 집단에만 기대된다면 나머지 집단에도 그와 동등하게 이로운 대안적 혜택을 제공하거나, 혹은 연구 종료 후에 동일한 혜택을 제공해야 한다.

넷째, 사전에 연구대상에게 적절한 연구정보를 제공하고 참여 동의를 받는다. 어린 아동은 부모나 보호자로부터 동의를 받고, 스스로 동의할 수 있을 만큼 나이든 아동은 보호자 동의와 본인 동의를 모두 받아야 한다.

다섯째, 연구 진실성(integrity)을 준수한다. 이는 연구의 투명성과 객관성, 연구대상의 복지를 고려하는 태도를 포함한다. 연구자는 과학적 기준을 따르고 연구방법과 절차를 투명하게 보고하며 자료에 포함된 개인정보를 보호해야 한다. 이와 관련하여 연구자는 독립된 기관이나 위원회에 연구정보를 제공하고 연구수행을 위한 사전심의를 받는다.

정리해 봅시다

1. 발달심리학에서의 발달개념과 일반적으로 사용하는 발달개념 간의 차이를 설명해보자.
2. 발달에서 논쟁이 되어왔던 세 가지 기본주제의 구체적인 예를 생각해보자.
3. 과학적 연구방법이란 무엇인지, 그리고 이러한 방법이 아동발달 연구에 어떻게 적용되는지 설명해보자.
4. 아동연구에서 실험설계의 의미를 생각해보자.
5. 횡단적 설계와 종단적 설계를 비교해서 설명해보자.

CHAPTER 2
아동발달이론

1. 아동발달이론의 변천
2. 생물학적 관점
3. 학습이론적 관점
4. 정신분석학적 관점
5. 인지발달적 관점
6. 맥락적 관점
7. 발달적 신경과학 접근

02

아동발달이론

관찰된 현상을 이해할 수 있도록 설명하는 일련의 개념과 가설을 과학적 이론이라 한다. 과학적 이론은 연구자가 새로운 사실을 예측하고 발견하도록 이끈다. 아동발달이론도 아동발달의 과정과 그 기제를 설명하는 과학적 이론이다. 여기서는 먼저 아동발달이론의 역사적 변천을 살펴보고, 현대에도 널리 받아들여지고 있는 주요 이론들을 소개하고자 한다.

1. 아동발달이론의 변천

20세기 초에 과학적인 발달연구가 시작되면서 기술을 위주로 하는 현상기술적 접근과 규준적 접근이 많이 이루어졌다. 그러다가 1920년대를 전후하여 발달을 기술하는 것뿐 아니라 설명하는 이론이 등장했다. 그 대표적인 이론이 미국의 Gesell(1933)이 제시한 성숙이론이다. 성숙이론은 Darwin의 진화론에 영향을 받아 연령에 따른 발달변화 대부분을 성숙의 결과로 간주했다.

성숙이론과는 반대로, 경험을 중시한 행동주의 학습이론이 미국에서 20세기 초반 Watson(1926)에 의해 제시되었다. 학습이론은 아동의 외적 행동의 변화를 설명하는 것에 관심을 가졌다. 이 이론은 변화의 기제가 학습이라는 전제하에 아동의 모든 행동이 학습원리에 의해 설명될 수 있다고 보았다.

비슷한 시기에 유럽에서는 정신분석학 이론이 자리를 잡았다. 이 이론은 생의 초기 경험이 발달에 미치는 영향과 인간 내면의 심리역동적 과정을 강조했다. 그러다가 미국에서 1950년대 후반 스위스 심리학자인 Piaget의 인지발달이론이 재평가되기 시작하고, Chomsky가 언어발달에서 기존의 학습이론 설명을 비판함에 따라 새로운 이론이 모색되기 시작했다.

1960년대에 이르러서는 아동의 인지발달에 대한 관심이 크게 증가했고, 발달심리학의 주된 관점도 학습이론에서 점차 인지발달이론으로 변화해 갔다. 인지발달의 이론적 모델은 1970년대 초반까지 Piaget의 이론이, 그 이후에는 정보처리이론이 주축이 되었다. 현재도 정보처리이론은 인지분야 외에도 발달연구 전반에 걸쳐 그 영향력이 크다.

이러한 변화와 함께 Bronfenbrenner(1979, 1989)가 실험실 연구만으로는 아동발달에서 환경의 영향을 정확히 평가할 수 없다고 주장하면서 자연상황의 맥락을 강조한 생태체계이론을 제시했다. 자연상황을 중시한 또 다른 이론인 동물행동학 이론은 동물과 인간의 행동 유사성을 통해 인간행동의 진화론적 근거를 찾고자 했다. 그 대표적인 연구분야가 애착이다. 이후 비교문화연구가 이루어지면서 Vygotsky(1934/1962)의 사회문화이론이 뒤늦게 소개되기 시작했다. 이 이론은 아동 인지발달을 사회적으로 매개된 과정으로 설명했다.

보다 최근에는 신경과학과 발달심리학을 통합한 발달적 신경과학접근이 대두되었다. 이 접근에서도 발달개념, 가설, 방법 등이 제시되고 있다.

이와 같이 주요 이론의 흐름이 변화해왔으며, 오늘날에는 아동발달에 관한 다양한 이론적 관점들이 존재한다. 주지할 점은 이들 관점이 상호보완적으로 아동발달에 대한 이해를 돕는다는 것이다. 하나의 이론이 설명할 수 있는 부분은 한정될 수밖에 없기에 연구마다 적용되는 이론이 다를 수 있고, 또 특정 이론만으로는 부족한 설명이 다른 이론에 의해 보완될 수 있다.

2. 생물학적 관점

생물학적 관점에서는 아동의 신체, 인지, 사회정서 등 모든 영역에서의 발달이 선천적이고 생물학적인 계획에 의존한다고 보았다.

1) 성숙이론

미국의 Arnold Gesell(1933)이 제시한 성숙이론에 의하면 아동발달은 선천적으로 미리 정해져 있는 생물학적 계획이 반영된 것이다. 그는 아동의 놀이 행동, 인지, 언어 등이 교육이나 경험에 의해서가 아니라 이미 예정된 발달시간표에 따라 나타난다고 주장하였다. 따라서 아동의 연령이 증가하면서 나타나는 발달변화는 유전적으로 결정되어 자연스럽게 나타나는 과정이다.

2) 동물행동학 이론

1978년의 Konrad Lorenz와 Nikolaas Tinbergen

동물행동학 이론은 인간행동의 발달을 진화론적 관점에서 설명했다. 즉, 동물의 행동과 진화에 관심을 가지고 종 특유의 행동이 지니는 적응적인 가치와 그 진화적 근거를 찾고자 했다(Lorenz, 1978/1981). 현대의 동물행동학은 Konrad Lorenz와 Niko Tinbergen에 의해 그 기초가 확립되었고 1970년대부터 발달연구에 적용되었다(Dewsbury, 1992).

동물행동학에서 발견된 종 특유의 행동패턴 중 가장 널리 알려진 현상이 각인(imprinting)이다. 각인의 예는 거위가 부화 직후부터 어미를 따라다니는 행동을 하는 것을 들 수 있다. 이는 새끼가 어미에게서 먹이를 얻고 보호받게 한다. 각인은 생후 초기 제한된 기한 내에서만 일어나고 일단 일어나면 소거가 매우 어렵다(Lorenz, 1949/1952).

각인현상은 아동발달의 주요 개념인 결정적 시기 개념을 이끌어냈다. 결정적 시기는 행동 습득을 위해 생물학적으로 준비된 최적의 시기를 말한다. 이 시기에는 적절한 환경 자극에 노출되기만 하면 그 행동은 비교적 쉽게 습득되지만, 그렇지 못하면 나중에는 습득이 어렵다는 개념이다. 이후 이 개념이 아동발달에 많이 적용되면서 민감기 개념이 보다 적절하다고 제안되었다. 민감기는 환경 자극에 특히 민감한 발달시기라는 의미로, 결정적 시기보다 초기 경험의 시기적 중요성을 덜 강조하는 개념이다. 비록 시간과 노력이 더 필요할 수는 있지만 민감기가 지나도 발달은 일어날 수 있기 때문이다.

민감기
sensitive period
특정 환경자극에 민감한 발달시기

동물행동학의 각인형성에 관심이 많았던 영국 심리학자 John Bowlby(1969)는 이를 인간 영아와 부모 간 애착에 적용했다. 그는 아기가 보이는 웃기, 울기, 잡기, 매달리기 같은 애착행동이 선천적인 사회적 신호로서 양육자가 자신에게 접근하여 돌보도록 하기 위한 것이라고 설명했다. 단, 영아의 애착발달은 새끼 거위의 각인과는 달리 양육자와의 장기간 경험을 통해 이루어진다고 보았다. 동물행동학자들은 애착 외에도 아동의 공격성, 협동, 놀이 등과 같은 많은 행동이 영장류 동물의 행동과 유사하다는 것을 발견했다. 그리고 이러한 유사성에 기초해서 아동 행동의 적응적 가치를 밝히고자 했다.

3. 학습이론적 관점

행동주의로도 불리는 학습이론 관점은 Locke의 경험주의 철학과 맥을 같이한다. 이 관점은 아동이 태어났을 때 미리 정해진 것은 없으며 환경 속 경험이 누적되면서 발달이 결정된다는 환경결정론을 따른다. 학습이론은 전통적인 행동주의 이론과 현대의 인지적 사회학습이론으로 대별할 수 있다.

행동주의
behaviorism
Watson이 제시한 이론으로, 직접 관찰 가능한 외적 행동에 초점을 두고 이러한 행동의 발달이 조건형성과 학습의 결과라고 보는 이론

1) 행동주의 이론

John B. Watson(1978~1958)

행동주의는 20세기 초반 미국의 심리학자 John Watson이 제시했다. 행동주의자들은 심리학의 객관적이고 과학적인 측면을 강조하며 심리학이 보이지 않는 마음이 아닌 직접 관찰할 수 있는 외적 행동에 기초해야 한다고 주장했다. 또 자극과 반응 간의 연합이 누적되어 습관이 형성되는 것을 발달이라고 보았다(Watson, 1926).

고전적 조건형성
classical conditioning
중립자극이 무조건자극과 짝지워짐으로써 무조건 반응을 일으키는 학습유형

무조건 자극
unconditioned stimulus(US)
특정 반응을 자동적으로 일으키는 자극

무조건 반응
unconditioned response(UR)
학습 없이 무조건자극에 의해 자동적으로 유발되는 반응

조건 자극
conditioned stimulus(CS)
무조건자극과 짝지워지는 조건형성 과정을 통해서 무조건 반응을 유발하는 중립자극

조건 반응
conditioned response(CR)
조건자극이 조건형성을 통해서 유발하는 학습된 반응

(1) 고전적 조건형성

Watson(1926)은 학습의 기제로 러시아의 생리학자 Pavlov가 제시한 조건형성에 관심을 가졌다. 개에게 무조건 자극(US)인 먹이를 주면 개는 자동적으로 무조건 반응(UR)인 침 분비를 한다. Pavlov(1927/2010)는 개에게 먹이를 주면서 종소리를 들려주는 것을 여러 차례 반복했더니 개가 종소리만 듣고도 침을 분비한다는 것을 발견했다. 이러한 현상이 고전적 조건형성이다. 처음에는 침 분비와 무관한 중립자극이었던 종소리가 조건형성이 된 후에는 조건 자극이 되어 침 분비를 유발한 것이다. 즉, 어떤 중립자극이 무조건 자극(US)과 거의 동시에 반복 제시되면, 결국 중립자극이 조건 자극(CS)이 되어 무조건 자극이 유발했던 반응을 일으키게 되는데 이러한 반응을 조건 반응(CR)이라 한다.

Watson은 이러한 고전적 조건형성 원리를 아동의 행동에 적용했다(Watson & Raynor, 1920). 그는 11개월 된 앨버트라는 아기에게 큰 소리를 여러 번 들려주면서 그때마다 흰쥐를 함께 제시했다. 그러자 처음에는 흰쥐를 만지기도 했던 앨버트가 흰쥐를 보면 무서워하며 울기 시작했다(그림 2-1). Watson은 이러한 결과를 바탕으로 부모나 성인이 자극-반응 연합을 계획적으로 통제함으로써 아동을 원하는 방향으로 키울 수 있다고 주장했다.

그림 2-1
Little Albert 실험
출처: Shaffer 등(2020)

(2) 조작적 조건형성

B. F. Skinner (1904~1990)

미국의 Burrhus F. Skinner는 행동주의 관점을 받아들이면서도 Watson과는 다른 조작적 조건형성 이론을 제시했다. 조작적 조건형성은 행동의 변화, 즉 학습이 행동을 뒤따르는 강화나 벌에 의해 이루어진다는 개념이다. 여기서 강화란 어떤 행동이 일어날 확률을 증가시키는 것이고, 벌은 행동이 일어날 확률을 감소시키는 것이다.

조작적 조건형성에서는 특히 강화의 원리가 강조되었다. 강화의 원리는 여러 행동 중에서 만족스러운 보상을 받은 행동은 이후에도 반복된다는 학습 원리다. Skinner(1953)는 그가 고안한 스키너 상자 안에서 쥐가 보이는 행동을 통해 강화의 원리를 증명했다. 상자 안에서 돌아다니던 쥐가 우연히 지렛대를 눌러 먹이가 나오자 이후 지렛대를 더 많이 눌렀다. 이처럼 어떤 반응을 뒤따르는 결과가 긍정적이면 이후에 그 반응을 할 확률이 증가하는 것이 강화다.

조작적 조건형성은 곧 아동의 학습에 적용되었다. 즉, 아동의 행동은 장난감, 맛있는 음식, 칭찬, 미소와 같은 보상에 의해 증가하거나(강화), 반대로 특권 박탈, 인정 철회, 타임아웃 되는 것 등에 의해 감소한다(벌)고 보았다.

조작적 조건형성
operational conditioning
행동에 뒤따르는 강화나 벌에 의해서 그 행동의 학습 가능성을 변화시키는 학습 유형

강화
reinforcement
행동이 일어날 확률을 증가시키는 것

벌
punishment
행동이 일어날 확률을 억압 또는 감소시키는 것

2) 인지적 사회학습이론

Albert Bandura(1925~2021)

인지적 사회학습이론은 Albert Bandura가 제시한 현대의 사회학습이론이다. 그의 이론은 아동의 사회적 학습에서 인지적 측면을 강조했다.

Bandura(1977, 2012)는 관찰학습 혹은 모델링이 아동의 광범위한 행동발달에 기초가 된다고 주장했다. 아동은 직접 경험하거나 강화 받지 않아도 단지 주변 사람들을 관찰함으로써 행동을 학습한다는 것이다. 그는 관찰학습이 다음과 같은 구성요소를 가진다고 보았다.

관찰학습
observational learning
타인의 행동을 관찰함으로써 관찰자의 행동이 변화하는 학습유형

첫째, 관찰을 통해 어떤 행동을 학습하려면 그 행동이 관찰자의 주의를 끌어야 한다.

둘째, 관찰된 행동은 이후 심상이나 상징 등으로 표상 또는 기억되어야 한다.

셋째, 기억된 모델의 행동을 실제로 실행하고 재현하는 과정이 필요하다.

넷째, 행동이 나타나려면 동기와 강화가 필요하다. 관찰하고 기억한 모든 행동이 다 실제로 나타나는 것은 아니다. 모델을 관찰하여 새로운 지식을 획득했더라도 반응을 수행하지 않을 수도 있다. Bandura는 새로운 반응의 획득과 수행은 서로 다르다고 보고 동기나 강화가 있어야 실제로 행동이 나타나는 모델링이 일어난다고 하였다.

Bandura의 이론에 의하면, 관찰학습에는 아동이 듣고 기억하고 관찰한 행동들로부터 일반적 규칙을 추론하는 인지능력이 중요한 영향을 미친다. Bandura(1965a)는 관찰학습의 원리를 증명하기 위해 유아원에 다니는 아동들을 대상으로 보보인형 실험을 했다(그림 2-2). 실험에서 아동들은 한 성인 여성이 보보인형을 때리는 등 공격적 행동을 하는 영상을 보았다. 이후 아동들이 보보인형이 놓인 방에 홀로 남겨지자 상당수가 보보인형을 때리고 차는 등 성인 여성이 했던 공격적 행동을 따라했다. 심지어 아동들은 자신이 본 영상에서 성인 모델이 보상을 받든 받지 않든, 혹은 벌을 받든지와 상관없이 그 모델의 공격적 행동을 학습한 것으로 나타났다. 이 실험은 아동이 관찰 경험 그 자체만으로도 행동을 학습할 수 있다는 것을 보여주었다.

자아효능감
self efficacy
여러 가지 과제를 성공적으로 수행할 수 있으리라는 개인 자신의 신념

아동이 나이가 들면서 선택적인 모델링이 증가하고 이에 대한 기준 정립을 통해 자아효능감이 발달한다(Bandura, 2012). 예를 들어, 어머니가 "나는 이 일

그림 2-2
Bandura의 보보인형 실험
출처: Siegler 등(2014)

이 매우 힘들었는데 포기하지 않고 끝까지 해내서 스스로 자랑스럽고 기쁘다"라고 하는 말을 자주 들은 아동은 어머니의 효능감을 모델링하고 학습할 가능성이 커진다.

4. 정신분석학적 관점

정신분석학 관점은 인간이 생물학적 욕구와 사회적 기대 사이의 갈등 해결을 통해 발달한다고 보았다. 대표적으로 Freud의 이론과 Erikson의 이론이 있다.

Sigmund Freud(1856~1939)

1) Freud의 이론

오스트리아의 의사였던 Sigmund Freud(1917/1960)는 무의식적으로 잠재된, 인간 내면에 대한 분석을 바탕으로 심리성적이론을 제시했다. 심리성적이론이라는 이름에서 알 수 있듯이 그는 아동발달에서 성적 충동과 욕구를 강조했다. 그는 부모가 어린 자녀의 성적이고 공격적인 충동을 어떻게 다루었는가에 따라 아동의 성격발달이 이루어진다고 보았다.

Freud 이론에서 인간의 마음은 원초아, 자아, 초자아로 구성된다. 이 세 부분은 아동기 동안 일련의 단계를 거쳐 발달한다. 원초아는 선천적인 욕구와 충동으로, 즉각적인 충족과 쾌락 원리에 따라 움직인다. 자아는 의식적이고 이성적인 측면으로, 원초아의 충동과 욕구가 현실과 조화를 이루며 충족되도록 중재한다. 초자아는 양심과 자아의 이상적 측면을 포함한다. 양심은 잘못된 행위에 대해 죄책감을 경험하도록 만들고, 이상적인 자아는 자아에 대한 바람이나 열망으로 구성된다.

원초아
id
본능과 쾌락에 의해 움직이는 성격의 타고난 요소

자아
ego
성격의 의식적이고 이성적인 요소를 가리키는 Freud의 용어

초자아
superego
내면화된 도덕 기준과 이상적 자아를 포함하는 성격의 요소

리비도
libido
성 본능의 생물학적 에너지를 뜻하는 Freud의 용어

고착
fixation
발달이 특정 심리성적단계에 머물러 더 이상 나아가지 못하는 것

초자아가 형성되면 자아는 원초아와 초자아의 불균형한 관계를 조정하는 복잡한 역할에 직면한다(Freud, 1923/1961). 예를 들어, 친구의 장난감을 빼앗고 싶은 욕구가 있을 때, 초자아는 그러한 행동은 나쁘다고 저지한다. 이때 자아는 원초아와 초자아의 갈등을 해결해야 한다. Freud는 생의 초기부터 나타나는 원초아, 자아, 초자아 간의 역동적 관계가 개인의 성격을 결정한다고 보았다.

Freud는 아동발달과 관련하여 두 가지 주장을 했다. 하나는 생의 초기 경험이 성격발달에 중요한 영향을 준다는 것이다. 다른 하나는 성격발달이 일정한 심리성적 발달단계를 거친다는 것이다. 이러한 단계는 연령에 따라 성적 본능의 에너지인 리비도가 집중되는 신체 부위가 달라지면서 나타난다. 각 단계는 생물학적인 영향으로 모든 아동에게 보편적이고 일정한 순서로 나타난다.

각 단계의 욕구가 적절히 충족되면 다음 단계로의 발달이 순조롭게 이루어질 수 있다. 만약 한 단계에서 욕구가 과소 충족되거나 과잉 충족되면 나이가 들어도 여전히 그 단계에 머무르는 고착이 나타날 수 있다. Freud의 심리성적 발달단계의 특징은 다음과 같다.

(1) 구강기(oral stage, 생후 1세까지)

이 시기에는 리비도가 입, 혀, 입술 등 구강 부위에 집중한다. 따라서 아기는 빨거나 깨물거나 하는 행동을 통해 세상에 대한 만족을 경험한다. 만약 이때 적절한 충족이 되지 않고 욕구불만이나 과잉충족이 되면 고착이 일어나 나중에 커서도 흡연, 음주에 집착하는 등 구강기적 특성을 보일 수 있다.

(2) 항문기(anal stage, 1~3세)

이 시기에는 리비도가 항문에 집중한다. 따라서 아동은 자발적인 배설과 보유를 통해 만족을 경험한다. 이 시기 배변훈련에서 아동이 스스로 통제를 못해 실수를 하면 부모의 사랑을 잃을지도 모른다는 갈등을 겪게 된다. 따라서 부모가 지나치게 엄격하고 까다롭게 배변훈련을 시키면 아동은 성인이 되어도 불안감이 강하고 지나치게 억눌린 성격이 될 수 있다.

(3) 남근기(phallic stage, 3~6세)

이 시기에는 리비도가 성기에 집중한다. 아동은 자신의 성기를 자극함으로써 쾌감을 느낀다. 이때의 아동은 무의식에서 이성 부모를 향한 성적 욕망과 동성 부모를 향한 적대감을 가지게 되면서 심리적 갈등을 겪는다. 이러한 갈등을 남아의 경우는 오이디푸스 콤플렉스, 여아의 경우는 엘렉트라 콤플렉스라고 한다. 갈등에서 비롯된 처벌과 애정 상실에 대한 불안감은 결국 아동을 동성 부모의 성역할 특성, 도덕규범, 가치관 등을 내면화하도록 이끈다. 이러한 동일시 과정에서 초자아가 발달한다.

(4) 잠복기(latency stage, 6~11세)

이 시기는 리비도가 뚜렷이 드러나지 않고 성적 충동이 억압된다. 아동은 성적인 만족 추구에서 해방되어 학교생활이나 놀이, 학습 활동에 몰두할 수 있게 된다. 자아와 초자아는 아동이 문제해결 기술을 획득하고 사회적 가치를 내면화하면서 계속 발달한다.

(5) 성기기(genital stage, 12세 이후)

사춘기에는 급격한 성적 성숙으로 성적 충동이 다시 나타나고 이성을 향한 관심도 증가한다. 청소년들은 이러한 충동을 사회적으로 수용 가능한 방식으로 표현하도록 배워야 한다. 초반의 성공적 발달은 성인기로 확장되어 성숙한 성생활, 결혼, 자녀 양육으로 이어질 수 있다.

Freud의 심리성적이론은 아동발달에서 부모자녀 관계와 초기 경험의 중요성을 강조한 최초의 이론이었다. 그러나 아동의 성적 충동을 지나치게 강조했고 성인의 회상에 기초하여 아동기 발달을 추론했다는 점에서 비판을 받았다.

2) Erikson의 이론

Erik Erikson(1902~1994)

Erik Erikson(1950, 1968)은 Freud의 기본개념을 받아들이면서 발달과정을 전 생애로 확대했다. 그러나 Freud가 발달에서 성적 충동을 강조한 것과는 달리, Erikson은 사회적 영향을 강조했기에 그의 이론을 심리사회적 이론이라 부른다. 이 이론에 의하면 인간은 발달시기마다 사회적 위기나 갈등을 경험하며, 이를 해결하는 과정을 통해 적응적 혹은 부적응적인 결과를 갖는다. Erikson의 심리사회적 발달단계 특징은 다음과 같다.

(1) 신뢰감 대 불신감(출생~1세)

이 단계는 Freud의 구강기에 해당하는 시기로 양육자가 핵심적 역할을 한다. 양육자가 아기의 기본적 요구를 일관되게 만족시켜 주는지 아닌지에 따라 아기는 타인과 세상에 대한 신뢰감 또는 불신감을 형성한다.

(2) 자율성 대 수치심과 회의감(1~3세)

이 단계는 아동 스스로 대소변을 통제하고 식사를 하며 옷을 입는 등 자율성을 배워나가야 한다. 그러나 이러한 독립심을 성취하지 못하거나 반복된 실수로 인해 부모로부터 과도한 비난을 자주 받게 되면 수치심을 느끼고 자신의 능력에 대해 회의감을 가지게 된다.

(3) 주도성 대 죄책감(3~6세)

이 단계는 Freud의 남근기에 해당하는 시기이다. 아동은 개인적 욕구를 충족하고자 부모 의존에서 벗어나 복잡한 행동도 혼자 주도적으로 하려 한다. 이때 주변의 지지와 격려를 받으면 주도성이 발달하지만, 행동을 주도할 기회가 제한되거나 성공하지 못하면 죄책감을 경험한다. 주도성 대 죄책감은 주로 주변의 반응과 사회적 요인에 의해 영향을 받는다.

(4) 근면성 대 열등감(6~12세)

이 시기는 아동이 중요한 사회적 기술과 학업기술을 배워야 하는 시기다. 이러한 학습과정에서 아동은 또래와의 비교를 통해 근면성 또는 열등감을 경험한다. 충분히 노력해서 필요한 기술을 잘 습득하면 근면성이 발달하지만 그렇지 못했을 때는 열등감이 생길 수 있다.

(5) 자아정체감 대 정체감 혼미(12세 이후 청년기)

사춘기에는 신체적, 사회적으로 많은 변화가 일어난다. 이 시기 청소년들은 자신에 대한 기본적인 사회적 정체감을 확립해야 한다. 만약 자신의 역할에 대한 혼란이 지속되면 정체감 혼미를 경험하며, 이러한 혼미는 다음 단계에도 지속될 수 있다. 또래 세대가 정체감 발달에 중요한 영향을 미친다.

(6) 친밀감 대 고립감(성인 초기)

성인 초기의 주요 과제는 타인과의 관계에서 우정과 애정 및 동료의식과 같은 친밀감을 형성하는 것이다. 그러나 친밀한 관계를 이루지 못하면 홀로 고립감이나 자아 몰입에 쉽게 빠질 수 있다.

(7) 생산성 대 침체성(성인 중기)

성인 중기에는 직업이나 일, 또는 가족부양이나 양육에서 생산성을 발휘하거나 침체성 위기를 겪는다. 생산성에 대한 기준과 책임은 문화마다 다른데, 책임을 다하지 못했다고 여기는 성인들은 침체성에 빠지거나 자기중심적이 될 수 있다.

(8) 자아통합 대 자아절망(성인 후기)

성인 후기에는 자신의 생을 되돌아보고 정리하면서 인생에 의미를 부여하려고 한다. 자신이 지나온 삶을 수용하고 나름대로 의미를 찾았다면 자아통합을 경험하지만, 그렇지 않다면 후회와 자아절망에 이를 수 있다.

5. 인지발달적 관점

인지발달적 관점은 아동의 사고가 어떻게 변화해 가는지에 초점을 둔다. 대표적인 이론으로 Piaget의 이론과 정보처리이론이 있다.

1) Piaget의 이론

Jean Piaget(1896~1980)

스위스의 Jean Piaget가 제시한 인지발달이론은 그의 초기 관심사였던 생물학의 영향을 크게 받았다. Piaget(1947/1966)는 유기체가 신체구조를 환경에 맞추어 적응하듯이, 인간도 자신의 사고 구조를 환경에 맞춰 적응하며 발달한다고 여겼다.

Piaget는 아동의 사고가 성인과는 질적으로 다른 독특한 특성을 가진다는 것을 알게 해주었다. 그는 어린 아기가 자신의 시야에서 사물이 사라져도 어딘가에 계속 존재한다는 것을 잘 이해하지 못하고, 3, 4세에는 다른 사람도 자신과 같은 입장에서 세상을 바라본다고 생각한다는 것을 발견했다. 또 그는 아동이 나이가 들면서 경험을 통해 자신의 생각이 잘못되었음을 깨닫고 환경에 더 효율적으로 적응하기 위해 스스로 사고의 틀을 발전시켜 나간다고 보았다(Miller, 2011).

Piaget(1928/2015, 1947/1966)에 의하면, 이러한 인지적 적응은 동화와 조절이라는 두 가지 인지기능을 통해 이루어진다. 동화는 자신이 이미 가지고 있는 사고 구조로 새로운 경험을 해석하는 과정이고, 조절은 사고 구조를 수정하여 새로운 경험을 해석하는 과정이다. 그는 동화와 조절이 반복되면서 아동의 사고 구조가 더욱 분화되고 조직화되며 보다 추상적이고 논리적인 구조로 발달해 간다고 보았다.

Piaget 이론에서는 아동의 사고가 질적으로 다른 일련의 단계를 거쳐 발달한다. 그리고 이러한 단계를 거친 발달은 보편적이고 불변적인 순서로 이루어진다. 단계는 크게 감각운동기(출생~2세), 전조작기(2~7세), 구체적 조작기(7~11세), 형식적 조작기(11, 12세 이후)로 나뉜다. Piaget의 이론에 대해서는 본서 7장 인지발달에서 보다 구체적으로 다룬다.

2) 정보처리이론

정보처리이론은 아동의 사고를 컴퓨터의 정보처리에 비유하여 설명했다. Piaget 이론과 유사하게, 정보처리이론도 아동이 자신의 인지발달에서 능동적 역할을 한다고 보았다. 그러나 Piaget 이론과는 다르게, 발달을 단계적이고 비연속적인 변화가 아닌 연속적인 변화로 가정했다.

정보처리 접근에서 전통적인 이론 모형은 미국의 Atkinson과 Shiffrin(1968)이 제안한 다중저장모형이다(그림 2-3). 이 모형은 정보의 저장소(또는 체계)를 감각기억, 단기기억, 장기기억으로 구분하여 설명했다. 첫 번째 저장소인 감각기억은 감각기관을 통해 유입된 정보를 약 1~2초 동안 유지하는 곳이다.

다중저장모형
multistore model
정보가 감각기억, 단기기억, 장기기억이라는 세 개의 처리 체계(저장고)를 거쳐 처리된다고 보는 정보처리관점

감각기억
sensory memory
외부의 정보가 감각기관을 통해 처음 들어오는 곳으로, 정보가 1~2초 동안 머물면서 정보의 개략적인 특징이 확인되는 저장소

단기기억(작업기억)
short-term(*or* working) memory
정보가 15~30초 동안 유지되면서 장기기억 정보와의 결합이 이루어지는 정보처리 저장소

감각기억의 정보 중 우리가 주의를 기울인 정보는 다음 저장소인 단기기억으로 이동한다. 단기기억(또는 작업기억)은 외부에서 들어온 정보와 장기기억에서 인출된 정보가 결합하며 부호화가 이루어지는 곳이다. 단기기억의 용량, 즉 한 번에 처리할 수 있는 정보의 양은 의미 있는 단위의 수로 3~7개 정도로, 이곳에서 정보는 약 15~30초 동안 유지된다. 그러나 반복해서 암송하거나 주의를 지속하면 그 이상 정보를 유지할 수 있다. 정보 유지 시간이 길어질수록 마지막 저장소인 장기기억으로 넘어갈 가능성이 커진다.

장기기억
long-term memory
단기기억을 거쳐 들어온 정보가 영구히 저장되는 저장소

마지막 저장소인 장기기억은 다른 저장소와 달리 용량의 제한이 거의 없다. 장기기억은 새로운 정보와 과거 경험으로부터 나온 부호화된 정보를 저장하는 곳이다. 새로 들어온 정보가 기존에 저장된 정보와 비교되어 의미를 부여받으면 그 정보는 장기기억에 보다 쉽게 저장된다.

통제과정
control processes
정보의 어느 부분에 주의를 기울이고 무엇을 할 것인지를 계획하고, 계획한 대로 되어가고 있는지를 추적 감시하는 과정

Atkinson과 Shiffrin 모형은 이러한 저장소 외에도 통제과정을 포함했다. 그림 2-3에서와 같이, 통제과정은 각 저장소의 활동을 추적하고 전체 정보처리 흐름이 균형을 이루도록 하는 의도적인 과정이다. 정보처리에서 중요한 발달적 변화는 단기기억 및 통제과정과 밀접히 관련된다.

다중저장모형의 등장으로 정보처리 관점에서 아동 인지발달의 기제를 밝히려는 시도가 크게 증가했다(Siegler & Alibali, 2004). 이러한 탐색은 문제해결, 주의, 지각, 기억, 추리 등 다양한 사고과정에서 일어나는 변화와 관련되었다. 그 상세한 분석과 설명은 교육과 치료현장에서 아동의 인지적 수행을 향상시키는 전략에 관한 효과적 정보를 제공해주었다.

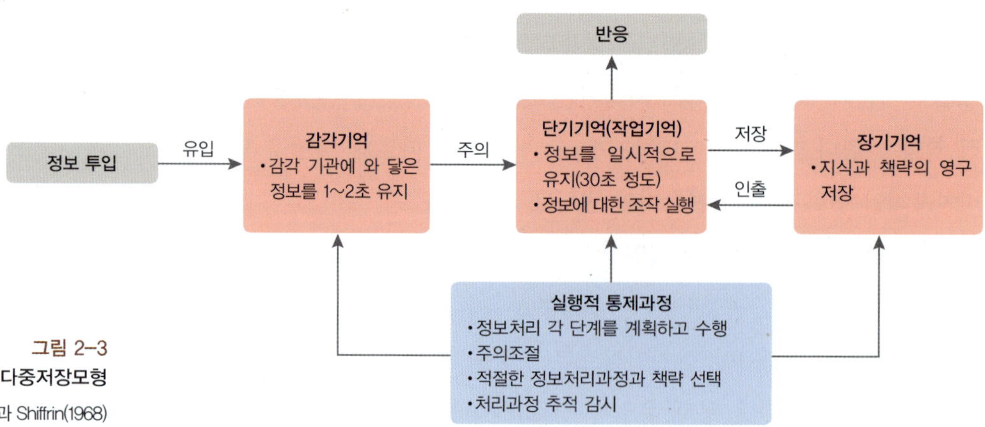

그림 2-3
다중저장모형
출처: Atkinson과 Shiffrin(1968)

6. 맥락적 관점

과거에는 발달에 영향을 미치는 환경으로 부모, 교사, 또래와 같이 아동에게 직접적인 영향을 주는 환경만이 주로 강조되었다. 그러나 맥락적 관점은 보다 포괄적 시각에서 아동에게 가까운 환경부터 먼 환경에 이르기까지 다양한 환경들이 서로 영향을 주고받으며 아동발달에 영향을 준다는 사실을 강조했다.

1) 생태체계이론

미국의 Urie Bronfenbrenner(1979)가 제시한 생태체계이론(ecological systems theory)은 아동을 둘러싼 환경이 내재된 구조를 가진다고 가정했다. 그는 환경을 가정, 학교, 이웃을 넘어 여러 층의 구조로 개념화하고, 아동이 여러 환경층의 영향을 받는 복잡한 체계 관계 속에서 발달한다고 보았다(그림 2-4).

Urie Bronfenbrenner
(1917~2005)

- 미시체계: 아동과 가장 가까운 첫 번째 환경층으로 주로 부모, 가족, 또래, 교사, 학교 등 아동의 일상환경을 말한다. 아동과 환경의 관계는 양방향적이고 상호교류적이다. 따라서 부모가 아동에게 영향을 주는 동시에 아동도 자신의 내적 특성에 따라 부모에게 영향을 줄 수 있다.
- 중간체계: 두 번째 환경층으로 가정, 이웃, 학교, 교육기관과 같은 미시체계들 간의 관계를 말한다. 예컨대 아동의 학습은 비단 학교 수업뿐 아니라 교사와 부모의 관계에 의해서도 달라진다. 또 부모-자녀 관계는 교사-아동 관계에 영향을 주고, 그 역방향으로의 영향도 가능하다. 따라서 이 두 관계가 잘 연계되어 서로 활발히 소통하고 정보를 교환하는 것은 보다 긍정적인 발달성과를 낳을 수 있다.
- 외체계: 아동이 건강하게 발달하려면 더 큰 환경의 지원도 필요하다. 외체계는 아동을 직접 포함하지는 않지만 아동에게 영향을 주는 사회적 상황을 포함한다. 여기에는 부모 직장, 의료기관, 지역사회 복지 서비스

미시체계
microsystem
환경의 가장 속에 있는 층으로 아동과 상호작용하거나 아동이 활동하는 직접적인 환경

중간체계
mesosystem
아동의 직접적인 환경이나 미시체계들 간의 상호작용

외체계
exosystem
아동을 직접 포함하지는 않으나 아동의 경험에 영향을 미치는 사회적 상황

같은 공식적인 조직과 부모의 친구나 친척처럼 비공식적인 조직이 있다. 외체계의 활동이 제한되면 아동에게 부정적인 영향을 줄 수 있다. 그 예로 사회적으로 소외된 가정에서는 가족 간 갈등과 학대가 비교적 많이 발생한다(Garbarino & Kostelny, 1992).

거시체계
macrosystem
아동이 살고 있는 사회의 문화적 가치, 법, 관습 등을 가리킴

- 거시체계: 아동과 가장 먼 환경층이다. 거시체계는 어떤 구체적인 맥락이 아니라 문화적 가치, 신념, 관습, 법 등을 의미한다. 그 예로, 아동양육의 질적 수준을 중시하고, 직장에서 자녀를 가진 구성원을 배려하는 제도를 적극 시행하는 국가에서는 아동들이 일상에서 긍정적인 경험을 할 가능성이 크다.

시간체계
chronosystem
아동발달에 영향을 미치는 시간적 차원

- 시간체계: 환경은 계속 변화한다(Bronfenbrenner, 1993). 형제자매의 출생, 학교 입학, 이사, 부모 이혼 등 생활의 주요 사건은 아동과 환경의 관계를 변화시키고 새로운 환경을 조성한다. 예컨대 동생의 출생이 학령기 아동과 영아에게 미치는 영향은 매우 다를 것이다. 이러한 시간 차원을 시간체계라 한다.

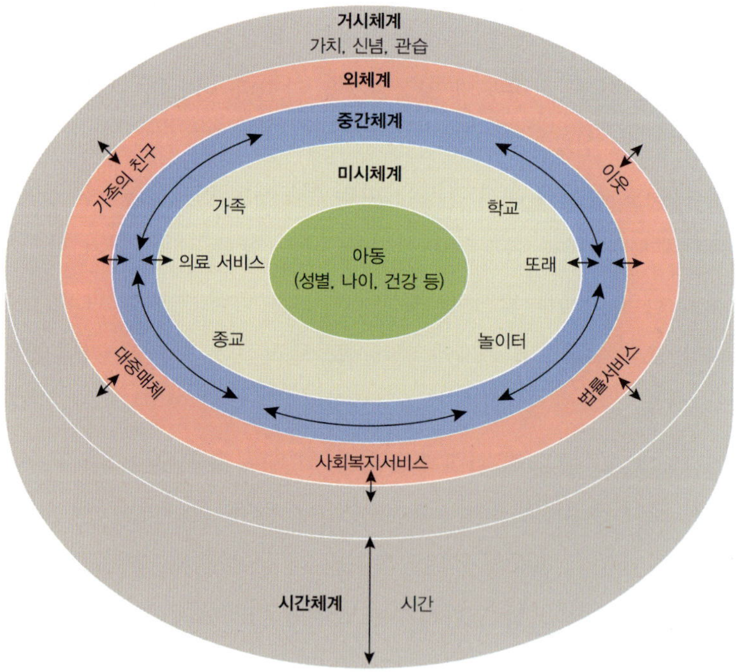

그림 2-4
생태체계이론에 따른 환경의 5가지 체계

발달에 영향을 주는 요인은 외부에서 오기도 하지만, 아동 내부에서도 온다. 아동은 주변환경과 경험을 선택, 수정, 조성할 수 있기 때문이다. 아동을 둘러싼 환경은 다양해서 긍정적 환경도 있고 부정적 환경도 있다. 그중 어떤 환경에 반응하느냐에 따라 아동의 환경도 달라진다. 환경선택은 아동의 내적 특성과 선택 기회에 의해 영향받는다. 따라서 생태체계이론에서 발달은 환경이나 아동 어느 한쪽에 의해 결정되는 것이 아니다. 오히려 아동은 환경의 산물인 동시에 산출자이며, 이 둘은 서로 영향을 주고받는 관계에 있다.

2) 사회문화이론

Lev S. Vygotsky(1896~1934)

문화는 한 집단이 공유하는 가치, 신념, 관습, 지식 등을 가리키는 용어로 아동발달의 주요 맥락이자 토대다(Gauvain, 2013). 러시아의 Lev S. Vygotsky(1934/1962)는 그의 사회문화이론에서 문화가 어떻게 세대를 거쳐 전달되는가에 관심을 두었다.

Vygotsky 이론에 의하면, 아동의 인지발달은 사회적으로 매개된 과정이다. 그리고 이러한 과정에는 언어로 이루어지는 협동적 대화가 특히 중요하다. 아동은 자신보다 지식이 많은 사회 성원과의 협동적 대화를 통해 문화의 사고와 행동방식을 효과적으로 습득해 나가기 때문이다(Mahn & John-Steiner, 2013). 따라서 언어는 아동 인지발달에서 핵심적 역할을 한다.

이 이론에서 아동은 처음에는 사회적 상호작용을 통해 배우다가 점차 자신의 학습을 통제할 수 있다. 학습은 아동의 근접발달영역에서 가장 잘 일어난다. 근접발달영역은 아동이 혼자서 도달할 수 있는 수준과 다른 누군가의 도움을 받아서 도달할 수 있는 수준 간의 차이를 말한다(Vygotsky, 1930-1935/1978). 유능한 성인이나 또래는 과제의 요구를 적절히 조정하여 아동이 자신의 근접발달영역에서 인지적 진보를 이루도록 효과적으로 도울 수 있다.

앞서 소개한 Piaget와는 다르게, Vygotsky는 모든 아동들이 보편적인 인지발달단계를 거친다고는 생각하지 않았다. 아동이 사회적 상호작용을 통해 습득하는 새로운 지식이나 기술은 한 문화에만 국한될 수 있기 때문이다. 이러한

Vygotsky의 생각은 본서 7장 인지발달에서 보다 구체적으로 다룬다.

7. 발달적 신경과학 접근

발달적 신경과학은 인간발달을 신경과학에서 접근하는 연구영역이다. 그러나 아직은 발달의 인과성에 대한 설명이 제한적이기에 아동발달심리에서 이 접근을 하나의 이론으로 볼 수는 없다. 그러나 이 접근도 일련의 개념, 방법 및 가설을 포함하고 있고, 최근 아동을 대상으로 하는 연구들도 증가하고 있다. 따라서 여기서는 간략하게나마 그 주요 내용을 제시하고자 한다.

신경과학의 주요 발견들은 아동발달에 많은 시사점을 남겼다. 앞서 1장에서 소개한 뇌 연구법은 특정 자극처리와 관련된 아동 뇌 활동패턴을 찾고, 여러 아동들의 뇌 활동을 서로 비교할 수 있게 해주었다. 이러한 비교는 하나의 전형적 발달과정뿐 아니라 다른 여러 발달과정 간 복잡한 관계에 대해 주요 단서를 제공했다.

발달적 신경과학
developmental neuroscience
인간발달과정을 신경과학적으로 접근해가는 연구영역

발달적 신경과학의 학문적 공헌을 크게 두 가지로 요약하면 다음과 같다. 첫째, 아동발달에서 유전과 환경의 영향을 뇌가 매개한다는 것을 보여줌으로써 발달에 대한 이해를 크게 확장했다(Johnson & de Haan, 2015). 아동의 발달하는 뇌는 유전이 사고, 정서, 행동으로 표현되는 과정, 그리고 환경이 유전자의 표현을 결정하는 과정을 모두 매개한다. 예를 들어, 뇌의 어떤 신경회로는 생의 초기부터 특정 자극에 더 쉽게 활성화되도록 편향되어 있다. 영아의 사람 얼굴자극 선호가 이에 해당한다. 이러한 편향성은 영아가 얼굴 자극을 더 적극적으로 추구하게 만들고, 이는 다시 관련 신경회로를 강화한다(Johnson, 2000). 그리고 이러한 일련의 과정은 아동의 사회적 발달과 밀접히 관련된다.

둘째, 전통적 인지발달이론에 대한 보다 확고한 검증을 가능케 했다(Miller, 2016). 그 예로 Piaget의 발달단계에 대한 검증을 들 수 있다. 만약 아동이 같은 개념을 포착한다고 가정된 두 개의 서로 다른 과제를 수행할 때 뇌의 동일한 신경회로가 활성화된다면 이 두 인지적 수행은 같은 인지구조를 반영한다고 결론 내릴 수 있을 것이다.

이러한 성과는 전형적인 발달과정에만 국한되는 것은 아니다. 뇌 손상, 환경적 위협, 신경학적 장애가 야기할 수 있는 비전형적인 발달과정에도 유용한 정보를 제공하고 효과적인 중재를 안내할 수 있다. 앞으로 이 분야가 아동의 뇌 발달과 심리적 발달 간 관계에 대한 기술에서 더 나아가 그러한 관계의 본질을 설명할 수 있는 기제를 밝히는 데에도 중요한 역할을 할 것으로 보인다.

정리해 봅시다

1. 발달이론들이 발달의 기본주제에 대해 어떠한 입장을 취하고 있는지 생각해보자.
2. Erikson의 이론은 Freud 이론의 어떠한 부분을 수정하고 확장했는지 설명해보자.
3. Bandura의 이론이 전통적 학습이론에 비해 어떠한 새로운 시각을 제시했는지 설명해보자.
4. 환경의 영향과 관련하여 Bronfenbrenner가 강조한 점이 무엇인지 설명해보자.
5. Vygotsky 이론이 다른 인지발달이론들과 차별화되는 특징이 무엇인지를 생각해보자.

CHAPTER 3
유전과 환경

1. 유전
2. 유전과 환경

03
유전과 환경

20세기 초까지만 해도 연구자들은 인간의 행동이 전적으로 유전의 영향에 의한 것이라고 믿거나 반대로 완전히 환경에 의한 것이라고 주장하는 경우가 많았다. 이에 대한 연구가 지속적으로 이루어졌고 오늘날 현대 심리학이나 생물학적 접근의 연구 결과에 따르면 극단적 환경 결정주의나 유전 결정주의로는 복잡한 인간의 발달을 설명할 수 없다는 것이 일반적 견해이다. 즉, 아동의 발달은 타고난 잠재력과 경험이 함께 작용한 결과이다.

1. 유전

1) 유전인자의 전달

생식세포
gamete
난자와 정자처럼 생식을 통해서 유전정보를 다음 세대로 전달하는 세포. 23개의 염색체를 가짐

체세포
somatic cell
난자와 정자를 제외한 사람의 몸을 이루는 세포. 46개의 염색체를 가짐

새로운 인간은 난자와 정자라고 부르는 두 개의 생식세포가 결합하여 생긴다. 생식세포의 염색체 수는 23개이며, 체세포가 가진 염색체의 절반이다. 생식세포는 감수분열에 의해 형성되는데 세포분열 동안 염색체 수가 유지되는 체세포와는 달리 염색체의 수가 반으로 줄어든다.

생식세포의 감수분열 과정을 구체적으로 살펴보자(그림 3-1). 우선 인간에게는 생식세포 생성이라는 유전적 기능을 하는 배아세포가 있다. 남성의 정소

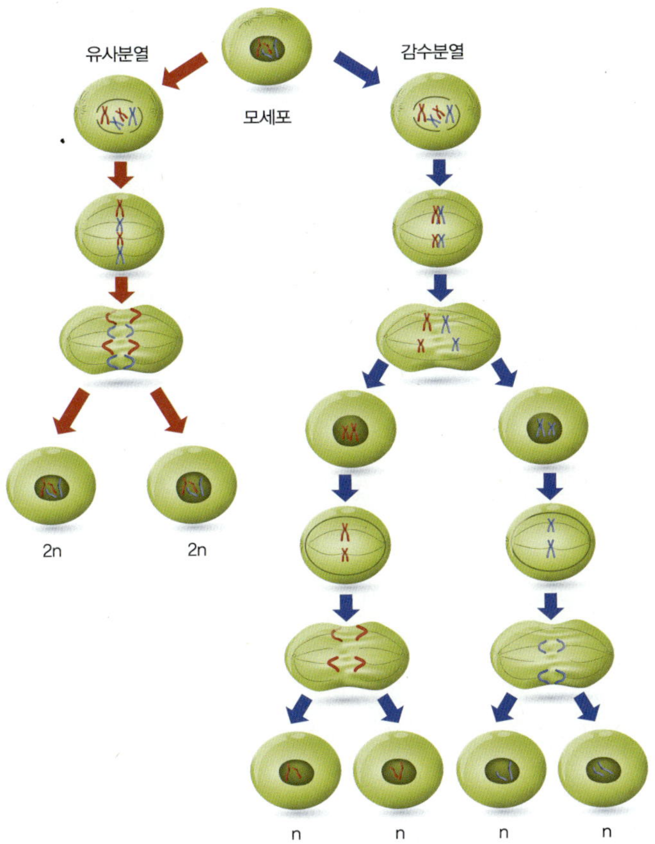

그림 3-1
유사분열과 감수분열 과정의 비교
출처: Shaffer 등(2020)

에 있는 남성 배아세포들과 여성의 난소에 있는 여성 배아세포들이 감수분열을 통해 정자와 난자를 만들어 낸다. 감수분열 과정에서 제일 먼저 배아세포들은 46개의 염색체들을 복제한다. 이후 가까이 있는 복제 염색체들끼리 교차하면서 유전물질들을 교환한다. 이와 같은 염색체 교차 과정에 의해서 새롭고 독특한 유전조합을 만들어 낼 수 있다(그림 3-2). 염색체 교차가 일어난 다음 원래의 세포는 각각 46개의 염색체를 갖는 두 개의 새로운 세포로 분리된다. 마지막으로 새 세포가 분열되면서 각각 23개의 염색체를 갖는 생식세포가 만들어진다. 그리고 이렇게 만들어진 난자와 정자가 결합해서 모두 46개의 염색체를 가진 수정란을 형성한다. 이와 같은 생식세포의 감수분열을 통해 일정한 양의 유전인자가 한 세대에서 다른 세대로 전달되는 것이다. 그러나 46개 염색체 중에 어떤 것이 23개가 되느냐는 매번 다르다. 이러한 일련의

감수분열
meiosis
세포가 분열하여 원래 부모세포가 갖는 염색체 수의 반을 갖는 생식세포 생산 과정

배아세포
germ cell
생식세포를 생성하는 세포.

염색체 교차
crossing-over
감수분열 동안에 염색체 쌍들 사이에서 유전물질이 교환되는 과정

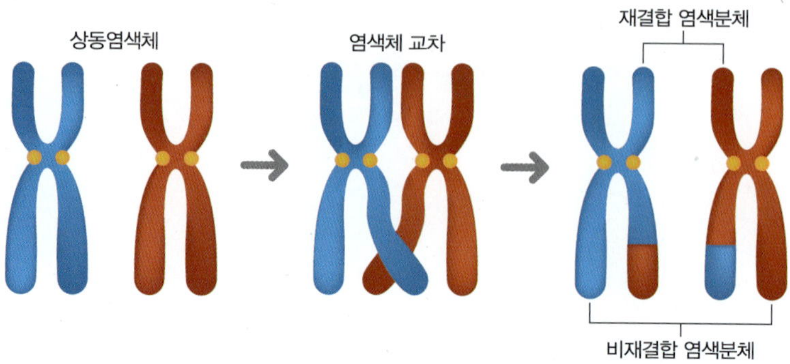

그림 3-2
염색체 교차
출처: Shaffer 등(2020)

수정란(접합체)
fertilized egg(*or* zygote)
수정으로 형성된 하나의 세포

유사분열
mitosis
세포가 자기의 염색체를 복제하고 난 후 유전적으로 동일한 두 개의 세포로 나누어지는 과정

유전인자(유전자)
gene
DNA의 일부. 유전인자는 세포의 자기복제와 생명 유지를 돕는 단백질을 생성하도록 지시함

DNA
deoxyribonucleic acid
유전정보를 포함하고 있는 이중 나선형의 복잡한 분자

상염색체
autosome
23쌍의 인간 염색체 중 여성과 남성 모두에게 동일한 22쌍의 염색체

성염색체
sex chromosome
생물의 성별을 결정하는 염색체. 인간의 23쌍의 염색체 중 한 쌍이 성염색체로, 여성의 경우 XX, 남성의 경우 XY

과정은 형제자매라 하더라도 서로 다르게 태어나는 원인이 된다.

수정으로 형성된 하나의 세포를 수정란 혹은 접합체라고 한다. 접합체는 수정 후에 유사분열을 통해 계속 자신을 복제한다. 유사분열 시작 전 세포는 매번 46개의 염색체를 복제하고, 복제된 염색체들은 반대 방향으로 이동한다. 이동 후에 세포분열을 하고, 그 결과 두 개의 새로운 세포가 생긴다. 이때 새롭게 만들어진 세포 각각은 모두 46개의 염색체를 갖고 있으며, 모세포와 똑같은 유전물질을 갖고 있다(그림 3-1).

수정 후 출생 전까지 아기는 태내에서 유사분열을 통해 수십억 개의 체세포들을 만들고, 이렇게 분열한 세포는 태아의 근육, 뼈, 기관을 비롯한 기타 신체기관들을 형성한다. 유사분열은 일생을 통해 진행되어 새로운 세포를 생성하고 오래된 손상 세포를 대체한다.

인간의 몸은 수많은 세포들로 구성되어 있으며, 이들 세포에 포함된 염색체마다 약 2만 개의 유전인자가 있는 것으로 알려져 있다. 각 유전인자에는 복잡한 이중 나선 모양의 DNA(deoxyribonucleic acid)가 길게 펴져 있다(그림 3-3). DNA는 자신을 복제할 수 있는 특징을 가지고 있다. 이러한 DNA의 특징 때문에 하나의 세포인 접합체가 놀라울 정도로 복잡한 인간으로 발달할 수 있게 된다.

부모로부터 받은 모든 생물학적인 유전정보는 23쌍의 염색체 안에 있다. 이 염색체 가운데 22개는 남녀 모두가 가지고 있는 상염색체이고 23번째 쌍은 여성과 남성의 성별을 결정하는 성염색체이다. 여성의 성염색체는 XX이고, 남성의 경우 XY이다(그림 3-4).

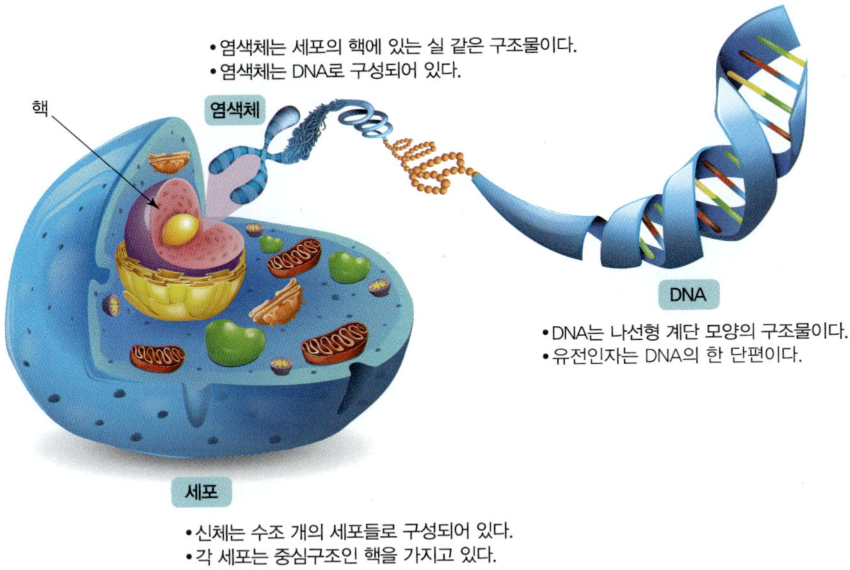

그림 3-3
세포, 염색체, DNA

대립유전자
allele
상동염색체의 같은 위치에 존재하며, 특정한 특성을 결정하는 유전인자

동질접합
homozygous
부모로부터 같은 대립유전자가 전수될 때 이 대립유전자의 결합형태

이질접합
heterozygous
두 부모로부터 서로 다른 대립유전자가 전수될 때 이 대립유전자의 결합형태

46개의 염색체 안에는 유전 형질을 만드는 유전자들이 하나의 쌍을 이뤄 대립유전자로 구성된다. 이때 부모로부터 받은 두 개의 대립유전자의 지시가 서로 같을 수도 있고, 다를 수도 있다. 대립유전자의 지시가 서로 같은 경우를 동질접합이라 하고, 반면 두 개의 대립유전자의 지시가 서로 다른 경우를 이질접합이라고 한다. 혈액형의 예를 살펴보자. 부모로부터 받은 대립유전자가 AA인 경우와 AO인 경우, 혈액형은 모두 A형이다. 그러나 유전적 잠재성은 다르다. 이처럼 겉으로 드러난 유전적 특징을 표현형이라고 하며, 눈에 보이지

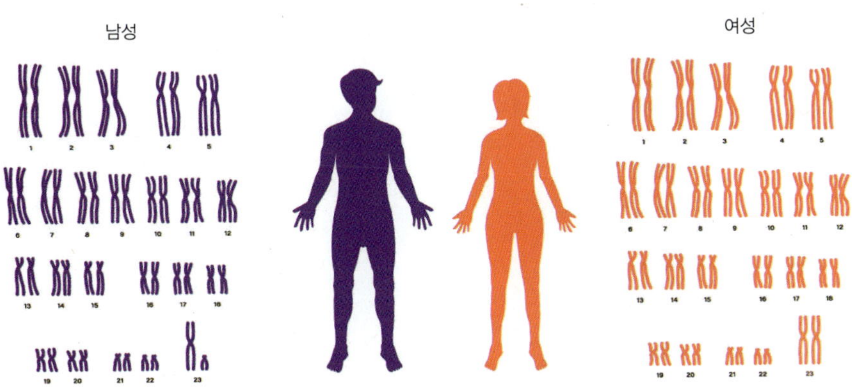

그림 3-4
여성과 남성의 염색체
23번째 염색체가 성을 결정하는 성염색체이다.

않는 유전적 잠재적 유형을 유전형이라 한다. 유전자의 표현형과 유전형이 서로 다를 때, 한쪽 대립유전자가 우성이고 다른 대립유전자는 열성으로 우성의 형질이 표현형으로 나타난다.

표현형
phenotype
겉으로 나타난 유전적 특징

유전형
genotype
부모로부터 물려받은 대립유전자의 결합형태

2) 염색체와 유전자 관련 이상

많은 아기들이 건강하게 태어나지만, 100명당 5명 정도는 선천적인 결함을 갖고 태어난다(Schulman & Black, 1993). 아기들의 결함은 유전과 환경 모두에 의해서 발생할 수 있다. 유전적으로는 감수분열 동안 염색체가 적절하게 분리되지 않거나, 결함 있는 유전인자들의 영향으로 발생한다.

(1) X염색체 관련 유전자 이상

성염색체인 X염색체에 있는 대립유전자는 X염색체 관련 유전을 유발한다. 남성의 성염색체 중 X염색체에 결함이 있는 열성 대립유전자가 있다면 그 결함은 발현된다. 한편 여성의 성염색체는 XX로 결함이 있는 열성 대립유전자라 하더라도 다른 X염색체 안의 대립유전자와 상호작용하여 표현형으로 나타난다. 만약 다른 X염색체 안의 대립유전자가 정상 발달을 관장하는 우성 대립유전자인 경우에는 결함에 대한 열성 대립유전자의 영향은 표현형으로 발현되지 않는다. 예를 들어, 혈우병은 X염색체 안의 열성 대립유전자와 관련된다. 열성이기 때문에 여성의 경우 두 부모로부터 문제 있는 유전인자를 물려받지 않는 한 혈우병이 생기지 않는다. 그러나 남성의 경우는 어머니로부터 받은 X염색체에 혈우병 관련 열성인자가 있으면 반드시 혈우병이 나타난다.

열성 대립유전자
recessive allele
우성 대립유전자와 짝지워질 때 표현형으로 나타나지 않는 덜 강력한 유전자

우성 대립유전자
dominant allele
덜 강력한 유전자의 효과를 차단하는 상대적으로 더 강력한 유전자. 표현형으로 나타남

혈우병
hemophilia
X염색체로 유전되는 질병으로 쉽게 출혈이 발생하고 지혈이 어려운 증상을 보임

(2) 염색체 이상

상염색체 관련 이상: 다운증후군

염색체 결함으로 인한 발달 이상 중 다운증후군은 23쌍의 염색체 중에서 21번째의 염색체가 하나 더 있는 상염색체 이상이다(그림 3-5). 다운증후군은 전형적인 신체 특성과 지적결함을 동반한다. 신체적으로는 코가 낮고 눈과 입이 작으며, 목이 짧은 특징적인 외모를 가지고 있다. 임산부의 나이가 40세 이상일 때 출현 빈도가 증가하는 것으로 보고되고 있다.

다운증후군
Down's syndrome
일반적으로 21번째 염색체 이상으로 염색체가 하나 더 있음으로 해서 생기는 신체적 결함과 정신적 지체

이와 같은 염색체 이상이 어떤 이유로 나이 많은 임산부에게 더 자주 일어나는지 분명한 원인은 밝혀지지 않았다. 자궁 내 생리적인 요인에 기인한 것으로 추측하나, 어떤 연구에서는 다운증후군 임신의 1/4 정도에서는 정자가 가외 염색체를 가지고 있는 것으로 보고되기도 한다(Magenis et al., 1977). 또, 쌍생아의 비교 연구에서는 일란성 쌍생아의 경우, 쌍생아 모두 다운증후군을 보일 확률이 이란성 쌍생아의 경우보다 높았다. 따라서 다운증후군의 발생에 유전적 요인의 역할을 강조하기도 한다.

다운증후군 이외의 상염색체 장애는 일반적으로 발달을 심각하게 방해하기 때문에 태내에서 유산되는 경우가 많다. 출생한다고 해도 아동 초기까지 생존하지 못하는 경우가 많다.

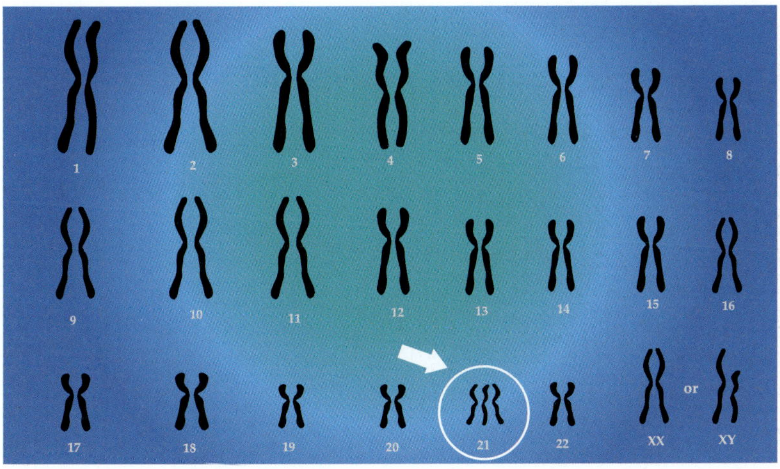

그림 3-5
다운증후군 아동의 염색체

성염색체 관련 이상

23번째 성염색체의 경우, 1개의 X염색체와 1개의 Y염색체, 또는 2개의 X염색체를 갖는 것이 가장 보편적이다. 그러나 여분의 염색체가 더 있거나 혹은 염색체가 부족한 경우 성염색체 관련 이상이라고 볼 수 있다.

클라인펠터증후군의 성염색체는 XXY로, 남아이면서 X염색체를 하나 이상 더 가지고 있는 염색체 장애이다. 이 장애가 있는 남성은 고환이 충분히 발육하지 않으며, 일반적으로 가슴과 엉덩이가 크다. 신장도 정상적인 남성보다 현저하게 크다(Ross et al., 2012). 클라인펠터증후군이 있는 아동들 중 약 10% 정도만 사춘기 이전에 진단받으며 대다수는 성인기까지 확인되지 않는다(Aksglaede et al., 2013).

터너증후군은 여성의 성염색체 장애로서 X염색체가 하나 없어서 XX 대신에 XO이거나 X염색체의 일부가 없는 경우이다. 터너증후군의 여성은 키가 작고 거미집 모양의 목을 갖는다(Vlatkovic et al., 2014). 또한 외형적으로는 여성 생식기를 가지고 있다. 그러나 2차 성징이 일어나지 않기 때문에 생식능력이 없다. 지적인 부분에 있어서 언어능력은 정상이지만 퍼즐 조립이나 정신적인 회전과 같은 공간적인 능력에서는 평균 이하의 수행을 보인다. 대략 정상 출생 여성 2,500명당 1명에서 나타난다.

XYY 증후군은 남성이 여분의 Y염색체를 갖는 염색체 장애이다. 정상적인 남성(XY)보다 키가 훨씬 크고 큰 치아를 갖고 있으며, 청소년기 동안 흔히 심각한 여드름이 나는 특징을 갖고 있다. XYY증후군을 가진 남성 대다수의 정자 수는 비정상적으로 적은 경향이 있으나 대체로 수정은 가능하다. 초기 연구에서는 여분의 Y염색체로 인해서 폭력적이고 공격성이 높다는 해석에 초점을 맞춰 연구했으나 후속 연구에서는 XYY 남성의 범죄 가담 가능성은 XY남성과 차이가 없었다(Witkin et al, 1976).

2. 유전과 환경

유전인자의 이상으로 발달이 직접적인 영향을 받을 수 있다. 그러나 대부분의 발달 특성은 유전과 환경이 상호작용한 결과이다.

1) 유전

(1) 쌍생아 연구

많은 연구에서는 특정 인간행동에 유전이 얼마나 영향을 미치는지 알아보기 위해 흔히 일란성 쌍생아와 이란성 쌍생아를 비교한다(그림 3-6). 일란성 쌍생아의 경우는 유전자가 서로 같다. 반면 이란성 쌍생아의 유전적 유사성은 형제자매들과 비슷하다. 따라서 이란성 쌍생아보다 일란성 쌍생아가 더 유사하다면 이러한 결과는 유전적 요인에 의한 것이라고 해석할 수 있다. 반면에 일란성 쌍생아들 간의 차이는 환경의 영향으로 볼 수 있다. 쌍생아를 통한 유전적 영향을 살펴본 연구는 다양한 영역에서 이루어져 왔다.

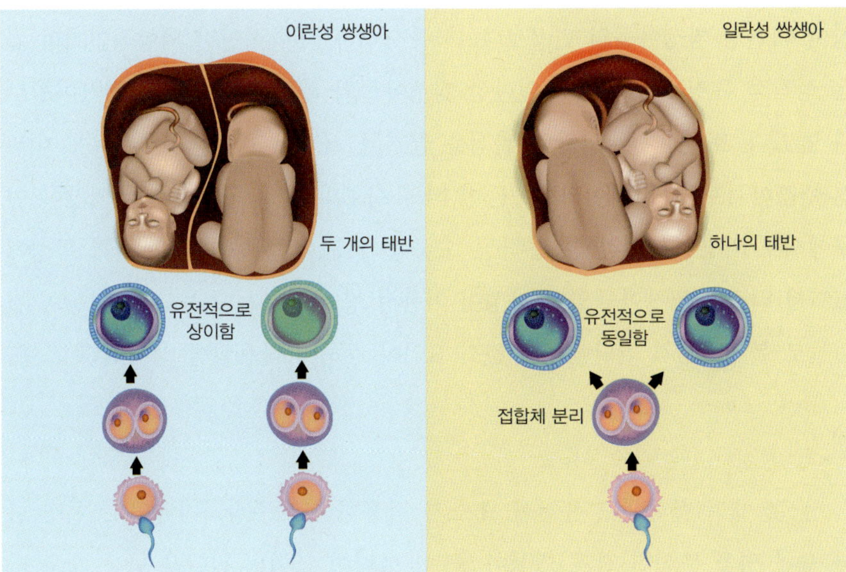

그림 3-6
이란성 쌍생아와 일란성 쌍생아

지능

지능에 대한 쌍생아 비교 연구를 보면, 일반적으로 일란성 쌍생아 간의 지능지수의 상관은 약 .86으로 매우 높았다. 반면 이란성 쌍생아들 간의 상관은 약 .60이었다. 또 서로 다른 환경에서 자란 일란성 쌍생아들 간의 지능지수의 상관이 약 .72인 반면, 이란성 쌍생아의 경우는 약 .52로 나타났다(Bouchard & Mcgue, 1981). 매우 다른 환경에서 자란 경우에도 일란성 쌍생아들이 지능지수가 이란성 쌍생아보다도 더 유사했다.

다른 연구에서는 261쌍의 일란성 쌍생아와 이란성 쌍생아를 대상으로 생후 2년 동안의 지능발달을 비교하였다(Wilson, 1983). 그 결과, 일란성 쌍생아들에게서 나타난 발달의 급상승이나 지연 같은 변화의 유사성이 이란성 쌍생아들보다 더 높았다. 즉, 발달 속도에 환경보다 유전인자가 더 큰 영향을 미치는 것으로 해석할 수 있다. 더 나아가 이 연구의 대상이었던 쌍생아들의 나이가 4, 5, 6세가 되었을 때, 쌍생아 100쌍을 대상으로 지능검사를 실시했다. 그 결과 역시 일란성 쌍생아들의 지능이 이란성 쌍생아들의 지능보다 더 유사했다. 이는 유전이 지능발달에 영향을 미치는 주요한 요인임을 지지해 준다.

성격

내향성과 외향성
introversion/extroversion
양극단의 성격특성으로 내향성은 수줍고 다른 사람 앞에서 불안해 하며, 사회적 상황에서 물러서는 경향을 가리키며 외향성은 사교적이고 다른 사람과 잘 어울리는 특성을 말함

일란성 쌍생아 영아들이 낯선 사람에 대해 나타내는 불안 정도나 웃는 경향이 이란성 쌍생아들의 반응보다 더 유사했다. 내향적인지 외향적인지와 같은 성격적 특징에 있어서도 일란성 쌍생아들의 일치율이 이란성 쌍생아들보다 높았다. 또한, 다른 사람의 관심을 끌거나, 울거나 화를 내는 반응도 이란성 쌍생아들보다 일란성 쌍생아들이 더 유사했다. 고등학생 대상의 쌍생아 연구에서도 외향성과 내향성, 공격성, 수줍음, 기분, 의존성과 같은 성격 특성에 있어서 일란성 쌍생아들의 유사성이 이란성 쌍생아보다 더 높았다. 이상의 결과들로 볼 때, 성격 발달에도 유전적 요인이 강하게 작용함을 시사한다.

조현병
schizophrenia
대인행동, 논리적 사고와 정서적 반응의 결함을 나타내는 심각한 정신적 장애

정신장애

정신장애의 발현에도 유전적 요소가 작용한다고 주장되어왔다. 조현병 환자 수천 명을 분석한 결과, 쌍생아 중 한 사람이 조현병 진단을 받은 경우 다

른 쌍생아도 조현병일 확률이 이란성 쌍생아의 경우 15% 였으나, 일란성 쌍생아의 경우에는 42~86%로 더 높았다. 이러한 연구로 유전적 요인이 조현병을 일으키는 직접적인 요인이 된다고 해석하기는 어렵다. 그러나, 스트레스 환경에서 조현병으로 진행되는지 여부에 유전적 취약성이 결정적 영향을 미치는 것으로 해석되고 있다.

(2) 유전 연구의 한계

인간은 분명 유전적 요인 영향을 받는 생물학적 유기체이다. 그러나 어떻게 유전이 인간 행동에 영향을 미치는지 그 기제를 밝히는 것은 매우 어렵다. 연구가 쉽지 않은 몇 가지 구체적인 이유는 다음과 같다.

첫째, 유전인자의 영향이 모두 행동으로 발현되는 것은 아니라는 점이다. 즉, 유전형과 표현형이 항상 같은 것은 아니기 때문에 행동유전 연구는 쉽지 않다. 예를 들어 색맹의 경우, 표현형과 유전형이 같지 않은 경우가 많다. 즉, 색맹 유전인자를 보유하고 있지만 실제 색맹이 아닌 경우가 이에 해당한다.

둘째, 많은 인간의 특성은 단 하나의 유전인자에 의해 결정되지 않는다. 특정 행동에 여러 유전인자가 동시에 영향을 미치며, 역으로 한 쌍의 유전인자가 인간의 여러 가지 행동 특성에 영향을 주기도 한다. 또한 수정 유전자들이 다른 유전인자가 표현형으로 나타나는 과정에 영향을 미치는 것으로 확인되고 있다. 한 예로 페닐케톤뇨증 아동들의 경우 같은 유전인자를 가졌는데도 불구하고 수정 유전자가 증상의 수준에 영향을 미쳐 아동마다 증상의 정도가 달랐다.

수정 유전자
modifier gene
다른 유전인자의 발현에 영향을 주는 유전인자

페닐케톤뇨증
phenylketonuria
아미노산의 하나인 페닐알라닌을 대사하지 못하는 유전병. 체내에 페닐알라닌과 그 대사 산물의 축적으로 지적 결함, 담갈색 모발, 피부 색소 결핍 등 다양한 증상 유발함

셋째, 유전인자의 영향이 반드시 출생 직후에 나타나는 것이 아니라 시간이 지나면서 발현될 수 있다는 것이다. 예를 들어, 수명, 대머리, 헌팅턴 무도병, 성적 성숙 등에 유전이 영향을 미치지만, 유전의 영향은 나이가 들어서 나타난다.

2) 환경

여러 연구에서 입증된 것처럼 인간의 행동에 유전적 요인이 큰 영향을 미친

다. 그러나 환경적 요인 역시 인간의 행동에 중요하게 작용한다.

(1) 신체적 특성

환경이 유전에도 영향을 미친다는 사실이 다양한 영역의 연구에서 확인되었다. 예를 들어, 신장, 체중, 얼굴 형태, 눈의 색, 피부색 등 체격과 많은 외모 특성이 유전적 요인의 영향을 받는다. 그러나 이처럼 유전적 요인에 의해 결정된다고 여겨지는 특성들도 환경의 영향을 많이 받는다. 구체적인 사례로 미국에서 태어나고 자란 유태인 이민 2세의 신장이나 체중은 부모 뿐만 아니라 다른 나라에서 태어난 같은 또래 유태인과 비교해도 더 컸으며 체중도 더 많이 나갔다. 생활 조건과 영양상태 등과 같은 환경적 요인이 체격과 성장속도 등에도 영향을 미친다고 볼 수 있다.

(2) 성격

평상시 크게 긴장하지 않고 편안한 마음 상태를 잘 유지하는지 혹은 예민하고 신경질적인지와 같은 기질적 특성은 유전의 영향을 많이 받는 것으로 밝혀졌다. 그러나 이처럼 유전의 영향을 많이 받는 기질적 특성도 환경적 요인에 따라서 많이 달라진다. 타고난 지적 잠재력이 높다 하더라도 아동이 잠재력 발휘에 대한 동기가 낮다면 높은 지능을 유지하기 어렵다.

(3) 지능

앞서 살펴본 쌍생아 연구에서처럼 지능에는 유전적 영향이 크게 작용한다. 그러나 동시에 환경적 요인도 중요한 역할을 한다고 지적되어왔다. 예를 들어, 자라온 환경의 차이가 클수록 일란성 쌍생아의 지능지수의 차이도 더 크게 나타났다. 또 한 사례에서는 일란성 쌍생아지만 쌍생아 중 한 명은 고립된 장소에서 교육받지 못한 채로 자랐고, 다른 아동은 입양되어 좋은 가정환경에서 좋은 교육을 받으면서 성장했다. 이처럼 일란성 쌍생아지만 자라는 환경이 달랐을 때 지능지수는 20점 이상 차이가 났다.

지능검사를 신뢰하지 않는 사람들은 검사가 특정한 사회계층과 인종에게 유리하게 제작되었다고 주장한다. 그에 반해 지능검사의 타당성을 강조하는 사람들은 사회계층과 인종에서 발견되는 차이가 환경에 기인한다고 본다. 즉, 서로 간의 환경의 차이가 지능지수에 영향을 미쳤다고 해석하였다. 구체적인 사례로 미국 중상류층 아동들의 지능지수는 저소득층 아동들보다 평균 20점 높고 흑인 아동들의 지능지수는 같은 또래의 백인 아동들보다 평균적으로 다소 낮은 것으로 보고되었다(Jensen, 1998).

학자에 따라서는 이와 같은 결과를 지능이 유전적 영향을 받는다는 결정적 증거로 해석하기도 한다. 그러나 많은 심리학자들은 지능의 차이가 환경적 요인으로 설명될 수 있다고 주장한다. 예를 들어, 태내에서의 부적절한 영양섭취, 특히 부족한 단백질 섭취는 아동의 지적능력에 지속해서 영향을 미칠 수 있다고 본다. 즉, 사회경제적 수준이 낮은 어머니들이 부적절한 식사를 할 가능성이 높고 이러한 영향으로 지적능력이 떨어지는 아동이 태어날 수도 있다. 또한, 사회계층과 문화에 따른 육아법의 차이가 지능의 차이에 영향을 미칠 수 있다. 특히 가정이 사회·문화·경제적으로 실조된 환경일 때 아동들의 경험은 매우 제한적일 수 있고 지적·문화적 자극이 부족하게 된다.

3) 유전과 환경의 상호작용

발달과정에는 이처럼 유전과 환경이 모두 작용하고 있다. 그러나 특수한 경우를 제외한 대부분의 발달적 변화에서 유전과 환경의 영향 정도를 분리하기란 쉽지 않은 일이다. 현대 아동발달심리학에서는 유전과 환경이 어떻게 결합하여 발달에 영향을 주는지, 어떠한 형태로 상호작용하는지 등에 관련된 몇 가지 원리를 제시해 왔다.

운하화
canalization
유전인자가 표현형을 한정 짓는 기제. 운하화가 높은 특성일수록 유전인자가 결정하는 경로를 따라서 발달함. 그런 경우 환경이 거의 어떤 영향도 미치지 못함

(1) 운하화

발달특성에 따라서는 유전에 의한 영향이 환경보다 크게 작용하는 경우가 있다. Waddington(1966)은 운하화란 개념으로 유전인자에 의해 극히 한정된 결과만 나타나는 경우를 설명했다. 예를 들어, 언어장애를 가지고 있는 영아까지도 모두 생후 4~6개월경부터 거의 같은 방식으로 옹알이를 한다. 옹알이는 운하화가 높은 특성으로 이처럼 운하화가 높은 특성에는 환경이 큰 영향을 미치지 못하고 단지 유전인자에 의한 성숙에 따라 그 특성이 나타나게 된다. 반면 운하화가 비교적 낮은 성격 같은 특성은 경험에 따라 유전적 방향과 다르게 발달할 수 있다.

반응범위
range of reaction
유전형은 한 개인의 환경에서 나타낼 수 있는 표현형의 범위를 제한한다는 개념

(2) 반응범위

Gottesman(1963)은 유전인자가 행동을 엄격하게 운하화하는 것이 아니라, 개인의 유전형이 표현형으로 나타날 때, 경험 정도에 따라 달라질 수 있는 반응범위를 갖고 있다고 보았다(그림 3-7). 다시 말해서 반응범위란 유전형이 표현형의 범위를 제한한다는 원리이다. 결국 유전형에 의해 한 특성에 대해 가능한 결과와 범위가 정해지고 환경은 개인이 갖는 반응범위 내에서 영향을 주게 된다.

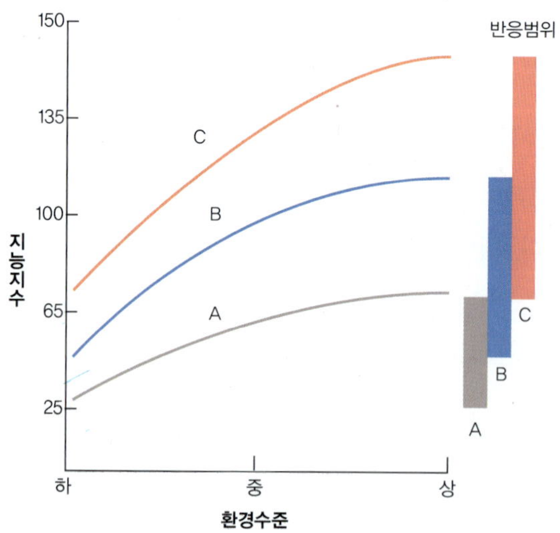

그림 3-7
반응범위
출처: Gottesman(1963)

(3) 유전과 환경의 세 가지 관계

Scarr와 McCartney(1983)에 따르면, 유전과 환경의 상호관계는 다음 세 유형으로 일어난다.

수동적 유전–환경관계(passive genotype–environment correlation)

환경자극을 스스로 선택할 수 있는 능력이 부족한 아동들이 주위의 성인이나 부모가 제공하는 환경에 수동적으로 노출되는 경우다(그림 3–8). 부모가 아동에게 제공하는 환경은 부모 자신의 유전형에 의해 영향을 받는다. 그리고 자녀는 부모로부터 유전인자를 받았기 때문에 자녀에게 주어지는 가정환경은 자녀 자신의 유전형과 부합되거나 상관이 있다. 예를 들어. 운동에 유전적으로 소질이 있는 부모는 자녀들의 스포츠 활동을 격려하는 환경을 제공한다. 자녀는 이와 같은 운동환경에 자연히 노출될 뿐 아니라 유전적으로 부모의 운동소질을 전달받기 때문에 유전적으로나 환경적으로나 운동을 즐기게 된다.

수동적 유전–환경관계
passive genotype–environment correlation
부모가 제공하는 양육환경은 부모 자신의 유전자에 의해서 영향을 받으며 아동 자신의 유전형과 상관관계가 있다는 개념

유발적 유전–환경관계(evocative genotype–environment correlation)

아동의 유전적 특성이 다른 사람들의 행동에 영향을 미쳐 특정 물리적·사회적 환경을 유발하는 경우이다. 예를 들어, 사람을 보면 계속 미소 짓고 잘 웃는 능동적인 아기는 까다롭고 수동적인 아기보다 관심과 사회적 자극을 더 많이 받는다. 이처럼 아동들의 특징에 대해 다른 사람들의 반응은 성격 형성에 중요한 역할을 하는 환경적 요인이 된다.

유발적 유전–환경관계
evocative genotype–environment correlation
아동의 유전적 특성이 아동에 대한 다른 사람들의 행동에 영향을 미친다는 개념

적극적 유전–환경관계(active genotype–environment correlation)

아동이 자신의 유전적 성향에 부합하는 환경을 능동적으로 선택하는 경우이다. 예를 들어, 사교적인 아동은 친구들을 집에 초대하고 다른 사람과 함께 하는 사회적인 활동을 좋아할 것이다. 반면에 수줍음이 많은 아동은 큰 사회적 모임을 피하고 혼자서 하는 활동을 좋아할 것이다. 다시 말해서 사람들은 각자의 자신의 유전적 소인에 맞는 환경을 선택할 것이고, 결국 그 후의

적극적 유전–환경관계
active genotype–environment correlation
아동이 선호하고 추구하는 환경은 자신의 유전적 성향에 가장 잘 부합되는 것이라는 개념

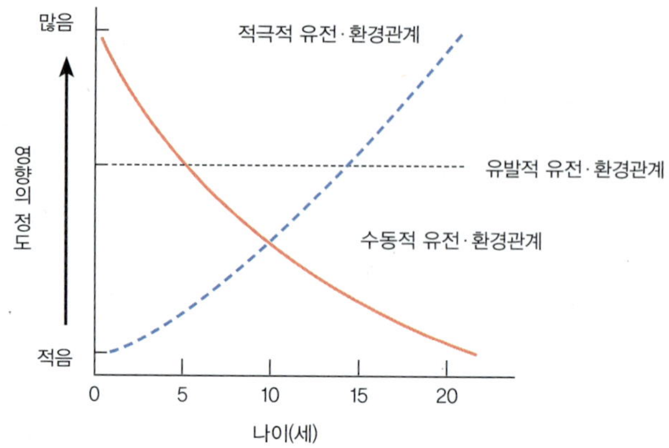

그림 3-8
연령에 따른 유전-환경 상호관계
출처: Shaffer 등(2020)

사회적·정서적·지적 발달에 영향을 미치게 된다.

이와 같은 세 종류의 유전과 환경의 상호관계는 아동의 연령에 따라 다르게 영향을 미친다(**그림 3-8**). 아동이 어릴수록 직접 환경을 선택하는 것이 어렵다. 따라서 대부분의 시간을 부모가 제공하는 환경 속에서 지낸다. 그래서 아동이 어릴 때는 수동적 관계가 특히 중요하다. 그러나 초등학교에 들어가면서 자신의 관심, 활동, 친구들을 스스로 선택하게 된다. 나이가 들어가면서는 적극적인 관계가 점점 더 중요해진다. 한편, 유발적 관계는 연령에 상관없이 늘 중요하다. 아동이 가진 유전적인 특성과 행동 특성은 다른 사람들에게 특정한 반응을 유발한다는 한다는 의미에서 일생을 통해서 일관되게 중요하다.

정리해 봅시다

1. 생식세포와 체세포의 분열과정의 차이를 설명해보자.
2. 인간행동에 미치는 유전의 영향을 밝히는 것이 왜 어려운가? 구체적인 이유들을 이야기해보자.
3. 유전과 환경 중 무엇이 더 큰 영향을 미친다고 생각하는가? 그렇게 생각하는 구체적인 근거들을 이야기해보자.
4. 반응범위 모델이 가정하는 유전과 환경의 관계를 예를 들어 설명해보자.
5. 나이 들면서 유전과 환경의 상호작용이 어떻게 달라지는지 설명해보자.

CHAPTER 4
태내발달과 신생아

04
태내발달과 신생아

하나의 생명이 시작되는 수정에서부터 출생 전까지를 태내기, 태아가 모체 밖으로 나와 바깥세상에 적응해야 하는 2주간의 짧은 기간을 신생아기라 한다. 본 장에서는 태내기에 어떤 변화를 거쳐 성장하는지 알아보고, 이러한 과정을 거쳐 세상 밖으로 나온 신생아는 어떤 능력을 선천적으로 가지고 태어나는지 그리고 어떻게 세상에 적응하는지 살펴보고자 한다.

1. 태내기

1) 수정

여성의 생식기는 두 개의 난소와 두 개의 나팔관, 그리고 자궁으로 구성되어 있다. 난소는 미성숙한 난자를 저장하는 곳으로, 여성은 출생 시 이미 난소에 약 20만 개의 미성숙 난자를 보유하고 있다. 사춘기가 되면서 호르몬이 난자의 성숙을 자극한다. 그러면서 약 0.14mm의 성숙한 난자를 양쪽 난소에서 한 달에 한 번 1개씩 번갈아 배출하는데 이를 배란이라고 한다.

배란
ovulation
난소에서 성숙한 난자가 한 달에 한 번 1개씩 배출되는 현상

배란기에 질 속에 사정된 정액 안의 정자가 헤엄쳐서 나팔관으로 올라가는 과정에서 나팔관을 따라 내려오는 난자와 만나면 수정이 이루어진다. 배출된 난자는 약 24시간 생존하며, 정자는 약 72시간 생존한다. 이 시간 안에

수정되지 않으면 정자와 난자는 생식능력을 잃는다.

2) 태아의 발달단계

수정되면서 모체는 임신이 된다. 임신 기간은 평균 266일이며 약 38주 정도이다. 태내기는 발아기, 배아기, 태아기 3단계로 구분된다.

(1) 발아기

수정된 접합체가 자궁벽에 착상하는 약 2주간의 기간을 일컬으며, 정착기라고도 한다. 수정 후 접합체는 빠른 속도로 분할된다. 36시간 후에는 2개의 세포, 2일 후에는 4개의 세포, 3일 후에는 16개에서 32개의 세포, 그리고 4일 후에는 약 64~128개의 세포로 분열한다. 세포분열을 하는 동안 나팔관 내부의 섬모운동과 수축작용으로 이동하여 자궁에 도달하게 된다. 자궁에 도달할 때쯤에 접합체는 작은 공 모양의 포배로 변해 약 1~2일 동안 자궁 속을 떠다닌다. 포배는 외세포 덩어리와 내세포 덩어리로 구성되어 있으며, 내부를 액

발아기
period of the zygote
수정에서부터 수정란이 나팔관을 내려가 자궁벽에 착상하기까지 약 2주의 기간

포배
blastocyst
수정란이 분열하며 생긴 공 모양의 세포

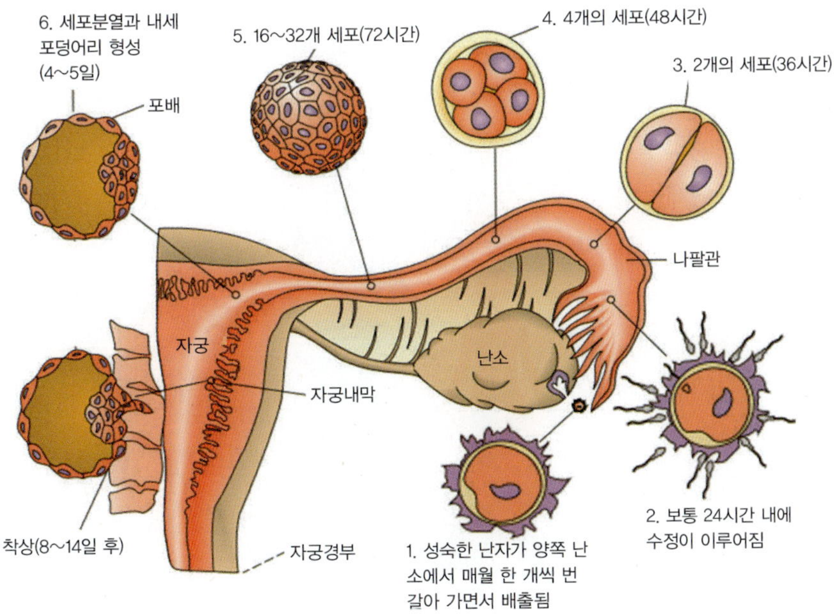

그림 4-1
발아기의 주요 발달
출처: Shaffer 등(2020)

체로 채우고 있다. 이들 중 외세포 덩어리는 자궁벽에 정착해서 태아를 보호하고 영양분을 공급하는 조직으로 발달한다. 그리고 내세포 덩어리는 자궁내막에 완전히 착상해서 배아로 성장한다. 완전히 착상이 이루어지는 데는 약 1주일이 걸리며 착상과 동시에 발아기는 끝나고 다음 단계가 시작된다. 그러나 임신의 약 30%가 착상에 실패한다.

(2) 배아기

배아
embryo
착상이 끝난 임신 3주에서부터 8주까지의 태내에 있는 유기체

배아기
period of the embryo
발아기 이후 약 6주간의 기간. 주요 기관이 형성되는 시기

배아기는 발아기 이후 약 6주 동안에 해당한다. 이 시기에 어머니와 의존적인 관계를 형성하며, 매우 빠른 속도로 발달이 이루어진다.

발아기 동안 자궁벽에 착상했던 포배의 내세포 덩어리는 세 개의 분리된 층, 즉 외배엽, 중배엽, 내배엽으로 분화하기 시작한다. 이들 중 외배엽은 가장 바깥층에 위치하며 신경계, 손톱, 발톱, 머리카락, 피부의 표피, 귀, 코 등의 감각기관으로 분화한다. 그리고 중간층인 중배엽은 근육, 골격, 연골, 피부 진피 등을 생성하고, 가장 안쪽에 있는 내배엽은 폐, 위, 간, 췌장, 방광 등으로 분화한다.

한편, 외세포 덩어리는 배아를 감싸는 융모막과 양막을 발달시킨다(**그림 4-2**). 양막 안은 양수로 채워져 있어 항상 적절한 온도를 유지한다. 이러한 환경은 급격한 온도 변화로부터 배아를 보호할 뿐 아니라 외부 충격으로부터

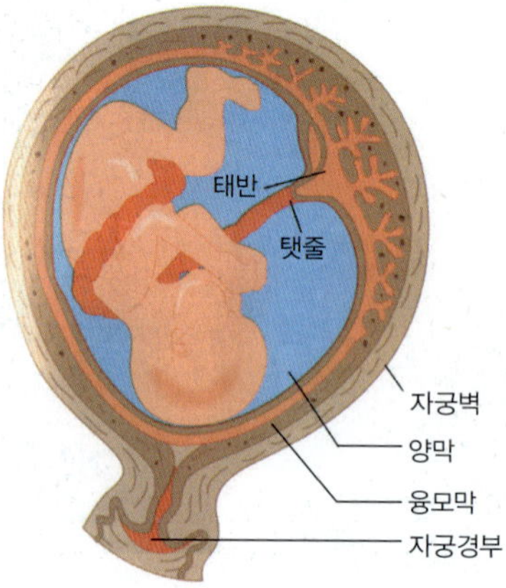

그림 4-2
태내환경

배아를 보호하는 기능을 한다. 또한 자궁으로 뚫고 들어갔던 가시 모양의 섬모가 커지면서 두툼한 원반 모양의 태반이 형성되는데 배아의 배꼽으로부터 탯줄이 생기면서 태반과 탯줄이 서로 연결되기 시작한다. 탯줄은 배아의 생명줄과 같아서 배아와 태반 사이에 혈액을 운반하는 혈관을 이루고 있다. 배아와 어머니의 혈관은 태반 속에서 섬세한 반투명의 막으로 분리되어 있어 직접적으로 연결되어 있지는 않다. 그러나 반투명막을 통해 영양물질이 배아에게 전달되고 배설물이 어머니에게 이동하게 된다. 따라서 배아 발달에 나쁜 영향을 미칠 수 있는 알코올이나 특정 약물, 바이러스, 또는 어머니로부터의 항체 역시도 태반의 반투명막을 통해서 배아에게 전달된다.

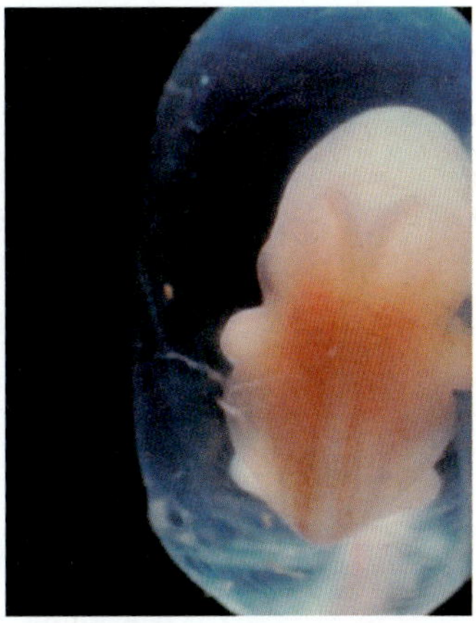

6주 된 배아의 모습: 이미 원시적 형태의 신경계를 형성하고 있다.
출처: Santrock(2020)

특히 배아기에는 매우 빠르게 기관이 발생하고 분화되는데 이로 인해 태내 환경에 가장 민감한 시기이다. 따라서 이 기간의 모체질병이나 영양부족, 약물 복용 등은 태내발달에 치명적인 상해를 입힐 뿐 아니라, 때로 자연유산으로 이어지기 쉽다. 자연유산이란 의학적 시술을 하지 않은 상태에서 아기가 자궁벽에서 떨어져 나와 임신이 종결되는 것을 의미하며, 특히 임신 20주 전에 종결될 때를 일컫는다.

자연유산
spontaneous abortion
의학적 시술을 하지 않은 상태에서 임신이 종결되는 것을 의미하며 특히 임신주수 기준으로 20주 이전에 종결되는 경우를 말함

배아기가 끝날 때쯤 얼굴 모습이 드러나고 손가락이나 발가락 뿐 아니라 외적 생식기관의 식별이 가능하다. 또한, 소화기관이 역동적으로 움직이고, 심장과 간이 기능한다고 보고되고 있다.

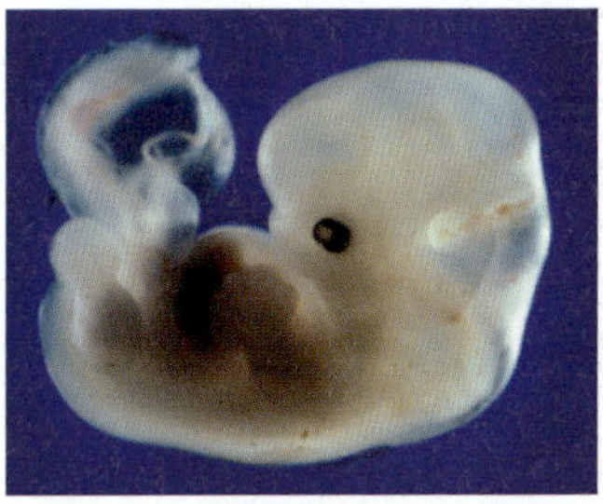

40일된 배아
출처: Shaffer 등(2020)

(3) 태아기

임신 9주에서부터 출생까지를 태아기라고 한다. 태아기에는 새로운 기관의 형성보다 형성된 기관의 성장이 빠르게 진행된다. 중추신경계 역시 빠르게 발달한다. 보통 임신 4개월 말경에 산모는 태아의 움직임을 느낀다. 5개월된 태아는 빨고, 삼킬 뿐만 아니라 딸꾹질과 같은 반사도 나타난다. 5개월 이후에는 손톱과 땀샘이 발달하고, 솜털이 온몸을 덮는다. 6개월 된 태아의 눈은 개폐 움직임이 가능하다. 7개월이 되면 지방 조직이 발달하면서 체중도 증가한다.

태아기
period of the fetus
배아기가 끝나는 9주에서부터 출생할 때까지의 기간

태아
fetus
임신 9주에서부터 출산에 이르는 기간에 태내 아기를 이르는 말

지방 조직은 출생 후 체온 유지를 돕는 역할을 한다. 출생 직전 태아의 움직임은 느려진다. 또한 머리는 아래를 향한 채 팔과 다리를 구부린 자세를 하면서 세상에 나올 준비를 한다.

6개월된 태아의 경우 호흡기나 신경계를 비롯한 기타 신체 조절 기능이 자발적으로 생존할 만큼 충분히 성숙해 있지 않다. 따라서 이 시기에 조산하는 경우, 보육기에서의 양육을 통해 태아의 생존 가능성을 높일 수 있다. 보통 임신 22~28주를 생존 가능 연령이라고 하는데, 자궁 밖에서 생존이 가능해지는 시점이다(Moore et al., 2008). 체중이 1.5kg 정도면 일반적으로 보육기의 도움으로 생존할 가능성이 높다. 그리고 2.3kg 이상이면 보육기의 도움을 받지 않아도 된다.

3) 태내발달의 위험요인

기형유발물질
teratogen
잠재적으로 출생결함을 유발하거나 배아나 태아의 인지·행동 등에 부정적인 영향을 미칠 수 있는 요인이나 물질

태내 환경은 비교적 안전한 공간으로 어느 정도 외부 자극이 차단된다. 그러나 태내 환경이 적절하지 않을 경우, 배아나 태아의 발달은 치명적인 영향을 받을 수 있다. 태내 발달에 영향을 미칠 수 있는 위험요인에는 흡연, 음주, 약물, 모체의 질병, 영양상태, 호르몬과 산소 수준, 어머니의 정서적 상태, 어머니와 아버지의 연령 등이 포함된다. 이처럼 잠재적으로 출생결함을 일으키거나 배아나 태아의 인지·행동 등에 해로운 영향을 미칠 수 있는 요인이나 물질들을 모두 기형유발물질이라고 한다. 기형유발물질들이 작용하는 일반적인

태아알코올증후군
(Fetal Alcohol Syndrome)
FAS는 임신 동안 알코올을 남용한 어머니의 자녀들에게 나타난다. 소두증, 중추신경계장애, 안면기형 및 발달장애 등을 동반한다.
출처: my.clevelandclinic.org

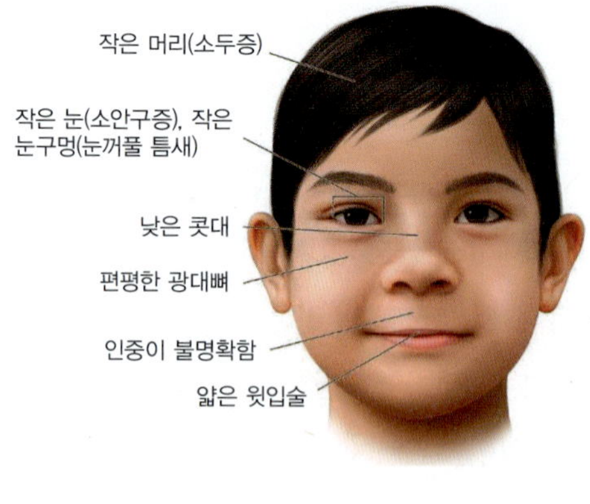

원리는 다음과 같다.

노출시기

주요 신체 기관들의 경우 기본 구조가 형성되는 시기에 가장 손상을 받기 쉽다. 그러나 신체 기관별로 기본 구조의 형성 시기와 완료 시기가 다르다. 따라서 기형유발물질의 영향을 받는 시기도 다르다(그림 4–3). 기관의 구조적 결함은 기관들이 형성되는 배아기에 가장 큰 영향을 받는다(Holmes, 2011). 뇌는 수정 후 15~25일이 기형유발물질에 의한 영향을 가장 크게 받을 수 있다. 눈은 24~40일, 심장의 경우는 20~40일, 다리는 24~36일에 가장 큰 영향을 받는 것으로 알려져 있다(Tuchmann-Duplessis, 1965). 기관발생이 완료된 후, 기형유발물질이 구조적 결함을 일으킬 가능성은 상대적으로 적다. 따라서 태아기는 배아기에 비해 위험요인들의 영향을 덜 받는다. 대신 태아기 동안의 기형유발물질의 노출은 태아의 성장을 방해하거나 기관들의 기능에 문제를 일으킬 가능성이 높다. 태아기까지 구조적으로 발달하는 입천장이나 외부생식기, 중추신경계의 분화에는 지속적으로 큰 영향을 미칠 수 있다(Clegg, 1971).

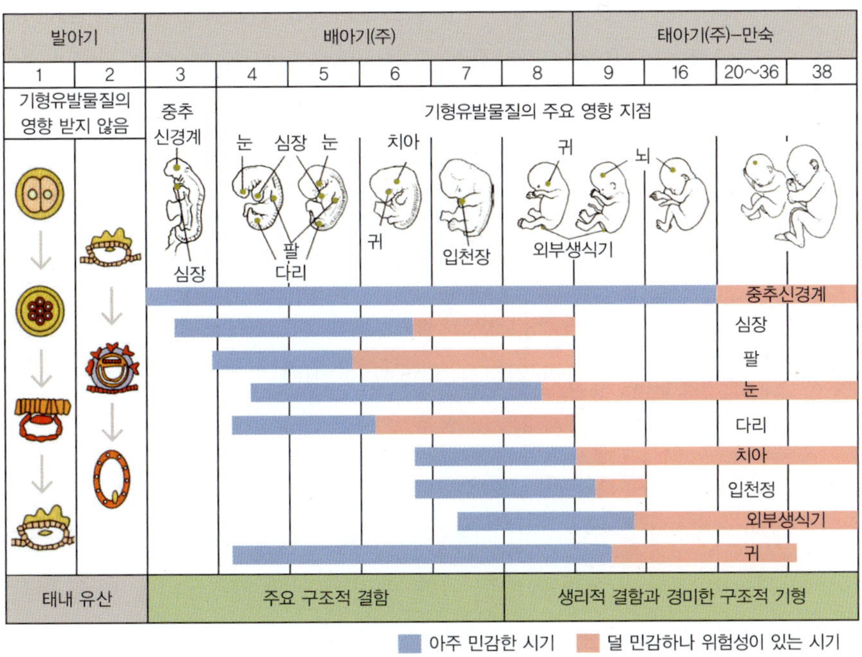

그림 4–3
기형발생의 결정적 시기
출처: Shaffer 등(2020)

기형유발물질의 종류

기형유발물질에 따라 발달과정에 미치는 영향은 다르다. 따라서 이들 요인에 따른 발달적 이탈의 양상도 다르다. 예를 들어, 풍진은 주로 태아의 심장과 눈, 그리고 뇌 발달에 영향을 주지만 신경안정제인 탈리도마이드는 주로 팔, 다리의 발달에 영향을 미친다. 이와 같이 풍진과 탈리도마이드가 태내발달에 미치는 영향은 다르지만 두 요인 모두 임신 4주에서 6주 사이, 즉 배아기에 가장 큰 영향을 미친다.

태아와 모체의 유전형

기형유발물질에는 태아와 모체의 유전형이 중요한 영향을 미칠 수 있다. 임신 중에 탈리도마이드를 복용했거나 영양결핍이 있었다고 해서 임산부 모두가 모두 결함 있는 아기를 출산하는 것은 아니다. 임산부가 특정 기형유발물질에 대해 유전적으로 더 민감하거나 태아의 유전적 민감성이 높을 때 아기의 결함 가능성이 높아진다.

모체의 상태

기형유발물질의 작용에 모체의 생리적 또는 병리적 상태가 영향을 미친다. 예를 들어, 영양결핍 자체가 직접적으로 태아에게 영향을 줄 수도 있지만, 임산부가 코티손 같은 호르몬 치료를 받을 때 태아에게 더 큰 영향을 미칠 수 있다. 비만이나, 고혈압, 간 질환 또는 만성적 소화질환 같은 병리적 요인들 역시 태아의 손상을 증가시킬 수 있다. 모체에는 별다른 영향을 미치지 않으나, 태아에는 치명적인 손상을 유발할 수 있는 기형유발물질들이 있다. 예를 들어, 임산부의 풍진이나 X선, 영양결핍 등은 모체에는 큰 영향을 미치지 않을 수 있으나 태아에게는 상당한 결함을 유발할 수 있다.

기형유발물질의 다각적인 영향

한 가지 기형유발물질이 여러 차원의 결함을 초래할 수도 있고 다양한 물질들이 하나의 결함을 유발할 수도 있다. 풍진은 언제 앓았느냐에 따라 청각장애, 백내장, 지적결함 또는 심장질환으로 나타날 수가 있다. 그러나 청각장애는 어머니의 풍진에 의해서만 나타나는 것이 아니라 어머니가 복용한 퀴닌(말라리아 치료제의 일종)이나 스트렙토마이신(항생제의 일종) 같은 약물에 의해서도 생긴다.

태내검사
prenatal test
임신부를 대상으로 태아의 정상적 발달 내지는 유전적 이상을 확인하기 위해 실시하는 검사

4) 태내검사

양수검사
amniocentesis
양수로 태아의 유전적 이상을 진단하는 방법

임신부를 대상으로 태아의 정상적 발달과 유전적 이상 여부를 확인하기 위해 실시하는 검사를 태내검사 혹은 산전검사라고 한다. 대표적인 태내검사로는 양수검사, 초음파검사, 융모검사 등이 있다.

(1) 양수검사

양수검사는 태아를 보호하고 있는 양막의 아랫부분에서 소량의 양수를 채취하여 염색체 이상여부를 알아보는 검사이다. 양수검사로 약 60종 정도의 유전적 이상을 가려낼 수 있다(그림 4-4). 보통 양수검사는 15~18주 사이에 실시될 수 있으며, 임신 16주째가 가장 적기로 알려져 있다. 14주 이전에는 양수를 충분히 얻을 수 없기 때문에 검사를 시행하지 않는다. 또 양수검사는 양수에서 태아 유래 세포를 배양하여 염색체를 분석하는 것이기 때문에, 결과 확인까지 약 2주 정도가 소요된다.

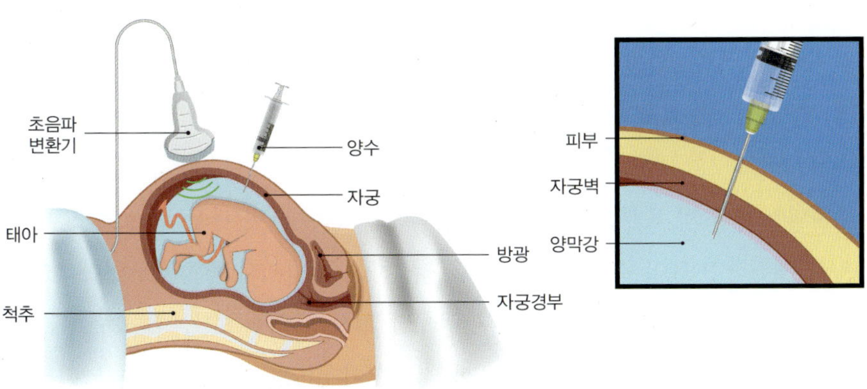

그림 4-4
양수검사

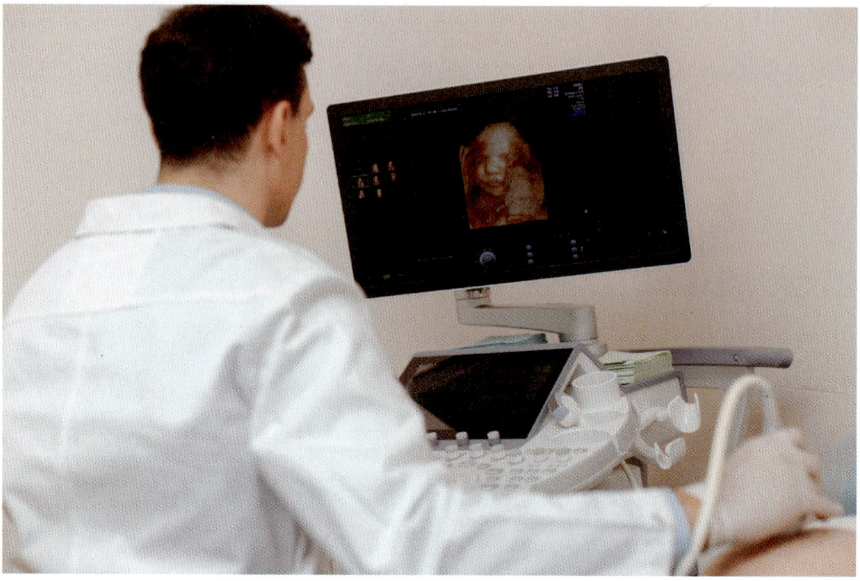

그림 4-5
초음파 검사

초음파검사
ultrasound sonography
음파로 자궁을 스캐닝하여 태아의 시각적 윤곽을 만들어서 신체상을 찾아내는 방법

(2) 초음파검사

초음파검사는 주로 임신 7주에 실시되고 이후 임신 중 여러 번에 걸쳐 실시된다. 초음파검사는 초음파를 자궁 내에 전달해 반사되는 음파가 시각적으로 변환되면서 태아의 상태를 시각적으로 표상해 준다(그림 4-5). 이 방법은 태아의 구조적 이상을 발견하는 데 유용하다. 검사를 통해서 두뇌가 비정상적으로 작은 소두증이나 뇌의 특정 부분이 없는 무뇌증 등에 대한 판별이 가능하며 쌍생아의 여부나 태아의 성별 등에 대한 확인도 가능하다.

융모막 검사
chorionic villus sampling
태반조직인 융모를 채취하여 태아의 염색체 이상을 알아보는 검사

(3) 융모막 검사

주사바늘을 모체 복부를 통해 넣거나 자궁경부에 미세한 관을 넣어 융모(태반조직)를 채취하여 태아의 염색체 이상을 확인하는 검사이다(그림 4-6). 일반적으로 약 10일 이내에 결과를 알 수 있다. 융모막 검사는 임신초기인 8~9주에 실시 가능한 장점이 있다. 양수검사와 유산 가능성이 비슷하거나 다소 높다. 따라서 유전적 결함이 있는 태아를 임신할 가능성이 높은 부모에게만 권장하고 있다.

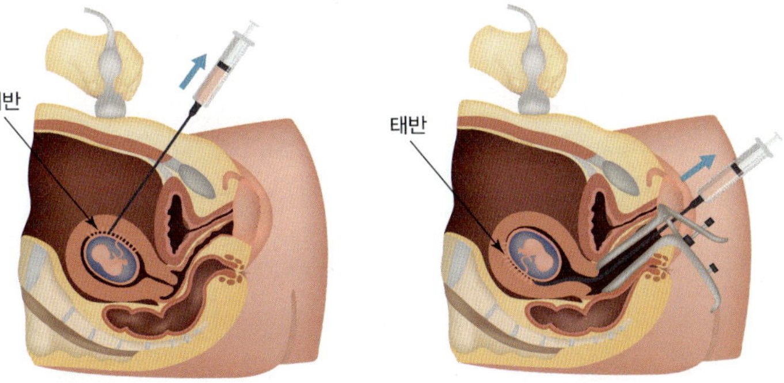

그림 4-6
융모막 검사
출처 : www.somepomed.org

2. 출산

1) 출산 과정

출산은 모체의 자궁 내에 있던 태아가 모체 밖으로 나오는 과정이다. 이를 분만이라고도 하는데 분만은 약하고 불규칙한 자궁수축으로부터 시작하며 주기적인 자궁수축에 따라 진통이 발생하면서 출산으로 이어진다. 출산 과정은 세 단계로 진행된다(그림 4-7).

첫 번째 단계는 개구기이다. 진통이 시작되면서 태아의 머리가 통과할 수 있을 만큼 자궁경부가 열릴 때까지의 시간을 말한다. 이때 진통은 자궁경부를 열기 위해 규칙적인 자궁수축이 일어나면서 발생하는 현상이다. 이 단계는 모체의 자궁경관이 아기가 통과할 수 있을 정도로 충분히 확장되었을 때 끝난다. 개구기는 초산일 경우 약 12시간 정도 지속된다. 반면, 출산 경험이 있는 경산부의 경우 약 6시간 정도로 초산보다 짧다. 초기에 진통은 불규칙하고 약하나 마지막 무렵 진통 간격은 일정해지며 견디기 어려울 정도로 강도가 세진다.

두 번째 단계는 출산기로 태아의 머리가 자궁 입구에 도달하여 모체 밖으로 완전히 나왔을 때까지를 말한다. 일반적으로 초산부는 약 3시간, 경산부는 1시간 반 정도 소요된다. 출생 직후 아기는 큰 소리로 우는데, 울지 않을

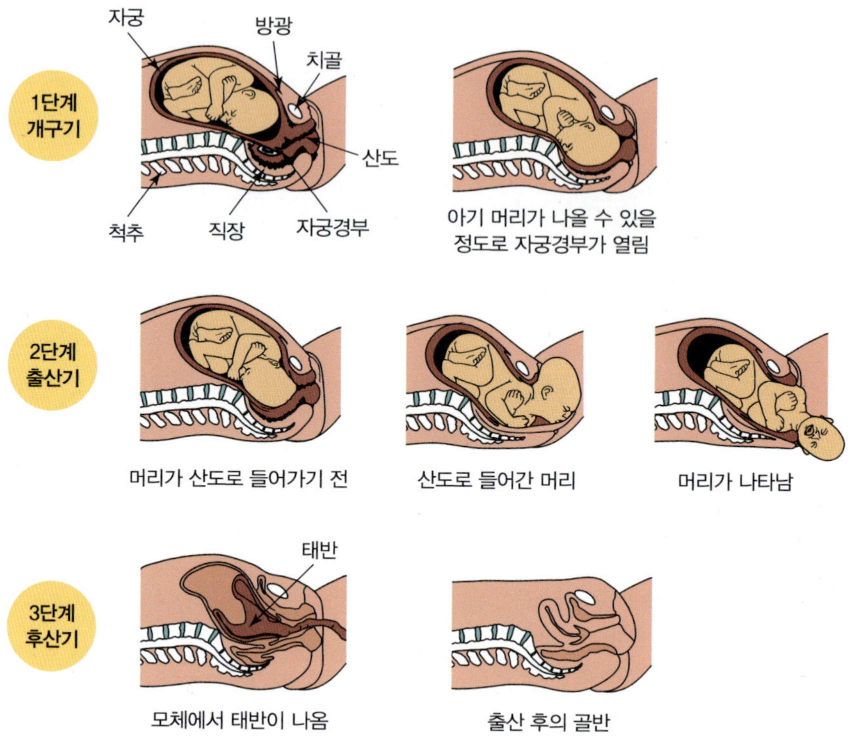

그림 4-7
출산의 세 단계

때는 아기 등을 부드럽게 문질러서 폐가 활동할 수 있도록 한다. 폐의 활동을 확인한 후 탯줄을 자른다. 아기는 모체 밖으로 나왔으나 자궁 내부에 태반과 양막이 계속 남아있는 상태이다.

세 번째 단계는 후산기로 자궁이 다시 수축하고 자궁 속에 남았던 태반과 탯줄 등이 나오는 단계이다. 자궁 속에 조금의 찌꺼기라도 남는 경우 산모의 감염이나 출혈을 유발할 수 있기 때문에 철저한 확인이 필요하다. 후산기의 경우 초산부는 30분 정도이며 경산부는 20분 정도 소요된다.

2) 출산 시 문제

대부분의 출산은 별문제 없이 이루어지나 때로 분만과정이 순조롭지 않을 수 있다. 이를 난산이라고 한다. 태아의 머리가 자궁경부로 향하지 않거나, 태아가 너무 큰 경우, 질이 너무 좁은 경우, 태반이 조기 박리된 경우 등이 난산의 원인이 된다. 장기적인 진통과 난산과정에서 태아의 뇌에 압력이 가해진다거나, 출혈이 생기거나 산소결핍이 발생하면 신경계가 손상될 확률이 높다.

(1) 산소결핍증

많은 경우 태아들은 분만과정 중에 약간의 산소결핍을 경험한다. 그러나 마취를 심하게 했거나, 탯줄이 꼬여 있는 상태, 혹은 지나치게 긴 진통 시간 등은 심각한 산소결핍을 초래할 수 있다. 산소결핍 상태는 아기 뇌의 구조적 손상이나 기능적 결함을 초래할 수 있을 뿐 아니라, 심한 경우 사망에 이르게 할 수도 있다. 분만 시 아무 문제가 없고 평균 분만이 6~10시간 정도 걸려 태어난 아기들은 손상을 입는 경우가 거의 없다. 그러나 산모의 진통 기간이 과도하게 길거나, 극단적으로 짧은 경우 심한 산소결핍증을 보일 수 있다. 진통 기간이 2시간 이하가 되었거나 제왕절개로 분만된 아기들이 산도의 압력으로 인해 뇌손상을 입을 확률은 매우 적다. 그러나 이런 경우에는 너무 갑자기 외부에 노출됨으로써 호흡 시작이 어려울 수 있고, 이로 인해 유발된 산소결핍 상태가 뇌손상을 유발할 수 있다. 산소결핍증을 겪은 아기들은 주의력이 부족하고 산만하며 나이가 들면서 성격 문제나 사회적 적응의 어려움이 증가하는 경향을 보인다(Corah et al., 1965).

(2) 조산

조산
preterm birth
정상 분만일보다 3주 이상 일찍 분만하는 경우

조산아(미숙아)
preterm infant
임신 37주 미만에 태어나거나 출생 시 몸무게가 2.5kg 이하인 신생아

저체중아
low birth weight
정상 시기에 태어났더라도 체중이 2.5kg 이하인 경우

아기의 발달이상이나 사망과 관련된 중요한 출산요인 중의 하나는 조산과 체중미달이다. 임신 37주 미만에 태어난 아기를 조산아 또는 미숙아라고도 한다. 또한, 임신 38주 이후에 태어났더라도 2.5kg 이하의 저체중아를 미숙아로 분류한다. 극단적인 저체중은 지적 손상과 관련되기 쉽다. 저체중아를 대상으로 한 연구에서는 약 1.6kg 미만 신생아들의 경우 지적능력에 있어 유의한 결함이 나타났다(Kopp, 1983). 저체중으로 인한 인지적 결함은 산소결핍에 의한 결함보다 더 지속적인 영향을 미친다. 저체중아들의 대부분은 4세경

이 되어도 정상아와 비교하여 운동발달이나 지적발달에서 큰 차이가 없었지만 1.5kg 미만의 저체중아의 15%, 그리고 출생시 1kg 미만이었던 아기의 약 30%는 지속적인 인지 결함을 보였다. 조산과 관련하여 나타나는 장기적인 문제는 사회성 부족보다 인지적 결함의 문제가 더 뚜렷하다.

조산의 영향은 분만 과정의 문제나 체중미달, 부모와 출생 초기에 분리, 이외에도 부모의 양육방법 등과 같은 요인들을 동시에 고려해서 이해할 필요가 있다. 조산아의 경우 출생 후부터 바로 보육기의 도움을 받고 보육기에서 성장하는 동안 부모와 분리된다. 이러한 조산아의 초기 경험은 두 가지 문제점을 시사한다. 하나는 만숙아와 비교할 때, 생의 초기에 받는 감각적 자극과 사회적 자극이 더 적다는 것이다. 다른 하나는 초기 모자 분리가 어머니와의 애정적 유대형성에 손상을 줄 가능성이 있다는 점이다.

초기 모자 분리가 조산아에게 어떤 영향을 미치는지 살펴본 여러 연구에서는 추가적인 자극을 받은 조산아와 자극이 없었던 조산아를 비교했다. 한 연구에서는 조산아들에게 자궁 안에서도 들을 수 있는 정도의 소리크기로 녹음된 어머니의 심장 소리를 들려주었다. 이때 태내 환경에 가까운 상태에서 소리를 들려주기 위해 태아를 물침대 위에 눕혔다(Burns et al., 1983). 또 다른 연구에서는 만숙아들이 경험하는 것과 같은 다양한 자극, 구체적으로 녹음된 어머니 목소리, 안고 흔들기, 말하기, 노래하기, 손으로 쓰다듬기 등의 자극을 보육기 안의 조산아에게 제공했다(Powell, 1974). 그 결과, 보육기 안에서 추가적인 자극을 받은 아기들의 경우 단조로운 자극을 받은 아기들과 비교했을 때 발달적으로 더 우수하였다. 또한 아기들의 반사능력을 측정한 결과, 추가적인 자극을 받았던 조산아들이 그렇지 않은 조산아들에 비해 지적 발달과 신경학적 발달에서 더 앞서 있었다. 그 외에도 자극을 제공 받은 조산아들이 감각운동능력과 근육 긴장도, 그리고 탐색 행동에서도 더 앞서 있었다.

어머니와 아기의 정서적인 유대 형성에는 아기가 태어난 직후 첫 몇 시간 동안 어머니와의 피부접촉 여부가 중요한 것으로 알려져 왔다(Klaus & Kennell, 1982). 조산아의 경우 만숙아보다 어머니와의 초기 피부접촉이 떨어진다. 조산아의 어머니들은 아기와의 눈 맞춤이 적고 아기를 팔로 안기보다 무릎에 앉히는 경향이 높았다(Quinn & Goldberg, 1977). 이 외에 조산아의 어머니에게 보육기에 있는 아기와 상호작용하도록 격려했지만, 종종 아기를 그냥 쳐다보기만 할 뿐 직접적인 상호작용을 어려워했다. 이처럼 초기 아기와의 분리가 조산아와 어머니와의 정서적 유대감을 손상시킬 수 있다.

그러나 조산 이외의 다른 요인 역시 아동의 인지발달 지체와 모자관계 손상에 지속적으로 영향을 미칠 수 있다. 아동 반응의 개인차, 어머니의 일반적인 유능성, 가족이 직면하고 있는 환경적 스트레스 그리고 가족으로부터의 지원 등 여러 요인이 발달에 영향을 미치는 것으로 보이기 때문에 초기 분리에 의한 영향이라고 단언하기는 어렵다(Siegel, 1982). 또 아기가 자라면서 긍정적인 사회적 상호작용을 경험하는 경우는 초기 관계의 부정적 영향을 상쇄할 수도 있다. 더욱이 조산아의 어머니 대부분은 시간이 가면서 정서적·언어적으로 반응하는 법을 점차 배워가게 되고 이러한 반응이 조산아의 사회적·인지적 발달을 촉진시켜 초기 분리의 부작용을 줄일 수도 있는 것이다.

3. 신생아

신생아기는 생리적으로는 갑작스러운 환경변화에 적응하는 시기이다. 출생 후 2주가 되면 생리적 상태는 어느 정도 안정되어 간다.

1) 신체

(1) 신장과 체중

신생아들의 신장은 평균 50cm이고, 체중은 약 3kg 정도이다. 신생아의 머리가 차지하는 비율은 신장의 약 1/4 정도이다. 신생아들의 신체크기는 성별이나 부모의 체격, 어머니의 영양상태, 건강 등과 관련이 있다. 체중의 경우 신생아 초기에는 체내 수분이 빠지기 때문에 오히려 5~10% 정도 감소한다. 그러나 약 5일이 지나면서 체중이 다시 증가한다.

(2) 골격

천문
fontanelle
두개골을 이루는 뼈들이 완전히 결합되지 않아서 남아 있는 틈. 숫구멍이라고도 함

뼈는 연골이 많다. 또한 두개골의 경우 완전히 닫혀 있지 않으며, 6개의 천문이 있다. 두개골이 열려 있는 상태이므로 세게 누르거나 흔드는 행동은 위험하다. 앞이마 위에 있는 대천문은 2세경에 완전히 닫힌다.

(3) 피부

신생아의 피부는 붉은색을 띠고 있으며 주름과 솜털이 많다. 또한 태아 때부터 피지를 분비하는데, 분비되는 피지의 양이 많은 경우에 습진이 생길 수도 있다.

생후 3~4일쯤 신생아의 얼굴이 노란색을 띠다가 몸 전체로 번지는 경우가 있다. 이를 신생아 황달이라고 한다. 신생아 황달은 간 기능의 미숙으로 인해 일어나며 대부분 생후 7~10일쯤에 자연히 사라진다.

2) 반사능력

신생아는 태어날 때부터 몇 가지 신체적인 반사능력을 가지고 태어난다(그림 4-8). 표 4-1은 신생아의 출생 직후부터 나타나는 주요 반사들이다.

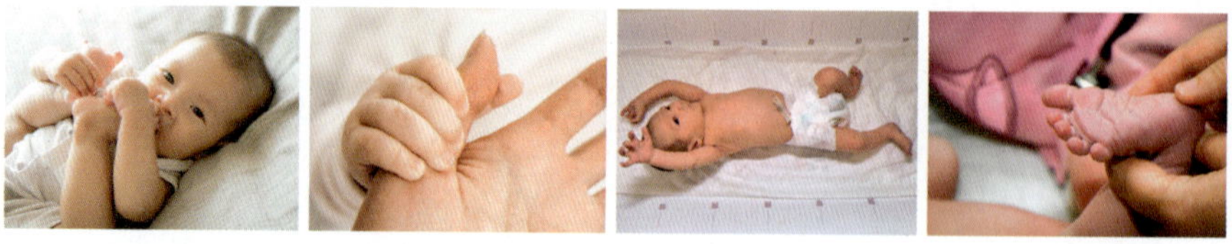

그림 4-8
다양한 반사

(a) 빨기반사 (b) 잡기반사 (c) 모로반사 (d) 바빈스키반사

표 4-1 주요 신생아 반사(Hetherington & Parke, 2002)

반사의 종류	자극	반응	발달과정	적응과정
눈깜박반사	불빛	두 눈을 감는다.	영속적	강한 자극으로부터 눈을 보호한다.
이두근반사	이두근 힘줄을 가볍게 치기	이두근의 짧은 수축	생후 초기에 활발하다.	선천적 근육질환이나 심리적 문제 있는 경우 거의 반응하지 않는다.
무릎반사 또는 슬개건반사	슬개건 또는 종지뼈 아래 힘줄 가볍게 치기	무릎치기 또는 빠른 무릎펴기	생후 2일 동안 뚜렷하게 나타난다.	심리적 문제나 근육질환 있을 때는 거의 반응이 없다.
바빈스키 반사	발바닥을 가볍게 자극한다.	발가락을 포함한 발 앞쪽을 부채처럼 편다.	보통 생후 1년쯤에 사라진다.	척추하부에 결함이 있는 경우 반응이 나타나지 않는다.
파악반사	물건을 손바닥에 댄다.	대상을 손으로 쥔다.	생후 1개월 동안 증가하다 점차 감소한다. 생후 3~4개월쯤 사라진다. 4~5개월에는 의도적인 잡기로 대체된다.	심리적 문제가 있을 때 반응이 약하거나 거의 나타나지 않는다. 빨기 운동이 파악반사를 촉진한다.
모로반사	큰 소리를 내거나 갑자기 자세를 변화시킨다.	팔을 펼쳤다가 껴안 듯이 움츠린다.	6~7개월쯤 사라진다.	중추신경체계에 심각한 문제가 있을 때 모로반응이 약하거나 나타나지 않는다.
걸음마반사	아기의 팔 밑을 잡고 바닥에 세워 놓는다.	걷기와 같은 동작을 한다.	3~4개월에 사라진다.	심리적 문제가 있는 경우에 나타나지 않는다.
방향반사	손가락으로 뺨을 살짝 누른다.	아기는 머리를 돌리고 입을 벌린다.	3~4개월쯤에 사라진다.	젖을 먹을 수 있게 한다. 심리적 문제 있을 때는 나타나지 않는다.
빨기반사	손가락을 입안으로 집어넣는다.	규칙적으로 빤다.	2~3개월간 지속되다가 사라진다.	영양분 섭취를 돕는다. 감각이 둔한 아기의 빨기반사는 약하게 나타난다.

신생아들을 포함한 어린 영아들에게서 나타나는 파악반사나 빨기반사 등은 적응에 매우 유용하다. 그러나 적응과 관련 없는 반사들도 있다. 이들 반사들은 대뇌피질이 반사를 통제하거나 감시할 만큼 충분히 성숙하지 못했기 때문에 나타나는 것이다. 대표적인 것이 모로반사이다. 대부분 시간을 어미 배에 거꾸로 매달려 다니는 새끼 원숭이에게 모로반사는 상당히 중요한 반사

이다. 그러나 신생아에게 모로반사는 적응기제가 거의 없다. 대뇌피질이 성숙해지는 6, 7개월쯤 큰 소리에 대한 모로 반응이 사라진다.

영아의 반사능력은 중추신경계의 발달을 평가하는 지표로도 활용된다. 생후 1년 이내에 대뇌피질이 성숙하면서 반사를 통제하기 때문에 적응적 가치가 없는 대부분의 반사는 사라진다. 그러나 중추신경계에 문제가 있는 경우 사라져야 할 반사가 제때에 사라지지 않는다. 그러나 눈 깜박이기와 재채기처럼 적응기능이 있는 반사들은 없어지지 않는다.

3) 생리적 기능

(1) 호흡과 맥박

출생 직후에 신생아가 터뜨리는 첫울음을 배냇울음이라고 한다. 이는 신생아의 첫 호흡으로 신생아의 폐 안으로 공기가 들어가면서 반사적으로 나는 소리이다. 성인의 평균 호흡은 1분에 18회 정도이다. 이에 반해, 신생아들의 1분 평균 호흡수는 40~45회 정도이다. 신생아의 호흡은 일반적으로 얕고 불규칙하다. 맥박은 심장의 박동 수를 말하며 임신 2~3개월경부터 심장의 움직임이 시작된다. 임신 5개월경의 심장박동은 150회 정도이며, 출생 당시에는 120~140회, 그리고 며칠 이내에 120회 정도로 줄어든다.

(2) 소화 및 배설

태어날 때부터 신생아는 이미 소화효소를 분비한다. 따라서 음식물을 충분히 소화할 수는 있다. 그러나 위의 모양이 수직이기 때문에 많이 먹으면 쉽게 토해낸다. 따라서 자주 수유를 해야 한다. 일반적으로 수유 간격은 2~3시간으로 하루에 7~8회 정도이다. 개인차가 있지만 몇 주가 지나면 수유 간격은 4시간 정도로 길어진다. 분만 후 며칠간 산모에게서 분비되는 황갈색의 젖을 초유라고 하는데, 초유는 신생아의 태변 배설을 촉진할 뿐 아니라 다량의 면

초유
colostrum
분만 후 며칠간 산모에게서 분비되는 황갈색의 젖으로 다양한 면역물질 함유하고 있음

역물질을 함유하고 있기 때문에 신생아들의 건강에 매우 유익하다.

출생 후 1~2일 동안에 신생아는 하루 4~5회의 태변을 배설한다. 태변은 출산 전 장에서 만들어진 대변 물질로 끈끈하고 짙은 녹색을 띠고 있다. 또한, 신생아의 하루 평균 소변 횟수는 18회 정도로 매우 잦은 편이다. 소변에는 요산염이 많이 함유되어 있다. 따라서 기저귀가 황갈색이 되기 쉽다.

(3) 수면

신생아의 하루 총 수면시간은 16~17시간이며, 평균 2시간 간격으로 깨어난다. 점차 한 번에 자는 시간이 길어지고 총 수면시간은 줄어든다.

(4) 체온조절

출생 직후 신생아의 체온은 매우 빠르게 떨어진다. 그러나 8시간 이내에 다시 정상체온으로 돌아온다. 이처럼 신생아들의 체온조절체계는 불안정한 경향이 있다. 이는 성인보다 지방층이 부족하여 체온을 더 쉽게 잃어버리기 때문이다. 특히 저체중아들에게 체온조절의 문제는 심각할 수 있다. 정상 신생아보다 지방층이 덜 발달했기 때문이며, 이런 경우 보육기에서의 양육이 미숙한 체온유지 기능을 보완해 준다.

정리해 봅시다

1. 태내 발달 과정에 대해서 설명해보자.
2. 기형유발물질의 작용 원리를 설명해보자.
3. 왜 계획임신이 필요한지 그 이유에 대해서 구체적으로 생각해보자.
4. 조산이 아동에게 미치는 영향은 무엇인가? 조산에 따르는 문제를 극복할 수 있는 방법에 대해 생각해보자.
5. 신생아의 발달적 변화와 의미를 생각해보자.

CHAPTER 5
영아기 지각과 학습

1. 지각 발달 접근
2. 감각 및 지각 측정방법
3. 감각 발달
4. 지각 발달
5. 학습

05 영아기 지각과 학습

감각
sensation
감각수용기에 의해 탐지된 정보가 뇌로 전달되는 과정

지각
perception
감각정보를 범주화하고 해석하는 과정

감각이란 감각기관을 통해 외부 자극을 받아들이는 과정을 가리킨다. 영아가 소리에 반응하고 맛에 따라 다른 표정을 짓는 것은 감각 능력이 있음을 보여주는 것이다. 한편 지각이란 감각정보에 대한 해석을 의미한다. 즉, 지금 보고 있는 것이 무엇인지 들리는 소리가 무엇인지에 대해 아는 것을 의미한다. 신생아도 감각정보에 대해 해석할 수 있는 지각능력이 있는 것인지 아니면 단순히 감각정보를 받아들이는 정도에 그치는지 밝히고자 하는 연구는 계속 진행되고 있다.

영아의 감각과 지각 발달에 대한 이해는 인간이 어떻게 세상에 대한 지식을 획득해 가는지에 대한 근본적인 이해를 제공한다. 특히 지각 발달은 주로 영아기에 이루어진다. 따라서 본 장에서는 영아기 지각 발달에 초점을 맞추고, 지각 발달을 바라보는 다른 관점과 영아들의 지각을 측정하는 다양한 측정방법, 그리고 감각과 지각능력의 발달에 대해 살펴보고자 한다.

1. 지각 발달 접근

1) 유전과 환경

Locke처럼 아동 발달에 경험의 중요성을 강조했던 여겼던 철학자들은 아기들이 백지상태로 태어나기 때문에 감각정보의 해석을 위해서는 학습이 필요하다고 보았다. 반면에 Kant처럼 선천성을 강조한 철학자들은 기본적 지각능력을 가지고 태어난다고 주장했다. 예를 들어, 아기들은 공간적 관계에 대한 이해 능력을 가지고 태어났기 때문에 사물이 커 보인다는 것을 학습할 필요가 없다고 믿었다. 이는 진화과정에서 인간의 신경계가 선천적으로 갖게 된 적응적인 지각적 이해라고 설명했다.

그러나 오늘날 대부분의 발달학자들은 지각발달을 유전과 환경의 상호작용으로 설명한다. 즉 신생아들이 출생 직후 주변 세계를 지각할 수 있으나 신생아의 지각능력에는 한계가 있기 때문에 이를 보완할 수 있는 경험적 요소가 지각발달에 영향을 미친다고 믿는다. 그러나 어떤 지각 능력이 선천적인지, 어떤 경험이 지각발달을 위해 필요한지 등에 대한 논쟁은 여전히 계속되고 있다.

2) 통합과 분화

지각발달에서 또 다른 이슈는 지각이란 주변에 있는 사물의 특징들을 발견하기만 하면 되는 것인지 아니면 경험에 근거해 새롭게 지각적 해석을 해야하는지의 문제이다. 이러한 주제에 대해 대표적인 두 이론, 즉 통합이론과 분화이론이 지각발달을 설명하고 있다. 통합이론(Piaget, 1937/1954)은 감각기관에서 받아들이는 자극은 흔히 조각들이거나 뒤섞여 있다고 생각한다. 이처럼 분명하지 않은 입력자극들이 무엇인지 해석하려면 전에 가지고 있는 인지도식을 첨가하거나 통합해야만 한다. 한 예로 한 소절의 노래를 듣고 그 노래가 무엇인지 알아맞히는 경우, 기억 속에서 알고 있는 노래들을 찾아서 지금 듣는 소절에 첨가하여 통합해야 한다. 통합이론에서는 인지과정이 이미 저장된 지식이 감각자극에 대한 의미 부여를 도움으로써 감각 경험이 풍부해진다고 보았다.

반면 Gibson(1969, 1987, 1992)의 분화이론에서는 감각자극 자체를 통해서 경험을 해석할 수 있다고 본다. 따라서 자극을 지각하는 사람은 단순히 자극의 변별특징만을 찾아내기만 하면 된다. 2세 영아들은 흔히 개나 고양이 할 것

없이 털이 있는 동물을 모두 강아지라고 부른다. 이 시기 영아들은 아직 크기나 형태, 행동, 소리 등 동물들의 차이를 구별해주는 결정적 차이를 알지 못한다. 그러나 변별특징들에 대해서 지각학습이 되면 동물들을 구별한다. 예를 들어, 개에게만 강아지라고 부르게 된다. Gibson이 지적하는 것은 위의 예시처럼 동물들을 구별하는 데 필요한 정보는 동물 그 자체에 항상 있으며 아기가 변별 정보를 탐지하면서 정확한 지각이 가능하다는 점이다. 현재는 지각발달 과정에 통합과 분화과정이 모두 관여한다고 본다.

2. 감각 및 지각 측정방법

신생아나 영아를 대상으로 하여 이들이 감각을 느끼는지 그리고 지각할 수 있는지 등을 밝히기 위한 연구를 수행하기는 쉽지 않다. 더 나이가 많은 아동이나 성인과 달리 지시에 따라 제시한 자극이나 상황에 대해 자기의 행동을 조절하거나 말로 설명하는 것이 어렵기 때문이다. 따라서 연구자들은 영아의 감각과 지각 발달을 조사하기 위한 다양한 연구 방법들을 개발해 왔다 (Bendersky & Sullivan, 2007).

선호도 방법
preference method
두 가지 이상의 자극을 제시하여 영아가 어느 자극을 선호하는지를 측정하여 영아의 지각능력에 대한 정보를 얻는 방법

1) 선호도 방법

선호도 방법은 아기에게 동시에 두 가지 이상의 자극을 제시하고 제시된 자극 중 어떤 자극에 더 주의를 기울이는지 살펴보는 보는 단순한 절차이다 (Fantz, 1963). 많은 연구에서 아기들의 시각적 변별 능력이 있는지 살펴보기 위해 선호도 방법을 사용하였다. 그림 5-1과 같은 실험장치를 만들어 아기를 기구 위에 눕힌다. 그리고 두 개 이상의 시각자극을 아기에게 제시한다. 그리고 관찰자는 기구 위에서 제시된 자극에 대한 영아의 주시시간을 기록한다. 영아

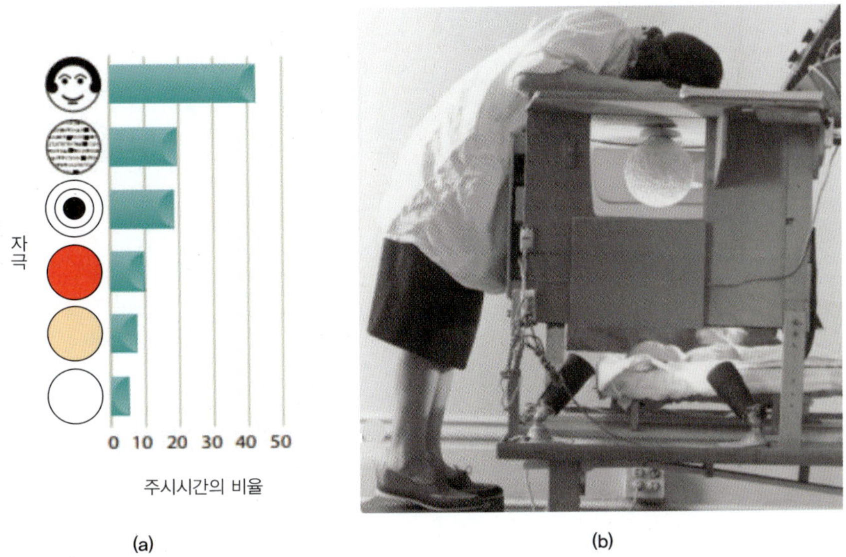

그림 5-1
선호도 방법을 사용한 영아의 시지각 실험
(a) 얼마나 자극을 오래 쳐다보았는지로 특정 자극에 대한 선호를 알 수 있다.
(b) Fantz가 영아의 시지각을 연구하기 위해 사용한 실험 도구
출처: Santrock(2020)

가 다른 자극보다 특정 자극을 더 오랫동안 쳐다본다면 응시한 자극을 더 선호하는 것으로 해석한다. 그러나 선호도 방법은 만약 영아가 주어진 자극들에 대한 선호가 나타나지 않을 때는 자극 간의 차이를 변별하지 못하는 것인지 또는 선호 정도가 같아서 그런 것인지 구분하기 어렵다는 한계가 있다.

2) 습관화 방법

습관화
habituation
자극을 반복 제시했을 때 그 자극에 대한 주의나 반응을 멈추는 현상

탈습관화
dishabituation
습관화된 자극과 지각적으로 변별 가능한 새로운 자극을 제시했을 때 주의나 반응의 강도가 회복되는 현상

습관화는 시각적 자극을 반복해서 보여주거나 같은 소리를 반복적으로 들려주는 것처럼 다양한 자극을 반복해서 제시하는 방법이다. 영아에게 여러 번 자극을 제시한 후에 제시된 자극에 대한 반응이 감소 되었다면 이는 자극에 대한 습관화가 일어났다고 볼 수 있다. 이렇게 습관화로 친숙해진 자극에 반응하지 않는다는 것은 전에 경험했던 자극이라는 것을 영아가 알고 있음을 의미한다(Tarquinio et al., 1990). 이때 새로운 자극을 제시하면 영아의 반응이 회복되는 경향이 있는데, 이를 탈습관화라고 한다(Baker et al., 2014).

영아가 제시된 두 자극을 구별할 수 있는지 알아보기 위해서 먼저 연구자는 한 자극을 반복적으로 제시하고 더 이상 제시된 자극에 주의나 반응이 나

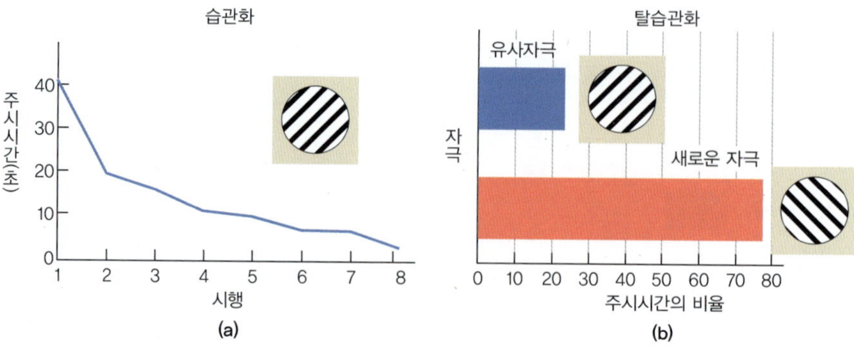

그림 5-2
자극에 대한 습관화와 탈습관화: 익숙한 자극과 새로운 자극에 대한 주시시간 비율의 차이
출처: Santrock(2020)

타내지 않을 때까지 습관화시킨다. 그러고 나서 새로운 자극을 제시한다. 만약 영아가 먼저 제시한 자극과 나중에 제시한 자극을 구분했다면, 나중에 제시한 자극에 대해 반응을 할 것이다(그림 5-2). 즉, 탈습관화가 일어나 새로운 자극에 주의를 더 기울이거나, 호흡이나 심장박동의 변화 또는 행동 변화가 나타날 것이다. 만약 새로운 자극에 대한 반응이 첫 번째 자극에 대한 반응과 차이가 없다면 자극 간의 차이를 구별하지 못하는 것으로 해석한다. 아기들은 아픔을 유발하는 통각을 제외한 다양한 자극, 즉 시각·청각·후각·미각·촉각 자극에 대해 습관화할 수 있다. 습관화는 영아의 감각 및 지각능력의 평가에 매우 유용한 방법이다.

빨기반응
sucking method
특별히 고안된 고무젖꼭지를 빠는 반응으로 영아의 지각적 능력을 측정하는 방법

3) 빨기반응 측정법

많은 영아들은 자신의 흥미나 선호를 빨기반응으로 나타낸다. 빨기방법으로 영아의 감각과 지각능력을 연구하기 위해서 영아에게 특별하게 고안된 고무젖꼭지를 물려서 빨게 한다. 고무젖꼭지에는 센서가 삽입되어 있어 빨기 속도와 강도를 기록할 수 있도록 설계되었다(그림 5-3).

빨기반응을 사용한 영아 지각 연구에서는 먼저 빠는 속도나 강도의 기초선을 측정한다. 그 후 영아가 기초선보다 빠르게 빨거나 더 강하게 빨 때마다 기계에서 그림이 나오거나 소리가 나게 장치를 고안했다. 영아가 자극에 대해 흥미롭다고 생각하면 그 자극을 다시 보기 위해 빨리 또는 더 강하게 고무젖

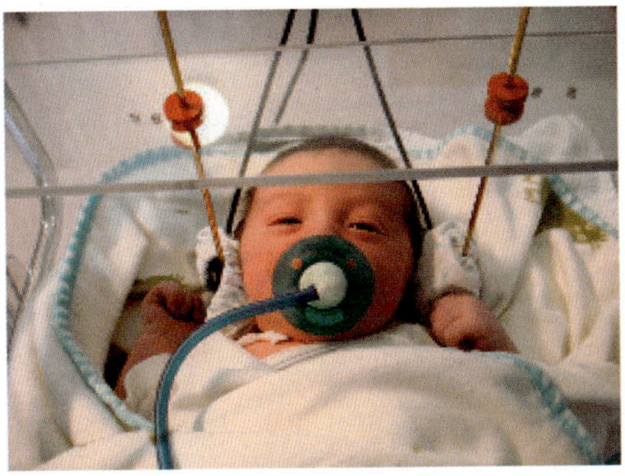

그림 5-3
빨기반응의 측정
출처: Shaffer 등(2020)

꼭지를 빨 것이다. 그러나 자극에 대한 영아의 흥미가 떨어지면 빨기반응은 기초선으로 떨어진다. 이때 새로운 자극에 대한 빨기반응이 더 빨라지거나 더 강해졌다는 것은 먼저 제시된 자극과 나중에 제시된 자극을 구분하는 것이 된다.

4) 시선추적법

시선추적법
eye-tracking
아이트래커를 사용하여 영아가 보는 대상에 따른 눈의 이동을 측정하는 지각 측정법

지각을 측정하는 방법에 있어서 눈에 띄는 발전은 영아의 시선의 움직임을 정교하게 측정할 수 있는 장치의 발달이다(Kretch et al., 2014). 시선추적법은 시선을 추적할 수 있도록 고안된 특별한 장치인 아이트래커 또는 시선추적장치를 사용하여 영아가 보는 대상에 따른 눈의 이동을 측정한다. 아이트래커는 영아의 보기와 응시 등의 다양한 측면을 좀 더 정확하게 측정할 수 있게 해준다(Oakes, 2012). 시선추적법을 사용하는 영아 연구영역으로는 기억, 주의, 안면 정보처리 과정 등이 있다(Pfeiffer et al., 2013).

3. 감각 발달

1) 시각

출생 시에 영아의 시각은 이미 어느 정도 기능을 하고 있다. 예를 들어, 신생아도 조명의 밝기가 달라지면 동공반사가 나타나는데 이미 빛의 강도에 예민하다는 것을 알 수 있다. 생후 몇 주 내에 밝기에 대한 변별은 빠르게 발달한다. 2개월경에는 백지 위에 5% 정도의 광도 차이를 보이는 하얀 선을 구별할 수 있다(Peeples & Teller, 1975). 또한, 물체의 움직임을 생의 초기부터 알아차릴 수 있을 뿐 아니라, 느리게 움직이는 물체의 동선을 눈으로 따라갈 수도 있다(Banks & Salapatek, 1983). 그러나 성인처럼 움직이는 물체를 유연하게 추적하지는 못한다. 생후 6주경 두 눈의 수렴능력이 발달하면서 움직이는 물체를 유연하게 추적할 수 있다. 2~3개월 정도에는 성인 정도의 추적이 가능하다.

영아들의 색깔 구분 능력도 상당히 일찍 발달한다. 신생아들의 경우 청색과 회색의 차이를 구분하지 못했다. 그러나 습관화를 통해 다른 여러 가지 색들을 구분했다(Powers et al., 1981). 3~4개월경에는 색에 대한 시각이 상당히 성숙하여 색을 잘 변별할 수 있을 뿐만 아니라, 여러 가지 색을 성인들이 하듯이 몇 가지 기본 범주, 즉 붉은색, 초록색, 그리고 노란색 계통으로 나눌 수 있다(Teller & Bornstein, 1987).

태어난 지 몇 분이 채 안 된 신생아도 볼 수는 있으나 성인 기준으로 보면 시력은 매우 미약하다. 그래서 멀리 있는 작은 사물을 보기 어렵다. 신생아의 시각은 잘 알려진 스넬렌 시력검사에서 보통 20/240에서부터 20/640으로 다양하게 평가된다. 이 수치는 정상적인 시력을 가진 성인이 240피트나 640피트 떨어진 곳에서 보는 것을 20피트 거리에서 본다는 것을 의미한다(그림 5-4). 생후 6개월이 되면 영아의 시력이 20/40 정도로 향상된다(Aslin & Lathrop, 2008). 그림 5-5는 생의 초기 영아들 눈에 비친 얼굴 사진으로, 사진은 영아로부터 약 6인치 정도 떨어져 있다. 신생아의 망막은 충분히 발달하지 않은 상태이기 때문

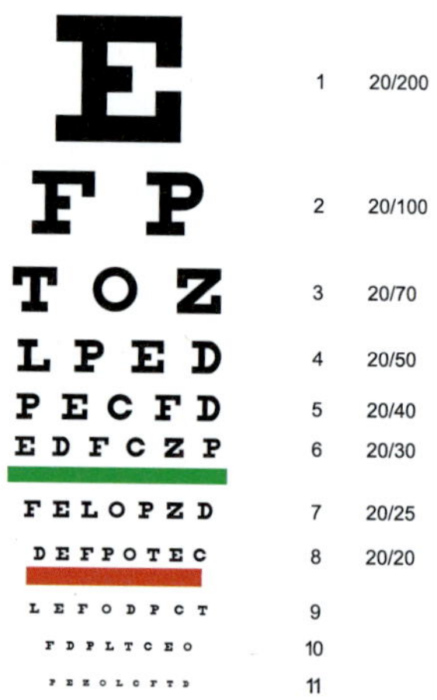

그림 5-4
스넬렌(snellen) 시력 검사표

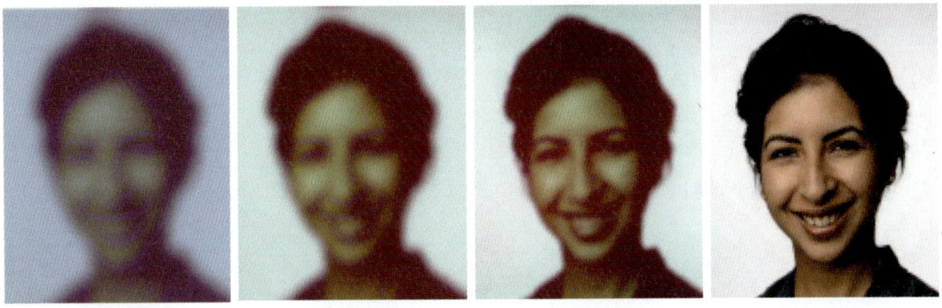

생후 1개월 생후 2개월 생후 3개월 생후 1년

그림 5-5
영아기 동안의 시각 발달
생후 1개월, 2개월, 3개월, 그리고 1년경 영아들이 보는 사람의 얼굴
출처: Santrock(2020)

에 사물 변별을 위한 시각적 대비가 뚜렷하지 않다. 따라서 여러 가지 형태를 구별하는 데 어려움이 있다(Bank & Salapatek, 1983). 또한 눈의 렌즈를 조절하여 사물의 초점을 맞추는 능력이 충분히 발달하지 않았기 때문에 시각상이 뚜렷하지 않다. 영아의 시력은 생후 수개월 내에 급격히 성장하지만, 보통 생후 6개월에서 1년 정도가 되어야 영아들도 성인처럼 사물을 볼 수 있다.

시각적 대비
visual contrast
시각적 자극에서 명암의 변화량

2) 청각

신생아도 큰 소리가 나면 놀라고 그 소리로부터 머리를 돌린다. 이처럼 신생아도 비교적 잘 들을 수 있다. 그러나 신생아의 경우 갓 태어나서 몇 시간 동안은 두통 감기에 걸린 성인이 들을 수 있는 정도로 듣는다. 이것은 아직 양수가 귀에 차 있기 때문이다. 이러한 한계에도 불구하고 습관화 방법을 통한 연구에 따르면 신생아들이 소리의 크기, 지속시간, 방향 및 빈도를 구별할 수 있다는 것을 보여준다(Bower, 1982).

어린 영아들은 특히 사람 목소리에 민감하다. 부모들은 아기에게 자주 이야기하며 아기와의 대화를 즐기는 듯한 모습을 흔히 볼 수 있다. 과연 부모들은 영아들이 하는 어떤 반응에 흥미를 느끼는 것일까? 아마도 부모가 하는 이야기를 듣고 때로 눈을 크게 뜨거나, 울음을 그친다거나 때로 주위를 둘러보며 소리를 내는 등 영아들이 나타내는 다양한 반응들 때문일 것이다(Rosenthal, 1982). 한 연구에서는 심지어 두 달 된 영아가 사람이 이야기를 시작하고, 멈추는 것에 맞추어 자기의 신체를 움직인다고 보고하고 있다(Condon

& Sander, 1974). 성인 언어에 대해 아기가 보이는 반응은 아기의 사회·정서적 발달은 물론 지적 발달에도 긍정적인 영향을 미친다. 또한 성인의 관심을 더 유도하고 대인접촉을 강화하는 역할도 한다. 영아의 청각은 생후 4~6개월에 크게 향상되며 매우 작은 소리에 대한 탐지는 아동 후기에 이르러서야 가능하다(Irwin et al., 1985).

3) 미각·후각

(1) 미각

영아들은 몇 가지 맛에 대한 선호를 가지고 태어난다. 예를 들어 영아들은 신맛보다 단맛을 더 선호한다.

태어날 때부터 신생아는 미각에 대한 선호도를 갖고 태어난다. 예를 들어, 맛이 시거나 쓰거나 혹은 짠 것보다는 달콤한 액체를 더 빠르게 오래 빠는 경향을 보인다(Crook, 1978). 신생아도 맛에 따라 얼굴 표정이 달라진다. 단맛에는 미소와 입맛을 다시는 반응을 보이지만 신맛에는 코를 찡그리며 입을 오므린다. 그리고 쓴맛에는 입 한쪽을 내리면서 혀를 내밀거나 뱉어내는 반응을 보인다(Ganchrow et al., 1983). 더욱이 이러한 반응들은 액체의 농도가 진해질수록 더 강하게 나타나는데 이는 신생아도 특정 미각의 여러 수준을 구분할 수 있다는 것을 의미한다.

(2) 후각

신생아는 또한 여러 가지 냄새를 구별할 수 있는데 암모니아나 썩은 계란 냄새와 같은 불쾌한 냄새에 대해서는 혐오 반응을 나타내며 격렬하게 고개를 돌린다(Steiner, 1979). 더욱 놀라운 사실은 모유를 먹는 영아가 어머니가 가까이 왔다는 것을 어머니의 냄새를 통해서 안다는 것이다(MacFarlane, 1977). 모유를 먹는 2주 된 아기는 자신의 어머니 체취와 타인의 체취를 구별할 수 있으나 우유를 먹는 아기는 구별할 수 없었다(Cernoch & Porter, 1985). 후각은 생의 초기 아기가 부모를 변별하는 방법 중 하나로 볼 수 있다.

4) 촉각·온도·통각

(1) 촉각

앞서 보았던 것처럼 신생아는 촉각 자극에 대해 반사 반응을 보인다. 또 수면 중에도 신체 한 부분에 계속 촉각 자극을 주면 습관화를 나타냈다가 다른 부분에 촉각 자극을 주면 다시 반응을 보이는 탈습관화 현상도 보인다(Kisilevsky & Muir, 1984). 이를 볼 때, 어린 영아들이 여러 가지 촉각 자극에 민감하다는 것을 알 수 있다.

생후 6개월이 지나면서 촉각만으로도 사물이 무엇인지 구별할 수 있다. 한 연구에서(Streri & Pecheux, 1986) 5개월된 영아는 별 모양의 물체를 보지 않고 습관화될 정도로 만졌다. 후에 별 모양의 물체와 다른 모양의 새로운 물체를 주고 만져 보게 했을 때, 영아들은 새로운 모양의 자극을 선호했다.

(2) 온도 감각

신생아들은 따뜻함과 차가움 그리고 온도의 변화에 민감하다. 우유가 너무 뜨거우면 더 이상 빨지 않고, 방 안의 온도가 갑자기 떨어졌을 때는 체온유지를 위해 더 활발히 몸을 움직이기도 한다(Pratt, 1954). 또한, 한 연구에서는 온도 차이를 구별할 수 있는지 6개월 영아를 대상으로 하여 살펴보았다(Bushnell et al., 1985). 우선, 특정 온도일 때 특정 색이 있는 물병에 습관화 시킨 후에 온도는 같았지만 원래 물병과 다른 색의 물병을 주었다. 이때 영아는 이미 온도가 같은 물병을 익숙한 물병과 같은 것으로 취급했다 그러나 물병 색은 같았으나 온도가 달랐을 때는 이미 익숙했던 물병과는 다른 물병인 것처럼 물병을 열심히 탐색했다. 생후 6개월 영아들도 온도 변화를 알아차릴 수 있을 뿐만 아니라, 영아의 감각에서 온도가 상당히 중요한 역할을 한다는 것을 알 수 있다.

(3) 통각

강한 통자극에 생후 1일 된 신생아도 반응을 보인다. 또한 주사바늘로 찌르면 아픔을 느끼는 것처럼 운다. 생후 며칠 내에 고통에 대한 민감도는 급격히 높아진다. 하루 된 신생아보다 5일 된 신생아가 고통에 대하여 더 예민하게 반응했다(Lipsitt & Levy, 1959).

생후 1년 사이에 통자극에 대한 영아의 반응은 급격히 변화한다. 예방접종을 받을 때 생후 2개월 영아도 명확하게 고통을 표현한다. 7~18개월 영아들이 예방접종을 받을 때의 얼굴표정은 노여움을 한다(Izard et al., 1987). 더 나이 든 영아들의 경우 2개월 영아보다 인지적으로 성숙하여 고통을 주는 상황을 인지적으로 해석하여 노여워하는 것 같다.

4. 지각 발달

1) 시지각

영아는 시각을 통해 다양한 정보를 받아들인다. 영아가 눈으로 보는 정보를 처리하고 이해하는 시지각 능력의 발달은 형태, 얼굴, 크기 및 깊이 등을 포함한 다양한 영역에서 확인할 수 있다.

(1) 형태지각

영아는 환경을 주시하고 시각적 자극을 탐색하여 정보를 탐지해 낼 수 있는 능력을 이미 선천적으로 가지고 있다(Haith & Benson, 1998). 이와 같은 대상에 대한 주시와 탐색 활동은 영아의 시각 뇌세포를 계속 자극하여 뇌 시각영역의 발달을 촉진하기 때문에 지각 발달에서 중요한 역할을 한다.

출생 후 2~12개월 사이에 시각체계는 급격히 성숙한다. 더욱 명확히 잘 볼 수 있게 되고 복잡한 시각적 자극을 변별을 할 수 있게 된다. 형태지각 능력이 좀 더 효율적으로 변화하는 시기라고 볼 수 있다.

형태지각을 위해 가장 필요한 능력 중의 하나는 주위 환경과 물체를 구분하는 것이다. 테이블 위에 장식물이 놓여 있고 바로 앞에 우유병 있을 때 영아는 그 우유병과 장식물을 어떻게 구별할 수 있을까? 영아는 형태지각을 위해 어떤 정보를 사용하며, 언제부터 가능할까?

연구에 따르면 4개월 된 영아도 물체의 단일성을 알고 있다(Kellman & Spelke, 1983). 물체의 단일성이란 부분적으로 가려진 것이 한 물체인 것을 아는 것이다. **그림 5-6**과 같이 영아들에게 가운데 부분이 가려진 막대기를 보여주었다. 그리고 영아들이 막대기를 긴 하나의 막대기로 지각하는지 아니면 짧은 두 개의 막대기로 지각하는지 확인하고자 했다. 이를 알아보기 위해서 한 집단의 영아에게는 중간 부분이 가려져 있으나 정지상태의 막대기(a)를 보여주었다. 다른 집단에게는 가운데 부분이 가려진 상태로 움직이는 막대기(b)를 습관화될 때까지 보여주었다. 습관화 이후에 정지상태에서 가운데 부분이 가려진 막대기에 습관화된 영아들에게 가려지지 않은 하나의 큰 막대기(c)와 가려졌을 때 보던 두 개의 짧은 막대기(d)를 동시에 보여주었다. 그리고 어떤 막대를 더 오랫동안 주시하는지 기록했다. 그 결과 정지된 막대기에 습관화되었던 영아들은 가려지지 않은 전체 막대기와 가려진 상태의 짧은 두 개의 막대기에 대한 선호도에 유의한 차이가 없었다. 일부가 가려진 막대기를 하나의

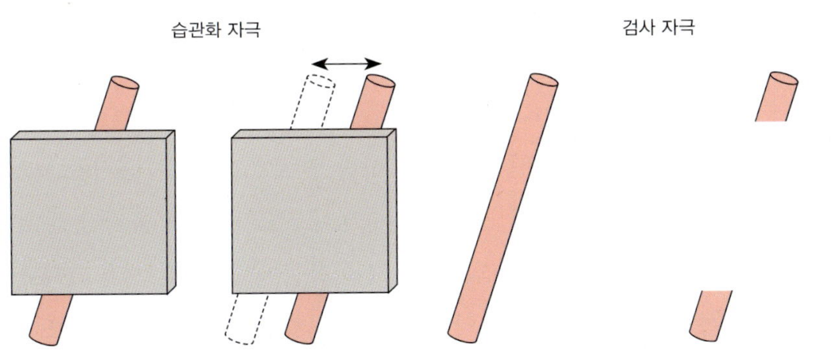

그림 5-6
물체의 단일성 실험
출처: Kellman과 Spelke(1983)

막대기로 지각하기 위해서는 두 개의 막대기 끝이 같은 방향을 가리키고 있다는 정보를 활용해야 하지만, 영아들은 그 단서를 사용하지 못했다. 반면에 움직이는 막대기에 습관화 된 영아들은 두 개의 짧은 막대기를 긴 막대기보다 더 선호했다. 즉, 가려진 채로 움직이는 막대기를 하나의 전체 막대기로 지각하였음을 알 수 있다.

영아들은 동시적인 움직임, 즉 두 개의 끝이 같은 방향으로 동시에 움직인다는 사실로부터 하나의 막대기라고 유추할 수 있었다. 이 같은 결과로 볼 때 영아는 물체의 형태를 유추하기 위해 움직임 단서에 상당히 의존한다는 것을 알 수 있다(Kellman & Spelke, 1983).

영아들이 언제부터 형태를 유추하기 위해 움직임 단서를 사용하는지 아직 확실히 알려지지는 않았다. 그러나 다른 연구에서는 3개월 된 영아들도 그와 같은 유추를 할 수 있으며 정지된 물체보다도 움직이는 물체에 대하여 더 많이 알고 있는 것으로 보고하고 있다(Kaufmann-Hayoz et al., 1986).

그림 5-7
불완전한 윤곽을 가지는 사각형
출처: Bertenthal 등(1980)

생후 3개월 영아들은 움직이지 않는 정지된 상태의 물체라도 그 대상을 하나의 전체로 지각하는데 필요한 여러 가지 단서들을 사용할 수 있다. 그 예로, 3개월 된 영아도 그림 5-7과 같은 불완전한 윤곽을 가진 도형을 제시했을 때 사각형으로 지각한다(Bertenthal et al., 1980). 영아들에게 제시된 이 사각형의 경우 윤곽을 완전히 형성하고 있지 않기 때문에 눈에 보이는 정보에만 의존하지 않고 머릿속에서 하나의 새로운 시각체계로 구성할 수 있어야 한다. 따라서 3개월 된 영아의 지각능력은 매우 놀라운 것이다. 6~12개월경 영아의 형태지각은 더욱 성숙해진다.

(2) 얼굴지각

영아는 생활에서 접하는 어떤 사물보다 사람 얼굴에 더 많은 흥미를 보인다. 얼굴 중에서도 영아는 사람의 눈이나 입술이나 그리고 눈의 움직임 등에 관심을 보인다. 얼굴은 적절히 복잡하고, 곡선이라는 특징을 갖는다. 그리고 좌우 대칭의 특성이 두드러져 영아의 흥미를 자극하는 것으로 보인다. 또 영아는 매일매일 부모의 얼굴을 마주하기 때문에 사람의 얼굴에 익숙하다. 영아가

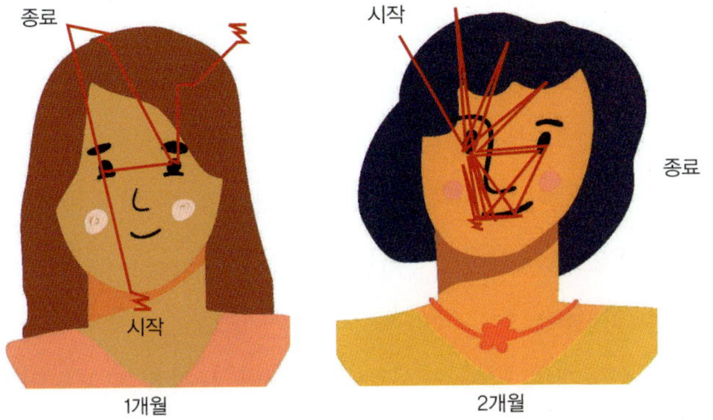

그림 5-8
얼굴에 대한 영아의 시각적 주시
출처: Siegler 등(2014)

지각하는 첫 번째 형태는 사람의 얼굴 모양이며, 얼마 지나지 않아 자주 보는 친숙한 사람과 낯선 사람의 얼굴을 구분하기 시작한다.

4주 된 영아는 주로 인간의 얼굴의 외곽 가장자리에 주의를 기울이는 반면(그림 5-8), 8주 된 영아는 눈, 코, 입과 같은 내적 특성을 주시하기 시작한다(Maurer & Salapatek, 1976). 그리고 9~11주에 이르면 얼굴의 외곽보다 내적 특성을 주로 쳐다본다(Haith et al., 1977). 이처럼 2~3개월 된 영아들이 얼굴의 내적 특성을 주시하고 이러한 특징들에 대한 관심이 증가한다는 것은 사람의 얼굴을 의미 있는 형태로 지각할 수 있다는 것이다. 3개월 된 영아는 자기 어머니의 사진을 알아볼 수 있을 뿐만 아니라 낯선 사람의 사진보다 어머니의 사진을 보는 것을 더 선호한다(Barrera & Maurer, 1981b). 또 3개월 된 영아들은 낯선 두 사람의 얼굴을 변별할 수 있다. 두 낯선 사람의 얼굴이 상당히 비슷한 경우에도 구별한다(Barrera & Maurer, 1981a). 따라서 12~13주 된 영아는 사람의 얼굴 형태를 지각하는 것으로 보인다. 더욱이 낯선 사람이 영아에게 모두 똑같아 보이는 것은 아니다.

또한, 생후 3~4개월 영아 얼굴 형태 뿐만 아니라 표정에도 민감하다. 화나거나, 슬픈 얼굴과 행복한 얼굴을 구분할 수 있을 뿐 아니라, 다른 얼굴보다 행복한 얼굴을 더 많이 쳐다보았다(Kuchuk et al., 1986). 그러나 이 시기 영아는 얼굴표정을 하나의 전체로 지각하는 것이 아니라 특정 정보에만 초점을 맞추는 경향이 있다. 예를 들어, 행복한 얼굴에 나타나는 미소가 치아와 얼굴의 나머지 부분 간의 대조를 크게 만들기 때문에 영아가 행복한 얼굴을 더 선호한다고도 볼 수 있다.

그럼에도 불구하고 생후 3개월 영아에게 어머니의 목소리와 함께 행복한 표정, 슬픈 표정, 화난 표정을 제시했을 때 표정 간의 차이를 명백히 변별할 수 있었다. 영아는 이 세 종류의 정서를 구별할 수 있을 뿐만 아니라, 행복한 표정에 대해서는 즐거워하고 화난 표정에 대해서는 괴로운 반응을 보였다 (Haviland & Lelwica, 1987).

그러나 생후 3~4개월 영아는 사람 얼굴이나 표정을 오랫동안 탐색해야 차이를 구별할 수 있다. 이에 비해, 5~7개월경의 영아는 보자마자 낯선 사람과 친숙한 사람을 구분할 수 있다. 또한 얼굴에서 드러나는 정서적 표정의 강도 차이를 구분할 수 있고 선으로만 그린 여성 얼굴과 그 여성의 사진을 구분할 수 있다(Nelson, 1987). 얼굴에 대한 기억 능력도 발달해서 5~7개월경 영아는 2~3분 정도의 매우 짧은 시간 동안 어떠한 사람의 얼굴을 보고 난 후 2주가 지나서도 잊어버리지 않았다(Fagan, 1979).

사회적 참조
social referencing
애매한 상황의 의미를 알기 위해서 다른 사람의 정서적 반응을 활용하는 현상

생후 6개월~1년 사이의 영아는 애매한 상황에서 어머니의 정서적 반응을 알아채고 그 정보를 자신의 행동에 참조할 수 있게 된다. 이를 사회적 참조라고 한다. 8~10개월경 영아가 공포가 느껴지는 상황에서 낯선 사람이 갑자기 접근해 왔을 때 만약 자신의 어머니가 낯선 사람에게 따뜻하게 인사하거나 긍정적으로 말을 했다면 그 반대의 경우보다 영아는 낯선 사람에게 호의적이었다(Boccia & Campos, 1983). 12개월된 영아는 불확실한 상황에서 어떤 반응을 해야할지 결정하는데 낯선 사람의 표정도 참고한다. 예를 들어, 자기 가까이에 낯선 사람이 장난감을 보면 미소 지으면, 자기도 곧 미소를 지으며 장난감에게 접근한다. 그런데 반대로 낯선 사람이 장난감을 보며 놀란 표정을 지었다면 영아들도 걱정을 나타내며 피하는 경향을 보인다(Klinnert et al., 1986). 8~12개월 영아에게 사람의 얼굴 표정은 행동에 중요한 의미를 담고 있다.

(3) 공간지각

성인들은 깊이와 삼차원을 자연스럽게 지각한다. 그래서 신생아들 역시도 깊이와 삼차원을 지각할 수 있을 것이라고 생각한다. 그러나 경험주의자들은 신

생아의 시력은 약할 뿐만 아니라 명확한 시각상을 만들 수 있을 정도로 동공 조절 능력이 발달하지 않아 정확한 공간지각이 어렵다고 주장한다. 더욱이 3개월 반 이전의 영아는 입체시가 되지 못하여, 두 눈으로부터 들어오는 시각상을 중복되지 않은 하나의 시각상으로 전환하지 못한다(Fox et al., 1980). 입체시란 두 눈으로 들어오는 시각상을 하나의 상으로 융합하면서 입체감을 얻게 되는 현상을 의미한다. 이와 같은 생물학적 성숙의 한계로 영아들이 깊이를 지각하고 공간 속에서 사물의 위치를 파악하는 것은 어려울 수 있다.

입체시
stereopsis
두 눈으로부터 들어오는 시각상을 하나의 상으로 전환하는 과정

그러나 영아들의 타고난 능력을 강조하는 학자들은 몇 가지 단서들을 가지고 한 눈으로도 깊이와 거리를 탐지할 수 있다고 주장한다. 예를 들어, 화가들은 이차원의 평면에 삼차원적인 특징을 표현하기 위해서 다양한 방법들을 사용한다. 멀리 떨어져 있는 대상을 가까이 있는 대상보다 작게 그린다. 이외에도 멀리 떨어진 사물이 가까운 사물에 의해 가려지는 것처럼 표현한다. 이처럼 한 눈으로 탐지될 수 있는 깊이와 관련된 단서를 조망 단서라고 한다. 신생아도 조망 단서를 이용할 수 있다면, 태어날 때부터 신생아의 시각세계는 바로 삼차원이라고 볼 수 있다. 영아는 과연 언제부터 깊이를 지각하고, 크기와 공간적 관계를 정확하게 유추할까?

크기 항상성 지각

사물의 크기에 대한 지각은 망막에 비친 상의 크기에 의해서 결정된다. 따라서 가까운 곳에 어떤 사물이 있다면 망막에 맺힌 상은 커질 것이고, 사물이 멀리 떨어져 있다면 망막에 맺힌 상은 작아진다. 그러나 우리는 사물이 가깝게 있건 멀리 떨어져 있건 거리에 상관없이 한 사물의 크기를 항상 같이 지각한다. 이를 크기 항상성 지각이라 한다. 크기 항상성을 가지는 것은 사물과 공간 간의 관계를 이해했기 때문에 가능한 것이다. 다른 말로 깊이나 거리의 증가가 망막상의 감소를 보상해서 사물의 절대적 크기를 일정하게 유지 시키는 것이다. 만약 영아에게서 크기 항상성이 나타난다면 영아가 깊이나 거리 또는 삼차원을 지각한다고 결론을 내릴 수 있다.

크기 항상성
size constancy
사물이 눈앞에 가까이 있을 때와 멀리 있을 때 망막에 나타나는 상의 크기가 다름에도 불구하고 같은 크기로 지각하는 현상

영아에게 크기 항상성이 나타나려면 거리를 추정할 수 있어야 한다. 이러한 거리 추정은 영아가 깊이와 거리 단서에 민감해진 후에 나타난다. 시각 벼

랑을 알아차리고, 망막에 크게 맺히는 물체에 대해 신뢰로운 반응이 나타나는 생후 2개월경이 지나야 가능할 것으로 보인다. 4개월 반 된 영아에게 크기 항상성의 증거가 발견되었다(Day & McKenzie, 1981). 영아는 우선 0.9~1.5m 떨어진 곳에서 얼굴 모양의 자극을 보여주고 습관화 시켰다. 이후에 습관화된 얼굴보다 더 큰 얼굴 모양을 영아에게 제시했다. 그 결과 영아들은 보았던 것보다 더 큰 얼굴을 더 뚫어지게 쳐다보았다. 그러나 처음에 본 얼굴모양을 더 가까이 움직이거나 더 멀리서 보여주었을 영아는 별다른 반응을 보이지 않았다. 처음 제시된 자극과 분명히 같은 자극으로 인식했다. 그러나 4개월 반된 영아들은 친숙한 물체에 대해서만 크기 항상성이 나타난다. 6~8개월경이 되어야 영아들은 비로소 물체의 친숙함 여부에 상관없이 물체의 거리가 변화 크기가 변하지 않는다는 것을 인식한다(McKenzie et al., 1980).

깊이지각

깊이에 대한 지각은 영아의 생존과 안전에 아주 중요한 능력이다. Gibson과 Walk는 1960년대 초기 영아의 깊이지각 능력을 밝히기 위해 시각 벼랑이라는 실험도구를 만들었다(**그림 5-9**). 시각 벼랑 연구에서 6.5개월 이상의 대부분 영아들은 두려움을 보이며 얕은 쪽에서 깊은 쪽에 있는 어머니에게로 기어가려 하지 않았다(Gibson & Walk, 1960). 이러한 사실은 6~7개월경이 되면 깊이를 지각할 수 있다는 표시가 된다.

그림 5-9
영아의 깊이지각을 알아보기 위한 시각 벼랑 실험
출처: Santrock(2020)

우선, 시각 벼랑 실험에서 영아가 벼랑을 피한다는 것을 밝히기 위해서는 영아가 기어다닐 수 있을 정도로 성장해야 한다. 그런데 6개월 미만의 영아들은 아직 기어다니지 못한다. 이에 한 연구에서는 이러한 연구방법의 한계를 극복하여 매우 어린 영아들의 깊이지각을 시각 벼랑에서 검사할 수 있는 방법을 고안했다(Campos et al., 1970). 이 연구에서는 깊은 쪽에 있을 때와 얕은 쪽에 있을 때 나타나는 영아의 심장박동의 변화를 기록했다. 그 결과 2개월 된 영아들의 심장박동은 벼랑 쪽인 깊은 곳에 있을 때 감소한 반면 얕은 쪽에 있을 때 심장박동의 변화는 나타나지 않았다. 심장박동의 감소는 2개월된 영아들이 깊은 쪽과 얕은 쪽의 차이를 탐지하고 있다는 것을 의미하는 생리학적 지표가 된다. 반면에 생후 1개월 영아의 경우는 얕은 쪽과 깊은 쪽 모두에서 심장박동의 변화가 나타나지 않았다. 이는 시각 벼랑을 탐지할 정도로 시각 능력이 충분히 성숙하지 않았기 때문일 것이다. 그러나 일반적으로 두려움을 느낄 때, 심장박동이 더 빨라지는 것에 반해, 오히려 깊은 면에 놓였을 때 심장박동이 감소한다는 사실은 생후 2개월 영아들이 깊이의 차이는 구분하는 것으로 보이지만 깊이지각을 한다고 보기는 어렵다(Campos et al., 1970).

깊이지각에 대한 연구들은 영아들이 기기 시작하는 시기인 6-7개월경에야 시각 벼랑을 피하기 시작한다고 보고한다. 또한, 같은 월령의 영아일 경우에도 기지 못하는 영아들보다 길 수 있는 영아들이 시각 벼랑의 깊은 면에 대한 경계심을 더 많이 나타냈다(Spelke & Newport, 1998). 이러한 결과는 깊이에 대한 지각능력의 발달에는 기어 다니고 이동하면서 얻는 경험이 영향을 미친다고 해석할 수 있다.

그림의 깊이단서 지각

몇몇 연구(Granrud & Yonas, 1984; Yonas et al., 1985)에서는 화가들이 2차원의 평면에 깊이와 거리를 표현할 때 사용하는 조망단서에 대해 영아들이 어떻게 반응하는지를 관찰하였다. 연구에서는 영아에게 보여 준 사진은 45° 각도에서 찍은 창문으로 오른쪽이 왼쪽보다 가깝게 보이는 사진이다(그림 5-10). 관찰자는 이러한 창문 사진 앞에 영아를 앉혔을 때 창문의 왼쪽과 오른쪽 중 어느 쪽을 더 만지는지 관찰하였다. 영아들이 깊이에 대한 조망단서를 지각한다면

그림 5-10
영아의 그림 깊이지각
출처 : Yonas 등(1978)

창문의 오른쪽을 더 만질 것이고 깊이 단서에 민감하지 않다면 왼쪽과 오른쪽을 같은 빈도로 만지려 할 것이다.

그 결과 7개월 영아들은 가까이 보이는 오른쪽 창문을 향해 손을 뻗었다. 그러나 5개월 영아들에게는 어떤 선호도 나타나지 않았다. 또한 7개월 영아들의 경우에는 그림의 겹침이나 상대적 크기 등 회화적 단서에도 민감했다. 반면에 5개월 영아들은 회화적 단서에 민감하지 않았다. 이와 같은 결과로 볼 때 5~7개월 사이에 그림에서 깊이와 거리에 대한 정보를 추출할 수 있게 되는 것 같다(Yonas et al., 1985).

결론적으로 공간에 대한 지각능력이 타고난 것이라고 볼 수 있는 증거는 거의 없다. 신생아들이 다가오거나 멀어지는 대상을 주의 깊게 쳐다보기는 한다. 그러나 크게 맺히는 망막상에 민감하지 않고, 시각 벼랑 같은 곳에 있을 때도 깊이를 지각하는 것 같지는 않다. 2~4개월경 시각 체계의 성숙에 따라 크기 항상성을 보이며, 그림에서도 깊이와 거리를 추리할 수 있게 된다. 그러나 생물학적 성숙 하나만으로 공간지각 능력의 극적인 변화를 설명할 수 없다. 생후 1년 동안 영아들은 자연환경에서 경사진 표면, 계단 등을 탐색하고 움직이는 물체를 눈으로 보고 만져 보는 등 다양한 경험을 통해 거리, 깊이 뿐만 아니라 공간관계에 대하여 새롭고 흥미로운 발견을 하게 된다(Bertenthal & Campos, 1987).

(4) 유아기 이후 시지각발달

영아기 동안 감각 및 지각능력은 매우 빠르게 발달한다. 그러나 그 이후에도 시지각능력의 발달은 계속된다. 한 연구에서는 3~5세 아동에게 미완성된 그림을 먼저 보여주고 어떤 물체인지 맞추게 했다(Gollin, 1962). 만약 아동이 맞추지 못하면 완성된 그림에 가깝도록 그림에 요소를 조금씩 첨가하면서 무엇인지 답하도록 했다. 그 결과 3세 아동들은 그림이 거의 완성되었을 때만 어떤 물건인지 답할 수 있었으며, 3세보다는 4세, 4세보다는 5세 아동들이 미완성된 상태에서 정확한 답을 더 많이 했다. 다른 연구(Ghent, 1956)에서는 아동들을 대상으로 숨은 그림찾기를 했다. 그 결과 8세아의 25%만이 숨은 그림을 모두 찾아냈다. 형태지각은 초기 청년기까지 발달한다(Spitz & Borland, 1971).

Gibson(1969)에 의하면 영아의 지각 발달은 적극적인 환경 탐색을 통해 대상의 변별특징을 탐지하면서 이루어진다. 변별특징이란 한 자극을 다른 자극과 구별할 수 있는 단서를 가리킨다. 처음 3세 유아는 고양이와 토끼를 구분하지 못하고 혼란스러워한다. 그러나 두 동물 모두 거의 크기도 갖고 털도 있지만, 토끼의 귀는 길다는 변별특징을 찾아내면서 두 동물을 서로 구분한다. 지각학습에 대한 동기는 타고나는 것으로, 인간은 태어나면서부터 정보를 능동적으로 추구하여 환경 내의 질서와 변별 특징을 찾는다.

변별특징
distinctive feature
한 자극과 다른 자극을 구별할 수 있는 단서

지각학습
perceptual learning
경험을 통해 감각자극으로부터 정보를 추출하는 능력

한 연구에서는 4~8세 아동을 대상으로 여러 가지 모양의 문자에 대한 형태변별 능력의 발달을 보고자 했다(Gibson, 1969). 아동들에게 여러 가지 자극을 보여주고 표준 자극과 똑같은 자극을 찾아내도록 하였다. 그 결과 4~5세 유아는 이 과제수행에 어려움이 많았다. 그러나 6~8세 아동은 표준 자극과 다른 자극을 구분하는 변별특징을 찾아낼 수 있었다. 어린 아동도 환경으로부터 계속해서 새로운 정보를 추출함으로써 사물과 사건들 간의 차이를 구분하는 변별특징을 발견한다. 이 과정을 분화라고 한다. 분화과정은 나이가 들면서도 계속되고 이를 통해 점차 감각기관으로부터 오는 정보를 정확하게 해석할 수 있게 된다.

2) 청지각

우리는 인간을 흔히 시각적 동물로 여기지만 1세 미만의 영아는 시각적인 자극보다도 소리에 더 많이 반응을 한다(Lewkowicz et al., 2010). 신생아는 소리에 주의를 기울일 뿐만 아니라 소리를 해석하려고 하는 것처럼 보인다.

실제로 신생아들도 출생 후 3일 안에 그들의 어머니의 목소리를 구별한다. 한 연구(DeCasper & Frifer, 1980)에서는 특수 고무젖꼭지에 연결된 전기장치를 통해 아기의 빠는 속도를 기록할 수 있도록 만들었다. 그 결과, 1~3일 된 신생아들도 어머니의 목소리를 들었을 때 고무젖꼭지 빠는 속도가 달라졌으며 어머니의 목소리를 낯선 여성의 목소리보다 더 선호하는 반응을 보였다.

또 다른 연구에서는 임산부가 출산 직전 6주 동안 특정 책 내용의 일부를 소리 내서 반복적으로 읽게 했다. 그 결과, 신생아는 다른 책 내용보다 태내에서 반복적으로 들었던 책의 내용을 더 선호했다(DeCasper & Spence, 1991).

아기들은 목소리에 주의를 기울일 뿐만 아니라 생의 초기에 언어의 기본음인 음소를 구별할 수 있다(Eimas, 1975, 1985). 2~3개월 된 영아가 '바', '파' 같은 자음을 구별할 수 있으며, 1주일 미만의 신생아는 모음의 '아'와 '이'를 구별할 수 있고(Clarkson & Berg, 1983), 단어들을 음절로 구분할 수도 있다(Bijeljac-Babic et al., 1993). 또한, 영아는 여러 사람들이 발음하더라도 한 음소를 같은 소리로 인지할 수 있다(Marean et al., 1992). 그리고 빨기반응으로 측정한 결과, 신생아가 음악소리는 계속 들으려는 반응을 보였지만 리듬이 없는 소음은 피하는 경향을 보였다(Butterfield & Siperstein, 1972). 4~6개월경이 되면 음악에 따라 몸을 움직이는 것을 볼 수 있었고(Moog, 1976), 또 이 시기에는 멜로디를 구별하고 노래의 높이나 속도를 변화시켜도 같은 곡조를 구별할 수 있었다(Trehub, 1985). 즉, 영아들은 소음을 싫어하며 음악 소리를 선호한다. 또한 음악의 다양한 요소들을 지각할 수 있는 것으로 보인다.

3) 감각 간 지각

감각 간 지각
intermodal perception
서로 분리된 감각을 통합하여 정보를 받아들이는 것

성인들은 눈을 가려도 손 위에 올려진 물건이 무엇인지를 알아맞힐 수 있다. 이처럼 서로 분리된 감각을 통합하여 정보를 받아들이는 것을 감각 간 지각이라고 한다. 사람들은 정보를 받아들일 때 이와 같은 감각 간 지각을 주로 사용한다(Bahrick, 2010). 이러한 감각 간 지각은 언제부터 가능한 것인가?

Bower(1982)와 Gibson(1992) 같은 학자들은 태어날 때부터 감각들은 통합되며, 흥미 있는 자극일 때는 모든 감각기관을 이용해 탐색한다고 보았다. 이를 검증하기 위하여 Bower와 동료들(1970)은 생후 8~31일 된 아기들에게 특수 안경을 씌웠다. 그래서 손이 닿는 거리에 마치 비누거품이 있는 것처럼 보이게 했다. 착시를 이용해 마치 눈앞에 있는 것처럼 보이도록 한 것이기 때문에 아무리 영아가 팔을 뻗어 거품을 만지려고 해도 아무것도 만져지지 않는다. 이 연구에서 아기들은 팔을 뻗어서 거품을 만지려 했지만 아무 것도 만져지지 않을 때 놀라워하는 반응이나 우는 등 좌절 반응을 나타냈다. 이러한 결과는 시각과 촉각이 통합된 것으로 해석될 수 있다. 볼 수 있는 것은 만져질 수 있다고 기대하고 있으며, 촉각이 시각적 기대와 불일치할 때는 불편한 반응이 나타나는 것이다.

또 다른 연구(Gibson & Walker, 1984)는 영아가 과거에 빨아 본 적이 있는 물체들을 시각적으로 지각할 수 있는지를 살펴보았다. 생후 1개월 영아에게 부드러운 실린더나 딱딱한 실린더 한 가지만을 빨도록 한 다음, 두 가지 실린더 모두를 보여주었다. 그 결과 아기는 빨지 않았던 실린더를 더 응시하였다. 즉, 영아는 자신들이 빨았던 물체를 시각화할 수 있었다. 그리고 빨지 않았던 새로운 실린더에 흥미를 더 보인 것으로 해석할 수 있다.

위에서 언급한 시각과 촉각 간 지각 외에도 인간은 시각과 청각 간 지각을 자주 사용한다. 시각과 청각의 불일치를 다룬 한 연구(Aronson & Rosenbloom, 1971)에서, 1~2개월된 아기들은 어머니의 목소리가 어머니의 입이 아닌 다른 곳에서 들릴 때 매우 불안해했다. 이러한 결과는 생의 초부터 시각과 청각이 통합되어 있다는 것을 나타낸다. Walker(1982)의 연구에서는 생후 2~7개월된 영아를 대상으로 행복, 분노, 슬픔을 나타내는 표정과 그에 알맞은 목소리를 대응시킬 수 있는지 살펴보았다. 그 결과, 생후 5개월된 영아도 타인의 표정과 목소리에 대응하여 지각할 수 있었다. 이 밖에도 Flom 등(2009)의 연구에 따르면, 영아는 사람의 얼굴뿐만 아니라 개의 표정과 개가 짖는 소리를 서로 맞춰서 지각할 수 있었다. 즉, 공격적인 표정을 공격적인 소리에 대응시키고, 비공격적인 표정을 비공격적인 소리에 대응시킬 수 있었다. 이러한 결과들에 비춰볼 때, 감각 간 지각이 선천적이라고 결론지을 수는 없으나 상당히 일찍부터 가능하다는 것을 보여준다.

영아는 일찍부터 눈으로 보이는 물체를 손으로 만져 보려는 시각과 촉각의 감각간 지각능력을 보인다.

4) 환경의 영향

앞서 생의 매우 초기 단계에 있는 신생아에게도 놀라운 감각과 지각능력이 있다는 것을 보았다. 그러나 지각능력이 더욱 발달하기 위해서는 경험이 중요하다. 외부 자극이 있어야 뇌의 감각중추 영역과 신경통로가 발달하기 때문이다.

(1) 시각적 실조

정상적인 시각체계의 발달을 위해서는 생의 초기에 시자극이 필요하다. 백내장을 갖고 태어난 아기가 성인이 된 후 수술을 통해서 시각을 되찾았으나 처음에는 구형이나 정육면체 같은 형태를 변별하는 데 어려움이 있었다(Walk, 1981). 생의 초기에 시각실조를 경험하면 성인이 되어 시각을 되찾아도 완전한 회복이 어렵다(Maurer, & Lewis, 2013). 시각적 자극 중에서도 뇌의 시각영역이 적절하게 발달하기 위해서는 특정 종류의 시자극이 필요한 것으로 알려지고 있다(Gandelman, 1992). 예를 들어, 수평선, 수직선 또는 사선에 반응하는 신경세포는 각기 다르다. 이러한 신경세포들이 일정 시기에 자극을 받지 못하면 이 세포가 발달하지 못해 시지각에 문제가 생길 수 있다. 고양이에게 수직선만 볼 수 있는 안경을 끼고 성장시켰을 경우 수직선에 반응하는 세포들은 잘 발달했으나 수평선이나 사선을 지각하는 일부 세포들은 발달하지 못했다(Stryker et al., 1978). 인간의 경우에도 난시가 심했던 사람은 시력교정을 하고 나서도 오랫동안 모든 방향의 선들을 똑같은 수준으로 잘 보지 못한다(Mitchell et al., 1973). 따라서 지각 발달은 성숙만으로 충분하지 않고 지각 경험이 필수적으로 동반되어야 한다.

(2) 사회·문화적 환경의 영향

문화마다 지각적 선호가 다르다. 예를 들어, 문화에 따라 선호하고 혐오하는 음식도 다를 수 있다. 또 미적인 기준도 다를 수 있다. 즉 문화는 다른 사람이나 활동을 평가하는 사회적 지각의 기준을 제공한다. 나아가 사회적 배경이 사회적 지각뿐만 아니라 무생물이나 물리적 환경에 대한 지각에도 영향을 미친다.

색의 명도나 소리의 크기를 변별하는 기본 감각능력은 문화적 배경에 따른 차이가 없으나(Berry et al., 1992), 들어오는 감각정보에 대한 지각적 해석은 자라면서 가졌던 경험에 따라 상당히 다르다. 또 사회적 가치도 지각에 영향을 미친다. 예를 들어, 10세 아동에게 동전을 보여주고 동전 크기에 맞게 불빛의 크기를 조정하도록 했다. 그 결과 아동들은 모든 동전을 과대평가하는 경향이 있었으며, 특히 가치가 높은 동전일수록 과대평가 했다(Bruner & Goodman, 1947). 결국, 어떤 사물에 어느 정도의 가치를 부과하는지가 물리적 특성에 대한 지각에 영향을 미친다.

아동의 가정환경도 지각 발달에 영향을 미친다. 특히 부모의 양육방법이 자녀의 장의존성과 장독립성과 같은 지각특성에 영향을 미친다(Witkin, 1967). 장독립적인 사람은 맥락과 배경의 영향을 받지 않고 사물을 지각한다. 반면, 장의존적인 사람의 지각은 관련이 없는 정보나 배경에 의해 영향을 받는다. 자녀의 행동을 감독하고 정해진 규범을 따르도록 강하게 요구하는 지배적인 부모의 양육태도는 자녀의 장의존적 성향에 영향을 미치며, 자녀의 독자성을 인정하고 허용하는 부모의 양육태도는 장독립성에 영향을 미친다(Witkin et al., 1979).

앞서 보았던 것처럼 지각 발달이란 결국 감각수용기의 성숙, 사물 분석과 해석에 적용된 아동의 감각 경험, 운동기능, 그리고 아동의 사회적 맥락에 의존하는 복잡한 과정이다. 한 마디로 사물이나 사건에 대한 해석적 기술의 성장이라고 말할 수 있다.

5. 학습

학습이란 반복이나 연습, 관찰 등 경험에 의해 나타나는 비교적 영구적인 행동의 변화다. 학습은 언제부터 시작될까? 생의 초기 영아들도 습관화, 고전적 조건형성, 조작적 조건형성, 모방과 관찰학습 등과 같은 기제에 의해서 학습한다.

1) 습관화

앞서 언급한 것처럼 습관화는 반복 제시된 자극에 친숙해짐으로써 더 이상의 반응을 중단하는 것이다. 반복 자극에 대해 나타나는 습관화 반응은 학습이 일어났다는 것을 의미한다. 아기들도 이전에 경험한 자극에는 상대적으로 덜 반응하고 새로운 자극에 더 반응하는 경향이 있다(그림 5-11). 이와 같은 습관화는 출생 직전에도 나타난다. 예를 들어, 임신 36주 된 27명의 산모의 복부에 태아가 들을 수 있도록 소리를 들려주고 태아의 움직임을 추적했다 (Madison et al., 1986). 그 결과 소리에 반응했던 태아들이 같은 소리를 40번 반복하자 1명의 태아를 제외한 나머지 26명의 태아들은 소리에 반응하지 않았다. 즉, 태아들이 반복된 소리자극에 습관화 되었다고 해석할 수 있다. 친숙한 자극에 더 이상 반응이 나타나지 않는 이유가 단지 피로 때문이 아니라고 어떻게 알 수 있을까? 이것은 새로운 자극이 제시되면 새로 주의를 기울이거나

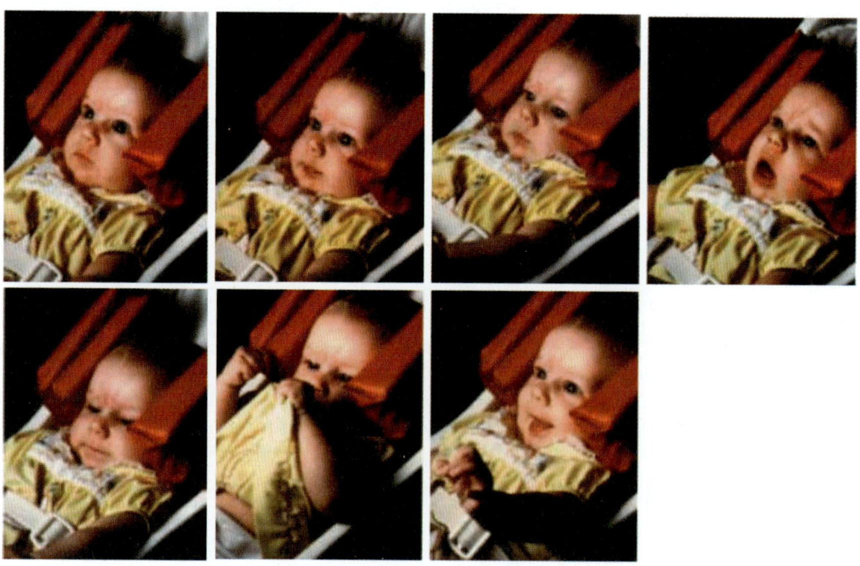

그림 5-11
3개월된 영아의 습관화/탈습관화 과정
영아는 사진이 나오는 스크린 앞에 앉아 있다. 처음 얼굴사진을 봤을 때는 눈이 커지고 몰두하면서 보았다. 그러나 같은 사진을 3번 이상 보여주자 관심이 줄고 하품을 하였다. 6번째에는 자신의 옷에 더 관심을 갖는다. 마침내 새로운 얼굴이 나타나자 새로움에 대한 흥미가 나타난다.
출처: Maurer와 Maurer (1988)

심지어 더 활발하게 반응하는 탈습관화 반응을 통해서 알 수 있다. 습관화는 아주 적응적인 기제이다. 친숙한 것에 대한 주의를 줄이면 새로운 것에 더 주의하고 학습할 수 있기 때문이다.

생후 1년간 영아의 습관화는 빠르게 향상된다. 4개월 미만의 영아들의 경우 한 자극에 습관화가 되기 위해서는 수많은 자극의 반복 제시가 필요할 뿐만 아니라, 새로운 자극에 대한 탈습관화도 느리게 일어난다. 생후 5~12개월경이 되면 습관화와 탈습관화가 모두 훨씬 빨라진다(Bornstein & Sigman, 1986). 이와 같은 발달적 경향은 대뇌 중추의 감각영역의 성숙과 관련된다. 영아의 뇌와 감각기관의 성숙에 따라 정보를 더 빨리 처리할 수 있게 될 뿐만 아니라 자극이 제시되는 동안에 더 많은 자극특성을 파악할 수 있게 된다.

영아들의 습관화와 탈습관화 속도에는 개인차가 있다. 어떤 영아들의 경우에는 반복 제시되는 감각자극을 빨리 인지할 뿐만 아니라 경험한 것을 오래 간직한다. 그런가 하면 또 어떤 영아들의 경우 습관화에 오랜 시간이 걸리고 학습한 것을 빨리 잊어버린다. 이러한 개인차는 발달과 어떤 관계가 있을까? 6~8개월에 습관화가 빨랐던 영아들은 그다음 해에 언어이해와 사용이 빨랐으며(Tamis-LeMonda & Bornstein, 1989), 아동기의 지능검사 점수도 높았다(McCall & Carriger, 1993). 이러한 결과는 습관화와 오래 정보를 유지하는 능력이 복잡한 정신적 활동의 기초가 되는 인지적 과정이기 때문이다.

2) 고전적 조건형성

영아들도 고전적 조건형성을 통해 학습한다. 2장에서 11개월 된 앨버트가 고전적 조건형성 원리를 통해 공포를 학습하는 과정을 보았다. 한 연구에 따르면 신생아도 고전적 조건형성이 가능했다(Lipsitt & Kaye, 1964). 소리(CS)와 고무젖꼭지(UCS)를 짝 지워 생후 2~3일 신생아에게 반복하여 제시했다. 그 결과 신생아들은 고무젖꼭지 없이도 소리만 듣고도 빨기 반응을 했다. 다른 연구에서는 신생아에게 소리(CS)와 입김 불기(UCS)를 짝 지워서 눈깜박임을 조건화했다(Fifer et al., 2010). 소리와 입김 불기의 짝짓기에 노출된 신생아들은 소리만 듣고도 눈을 깜박이기 시작했다. 심지어 수면 중에도 이 반응이 나타났다. 이러한 결과들은 고전적 조건형성이 생의 초기부터 존재하는 강력한 학습 기제라는 견해를 지지한다.

3) 조작적 조건형성

Skinner(1953)가 제안한 조작적 조건형성의 원리는 만족스러운 결과를 가져온 행동은 되풀이되는 경향이 있으며 만족스럽지 않은 결과를 가져온 반응은 반복되지 않다는 것이다. 즉, 조작적 조건형성 과정은 자신이 한 행동과 그 결과 간의 관계를 배우는 것이다.

생후 몇 달 안 된 어린 영아들도 조작적 조건형성이 가능하다(Rovee-Collier, 1997). 한 연구에서 생후 2개월 영아의 발목에 리본을 묶고 이를 아기 침대 위에 달린 모빌에 연결하였다. 처음에 영아는 자연스럽게 발을 움직였고 자신의 발차기에 의해서 모빌이 흔들리는 것을 경험했다. 여러 번의 시도로 발차기와 모빌의 움직임 간의 관계를 학습한 영아의 의도적인 발차기 비율이 증가했다. 이때 모빌의 흥미있는 움직임이 발차기를 위한 강화로 작용했다.

신생아를 포함한 영아들은 자신의 반응과 그에 따르는 결과를 연합할 수 있다. 따라서 자신의 행동이 무엇인가 흥미로운 일을 일어나게 할 수 있다는 것을 학습한다. 예를 들어, 아기는 울면 어머니가 오고, 젖을 먹을 수 있고, 관심을 받을 수 있다는 것을 배우게 된다. 뿐만 아니라, 눈맞춤과 미소, 옹알이를 통해 양육자의 관심과 애정을 이끌어 낼 수 있다는 것을 학습한다. 그러나 어린 영아의 조작적 조건화 속도는 느리다. 예를 들어, 생후 2개월된 영아에게 고개를 오른쪽으로 돌리도록 가르친 후, 성공적으로 돌릴 때마다 우유를 주는 훈련을 했을 때, 이 행동에 대한 조건화를 위해서는 평균적으로 약 200회의 시도가 필요했다(Papousek, 1967). 조작적 조건화 속도는 빠르게 향상되어 3개월된 영아의 고개 돌리기 반응에는 약 40회의 시도가 필요했고, 5개월된 영아의 경우에는 30회 이하의 시도만으로도 가능했다.

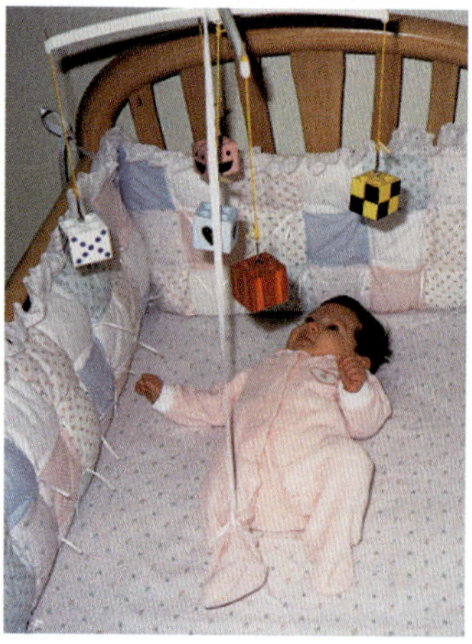
모빌의 움직임이 영아에게 즐거움을 주는 강화물의 역할을 한다.
출처: Shaffer 등(2020)

4) 모방과 관찰학습

다른 사람의 행동을 관찰함으로써 일어나는 행동의 변화를 관찰학습이라 한다. Bandura(1965b)는 아동들이 직접 어떤 행동을 수행하지 않고 강화를 받아본 적이 없어도 타인의 행동에 대한 관찰만으로도 학습이 일어날 수 있다고 했다.

그렇다면 관찰학습은 언제부터 가능할까? 생후 7일 미만의 신생아들도 혀를 내미는 반응이나(Meltzoff & Moore, 1989), 고개 돌리기(Meltzoff & Moore, 1989), 입술을 열었다 닫았다 하기(Reissland, 1988) 또는 행복한 표정이나 슬픈 얼굴 표정 짓기(Field et al., 1982) 등을 흉내 낼 수 있었다. 그러나 한 달된 영아에게 이러한 행동을 모방하도록 하는 것은 매우 어려웠다. 20~22주된 영아들에게도 이와 같은 행동의 모방이 나타나지 않았다(Abravanel & Sigafoos, 1984). 따라서 신생아들이 보였던 흉내는 대부분 의도하지 않은 반사적인 반응으로 볼 수 있으며 나이가 들어감에 따라 의도적인 모방반응으로 대치된다.

의도적 모방은 8~12개월 정도에 나타난다. 처음에는 눈앞에 보이는 행동만을 모방할 수 있으나, 9개월경부터 영아들은 그날 본 간단한 행동을 다음날에 수행하는 지연모방을 보인다. 지연모방은 12~24개월에 급격히 발달한다. 한 연구에서는 14개월된 영아들의 절반이 텔레비전에서 본 모델의 행동을 24시간이 지난 후에 모방했으며(Meltzoff, 1988a), 실물 모델을 보여주었을 때는 14개월된 영아들의 대부분이 1주일이 지난 후에 자신들이 보았던 행동들을 모방할 수 있었다(Meltzoff, 1988b). 또 보육센터에서 또래들이 새로운 장난감을 작동하는 것을 관찰한 14~18개월된 영아들은 2일이 지난 후에 같은 장난감으로 놀이를 하는 상황이 주어졌을 때 관찰했던 행동을 모방했다(Hanna & Meltzoff, 1993).

지연모방
deferred imitation
과거에 목격했던 행동을 모방하는 능력

모방할 모델을 선택할 때 영아들은 그 모델이 행동한 이유, 즉 의도를 분석하는 것처럼 보인다. 한 연구에서 18개월 영아들은 성인이 작은 장난감 아령을 분리하려다가 실패하는 것을 관찰했다(Meltzoff, 1995)(그림 5-12). 성인이 아령의 양쪽 끝을 잡아당겼지만, 손이 미끄러져서 아령은 분리되지 않은 채 있었다. 이어서 영아들에게 같은 아령을 주었을 때 영아들은 아령의 양쪽을 잡

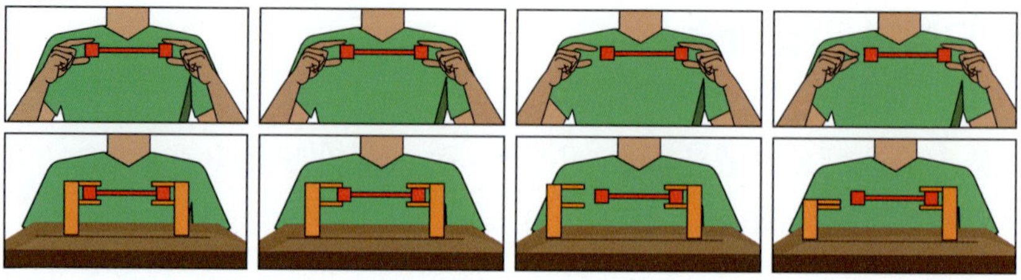

그림 5-12
의도 모방 실험
(a) 성인이 아령의 양 끝을 잡아당기려고 시도하지만 실패하는 것을 본 18개월 영아들은 모델이 실제로 한 행동이 아니라 의도한 행동을 모방하여 양 끝을 분리하려고 했다.
(b) 영아들은 기계적인 장치의 동작은 전혀 모방하지 않았다.
출처: Meltzoff(1995)

아당기면서 성인이 의도했던 것을 모방했다. 그러나 미끄러지는 행동은 모방하지 않았다. 또한, 같은 연구는 영아들의 모방 대상이 인간 행동에 제한된다는 것을 보여주었다. 앞서 기술한 것처럼 한 집단의 영아들에게는 성인이 장난감 아령을 당기는 모습을 보여주었고, 다른 집단의 영아들에게는 기계 장치가 아령의 양쪽 끝을 잡고 당기는 모습을 보여주었다. 이때 기계 장치에 노출된 영아들은 아령을 분리하려는 시도를 하지 않았다. 이러한 결과는 영아들은 무생물이 아닌 다른 사람의 의도와 행동을 모방하고 재생산하려고 시도한다는 것을 보여준다.

거울뉴런체계
mirror neuron system
대뇌피질의 운동영역에 분포하는 특별한 신경세포체계로, 우리가 어떤 행동을 직접 했을 때와 타인이 그 행동을 하는 것을 보거나 들었을 때 동일하게 활성화됨

이와 같은 모방의 잠재적인 신경학적 기저 중의 하나는 거울뉴런체계(mirror neuron system)이다. 원숭이 연구에서 원숭이들이 행동할 때 활성화되는 뉴런체계가 다른 원숭이나 인간이 행동하는 것을 볼 때도 마치 자신이 행동을 하고 있는 것처럼 활성화되었다고 해서 거울뉴런체계라고 명명하게 되었다. 예를 들어, 실험 보조자가 아이스크림을 입에 가져가는 것을 보고 마치 자신이 아이스크림을 먹을 때 활성화되는 전운동피질이 행동을 관찰하는 것만으로도 활성화되었다. 연구자들은 영아의 뇌 활동에서도 거울뉴런체계의 존재 가설에 일치하는 뇌 활동을 발견하였다. 즉, 영아가 어떤 행동을 할 때 나타나는 신경적 활성화 패턴이 행동을 관찰하는 것만으로도 동일하게 활성화되는 것을 확인했다(Marshall & Meltzoff, 2014). 뿐만 아니라 실험자가 목표지향적인 행동을 하는 것을 관찰할 때 거울뉴런체계가 강하게 활성화되었던 7

개월 영아들은 이후에 관찰한 행동을 더 많이 재생산 했다(Filippi et al., 2016). 그러나 거울뉴런체계의 활성화가 타고난 것인지, 얼마나 일찍 나타나는지 등에 대해서는 아직 밝혀지지 않았다.

아동들은 단지 다른 사람의 행동을 관찰하고 그것을 표상하여 보유함으로써 새로운 반응을 끝없이 배워나갈 수 있다. 관찰학습은 지시나 강화 없이도 일상생활에서 흔히 일어난다. 아동은 나이가 들어가면서 가사 일이나 일상생활에서 필요한 자기 스스로 해야 하는 행동, 예를 들어 세수하기와 양치하기 등과 같은 행동을 모방하게 된다. 이러한 모방은 놀이를 통해 나타나거나 반려동물을 대상으로 나타난다. 이는 모방한 기술들을 획득하고자 하는 적극적인 시도인 동시에 자신이 목격한 상황을 이해하려는 자기 지시적 성격의 노력이라고 해석할 수 있다.

앞서 살펴보았던 습관화, 고전적 조건형성, 조작적 조건형성 및 모방과 관찰학습은 아동의 기본적 학습 기제로 다음의 두 가지 결과를 알려준다. 먼저 학습은 기초적인 발달과정이라는 점이다. 즉, 생의 초부터 개인이 발달과정에서 나타내는 많은 행동의 변화는 학습의 결과이다. 두 번째로 아동의 학습은 능동적인 인지적 과정이라는 점이다. 습관화와 관찰학습에서 학습자는 능동적으로 환경에 주의를 기울여야 하며 경험을 기억할 수 있어야 한다. 조작적 조건형성에서 아동이 행동을 수행할 것인지를 결정하는 핵심적인 정보는 행동 뒤에 따르는 반응이 만족스러웠는지의 여부이다.

정리해 봅시다

1. 영아기의 감각과 지각을 측정할 수 있는 방법을 설명해보자.
2. 얼굴지각의 발달과정과 의의를 설명해보자.
3. 공간지각이 선천적인지를 생각해보자.
4. 지각발달에서 환경의 영향을 생각해보자.
5. 거울뉴런체계를 가지고 있다는 것이 발달적으로 어떤 의미를 갖는지 이야기해보자.

CHAPTER 6
신체발달

1. 생리적 기능의 발달적 변화
2. 신체 성장 및 운동 발달
3. 뇌 발달

06
신체발달

고개조차 가누지 못했던 신생아가 12개월이 지나면서 스스로 기고, 서고, 걸을 수 있게 된다. 영유아기를 지나 청소년기까지 인간의 신체적 성장은 빠르게 진행되며, 운동능력과 두뇌의 발달도 급격히 이루어진다. 이 장에서는 생리적 기능을 비롯해 신체의 성장 및 운동 능력의 발달과 뇌 발달, 그리고 이러한 영역의 발달적 변화에 영향을 미치는 요인들을 살펴보자.

1. 생리적 기능의 발달적 변화

성인들이 수면과 비수면 상태를 순환하는 것처럼, 영아들의 상태도 주기적으로 변화한다. 특히 영아의 상태를 보면, 초기 영아 행동의 주요 원리인 자발성과 주기성을 확인할 수 있다. Schaffer(1977)는 "영아는 결코 외적 자극에 의해서만 반응하는 수동적인 존재가 아니다. 오히려 영아에게는 자기의 행동을 스스로 조절하며 주기적 상태 변화를 이끄는 내적인 힘이 있는 것 같다."고 했다.

또한 영아의 상태에서 두 번째로 주목할 수 있는 점은 외적 자극의 영향이 아기의 상태에 따라 달리 작용한다는 점이다. 자극에 대한 반응의 방향이나 반응의 크기는 자극이 주어질 당시 아기의 상태에 달려 있다. 많은 연구자들은 영아를 측정하기 위해 여러 실험기구를 설치하는데 실험을 시작하기도 전에 아기가 잠에 빠지는 경우도 흔히 볼 수 있다. 이처럼 영아의 상태는 임의적인 통제가 불가능하다. 따라서 상태 그 자체로 이해해야 하는 하나의 현상이다.

1) 생리적 상태의 분류

영아의 생리적 상태는 다음과 같이 분류할 수 있다(Wolff, 1966)

- 규칙적 수면: 눈이 감겨 있으며 움직임이 전혀 없는 상태이다. 호흡은 느리지만 규칙적이다. 눈꺼풀도 움직이지 않는다.
- 불규칙적 수면: 눈은 감겨 있으나 가끔 가벼운 사지 움직임이 나타난다. 찡그리는 등의 얼굴 표정도 자주 나타난다. 호흡은 규칙적 수면에서보다 빠르고 불규칙하다. 빠른 안구의 움직임이 가끔 나타난다.
- 졸음: 비교적 비활동적이다. 눈을 간헐적으로 떴다 감았다 한다. 눈을 뜨고 있을 때도 게슴츠레하다. 규칙적으로 호흡하나 규칙적 수면에서보다는 빠르다.
- 비활동적 각성: 눈을 초롱초롱하게 뜨고 있다. 움직이는 물체에 따라 시선을 수평·수직적으로 변화시킬 수 있다. 얼굴이 이완되어 있고 비교적 비활동적이다.
- 활동적 각성: 전신을 움직이는 산만한 운동활동을 자주 한다. 눈을 뜨고 있으나 완전한 각성상태가 아니다. 호흡이 전반적으로 불규칙하다.
- 울음: 산만하고 격렬한 움직임이 동반되는 울음과 발성이 나타난다.

2) 수면

(1) 수면 양과 주기의 변화

울음이나, 수면, 각성 등 각 상태에 있는 시간은 영아마다 다르다. 그러나 일반적으로 성장하면서 깨어있는 시간은 증가하고 수면시간은 감소한다. 깨어있는 시간이 많아지면서 영아의 환경과 상호작용은 증가한다.

신생아의 경우에는 하루의 70~80%를 수면으로 보낸다. 계속 수면 상태에 있는 것은 아니며 짧은 수면과 긴 수면이 분배되어 있다. 신생아 때보다 생후 4주쯤에는 긴 수면이 전형적이다. 그리고 2개월경에는 밤에 잠을 더 자고 낮에는 덜 잔다(Sostek & Anders, 1981). 생후 1년경에는 밤에 깨지 않고 계속 잔다.

초기 영아기의 중요 발달과업 중 하나는 낮 동안에는 깨어있고 밤에 자는 리듬을 형성하는 것이다. 이와 같은 리듬 형성과정은 영아의 내적 생체 리듬이 외부세계의 요구에 적응해 가는 과정이라고 볼 수 있다.

(2) 수면 종류의 변화

수면의 양과 시간적 분포가 나이가 들어감에 따라 변화된다. 동시에 수면의 종류도 변한다(Berg & Berg, 1987). 연구자들은 연령에 따른 영아와 성인의 뇌활동을 기록하여 여러 차원의 수면 상태를 구분했다. 가장 중요한 것은 빠른 안구운동이라 불리는 REM 수면과 이를 제외한 일반 수면 상태인 NREM 수면 간의 구별이다. REM 수면 동안에는 빠른 안구운동이 나타나며 이와 함께 심박과 혈압이 증가하는 특징이 있다. 성인의 경우 REM 수면 동안 꿈을 꾼다. 그리고 이때 운동 활동도 증가한다. 인간은 일정량의 REM 수면이 필요하며 수면이 부족한 경우에는 나중에라도 REM 수면을 되찾고자 한다. 만약 사람들이 REM 수면에 이르자마자 깨거나 REM 수면이 짧았다면, 그 이후 일어나서 하는 행동이 불균형하고 불안정하다는 결과들이 보고되었다(Dement, 1960).

REM 수면
rapid eye movement
빠른 안구운동 수면이라고도 하며, 눈동자의 움직임이 빠르고 뇌파활동이 깨어있을 때와 비슷한 패턴을 보이는 상태의 수면

연령 변화에 따라 영아의 수면에 차지하는 REM과 NREM 수면의 비율도 변한다. 신생아의 경우 수면의 50%가 거의 REM 수면이다. 그러나 자라면서 REM 수면 비율은 급격히 감소한다(그림 6-1). 또한, 성인기로 가면서 REM과 NREM 수면의 순서가 변화한다. 정상적인 성인은 일반적으로 REM 수면에 이르기 전에 1시간 정도의 NREM 수면을 취한다. 반면, 대부분 영아들의 수면은 REM 수면 먼저 시작된다. 25%의 신생아만이 REM 수면 전에 NREM 수면을 거친다. 각성상태에 있거나 울다가도 바로 REM 수면에 들어간다(Korner,

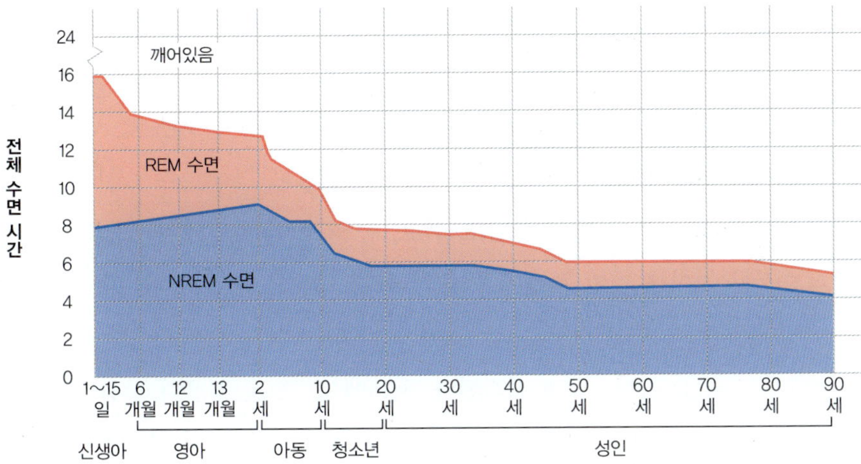

그림 6-1
연령에 따른 REM 수면과 NREM 수면의 변화
출처: Santrock(2020)

1972). 생후 6개월경에 REM 수면 전에 NREM 수면을 거치는 수면 유형이 나타나기 시작한다.

신생아의 수면에 REM 수면이 큰 비중을 차지하고 있는 이유를 자동자극이론에서 찾을 수 있다. REM 수면은 뇌 중추에 자극을 제공한다. 따라서, 영아의 높은 수준의 REM 활동은 영아의 중추신경계의 발달을 자극한다는 것이 자동자극이론이다(Roffwarg et al., 1966). 발달하면서 깨어있는 시간이 많아지고 외부 자극에 대한 처리능력이 생기면서 이러한 수면을 통한 자극은 덜 필요해진다. 영아의 REM 수면 비율 감소 속도는 영아가 얼마나 많은 자극을 외부에서 받느냐와 관련성이 있을 수 있다. 실제 사례로 할례를 받은 영아들은 강한 외부 자극을 받았기 때문에 할례를 받지 않은 영아들보다 REM 수면이 감소했다는 연구가 보고된 바 있다(Emde et al., 1971).

자동자극이론
auto stimulation theory
REM 수면상태가 뇌 중추를 자극하여 중추신경계의 발달을 도와준다는 이론

3) 울음

(1) 울음의 유형

울음은 자신의 욕구를 부모에게 전달하는 초기 수단 중의 하나로서 큰 의미

가 있다. 울음은 다음의 세 가지 유형으로 구분 가능하다.

- 기본 유형: 보통 배고픔과 관계된다. 비율동적이며 낮은 강도로 시작된다. 그러나 점차 강도가 커지고 율동적으로 변한다.
- 화난 울음: 기본 유형처럼 울고 쉬고, 숨을 들이쉬고 내쉬는 것과 같은 순서를 보이는 것이 특징이다. 그러나 각 단계의 시간적 길이에 차이가 있다.
- 고통의 울음: 갑작스럽게 시작된다. 처음에 크고 길게 울다가 숨을 죽이듯 한동안 울음을 그치는 특징이 있다. 짧게 숨을 헐떡이는 반응이 나타난다.

어머니들은 이와 같은 세 가지 유형의 울음을 쉽게 구분한다. 예를 들어, 어머니는 옆방에서 들리는 녹음된 영아의 고통스러운 울음소리를 들었을 때, 고통스러운 반응을 나타냈다(Wolff, 1969). 또한 어머니들은 고통의 울음과 화난 울음을 정확하게 구분했다. 특히 자기 아기의 울음에 더욱 정확하게 반응했다. 이처럼 각 울음의 독특한 특징은 중요한 사회적 신호기능을 가지고 있다.

아기들은 생후 첫 3개월 동안 특히 많이 운다(St. James-Roberts & Plewis, 1996). 이때 부모가 아기의 울음에 주의하고 빠르고 반응할 때 이들 부모의 아기들은 이후에 거의 울지 않는다(Ainsworth et al., 1972). 부모가 아기의 반응에 민감하게 반응함으로써 아기가 받는 스트레스를 줄일 수 있고 이로 인해서 덜 신경질적인 아기로 양육할 수 있다(Lewis & Ramsay, 1999).

(2) 의사소통 신호기능

처음에 울음은 내적 자극으로 시작된다. 그러나 성인과의 지속적인 상호작용 결과로 영아가 부모와 접촉 할 수 있는 의도적 수단이 된다. 한 연구에서 2,461건의 울음 사례를 분석한 결과, 전체 울음 중 77%에 대해서 어머니의 중재가 뒤따랐음이 발견되었다(Moss & Robson, 1968). 영아는 울음을 통해 사회적 상호작용의 기회를 얻으며 부모는 영아로부터 두 가지 강화를 받는다. 하나는 울음에 반응했을 때 영아의 울음이 그치는 것이고, 다른 하나는 즐거운 상호작용이 일어난다는 점이다. 그러나 사회적 신호체계로서의 울음에 대한 의존도는 언어 및 운동능력이 발달하면서 감소한다.

(3) 비정상성 초기 경고체계

울음은 초기 영아 발달에서 비정상성을 확인할 수 있는 진단 지표로도 활용되기도 한다. 예를 들어, 다운증후군 영아나 뇌손상이 있는 영아들은 고통스러운 자극에 대해서 정상 영아들보다 더 늦게 우는 반응이 나타났으며 더 강하고 고통스러운 자극이 있을 때 우는 반응이 나타났다. 또 이들의 울음은 덜 지속적인 경향이 있으며 리듬이 결여된 특징을 가지고 있다는 것을 발견했다(Fisichelli & Karelitz, 1963). 영양이 결핍된 영아와 뇌손상 영아의 울음은 매우 유사했으며, 영양결핍이 중추신경계에 영향을 미친다는 것을 시사한다.

이처럼 울음은 비정상적 발달의 단서가 될 뿐 아니라 이후 나타날 수 있는 비정상적인 발달을 예견하는 데도 활용될 수 있다. 예를 들어, 미숙아의 초기 울음을 통해 18개월 후 영아의 인지발달을 정확하게 예측할 수 있다(Lester, 1984). 구체적으로 울음이 정상에서 많이 벗어난 아기는 베일리 영아발달척도에서 평균보다 낮은 수행을 보였다. 결론적으로 영아의 울음은 비정상발달에 대한 초기 경고체계로도 활용될 수 있다.

4) 영아돌연사증후군

출생 후 1년 이내에 알려지지 않은 이유로 수면 중에 사망하는 경우를 영아돌연사증후군이라고 한다. 이는 미국 내 전체 영아 사망원인 중 1위를 차지하고 있다. 이와 같은 영아돌연사증후군이 어떤 특징을 갖는 영아에게 언제 발생하는지에 대한 분석이 이루어졌다(Rovee-Collier & Lipsitt, 1982). 그 결과, 보육기에 오래 있었거나, 신생아 때 호흡에 문제가 있는 경우, 어머니에게 빈혈증세가 있었거나, 임신 중 모체로부터 적절한 영양을 공급받지 못한 체중미달

영아돌연사증후군
sudden infant death syndrome
1세 이하의 건강해 보이는 영아가 사전 징후나 원인 없이 수면 중에 갑자기 사망하는 것

남아의 경우가 많았다. 겨울철 수면 중에 가장 많이 일어나고, 감기 같은 호흡기 질환을 동반한다. 특히 생후 2개월과 4개월 사이에 흔히 발생하고, 생후 6개월 이후에는 드물게 발생했다.

질식이나 바이러스에 의한 영향은 아니며, REM 수면 중에 일어나는 호흡정지 또는 무의식적 호흡장애가 사망 유발의 한 가지 요인일 수도 있다(Steinschneider, 1975). 신생아들의 경우 호흡장애가 발생하면 방어적 반사로 호흡 곤란을 극복한다. 그러나 생후 2~4개월 사이는 반사 수준에서 자발적 반응단계로 변화하는 단계이다. 바로 이 시기에 돌연사증후군이 가장 많이 일어난다. 이와 같은 이행과정이 순조롭지 못할 때 사망위험이 커지는 것으로 해석된다(Lipsitt, 1979).

2. 신체 성장 및 운동 발달

1) 영아기

출생 시 약 50cm 정도였던 신장이 1세경에는 약 77cm 정도가 되고, 2세경에는 약 87.5cm로 성장한다. 체중도 출생 시에는 3.3kg 정도인데, 1세경에는 10kg 이상으로 출생 시의 약 3배가 되며, 2세 때에는 약 4배로 증가한다. 이처럼 영아기의 신체적 성장과 변화는 매우 크기 때문에 영아기를 제1 성장 급등기라고 한다.

신생아의 경우 신체에서 머리가 차지하는 비율은 매우 크다(그림 6-2). 따라서 자기 스스로 몸을 가누기가 어렵다. 또한, 신생아의 움직임은 많은 부분 비자발적인 반사 반응이다. 그러나 생후 1년 동안 엎드려서 고개를 들고, 안고, 기고, 서고, 몸을 굽히고, 올라가고 걸음마를 할 수 있을 정도로 발달한다(그림 6-3). 1세가 넘으면 전에 비해 성장률은 감소하지만 뛰거나 올라가거나 하는 활동은 빠르게 발달한다.

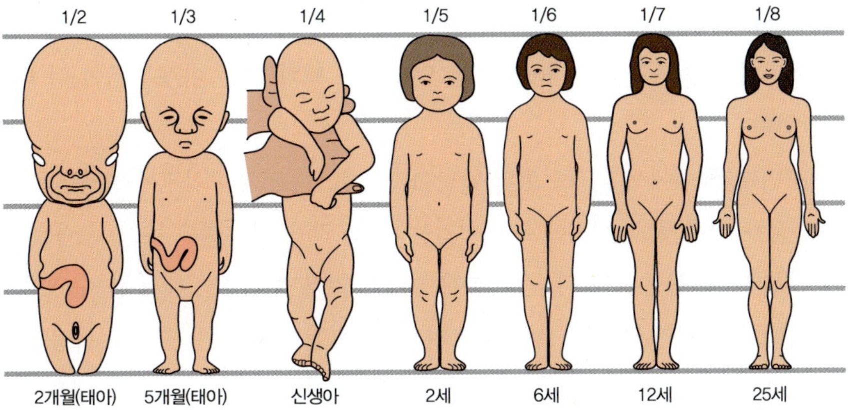

그림 6-2
성장에 따른 신체 비율의 변화
출처: Santrock(2020)

(1) 신체 발달순서

아동의 신체 발달은 일정한 순서에 따라 이루어진다. 구체적으로 머리에서 다리 방향으로 발달하며, 중심에서 외곽으로 그리고 전체에서 특수 부분으로 발달이 진행된다.

첫 번째, 머리에서부터 다리 방향으로 발달한다는 의미는 크기와 무게에 관련된 성장이나 기능의 분화가 머리에서부터 시작하여 점차 다리 방향으로

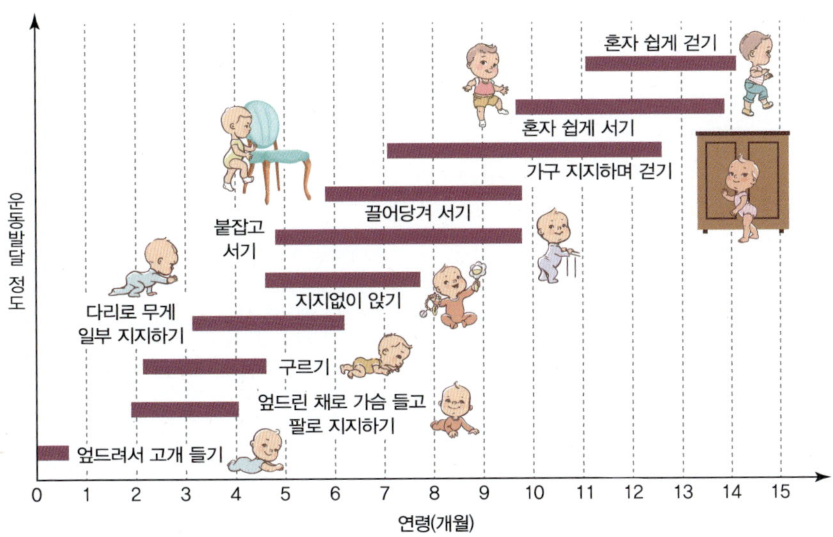

그림 6-3
영아기 이행운동의 발달
출처: Siegler 등(2014)

내려가며 진행된다는 것을 의미한다. 머리 안에서도 같은 순서로 발달한다. 즉, 머리의 윗부분인 뇌와 눈이 먼저 발달하고 턱과 같은 아랫부분이 나중에 발달한다.

두 번째, 중심에서 외곽으로의 발달한다는 것은 신체 중심에서 발달이 시작되어 점차 외곽 말초 방향으로 나아가는 것을 의미한다. 예를 들어, 손과 손가락의 통제보다 몸통과 팔의 근육 통제 능력이 먼저 성숙하는 데서 볼 수 있다.

세 번째, 전체에서 특수 부분으로의 방향은 걷기처럼 큰 근육을 사용하는 운동능력이 먼저 발달하고 젓가락이나 글씨 쓰기처럼 작은 근육을 사용하는 운동기능이 나중에 발달하는 것을 의미한다.

생후 초기에는 가슴과 팔의 협응이 잘 이루어지지 않는다. 그러다 생후 2개월경 엎드렸을 때 가슴을 드는 능력이 생긴다. 3, 4개월에 이르면 아직 시각과 잡는 행동의 협응은 이루어지지 않지만, 손을 뻗어 눈앞에 보이는 사물에 닿을 수 있다. 5개월경에는 잡아주지 않아도 혼자서 앉을 수 있고 사물을 잡을 수 있다. 6개월경에는 엎드린 상태에서 몸을 뒤집을 수 있다. 그리고 11개월쯤 되면 성인이 도와주었을 때 다리를 바닥에서 뗄 수 있다. 12~14개월에는 혼자 설 수 있고, 15개월경 스스로 걸을 수 있다.

이행운동능력이 발달하면서, 영아의 독립성은 점차 커지고 주위 환경도 좀 더 넓게 탐색한다.

이러한 이행운동의 발달은 영아에 따라 2개월에서 4개월 정도의 개인차가 나타날 수 있다. 몸을 움직여서 이동할 수 있는 이행운동 능력이 발달하면서 독립성이 커질 뿐만 아니라, 주위 환경을 좀 더 넓게 탐색할 수 있게 된다. 또한 부모나 또래에게 먼저 사회적 상호작용을 시도하게 된다.

(2) 율동적 행동

출생 후 1년 동안 영아는 팔, 다리, 몸통, 머리를 반복적으로 움직인다. 반복적으로 발로 차거나 손을 가로로 흔드는 등의 율동적 행동을 하고, 즐거워한다.

Thelen(1989)은 생후 1년 동안 나타나는 율동적인 행동은 협응되지 않은 활동에서 복잡하고 협응된 행동으로의 이행이라고 보았으며, 영아의 발달에 중요한 적응적 기능을 가진다고 지적했다. Thelen의 연구에서는 생후 4주부터 1세까지 20명의 정상 영아들을 자세히 관찰했다. 그 결과 영아들에게서 16,000번 이상의 율동행동이 관찰되었다. 율동행동의 비율은 평균 관찰시간의 약 5%에 해당했으며, 관찰에서 모두 47종의 율동행동을 확인했다. 여기에는 손 흔들기, 발로 차기, 몸을 들었다 내렸다 하기, 긁기, 문지르기, 흔들거리기, 비틀기 등이 포함되는데 이를 다시 신체 부위와 자세에 따라 분류하였다. 분류한 결과, 영아의 율동행동 발달에서 몇 가지 경향을 발견했다. 예를 들어, 1개월경부터 다리의 율동행동이 점차로 증가하였다. 5, 6개월에 다리의 율동적 행동은 절정을 이루고 그 이후에는 감소했다. 그리고 모든 율동적 행동을 종합했을 때 율동행동은 6, 7개월 정도에 절정을 이루고 그 후 조금씩 감소했다.

2) 유아기·학령기

운동능력도 아동의 성숙에 따라 급격하게 발달한다. 3세 유아들은 아직 뛰다가 방향을 바꾸거나 멈추지 못한다. 그러나 줄을 따라 똑바로 걷거나 달릴 수가 있다. 또한 두 발로 깡충깡충 뛸 수도 있다. 4세경에는 한 발로 깡충깡충 뛸 수 있으며, 이전보다 더 빠르게, 더 멀리 뛸 수 있게 된다(Corbin, 1973). 5세 유아들의 경우 자전거를 탈 수 있을 정도로 균형감이 발달한다. 초등학교에 입학하면서 물체도 더 멀리 던질 수 있게 되며, 이전보다 더 빨리, 더 높이 뛸 수 있다(Keogh & Sugden, 1985).

아동의 대근육 운동능력의 발달은 단지 신체적으로 더 커지고 강해지기 때문만은 아니다. 신체적 협응의 발달과 정밀한 근육을 사용할 수 있는 효율적인 방법을 습득하기 때문이다. 유아기와 학령기 동안에 대근육 운동발달과 동시에 손의 협응과 소근육 통제능력이 빠르게 발달한다. 또한 손의 사용이 점차 정교해진다. 3세아에게는 아직 옷에 단추를 끼우고 신발끈을 매는 것 등이 어렵다. 그러다 5세경이 되면 이러한 일이 가능해질 뿐만 아니라 가위로 종이를 똑바로 자르거나 크레파스로 문자나 숫자를 그대로 따라 쓸 수

대근육 운동능력이 먼저 발달하며 점차 물건을 잡고, 끄적이는 등 작은 근육을 사용하는 소근육 운동능력이 발달한다.

도 있다. 8, 9세 정도가 되면 나사돌리개와 같은 가정용 도구도 쓸 수 있다. 나이가 든 아동들은 어린 아동들에 비해 반응시간이 빠르다. 따라서 탁구나 피구 같은 운동도 더 잘할 수 있다.

3) 청소년기

청소년기는 사춘기(puberty)로 시작되며, 생물학적인 성장 급등과 성적인 성숙이 이루어지는 시기이다. 사춘기에 이르는 나이에는 남녀 차이가 있다. 여아의 경우 두 번째 신체 급등이 10세 반에서 시작되어 12세경에 절정에 점차 속도가 느려진다(Tanner, 1981). 한편, 남아들의 신체적 변화는 보통 13세에 시작되고 14세에 절정에 이른다. 사춘기의 신체적 급등은 체중 증가로 먼저 나타나며 4~6개월 후에는 신장이 급격히 성장한다.

사춘기에는 남녀 모두 신체적으로 급격히 성장한다. 그러나 사춘기 이후에 성별에 따른 운동능력에 차이가 나타난다. 남자 청소년들의 경우 대근육 운동능력이 계속 증가하는데 비해, 여자 청소년들은 약 15세 이후부터 운동능력이 떨어지기 시작한다. 이와 같은 성차 발생 이유 중의 하나는 사춘기 남자 청소년들이 여자 청소년들보다 근육량은 더 많지만, 지방량은 적기 때문이다.

4) 신체적 성장 및 운동 발달의 영향요인

신체 성장과 운동 발달에는 크게 생물학적 요인과 환경적 요인이 작용한다.

(1) 생물학적 요인

신체 성장에서 생물학적 요인은 확실히 중요한 역할을 한다. 또 그러한 아동들의 신체 성장 속도에는 개인차가 있다. 그렇지만, 모든 아동의 신체 성숙과 운동발달은 같은 순서로 진행된다.

신체 성장과 발달에는 인간은 인류 공통의 유전적 유산뿐만 아니라 각 개인의 독특한 유전인자가 영향을 미친다. 예를 들어, 1세, 4세, 그리고 초기 성인기에 신장을 쟀을 때, 일란성 쌍생아들의 신장이 이란성 쌍생아들보다 더 비슷했다(Tanner, 1990). 또 같은 환경에서 성장한 일란성 쌍생아들의 경우에는 2~3개월 차이를 두고 초경을 시작했다. 그러나 이란성 쌍생아들의 경우 일반적으로 10개월 간격으로 초경이 나타났다. 이를 고려할 때 성숙 속도도 유전되는 것으로 볼 수 있다.

이 외에 치아 발달이나 골격의 성숙 등 전체적인 신체 성장과정에 유전이 작용한다. 그렇다면 유전인자가 성장에 어떻게 영향을 미치는가? 아직 이에 대한 확실한 대답은 없으나 유전인자가 호르몬 분비를 조절하며, 이 호르몬이 주로 신체의 성장에 영향을 미친다고 해석되고 있다.

호르몬은 출생 이전부터 영향을 주기 시작한다. 태내에서 수정 후 4개월경이 되었을 때 갑상선이 생기고 티록신이라는 호르몬의 분비가 시작된다. 티록신은 뇌와 신경계의 정상적인 발달에 중요한 역할을 한다. 또 뇌하수체에서는 체세포의 빠른 성장과 발달을 자극하는 성장 호르몬이 분비된다. 아동기까지는 티록신과 성장 호르몬이 주로 신체적 성장을 관장한다.

사춘기에 들어서면 먼저 여성 호르몬과 남성 호르몬이 분비된다. 어느 정도 성 호르몬이 분비되면 뇌하수체의 성장 호르몬의 분비가 더욱 증가한다. 이것이 사춘기 이후의 성장에 영향을 미치게 된다.

(2) 환경적 영향

영양이나 질병, 정서적 긴장은 신체적 성장과 운동기능의 발달에 큰 영향을 미치는 환경적 요인이다. 이 중에서 가장 큰 영향을 미치는 것은 적절한 영양 섭취이다. 영양공급이 적절하지 않을 때 아동들의 성장은 매우 느리게 진행된다. 만약 영양결핍이 장기간 지속되지 않고 특별히 심하지 않다면, 이후 적절한 영양공급을 통해 정상인 회복이 가능하다. 그러나 영양결핍 상태가 오랜 기간 지속되고, 특히 영양부족 상태가 생후 첫 5년 동안에 있었다면 신장과 체격이 평균에 미치지 못할 수 있으며 뇌 성장 역시 크게 지체될 수 있다

(Barrett & Frank, 1987).

최근에는 과잉영양도 장기적인 관점에서 건강하지 못한 영양 섭취로 간주한다. 과잉영양은 가장 직접적으로 아동에게 비만을 유발할 수 있다. 그리고 이후 당뇨병이나 고혈압으로 이어질 수 있으며, 고혈압이나 심장, 간, 신장의 위험을 증가시킨다. 또한 비만한 아동들은 친구 사귀기가 어렵다거나 또래로부터 놀림을 당하는 등의 심리사회적 어려움을 겪을 수 있다(Sigelman et al., 1986).

4~6세 비만아들은 청소년이나 성인이 되었을 때 그렇지 않은 아동들보다 비만이 될 가능성이 훨씬 높다. 비만이 되는 것은 유전적 요인에 의해서도 영향을 받지만, 건강하지 못한 식습관의 영향을 크게 영향을 받는다(Birch, 1990). 특히 운동이 부족하고 고지방식을 좋아하는 경우, 또 성장과 과정에서 음식 먹는 것에 특별한 의미를 부가할 때 배고픔과 관계없이 먹는 것을 즐기게 되고 쉽게 비만이 될 수 있다.

신체발달에 영향을 미치는 또 하나의 환경적 요인은 스트레스이다. 신체적으로 건강하더라도 스트레스를 너무 많이 받거나 애정을 거의 받지 못한다면 신체 성장과 운동발달이 지체될 가능성이 매우 높다. 실제로 시설에서 성장한 아동들의 경우에 충분한 영양을 공급받았으나 정서적인 반응을 해주지 않고 엄격한 보모가 돌보았을 때, 애정적인 보모가 돌보았던 아동들에 비해 매우 느리게 신체가 발달했다(Widdowson, 1951). 이것은 애정결핍에서 오는 정서적 스트레스로 인해 뇌하수체 호르몬 분비가 억제되기 때문이다(Lozoff, 1989).

이 외에도 아동들이 독립적으로 더 많은 운동을 하도록 다양한 경험을 제공하는 것은 운동 발달과 건강한 신체 발달에 필수적이다(Fraiberg, 1959). 특히 영유아기에는 안전을 위한 제한 외에는 영아들이 적극적으로 세상을 탐색하고 타인과 상호작용할 수 있도록 기회를 제공함으로써 운동기술의 향상을 돕고 인지 및 사회정서발달을 촉진 시킬 수 있다. 뿐만 아니라, 활기찬 신체적 활동에 많은 시간을 보낼수록 비만과 과체중의 가능성이 현저히 낮아진다(Collings et al., 2013).

3. 뇌 발달

뇌 발달은 크기나 형태뿐 아니라 뉴런 간 연결의 밀집도와 전달속도가 변화하는 과정이다. 생의 초기에 뇌는 놀라운 속도로 성장한다. 출생 시에 성인 뇌의 약 25%이던 신생아의 뇌 무게는 2세가 되면서 성인 뇌 무게의 75% 정도가 된다. 태내기의 마지막 3개월부터 2세까지 아기의 뇌 무게는 성인 뇌 무게의 3/4 정도에 이르기 때문에 이 시기를 뇌 성장 급등기라고 한다.

뉴런
neuron
신경계와 신경조직을 구성하는 기본세포

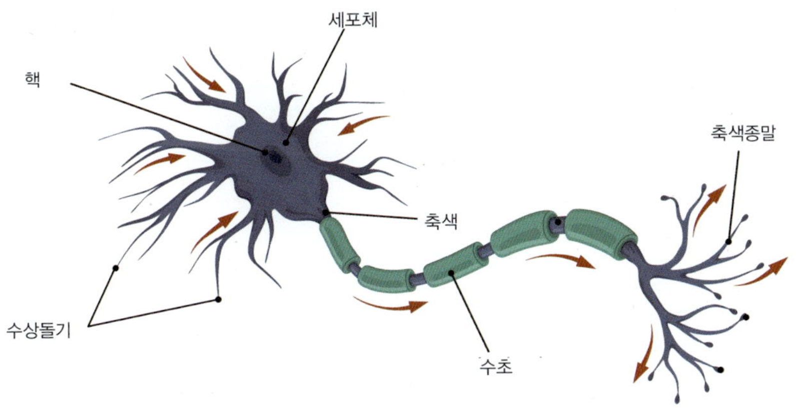

그림 6-4
뉴런의 구조

1) 신경 발달

배아가 자궁 속에서 성장하면서 중추신경계가 형성된다. 중추신경계는 길쭉한 신경관 형태였다가 임신 5주경부터 관 모양의 형태가 사라진다.

수정 후 100일 정도가 되면 태아의 뇌는 인간의 뇌 모습을 갖춘다. 신경관 가운데의 비어 있는 공간은 뇌실이 된다. 또한 세포가 부풀어진 부분들이 생기면서 위치에 따라 전뇌, 중뇌와 후뇌를 이룬다. 뉴런의 증식은 임신 5~6월경 거의 완료된다.

뉴런은 신경세포로 뇌와 신경계의 가장 기본적인 단위이다. 몸으로 들어오는 다양한 자극이 뉴런을 통해 전달된다. 하나의 뉴런은 그림 6-4와 같이 수

상돌기, 세포체, 축색, 수초, 축색종말 등으로 구성된다. 수상돌기는 다른 뉴런으로부터 정보를 받아들인다. 세포체는 핵을 포함하고 있으며 세포의 생명 유지와 신경 정보를 통합하는 역할을 담당한다. 축색은 통합된 정보를 다른 세포로 전달하는 역할을 한다. 이와 같은 구조적 특징을 가진 뉴런은 세 가지 발달과정을 거친다(Lambert de Rouvroit & Goffinet, 2001). 첫째로, 대부분의 뉴런은 임신 5~26주에 만들어진다. 이 기간 뇌에서는 1분당 25만 개의 뉴런을 생성한다. 둘째는, 임신 7주 무렵부터 각 세포는 생득적으로 정해진 위치로 이동하여 피질을 형성하는 뉴런이 된다. 그리고 임신 후 7개월 정도에 세포의 이동은 완성된다. 마지막으로 인접한 뉴런에 정보를 전달하는 축색과 수상돌기가 발달하고, 다른 세포들과의 연결망도 형성한다. 이와 같은 정교화 과정은 출생 후 몇 년간 계속된다.

(1) 시냅스 생성

시냅스
synapse
하나의 신경세포와 또 다른 신경세포 간의 연결부위

한 뉴런과 다른 뉴런 간의 연결부위를 시냅스라 하며, 뉴런은 이 공간을 통해 신경전달물질을 내보내어 정보를 전달한다. 뇌 발달의 중요한 측면 중의 하나가 바로 시냅스의 극적인 증가이다. 영아기에는 성인기보다 훨씬 많은 시냅스를 가지고 있는데, 실제 사용될 시냅스보다 거의 2배 정도 많은 시냅스를 생성한다(Huttenlocher & Dabholkar, 1997). 한 뉴런이 어떤 뉴런과 시냅스를 형성할지는 생득적인 프로그램에 의해 결정된다. 그러나 일단 시냅스 형성 후에 사용되지 않는 시냅스 연결은 없어지거나 다른 경로로 대체된다. 그리고 사용

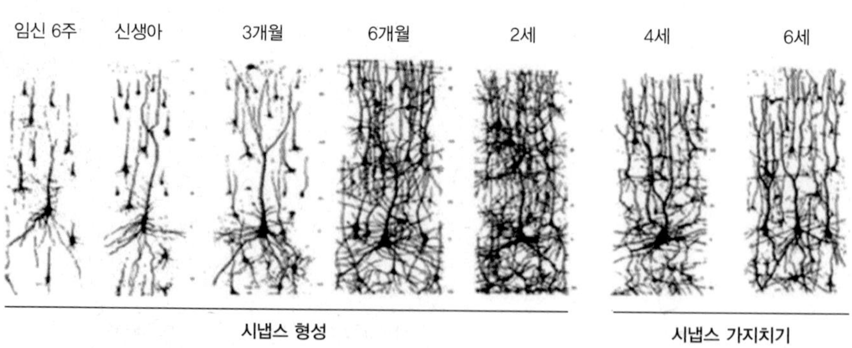

그림 6–5
시냅스의 과잉생성 후 선택적 소멸과정
출처: www.bioserendipity.com

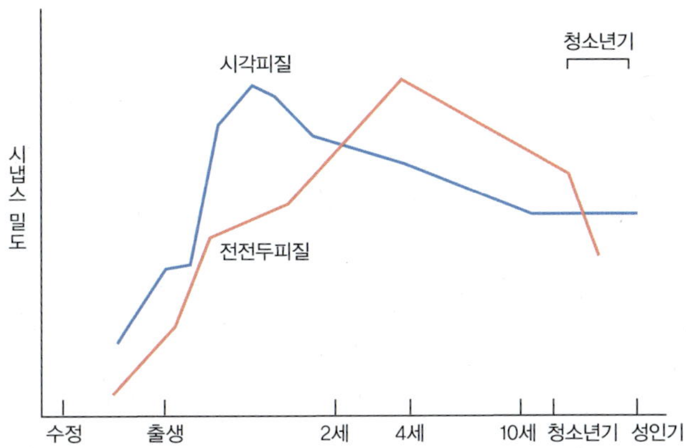

그림 6-6
뇌영역에 따른 시냅스의 생성과 소멸
출처: Thompson과 Nelson(2001)

되는 시냅스 연결은 더욱 강화되어 생존한다(Casey et al., 2001). 이처럼 출생 전후에 많은 뉴런을 갖고 있다가 발달과정에서 불필요한 것을 제거하는 뇌 발달의 기제를 시냅스의 과잉 생성 후 선택적 소멸이라고 한다(**그림 6-5**). 이러한 과정으로 뇌의 구조와 기능을 정리함으로써 불확실한 환경변화에 대응할 수 있는 잠재력을 높일 수 있다.

한편, 뇌 영역에 따라 시냅스가 생성되고 제거가 이루어지는 시기는 다르다(Thompson & Nelson, 2001)(**그림 6-6**). 시각 피질의 시냅스는 태내 4개월경에 가장 많이 생성된다. 그 후 1세 말쯤부터 시냅스의 제거가 시작되고 약 10세까지 시냅스의 밀도가 감소한다. 반면에 문제해결이나 자기조절을 담당하는 전전두엽의 시냅스 제거는 시각피질보다 천천히 일어난다. 특히 청소년기에 전전두엽의 시냅스 가지치기가 급격히 일어나며 시냅스의 밀도가 성숙해진다.

시냅스 과잉 생성 후 선택적 소멸
synapse formation and pruning
많은 시냅스 생성 후 불필요한 시냅스를 제거하는 뇌 발달기제

(2) 수초화

통합된 정보를 다른 뉴런으로 전달하는 신경섬유인 축색은 수초라는 지방 조직으로 둘러싸여 있다. 이처럼 축색이 수초라는 지방막으로 둘러싸이는 과정을 수초화라고 한다(**그림 6-4**). 수초는 자극을 더욱 빠르게 전달하여 뇌가 더욱 효율적으로 통신하도록 돕는다. 수초화는 뉴런이 생성되고 시냅스가 발달할 때쯤에 시작된다. 임신 약 4개월부터 수초화는 시작되며 2세 때 최고조에 달한다. 그 후에도 속도는 느리지만 수초화 과정은 계속된다.

수초화
myelination
축색이 수초라는 지방막으로 둘러싸이는 과정

앞서 설명한 것처럼 출생 시에 이미 신생아의 감각기관과 뇌의 많은 부분이 수초로 둘러쌓여 있다. 이들 중 시각 뉴런에 대한 수초화는 출생 후 빠르게 진행되어 첫 6개월에 거의 완성된다. 반면 4~5세까지 청각 뉴런의 수초화는 끝나지 않는다. 심지어 뇌의 어떤 부분은 10대 후반이나 성인기 초기에도 완전히 수초화가 진행되지 않는다(Fischer & Rose, 1995). 예를 들어, 망상체와 전두엽은 주의집중과 관련된 뇌 영역인데 사춘기까지도 완전히 수초화 되지 않는다(Tanner, 1990).

한편, 뇌의 전기활동을 측정하는 뇌파(EEG)를 사용하여 영아기의 뇌파 활동을 측정한 결과(Bell & Fox, 1994), 전두엽 피질에서의 뇌파 활동의 증가가 영아가 대상에 손을 뻗기 시작하는 시기인 3~4개월, 기기 시작하고 숨겨진 대상을 찾기 시작하는 시기인 8개월, 걷기 시작하고 숨겨진 대상에 대해 탐색을 하는 시기인 12개월에 나타났다. 위의 연구 결과를 보면, 인지발달적 변화가 일어나는 중요한 시점과 뇌파 활동이 급증하는 시점이 일치하는 것을 알 수 있다.

2) 뇌 분화와 대뇌 편재화

뇌의 주름진 커다란 구조물은 대뇌피질이라는 뇌의 일부분이며 생명유지 등 뇌의 가장 중요한 부분들은 대뇌피질이 감싸고 있는 안쪽이다. 특히, 출생 시 가장 성숙해 있는 뇌는 가장 안쪽 부분에 있는 뇌간이다(Dubois et al., 2014). 대뇌와 대뇌피질로 둘러쌓인 뇌간은 중뇌, 교뇌, 연수를 합친 부분으로, 의식 상태, 반사행동, 또는 소화나 호흡, 배설 등 생명 유지에 필요한 생물학적인 기능을 담당한다.

백색질
white matter
대뇌 안쪽으로 신경섬유가 모여있어서 하얗게 보이는 부분

회색질
gray matter
대뇌피질 부분으로 신경세포가 모여있어 눈으로 볼 때 어둡게 보이는 부분

대뇌피질은 대뇌반구의 바깥층을 감싸고 있는 뉴런들의 집합으로 대뇌의 바깥층을 모자처럼 덮어서 뇌의 아래 부위를 감싸고 있다. 한편, 대뇌의 단면을 육안으로 보면 대뇌 안쪽은 신경섬유가 모여있어서 하얗게 보여 백색질(white matter)이라고도 부르며 반면, 대뇌피질 부분은 신경세포가 모여있어서 대뇌 안쪽 보다 어둡게 보이기 때문에 회색질이라고 부른다(그림 6-7).

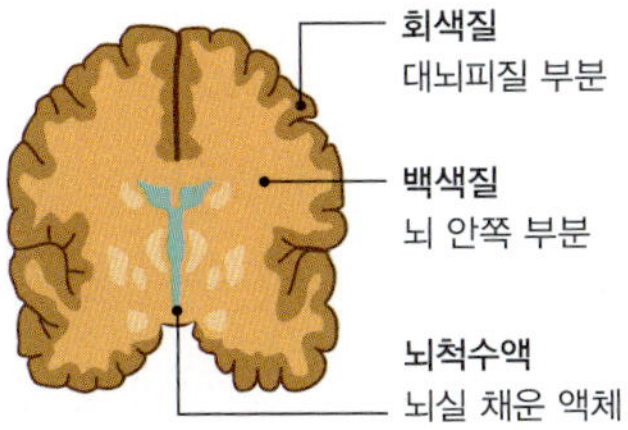

그림 6–7
뇌단면 구조

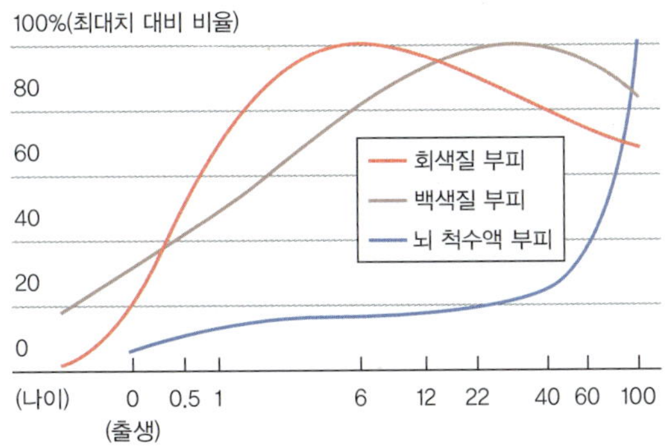

그림 6–8
연령에 따른 회색질, 백색질, 뇌척수액의 부피
출처: Bethlehem 등(2022)

인간 뇌의 80%를 차지하는 대뇌피질은 가장 고등 정신기능을 다루는 부분이다. 사고, 지각, 언어, 학습 등과 같은 매우 지적인 기능에 결정적인 역할을 한다. Bethlehem 등(2022)의 연구에 따르면, 이와 같은 고차원적인 인지기능을 담당하는 대뇌피질 혹은 회색질의 부피는 6세에 최고에 도달하며, 그 이후에 완만하게 줄어든다(Bethlehem et al., 2022)(그림 6–8).

대뇌피질
cerebral cortex
대뇌의 표면을 감싸고 있는 신경세포들의 집합. 위치에 따라 4개의 주요 영역, 즉 전두엽, 후두엽, 측두엽, 두정엽으로 구분함

또한, 대뇌피질은 위치에 따라 4가지 주요 영역으로 구분된다. 전두엽은 자발적인 운동, 사고, 추론, 억제 등과 관련이 있으며, 후두엽은 시각 자극의 처리와 관련 있다. 측두엽은 청각 자극의 처리와 관련 있고 두정엽은 신체 감각에 대한 정보처리와 관련이 있다(그림 6–9). 대뇌피질의 각 영역은 신생아기에

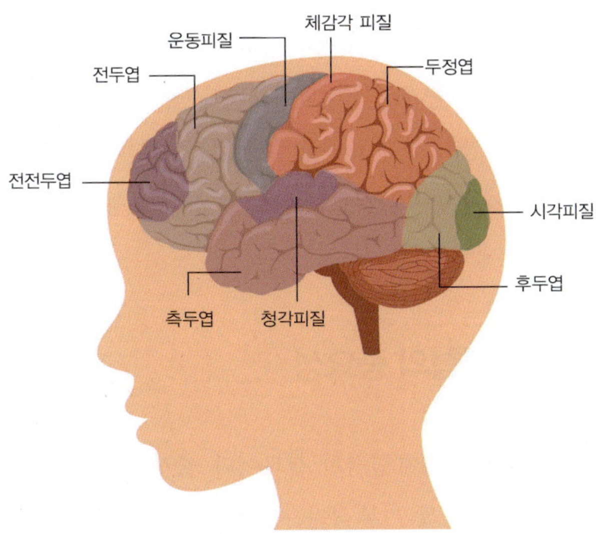

그림 6–9
대뇌피질
출처: Berk(2019)

는 미숙한 상태이다. 그러나 생후 첫 1년 동안 전두엽 뉴런이 수초화 되고 시냅스가 증가로 생리적 상태에 대한 영아의 조절 능력이 발달한다. 또한 반사를 보다 의식적인 행동으로 통제할 수 있게 된다(Anderson et al., 2001).

한편, 대뇌는 두 개의 반구, 즉 좌반구와 우반구로 이루어져 있다. 각 반구는 서로 다른 기능을 하며 신체의 반대 부분을 통제한다. 좌반구는 신체의 오른쪽을 통제하며 말하기나 듣기, 언어 처리, 기억, 의사결정, 긍정적인 감정의 표현을 담당하는 중추를 가지고 있다. 이와 달리 우반구는 신체의 왼쪽 부분을 통제하며 음악과 같은 비언어적 소리, 시각-공간 정보의 처리, 촉각 그리고 부정적 감정의 표현을 담당하는 중추를 가지고 있다(Fox et al., 1995). 이처럼 왼쪽 뇌와 오른쪽 뇌가 구분되어 서로 다른 기능을 담당하는 것을 대뇌 편재화라고 한다.

대뇌 편재화
cerebral lateralization
대뇌가 좌반구와 우반구로 구분되어 서로 다른 기능을 담당하는 것을 말함

그렇다면 대뇌 편재화는 언제부터 시작되는가? 대뇌 편재화는 태아기 때 시작되고 출생 후에도 진행되는 것으로 보고되고 있다(Kinsbourne, 1989). 한 연구에 따르면, 3분의 2 정도의 태아는 자궁 안에서 오른쪽 귀를 바깥쪽으로 향해 자리 잡는다. 또 태아의 오른쪽 귀에 이야기를 들려주었을 때 오른쪽보다 왼쪽 반구에서 더 많은 전기적인 뇌 활동이 나타났다(Hahn, 1987). fMRI를 이용한 한 연구에서도 성인들의 문장 이해가 좌반구에서 일어나는 것으로 나타났다(Keller et al., 2001). 그러나 모든 종류의 언어적 처리가 좌반구에서만 일어나는 것은 아니다. 발화와 문법은 좌반구에 국한되지만, 맥락에 따른 적절한 언어 사용 및 은유나 유머의 사용과 같은 측면은 우반구에서도 일어난다(Kircher et al., 2001). 이를 근거로 볼 때 뇌의 기능이 편재화되어 있다고 해서 우반구와 좌반구의 기능이 완전히 독립적인 것은 아니다. 또한 좌반구와 우반구를 연결하는 다리와 같은 뇌량이 두 반구의 기능을 통합한다.

뇌량
corpus callosum
뇌의 두 반구를 연결하는 신경섬유다발. 한쪽 반구에서 다른 쪽 반구로 정보를 전달함

3) 뇌의 가소성: 경험의 중요성

가소성
plasticity
경험에 의해서 변화되는 뇌의 유연성

뇌 발달은 유전과 환경이 상호협력한 결과이다. 출생 전에는 유전인자가 뇌의 기초적인 회로가 형성되도록 기본적인 지시를 한다. 그러나 출생 후에는 경험

이 뇌 발달을 주도한다(Nelson et al., 2014). 즉, 뇌는 발달과정에서 경험에 의해 변화되는 상당한 유연성을 갖고 있다. 이를 다른 말로 가소성이라고 한다. 출생 후 지속적인 시각, 소리, 냄새, 접촉, 언어, 눈 마주침 등의 경험이 뇌의 신경 연결 형성에 도움을 준다.

뇌의 변화에 환경이 어떻게 영향을 미치는가는 실조된 환경과 관련하여 연구되었다. 한 연구에 따르면, 자극이 실조된 환경이나 무반응적인 환경에서 성장하는 아동은 정상적인 환경에서 성장하는 아동과 비교했을 때 뇌파 활동이 부진했다(Cicchetti, 2002). 반면, 피아노 연주라든가 외국어 습득 등 고유한 경험이나 학습을 할 수 있는 풍부한 환경 속에서는 뇌 무게가 증가했을 뿐 아니라 정교하고 광범위한 신경 연결망을 형성하는 등의 긍정적인 발달적 변화가 나타났다. 부모가 자녀와의 상호작용에서 언어 표현을 한다거나, 접촉하기, 놀기 등 다양한 자극과 활동을 적절히 제공하는 것은 아동의 뇌 발달과 잠재력 발현에 매우 긍정적인 영향을 미친다(Nelson, 2011).

뇌의 가소성은 뇌손상으로부터의 회복과도 관련이 있다. 특히 생의 초기는 뇌 발달의 민감기이기 때문에 일반적으로 성인보다 더 큰 회복 가능성을 갖는다. 민감기란 뇌 발달에서 환경의 영향력이 가장 크게 나타나는 시기를 말한다. 예를 들어, 언어피질이 손상된 아동의 경우에는 손상 후에 아직 성숙하지 않은 뇌가 언어기능을 맡으면서 대부분의 언어기능이 회복되었지만, 같은 유형의 뇌손상을 입은 성인들의 경우 언어를 이해하거나 말하는 기능이 영구히 상실되는 사례는 이를 지지한다(Zevin et al., 2012). 그러나 어릴 때 손상이 되었다고 해서 항상 회복 가능성이 큰 것은 아니다. 회복 가능성은 손상의 범위, 영역, 그리고 시기에 따라 다를 수 있다.

뉴런과 시냅스의 생성 단계에서는 분명 유전적 요인의 역할이 중요하다. 그러나 뉴런과 시냅스가 제거되는 과정에는 환경 자극이 중요한 역할을 한다. 이 과정은 사춘기까지도 지속되며 성인기 이후에도 경험과 학습에 의해 두뇌 피질은 계속 변한다. 예를 들어, 트럼펫과 같이 입으로 부는 목관악기를 연주하는 성인들은 연주하지 않는 성인들보다 입술과 관련된 피질 영역이 더 두껍다는 연구결과(Choi et al., 2015)는 이를 지지하는 증거라고 볼 수 있다.

뇌 발달에 관한 뇌과학자들의 견해를 다음의 세 가지로 요약할 수 있다.

첫째, 뇌 발달은 유전인자에 의한 생물학적 과정과 환경의 상호작용 결과이다. 둘째, 뇌는 가소성이 있어서 환경과 경험의 영향을 받는다. 셋째, 뇌 발달과 아동의 인지발달은 긴밀하게 연결되어 있다. 따라서, 아동의 뇌와 관련된 요인들이 아동의 인지적 기술을 발달시키거나 저해할 수 있다(Westermann et al., 2011).

정리해 봅시다

1. 신체적 발달에서 생물학적 요인과 환경적 요인을 생각해보자.
2. 시냅스의 과잉생성후 선택적 소멸이라는 뇌발달 기제가 갖는 의미에 대해서 설명해보자.
3. 뉴런의 수초화가 뇌 발달에 미치는 영향을 설명해보자.
4. 대뇌의 편재화 과정에 대해서 설명해보자.
5. 뇌의 가소성이 발달에 미치는 영향을 이야기해보자.

CHAPTER 7
인지발달

1. Piaget의 인지발달이론
2. Vygotsky의 사회문화이론

07
인지발달

인지
cognition
지식이 획득되고 처리되는 정신 활동 또는 과정

인지발달
cognitive development
주의, 지각, 기억, 사고, 학습과 같은 정신활동에서 일어나는 발달적 변화

인지는 지식이 획득되고 처리되는 과정이다(Bjorklund & Causey, 2018). 인지에는 주의, 지각, 기억, 사고, 학습 등 모든 의식적인 정신 활동이 포함된다. 따라서 인지발달은 이러한 정신 활동에서의 변화를 다룬다.

인지발달은 발달심리학에서 가장 활발한 연구 분야 중 하나다. 연구자들은 인지발달에서 일어나는 연령관련 변화와 개인차 모두에 관심을 둔다. 이 장에서는 인지발달 분야에 지대한 공헌을 한 Piaget의 이론과 Vygotsky의 이론을 살펴보고자 한다. 두 이론 모두 인지발달에서 아동의 능동성을 강조하였다.

1. Piaget의 인지발달이론

Jean Piaget(1896~1980)

Jean Piaget는 발달심리학 역사상 가장 영향력 있는 인물로 평가받는다(Miller, 2016). 그가 아동의 인지를 연구하게 된 것은 생물학과 철학에 대한 관심에서 비롯되었다. 그는 특히 철학에서도 지식의 근원을 탐구하는 인식론에 매료되었다. 이러한 초기의 관심은 "지능이란 무엇인가?", "지식은 어디에서 오는가?"와 같은 근본적인 물음으로 이어졌고, 결국 그를 아동 인지발달을 연구하도록 이끌었다.

Piaget의 연구는 일상에서 자신의 어린 세 자녀를 관찰하는 것에서 시작되었다. 이후 다양한 연령층의 많은 아동들을 대상으로 사고와 문제해결과정을

연구하였고, 이를 바탕으로 인지발달에 관한 이론을 정립하였다.

Piaget 이론은 아동의 생물학적 특성과 외부 환경이 어떻게 상호작용하여 인지발달을 일으키는가에 대해 매우 포괄적이고 통합된 설명을 제공했다. 그의 이론을 이해하려면 그가 아동을 바라본 관점과 기본개념을 알아야 한다.

1) 능동적 아동

Piaget(1937/1954, 1964)는 아동이 선천적으로 세상에 대한 호기심이 가득한, 스스로 동기화된 학습자라고 보았다. 아동은 외부 자극이나 보상을 수동적으로 기다리는 것이 아니라, 오히려 능동적으로 자극을 추구하고 주변을 탐색하며 지적으로 성장해 나간다.

이러한 Piaget의 관점은 인지발달에 대한 구성주의 접근으로 불린다. 이 접근에서 아동은 환경과의 상호작용을 통해 세상에 대한 지식을 스스로 구성해나가는 능동적 존재다. 아동의 지식구성은 가설을 만들고, 실험하고, 결론을 도출하는 일련의 과정을 포함한다(Piaget, 1937/1954). 이러한 과정은 아동 스스로 이루어 나가는 것으로, 마치 과학자의 문제해결 과정과 비슷하다. 따라서 Piaget 이론에서 아동은 혼자 힘으로 세상을 탐색하고 이해해 나가는 외로운 과학자로 비유되곤 한다.

구성주의 접근
constructivist approach
인지발달에 관한 Piaget의 관점으로, 아동이 자발적인 활동을 통해 세상에 대한 지식을 스스로 발견 또는 구성해나간다고 봄

2) 기본 개념

(1) 지능

Piaget(1947/1966)는 지능을 인간이 환경에 적응하도록 하는 기본적 정신 능력이라고 정의했다. 그는 신체가 구조를 지니듯이, 정신에도 어떤 구조가 있어 우리가 이러한 정신 구조를 통해 환경의 요구에 적응해 간다고 보았다.

지능
intelligence
Piaget 이론에 의하면, 인간이 환경에 적응할 수 있게 하는 기본적 정신 기능

(2) 인지구조

도식
schema
아동이 자신의 경험과 주변 세상을 해석하는 수단으로 사용하는 사고나 행동의 조직화된 패턴

Piaget(1937/1954)에 의하면, 아동의 인지는 도식으로 불리는 인지구조의 정교화와 변형을 통해 발달한다. 도식은 지능의 근간이 되는 정신적 구조로, 사고나 행동의 조직화된 패턴을 뜻한다(Piaget & Inhelder, 1966/1969). 단순한 의미로는 아동이 세상을 해석하는 데에 필요한 개념이나 이해의 틀이라고 할 수 있다. 아동은 도식을 통해 자신의 경험을 해석하고 세상을 이해한다.

(3) 인지과정

Piaget 이론에서 인지발달은 곧 인지구조의 발달이다. 인지구조의 발달은 조직화, 적응, 평형화라는 거대한 인지과정에 의해 이루어진다.

조직화
organization
기존의 도식들을 새롭고 보다 응집된 도식으로 통합시키는 선천적 경향

조직화

아동이 기존의 도식(인지구조)들을 새롭고 응집된 인지구조로 통합하는 선천적 과정이다. 예를 들어, 1주 된 아기가 빨기 도식과 함께 손과 팔의 움직임에 대한 도식을 갖고 있다면, 아기는 곧 이 두 도식을 통합하여 손가락 빨기 도식을 생성해 낸다. 손가락 빨기 도식은 개별 도식들을 협응시킨 하나의 조직화된 도식이다. 조직화는 계속해서 일어나며, 조직화를 통해 아동은 더 복잡하고 적응적인 인지체계를 지니게 된다.

적응
adaptation
환경의 요구에 인지적으로 적응하는 선천적 경향

적응

인지구조가 환경적 요구에 맞춰 가는 과정으로, 조직화가 추구하는 목적이다. 적응은 동화와 조절이라는 두 가지 활동을 통해 일어난다.

동화
assimilation
새로운 경험을 기존에 이미 가지고 있는 도식으로 통합하는 과정

- 동화: 새로운 정보를 기존의 인지구조로 통합하는 과정이다. 동화는 아동이 새로운 것을 학습하는 데에 필수적이다. 예를 들어, 한 아동이 태어나 처음 본 다람쥐를 가리켜 "야옹이"라고 부른다면, 이 아이는 다람쥐에서 자신이 알고 있던 고양이의 특징을 지각하고 그렇게 부른 것이

다. 이때 아동은 새로운 정보(다람쥐)를 기존의 인지구조(고양이가 포함된)로 동화하려는 것이다.

- 조절: 새로운 정보에 맞춰 기존의 인지구조를 수정하는 과정이다. 위의 예에서, 아동은 곧 두 동물의 차이를 스스로 깨닫거나 혹은 타인에 의해 알게 될 수도 있다. 만약 누군가 저건 야옹이(고양이)가 아니라 다람쥐라며 둘의 차이를 알려준다면, 아동은 그 차이를 관찰하고는 다람쥐를 새로운 개념으로 조절하게 될 것이다. 조절은 인지구조를 근본적으로 변화시켜 보다 진보하게 만든다.

조절
accommodation
새로운 경험을 해석하기 위해 기존의 도식을 수정하는 과정

이처럼 아동은 새로운 정보를 자신이 이미 가지고 있는 이해에 추가하거나(동화), 또는 기존의 이해를 수정하고 새로운 이해를 만들어서(조절) 환경에 적응해 나간다. 동화와 조절은 함께 인지적 성장에 공헌한다. 이 두 과정은 서로 영향을 주는데, 동화는 조절 없이 있을 수 없고 조절 역시 마찬가지다.

평형화

평형화
equilibration
동화와 조절을 통해 인지적 평형을 이루려는 선천적 경향

Piaget는 아동이 환경에 능동적으로 적응하도록 하는 선천적인 동력이 있다고 보고, 이를 평형화 개념으로 설명했다. 평형화란 인지적 평형 혹은 균형 상태를 유지하려는 경향성을 말한다. Piaget에 의하면, 모든 인간은 선천적으로 인지적 평형을 추구한다.

평형화는 세 단계를 거쳐 일어난다. 첫 단계는 아동이 기존의 인지구조로 대상을 해석하는 데에 아무런 문제가 없어 평형 상태에 있는 것이다. 두 번째 단계는 기존의 인지구조로 새로운 대상을 해석할 수 없어 인지적으로 갈등하는 비평형 상태에 이른 것이다. 마지막 단계는 아동이 기존의 인지구조를 수정하고 새로운 인지구조를 만들어서 다시 평형 상태에 도달하는 것이다. 이 마지막 단계의 평형 상태는 아동이 자신의 인지구조를 스스로 변화시켜야 도달한다. 그러한 조절의 결과, 보다 새롭고 안정된 인지구조가 발달한다.

예를 들어, 동물만 생명이 있다고 여기는 5세 아동을 생각해보자. 아동이 어느 날 식물도 생명이 있다는 것을 듣고는 자신의 생물 개념에 의문을 품게 되고 비평형 상태에 이른다. 그러다 동물과 식물 모두 성장을 하고 자손을 만

든다는 것을 발견하면, 이러한 공통점이 생물의 특성이라는 것을 알게 될 것이다. 새로운 이해로 아동은 더 안정된 평형 상태에 도달한다.

Piaget 이론에서 인지발달은 신체적 성숙, 물리적 세계에서의 직접적 경험, 다른 사람으로부터 전달받은 지식, 그리고 평형화가 함께 작용한 결과다(Miller, 2011). 특히 앞의 세 요인이 평형화와 반드시 통합되어야 발달이 일어난다. 기존의 이해와 새로운 관찰 간의 불일치를 해결하려는 아동 자신의 노력이 발달을 이끄는 동력이 되는 것이다.

3) Piaget의 인지발달단계

Piaget(1928/2015, 1964)는 인지구조의 변화가 질적으로 구분되는 몇 단계를 거쳐 이루어진다고 하였다(표 7-1). 이러한 단계가 지니는 주요 특징은 발달순서의 불변성과 보편성이다.

발달순서의 불변성이란 각 단계가 나타나는 순서가 정해져 있어 그 어떤 단계도 건너뛸 수 없다는 의미다. 보편성은 단계의 순서가 모든 사회의 아동들에게서 보편적으로 나타난다는 의미다. 비록 각 단계에 도달하는 속도는 개인의 경험이나 환경에 따라 다를 수 있지만, 한 단계는 이전 단계의 성취에 기초하기 때문에 순서는 변하지 않으며 그 누구도 단계를 건너뛸 수 없다.

표 7-1 Piaget의 인지발달단계

단계	연령	설명
1. 감각운동기	출생~2세	감각과 행동을 통해 세상을 이해한다.
2. 전조작기	2~7세	상징적 사고를 할 수 있으나, 자기중심적 사고를 하는 등 논리적 사고가 제한되어 있다.
3. 구체적 조작기	7~11세	논리적 사고를 할 수 있으나, 논리적 사고가 구체적 정보를 다룰 때로 한정되며 추상적 정보로는 어려움을 지닌다.
4. 형식적 조작기	11세 이후	논리적이고 추상적인 사고를 할 수 있다.

(1) 감각운동기(출생~2세)

감각운동기는 선천적인 감각운동적 도식을 사용하여 외부세계를 탐색하고 이해하는 시기다. 출생 직후에는 주로 반사능력만 있지만, 감각운동기 후반부에 이르면 아동은 자신과 주변에 대해 상당한 지식을 갖춘 문제해결자로 변모한다. 이러한 빠른 변화는 Piaget가 감각운동기를 하위 6단계로 세분화하여 설명한 이유이기도 하다.

감각운동기
sensorimotor period
Piaget의 첫 번째 인지발달 단계로 0~2세에 해당함. 환경을 탐색하고 이해하기 위한 수단으로 행동적 도식에 의존하는 시기

감각운동기의 주요 발달과업의 하나는 대상영속성의 획득이다. 대상영속성은 대상이 시야에 없어도 계속 존재한다는 것을 아는 것이다. 예를 들어, 우리는 연필을 가방에 넣어 보이지 않게 되어도 그 연필이 계속 존재한다는 사실을 안다. 그러나 생후 몇 달 안 된 아주 어린 영아들은 감각과 운동능력에 크게 의존하기 때문에 자신이 직접 보거나 탐지할 수 있을 때만 그 대상이 존재한다고 여기는 듯 보인다.

대상영속성
object permanence
대상이 더 이상 눈에 보이지 않거나 탐지할 수 없을 때에도 계속 존재한다는 것을 아는 것

Piaget는 대상영속성이 아주 어린 영아들에게는 제한적이며, 감각운동기 동안 점진적으로 발달한다고 보았다. 그리고 대상영속성의 획득은 정신적 상징을 사용하는 내적 사고의 출현을 위해 반드시 필요하다고 믿었다.

반사단계(출생~1개월)

신생아는 극히 제한된 생득적 반사능력만 지닌다. 그러나 이러한 반사도 환경과의 경험을 통해 점차 적응적이 된다. 빨기 반사를 예로 들면, 처음에 아기는 입에 들어온 물건은 모두 같은 방식으로 빤다. 이는 동화다. 그러나 얼마 지나지 않아 아기는 물건에 맞춰 빨기 도식을 조절한다. 출생 직후부터 아기들은 동화와 조절을 통해 환경에 적응해 나간다.

1차 순환반응단계(1~4개월)

1차 순환반응이란 우연히 일어난 자신의 신체 움직임에 흥미를 느껴 동일한 반응을 반복하는 것을 말한다. 예를 들어, 손가락 빨기, 손벽치기, 발 잡기 등의 행동을 반복하는 것이다(그림 7-1). 이 시기의 영아는 물건을 보고 그것을 손으로 잡아 입에 넣는 등 일련의 행동을 협응시킬 수 있다.

1차 순환반응
primary circular reaction
우연히 일어난 영아 자신의 신체적 반응을 스스로 반복하는 행위

그림 7-1
1차 순환반응단계의 영아는 손가락 빨기, 손뼉치기, 발 잡기 등 자신의 신체에 대한 단순 반복행동을 한다.

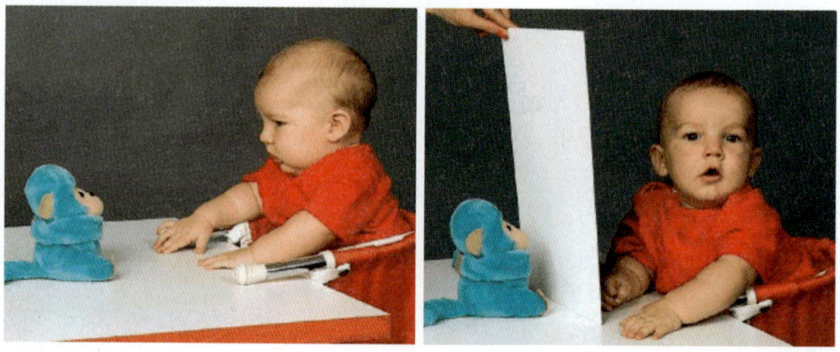

그림 7-2
1차 순환반응단계의 영아는 흥미를 가지던 물체가 시야에서 사라져도 더 이상 찾지 않는다. 아직 대상영속성 개념이 없다.
출처: Santrock(2020)

대상영속성은 아직 나타나지 않는다. 영아는 흥미를 보이던 물체가 눈앞에서 사라져도 찾으려는 시도를 거의 하지 않는다(그림 7-2). 마치 눈에 보이지 않는 것은 존재하지 않는다고 여기는 것처럼 행동한다.

2차 순환반응
secondary circular reaction
우연히 일어난 외부대상에 대한 반응을 반복하는 행위

2차 순환반응단계(4~8개월)

2차 순환반응은 순환반응이 외부 대상으로 확대된 것이다. 영아들은 대상의 반복되는 움직임을 좋아한다. 예를 들어, 우연히 건드린 장난감이 움직인다는 것을 발견하면, 이를 다시 움직여 보는 행동을 되풀이한다. 반복행동을 하는 이유는 우연히 흥미로운 결과를 발견했기 때문이고, 처음부터 어떤 목표나 의도를 가진 것은 아니다.

이 시기에는 대상영속성이 처음 출현하기 시작한다. 그러나 대상의 일부나 흔적이 보여야 찾을 수 있고 완전히 안 보이면 찾지 못하는 등 대상영속성 개념이 매우 약하다. 이때의 영아는 스스로 실험을 반복하면서 눈에 보이던 대상이 보이지 않아도 어딘가에 존재한다는 사실을 발견해 나간다.

2차 순환반응의 협응단계(8~12개월)

영아는 이전에 획득한 도식에 기초하여 새로운 도식을 형성해서 새로운 상황에 사용하기 시작한다. 2차 순환반응의 협응이란 영아가 단순한 목표 달성을 위해 둘 이상의 행동을 협응하는 것을 말한다. 이러한 협응은 의도적인 행

그림 7-3
A-not-B 오류 과제
출처: Fiske와 Holmboe(2019)

동이 출현했음을 보여준다. 예를 들어, 한 아기가 작은 고무공을 잡고자 장난감이 쌓인 곳으로 기어가다가 쿠션 같은 장애물을 만나면 이를 옆으로 밀치고 다시 기어가 장난감을 헤치고 고무공을 잡는다. 이러한 일련의 행동은 고무공을 잡으려는 목표를 달성하기 위해 기고, 밀고, 찾고, 잡는 도식을 결합한 것이다.

대상영속성에는 상당한 진전이 일어난다. 영아는 대상이 보이지 않아도 숨겨진 과정을 보면 그 대상을 쉽게 찾아낸다. 그러나 숨겨진 장소가 바뀌면 잘 찾아내지 못한다. 즉, 처음에 물건을 찾아낸 장소(A)에서 새로운 장소(B)로 물건이 옮겨지는 것을 보았어도 계속해서 처음 장소(A)에서 그 물건을 찾으려고 하는 A-not-B 오류를 보인다(그림 7-3). 이때의 대상영속성은 이전 단계보다 상당히 진전되기는 했으나 아직 완전하지는 않다.

A-not-B 오류
A-not-B error
대상이 새로운 장소(B)로 옮겨진 것을 보았음에도 불구하고 이전에 발견했던 장소(A)에서 숨겨진 대상을 찾으려는 8~12개월 영아의 경향

3차 순환반응단계(12~18개월)

3차 순환반응은 흥미로운 결과를 산출하기 위해 대상에 대해 새롭고 실험적인 탐색 행동을 되풀이하는 것을 말한다. 행동의 반복은 기계적이지 않다. 반응방식을 변화시켜도 보고, 그 변화가 미치는 영향도 관찰하면서 대상을 탐색한다(그림 7-4). 영아는 시행착오적 실험을 통해 기존 도식을 분화시켜 새

3차 순환반응
tertiary circular reaction
영아가 자신의 흥미를 끄는 결과를 산출하기 위해 대상에 대해 새롭고 실험적인 탐색 행동을 되풀이하는 것

그림 7-4
3차 순환반응단계의 영아는 여러 모양의 블록을 맞는 구멍에 넣고자 블록을 돌리고 뒤집는 등 다양한 시도와 탐색을 한다.

로운 수단을 탐색하고 발견해 간다. 이때는 의도적인 모방도 점차 정확해진다. 대상영속성도 훨씬 진전되어 물건이 새로운 장소에 숨겨진 경우라도 이를 목격했다면 정확히 찾아내는 등 정확한 A-B 찾기가 가능해진다.

정신적 표상단계(18~24개월)

정신적 표상
mental representation
시행착오적 실험에 의존하지 않고 정신적으로 문제를 해결하는 등 내적으로 사고하는 능력

감각운동기의 마지막 하위단계로 영아는 정신적 심상을 사용하여 대상을 내적으로 표상(表象)할 수 있다. 내적 표상이 가능해지면서 정신적으로 대답을 계획하여 간단한 문제를 해결한다.

이 단계에 이르면 완전한 대상영속성이 나타난다. 영아는 물건이 숨겨지는 과정을 보지 않았어도 숨겨질 만한 장소를 정신적으로 표상하여 물건을 찾는다. 과거에 보았던 행동을 표상으로 기억해 두었다가 재현하는 지연모방도 가능하다. 표상의 획득으로 영아의 인지는 더욱 발달하여, 문제해결에서도 시행착오적 탐색보다는 의도적인 탐색행동을 한다.

표 7-2 Piaget의 감각운동기의 하위단계

하위단계	연령	행동특징	대상영속성
1. 반사	출생~1개월	타고난 반사행동을 한다	대상이 보이지 않으면 무시한다.
2. 1차 순환반응	1~4개월	자신의 신체 움직임에 흥미를 느끼면 이를 반복한다.	대상이 사라진 장소를 쳐다본다.
3. 2차 순환반응	4~8개월	외부 대상을 향한 흥미로운 행동을 반복한다.	일부가 숨겨진 대상은 찾아내지만 완전히 숨겨지면 못 찾는다.
4. 2차 순환반응의 협응	8~12개월	목표지향적이고 의도적인 행동을 보이기 시작한다.	처음 장소에서는 완전히 숨겨진 대상을 찾아내지만, 다른 장소에 숨기면 그 과정을 목격해도 못 찾는다(A-not-B 오류).
5. 3차 순환반응	12~18개월	문제해결이나 흥미로운 결과를 보기 위해 시행착오적 탐색을 한다.	정확한 A-B 찾기를 한다.
6. 정신적 표상	18~24개월	내적 표상을 사용하여 시행착오 없이 정신적으로 문제를 해결한다.	대상이 숨겨지는 과정을 목격하지 않아도 찾아낸다. 대상영속성이 완전히 획득된다.

(2) 전조작기(2~7세)

전조작기에는 상징을 사용하여 사고하는 능력이 발달한다. 그러나 아직 조작적 사고를 할 수 없어 전조작기라고 부른다. 전조작기는 전개념적 사고기와 직관적 사고기로 나뉜다. 전개념적 사고기는 2~4세로 정신적 표상의 획득으로 초보적인 개념이나 추론을 보이기 시작하는 시기다. 직관적 사고기는 4~7세로 Piaget가 직관이라고 부른 전논리적인 표상을 하는 시기다. 직관적 사고기의 유아들은 전개념적 사고기보다 좀 더 객관성을 추구한다는 점이 다르다. 전조작적 사고의 특성은 상징적 사고, 자기중심성, 중심화, 비가역성, 물활론, 실재론 등에서 살펴볼 수 있다.

전조작기
preoperational period
Piaget의 두 번째 인지발달 단계로 2~7세에 해당함. 상징적 사고를 하지만 아직 인지적 조작을 사용하지 못하는 시기

전개념적 사고기
preconceptual period
전조작기의 초반인 2~4세경에 해당하며, 초보적인 개념이나 추론이 보이기 시작하는 시기

직관적 사고기
intuitive period
전조작기의 후반인 4~7세에 해당하며 지각적으로 현저한 특징에 의해 사고가 크게 영향받는 시기

상징적 사고

전조작기에는 단어나 그림 같은 상징을 사용하여 눈앞에 없는 대상이나 경험을 표상하는 상징기능이 발달한다. 상징기능 덕분에 유아는 과거를 재구성하거나 머릿속에서 사물들을 비교하는 등 환경과 더 효율적으로 상호작용한다. 상징기능의 발달은 언어와 가상놀이에서 뚜렷이 찾아볼 수 있다(Piaget & Inhelder, 1966/1969). 특히, 언어는 유아들이 사용하는 상징의 가장 대표적인 예다. 가상놀이(make-believe play)는 유아가 자신이나 어떤 대상을 현실과 다른 것으로 간주하여 놀이하는 것이다. 예를 들어, 소꿉놀이에서 자기가 어머니 역할을 하는 경우다(그림 7-5). 가상놀이를 한다는 것은 유아가 실제 경험에서 벗어나 내적인 표상을 할 수 있다는 것을 의미한다.

상징기능
symbolic function
단어, 그림 같은 상징을 사용하여 대상이나 경험을 표상하는 능력

그림 7-5
표상의 획득으로 유아는 가상놀이를 즐긴다.

자기중심성
egocentrism
타인이 자신과 다른 관점을 지닐 수 있다는 것을 이해하지 못하고 자신의 관점에서만 세상을 바라보는 경향

자기중심성

유아가 자신을 중심으로 세상을 이해하고, 다른 사람의 생각이나 관점도 자신과 동일하다고 여기는 경향을 말한다. 자기중심성은 전조작기 전반에 걸쳐 상당한 영향을 미치며, 이 시기 대부분의 비논리적 사고를 설명한다. 이는 유아의 시각적 조망과 언어에서 뚜렷하다.

시각적 조망은 Piaget의 세 산 실험에서 잘 설명된다. 그림 7-6과 같이, 서로 다른 크기의 산이 세 개 놓인 모형 앞에 있는 3세나 4세 유아에게 자신이 보는 산의 조망을 여러 그림 중에서 고르라고 한다. 이후 맞은편에 놓인 인형에게 보이는 산의 조망이 무엇일지 유아에게 물으면, 유아는 자기가 고른 것과 같은 조망을 본다고 답한다. 이처럼 전조작기 유아는 자신의 입장에서만 세상을 이해하고 타인의 입장이나 관점을 잘 추론하지 못한다.

자기중심적 언어
egocentric speech
듣는 사람이 이해할 수 있게 표현되지 않은 혼잣말 형태의 비사회적인 말

전조작기 유아들의 언어도 자기중심적이다. 이들은 대화에서 상대방의 입장을 잘 고려하지 못한다. 어린 유아들이 서로 번갈아 가며 말을 이어가는 경우도 대부분 의미 전달 없이 단어를 단순 반복하거나 혼잣말을 하는 경우다. Piaget(1923/2001)는 이러한 유아의 언어형태를 집단적 독백이라 부르며 자기중심적 언어로 간주했다. 자기중심성은 유아가 다양한 사회적 경험을 하면서 점차 감소한다.

중심화
centration
탈중심화와 대비되는 용어로, 문제에 여러 측면이 관련되어 있음에도 한 측면에만 지각적으로 집중하는 경향

중심화

문제와 관련된 여러 측면을 함께 고려하지 못하고 하나의 측면에만 초점을 두는 지각적 경향을 말한다. 유아는 지각적으로 사물의 가장 현저하거나 눈

그림 7-6
Piaget의 세 산 실험

에 띄는 요소에만 주의를 집중하기 때문에 일단 주의가 집중되면 주의를 전환하기 어렵고 다른 정보를 함께 고려하는 것도 쉽지 않다.

비가역성

어떤 변화가 일어났을 때 이를 이전의 상태로 되돌려서 생각해보는 논리적 조작능력인 가역성이 없는 것이다. 비가역성은 전조작적 사고의 주된 특징 중 하나다. 예를 들어, 유아에게 "여동생 있니?"라고 물으면 있다고 답했으면서도 "여동생에게 언니가 있니?"라고 물으면 자신과 동생의 입장을 바꿔서 생각하지 못하고 언니가 없다고 답하는 경우다(Piaget, 1928/2015).

가역성
reversibility
정신적으로 조작을 반전시키거나 역으로 생각하는 능력

비가역성
irreversibility
가역적 사고를 하지 못하는 것

보존의 결여

중심화와 비가역성으로 인해 전조작기 유아는 보존개념을 갖지 못한다. 보존이란 대상의 외양이 변화해도 그 속성은 불변한다는 것을 아는 것이다. Piaget는 여러 유형의 보존과제를 고안하여 전조작기에는 보존개념을 지니지 못한다는 것을 보여주었다(그림 7-7). 예를 들어, 액체 보존과제에서 유아에게 두 개의 동일한 컵에 담긴 물의 양이 같은지 확인시킨 후 한 컵의 물을 낮고 넓은 새로운 컵에 옮겨 붓는다. 그리고 새로운 컵과 나머지 원래의 컵에 담긴 물의 양이 서로 같은지 묻는다. 전조작기 유아들 대다수는 원래의 컵의 물이 더 많다고 답한다. 이는 중심화 경향으로 인해 컵의 높이와 넓이 두 가지 차원을 함께 고려하지 못하고 높이 한 차원에만 집중하기 때문이다. 또 비가역성으로 인해 새로운 컵의 물을 원래의 컵에 다시 부으면 이전 상태로 돌아간다는 것을 알지 못하기 때문이기도 하다. 보존의 결여는 이외에도 수, 질량, 길이, 면적, 부피 등의 영역에서 나타난다.

보존
conservation
대상의 외양이 변화해도 그 속성은 변화하지 않는다는 것을 아는 것

위계적 분류의 결여

중심화와 비가역성은 전조작기 유아들이 위계적 분류에서도 어려움을 겪게 만든다. 위계적 분류는 대상의 공통점과 차이점을 바탕으로 대상을 유목과 그 하위 유목으로 조직화하는 능력이다. 그림 7-8에 제시된 Piaget의 유목 포함 문제를 보면 전조작기의 한계를 알 수 있다. 유아들에게 "빨간 꽃이 더

유목포함
class inclusion
분류에서 상위유목과 하위유목, 즉 전체와 부분의 관계를 아는 것

보존과제	최초 상태	변형된 상태	획득 시기
수	두 줄에 있는 동전의 개수가 같은가? 	이제 두 줄의 동전 개수가 같은가? 아니면 한 줄의 동전 개수가 더 많은가? 	6~7세
질량	두 개의 점토가 양이 같은가? 	이제 두 개의 점토가 양이 같은가? 아니면 한 점토가 더 많은가? 	6~7세
액체	두 컵에 있는 물의 양이 같은가? 	이제 두 컵에 있는 물의 양이 같은가? 아니면 한 컵의 물이 더 많은가? 	6~7세
부피	두 점토를 두 컵에 각각 넣었을 때 물이 올라오는 높이가 같은가? 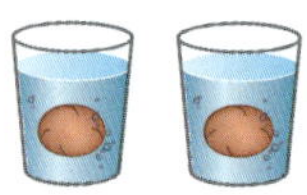	이걸 넣으면 두 컵의 물이 올라오는 높이가 같을까? 아니면 한 컵의 물이 더 높이 올라올까? 	9~12세

그림 7-7 Piaget의 보존 과제 예시

많니, 꽃이 더 많니?"라고 물으면, 대다수 유아는 "빨간 꽃이 더 많다"고 답한다. 이는 유아가 대상의 우선적인 특징(빨간 꽃)에만 집중하고, 전체(꽃)와 부분(파란 꽃, 빨간 꽃)을 구분하여 그 관계를 가역적으로 사고하지 못하기 때문이다.

물활론
animism
무생물도 생명이 있는 존재라고 여기는 것

물활론

전조작기 유아는 생물만이 아니라 무생물도 살아 있으며 자신처럼 감정과 의도를 가지고 생각할 수 있다고 믿는 물활론적 사고를 한다. 물활론은 일련의 단계를 거쳐 변화한다. 첫 단계에는 사람에게 영향을 주는 모든 것이 살아 있다고 믿는다. 두 번째 단계에서는 움직이는 것만 살아있다고 믿는다. 세 번

그림 7-8
Piaget의 유목포함 문제

째 단계에서는 스스로 움직이는 것만 살아있다고 여긴다. 해는 스스로 움직이므로 살아 있지만, 자동차는 그렇지 않으므로 살아 있지 않다는 식이다. 이후 구체적 조작기에 가서야 물활론에서 벗어나 과학적인 생물 개념을 갖게 된다.

실재론

마음속으로 생각한 것이 실제로도 존재한다고 믿는 것이다. 꿈이 현실이라고 믿는 것도 실재론의 반영이다. 유아들은 종종 꿈에서 본 대상이나 사건이 정말 있었고 꿈에서 깨면서 사라진 것이라고 여긴다. 이들은 다른 사람도 자신의 꿈을 볼 수 있고, 꿈을 꾸는 동안 그 꿈이 실제로 일어났다고 믿는다.

실재론
realism
마음속 생각이 실제로도 존재한다고 여기는 것

전환적 추론

단일 속성에만 기초해서 두 대상의 관계를 추론하는 비논리적인 추론이다. 이러한 추론은 정확한 결론에 이르지 못한다. 예를 들어, A가 다리가 4개고 B도 다리가 4개라면, A는 B이거나 B가 A라는 식이다. 만약 A가 고양이고 B가 개라면, 다리 개수에만 기초한 이러한 전환적 추론은 잘못된 결론으로 이끈다. 유아가 전환적 추론을 하는 이유는 유아가 가진 개념 자체가 제한적인 것과도 관련된다.

전환적 추론
transductive reasoning
단일 속성에만 기초해서 두 대상의 관계를 추론하는 전조작기 유아의 비논리적인 추론방식

(3) 구체적 조작기(7~11세)

구체적 조작기에 이르면 인지적 조작이 획득되고 논리적인 사고가 가능해진다. 아동들은 다양한 사회적 경험을 통해 자기중심성이 현저히 감소하고 사고

의 폭이 넓어진다. 또한, 다른 사람들의 생각을 비교할 수 있고, 자신의 생각 외에도 여러 생각이 가능하다는 것을 알게 된다. 그러나 구체적 조작은 구체적인 대상을 다룰 때만 논리적 조작이 가능하다는 의미로, 아직 가설적이고 추상적인 문제를 다루는 것에는 미숙하다. 구체적 조작기의 논리적 조작은 탈중심화와 가역성으로 특징지어지며 분류, 보존, 서열화 등에서 나타난다.

구체적 조작기
concrete-operational period
Piaget의 세 번째 인지발달 단계로 7~11세에 해당함. 구체적 조작을 할 수 있고 현실의 대상이나 경험에 대해 보다 논리적으로 사고할 수 있는 시기

탈중심화

중심화에서 벗어나는 탈중심화가 일어나면서 아동들은 지각적으로 현저한 외양에 이끌리지 않고 자극의 여러 특성에 주의를 기울이며 문제를 해결할 수 있다. 또 새로운 지식들을 협응시켜 지각적 오류를 줄일 수 있다.

탈중심화
decentration
지각적 중심화에서 벗어나 문제의 여러 측면을 함께 고려할 수 있는 능력

가역성

Piaget는 논리적 조작에서 특히 가역성을 강조했다. 액체 보존과제를 예로 들면, 구체적 조작기 아동은 한 컵의 물이 다른 컵으로 옮겨졌어도 정신적으로 원래의 상태로 되돌려 생각할 수 있는 가역적 사고를 한다. 이에 따라 물의 양은 컵에 담긴 지각적인 외양과 상관없이 동일하다는 것을 안다.

분류

분류
classification
사물들을 특정 차원(들)에 따라 나눌 수 있는 능력

아동들은 분류에서 전체와 부분의 관계, 유목포함 관계를 완전히 이해한다. 따라서 유목들을 통합하거나, 가역적인 분류를 수행할 수 있다. 이는 분류의 위계성을 이해한다는 것을 의미하기도 한다. 아동들은 앞서 제시한 유목포함 문제에도 성공한다. 또 여러 기준에 따라 대상들을 분류하는 데에도 능숙해진다.

보존

동일성
identity
양적 속성을 지닌 사물의 외양이 변해도 그 이전과 동일한 사물임을 아는 것

아동들은 지각적 특성이 아닌 논리적 조작에 기초하여 보존문제를 쉽게 해결한다. 예를 들어, 외양이 달라져도 이전과 동일한 대상이기 때문에 그 속성이 변화하지 않는다는 것을 알거나(동일성), 역으로 사고하여 속성의 변화가 없다는 것을 발견하거나(가역성), 한 차원에서의 변화는 다른 차원의 변화로

보상될 수 있다는 것을 깨닫는다(보상).

한편, 보존개념은 모든 영역에서 동시에 나타나지는 않는다. 앞서 그림 7-7에 제시된 바와 같이, 수, 질량, 액체 보존은 6~7세경에 획득하지만, 부피 보존은 9~12세경에야 획득한다. 이처럼 같은 발달단계 내에서 영역에 따라 보존개념의 획득 시기가 다른 것을 Piaget는 수평적 뒤짐이라고 했다. 그는 수평적 뒤짐이 나타나는 이유가 같은 개념을 재는 과제라 하더라도 과제의 복잡성이 크게 다르고, 또 과제의 직관적 특성이 조작에 영향을 주기 때문이라고 설명했다. 즉, 구체적 조작은 대상의 구체적 특성에 얽매이므로 그 구체적 특성을 넘어서는 일반화되지 않는다는 것이다.

보상
compensation
여러 차원을 함께 고려할 수 있어서 한 차원의 변화가 다른 차원의 변화로 상쇄될 수 있음을 아는 것

수평적 뒤짐
horizontal décalage
아동의 비일관적인 인지적 수행을 일컫는 용어. 동일한 정신적 조작이 요구되는 유사한 문제들 중 어떤 문제는 해결할 수 있음에도 다른 문제는 해결하지 못하는 현상

서열화

사물을 증가 또는 감소하는 순서로 배열하는 것이다. 그림 7-9처럼 여러 개의 막대를 서열화하는 과제에서 전조작기 아동은 불완전한 배열을 하거나(a), 막대의 아래 끝은 무시하고 위 끝만 고려하는(b) 오류를 보이곤 한다. 반면에 구체적 조작기 아동은 전체에서 가장 작은 것을 고른 후, 다시 나머지 중에서 가장 작은 것을 고르는 체계적인 방식(c)으로 서열을 구성한다. 이들은 여러 막대의 길고 짧음을 연속해서 빠르게 비교할 수 있다. 서열화에서도 보존과 마찬가지로 수평적 뒤짐이 나타난다. 즉, 길이와 관련된 서열개념이 가장 빠른 7세경에 나타나고, 부피에 대한 서열개념은 11세경에 나타난다.

서열화
seriation
일련의 자극들을 증가 또는 감소하는 순서로 배열하는 능력

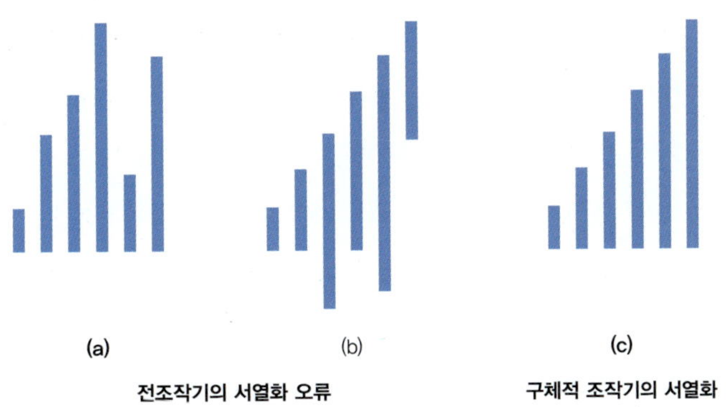

그림 7-9
전조작기와 구체적 조작기의 서열화 개념
출처: Shaffer 등(2020)

(4) 형식적 조작기(11, 12세 이후)

형식적 조작기
formal-operational period
Piaget 인지발달의 마지막 네 번째 단계로서 11, 12세 이후에 해당하는 시기. 추상적인 개념과 가설적 사건들에 대해서 보다 논리적이고 체계적으로 사고하는 단계

Piaget에 의하면 인지적 성숙은 마지막 단계인 형식적 조작기에 이루어진다. 그는 아동이 일단 형식적 조작기에 도달하면 사고가 크게 진보하고, 아동과 성인의 사고 간에는 질적인 차이가 존재하지 않는다고 보았다(Dworetzky, 1996).

11세나 12세 이후 형식적 조작기에 들어서면 구체적 조작기에서와는 달리 실제를 벗어난 추상적이고 가설적인 상황에 대해서도 논리적으로 추론할 수 있다. 덕분에 아동들은 언어적 진술 간의 논리적 관계를 추론하는 명제적 사고도 할 수 있다. 다음의 명제를 보자. "A의 피부색이 B의 피부색보다 파랗다. B의 피부색은 C의 피부색보다 파랗다. 그렇다면 누구의 피부색이 가장 파란가?" 구체적 조작기에는 이러한 명제 간 논리적 관계를 잘 이해하지 못한다. 그러나 형식적 조작기가 되면 실제에 얽매이지 않고 진술 간의 논리적 관계만을 고려해서 추론할 수 있다.

가설연역적 추론
hypothetico-deductive reasoning
가설을 수립하고 이로부터 논리적으로 연역해낸 해결방법들을 평가하여 적절한 결론에 이르는 추론방식

귀납적 추론
inductive reasoning
과학자의 사고와 같이 실험을 통해 가설을 체계적으로 검증하는 추론방식

가설연역적 추론과 귀납적 추론

형식적 조작의 가장 중요한 특징은 가설연역적 추론이다. 가설이란 실제는 아니지만 가능성이 있는 진술이다. 연역적 추론은 일반적 전제로부터 구체적 결론을 이끌어내는 추론방식이다. 형식적 조작기가 되면 과거에 실제로 경험하지 못한 것들에 대해서도 가설을 세울 수 있다. 문제에 직면했을 때 가설을 세우고, 이러한 가설로부터 논리적으로 연역해낸 해결방법들을 체계적으로 검토하여 적절한 결론에 이르는 가설연역적 추론이 가능해진다. 물론 구체적 조작기에도 객관적 증거나 사실들이 적절히 주어지면 정확한 결론에 도달할 수는 있다. 그러나 구체적 조작이 실제에 기초하는 반면, 형식적 조작은 가능성에 기초한 가설을 설정하여 추론할 수 있다는 점이 다르다.

형식적 조작의 또 다른 특징인 귀납적 추론은 구체적 관찰로부터 일반적 결론에 이르는 추론이다. 이는 진자문제(Inhelder & Piaget, 1958)에서 뚜렷이 드러난다. 진자문제는 추 무게, 줄 길이, 떨어뜨리는 높이, 미는 힘 중에서 진자의 운동시간을 결정하는 요인을 찾는 과제다(그림 7-10). 과제에 성공하려면 이

들 네 개의 변인 간 가능한 조합을 설계하고 각 조합을 체계적으로 검토해야 한다.

구체적 조작기의 아동들은 처음부터 추의 무게가 결정요인이라고 믿고는 이러한 믿음에 따라 편향된 실험을 설계하고 잘못된 결론에 도달한다. 예를 들어, 무거운 추를 짧은 줄에 매달아 높은 곳에서 떨어뜨리는 경우와 가벼운 추를 긴 줄에 매달아 낮은 곳에서 떨어뜨리는 경우만 비교하고는 전자의 경우가 더 빨리 움직이므로 추 무게가 결정요인이라고 성급하게 결론짓는 식이다.

반면에 형식적 조작기에 이르면 체계적이고 과학적 접근을 한다. 먼저 가설을 세워 변인들의 가능한 조합을 면밀히 계획한 후 관련 변인을 한 번에 하나씩 체계적으로 변화시켜 그 효과를 평가하는 방식으로 가설을 검증한다. 그리고는 마치 과학자의 사고방식처럼 귀납적 추론을 하여 구체적인 개별 관찰들로부터 일반적인 결론을 도출한다. 변인들의 가능한 모든 조합에 대한 체계적 실험을 거쳐 진자의 운동시간을 결정하는 유일한 변인이 줄의 길이라는 정확한 결론을 이끌어내는 것이다.

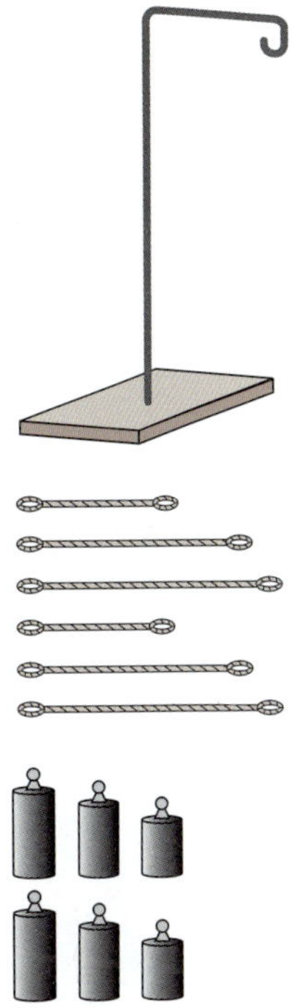

그림 7–10
Inhelder와 Piaget의 진자 문제
출처: Siegler 등(2014)

형식적 조작의 영향

형식적 조작의 획득은 청소년들을 여러 측면에서 변화시킨다(Bringuier & Piaget, 1980). 이들은 현실을 넘어선 새로운 가능성의 세계를 머릿속에 그려보고 과거에 직접 경험하지 않은 현상도 상상할 수 있다. 가설적 대안을 상상할 수 있기에 부모나 정부와 같은 권위에 대해서도 이상적이고 가설적인 기준에서 생각하기 시작한다. 이에 따라 현실의 많은 모순을 발견하게 되면 혼란과 좌절을 겪고 기존 권위에 분노하고 비판적이 된다.

또 다른 변화는 자기중심적인 측면을 많이 보인다는 것이다. 청소년기의 자기중심성은 자신과 타인의 관계에 대한 두 가지의 왜곡된 이미지로 나타나는데, 바로 상상청중과 개인적 우화다(Elkind, 1967).

상상청중
imaginary audience
자신이 다른 모든 사람의 관심 대상이며 항상 주목받고 있다는 믿음

상상청중은 자신이 다른 사람들의 관심 대상이라 남들이 자신의 모습과 행동에 항상 주목하고 있다고 여기는 현상이다. 예를 들어, 청소년이 얼굴에 난 여드름을 지나치게 신경 쓰는 것도 상상청중 현상과 관련이 있다. 개인적 우화신념은 자신의 중요성에 대한 과장된 신념이다. 예를 들어, 첫사랑에 빠

개인적 우화
personal fable
자신의 중요성에 대한 과장된 믿음으로, 자신이 매우 특별하고 독특하다고 여기는 것

진 사춘기 소녀가 인류 역사상 아무도 자신만큼 괴로운 사람은 없을 거라고 믿는 경우다. 이러한 두 가지 자기중심성은 처음 형식적 조작이 획득되면서 점차 증가하다가 이후 성인이 되어 다른 사람들의 다양한 관점을 많이 접하면서 감소한다.

4) Piaget와 교육

Piaget의 인지발달이론은 아동이 어떻게 교육되어야 하는가에 관한 사회적 견해에도 많은 영향을 주었다. 그 영향력은 오늘날에도 지속되고 있다. 교육에 적용된 Piaget 이론의 원칙들은 다음과 같다.

(1) 구성주의 접근

Piaget의 구성주의 접근에서 아동은 환경과의 자발적이고 능동적인 상호작용을 통해 가장 잘 학습할 수 있다. Piaget(1964)는 성인이 아동에게 무엇인가를 가르치려 하는 것은 아동이 스스로 발견할 기회를 제한하게 된다고 했다. 이러한 강조는 교사의 역할에 시사점을 준다. 즉, 교사는 직접적인 가르침보다는 아동의 능동적 탐색을 격려하고 이를 촉진할 다양한 활동을 제공해야 한다.

(2) 인지적 준비도

아동의 학습은 아동이 현재 지니고 있는 도식을 토대로 일어난다. 따라서 교육은 아동의 인지적 수준에 맞춰 설계되어야 한다. 교사는 아동의 요구에 귀 기울이고 아동이 새로이 발견한 도식을 연습하도록 안내해야 한다. 그러나 인지적으로 전혀 준비되지 않은 기술을 습득하도록 강요해서는 안 된다. 이러한 Piaget의 생각은 기존의 교육과정에 큰 변화를 일으켰다.

(3) 개인차

Piaget는 모든 아동이 같은 순서로 인지발달단계를 밟지만, 그 속도는 개인마다 다를 수 있다고 보았다. 따라서 교사가 또래들로 구성된 한 학급 전체를 동일하게 교육하는 것보다는 아동 개인의 학습준비도를 고려하여 개별 활동이나 소그룹 활동을 제공하는 것이 바람직하다.

5) Piaget 이론의 평가

(1) 공헌

Piaget는 발달심리학의 거인으로 불릴 만큼 발달심리학에 큰 공헌을 하였다(Miller, 2016). 그의 공헌 대부분은 오늘날 눈에 거의 띄지 않을 만큼 우리가 인지발달을 이해하는 방식 그 자체가 되었다는 평가를 받는다(Brainerd, 1996; Flavell, 1996). 그의 대표적인 공헌을 요약하면 다음과 같다.

첫째, 아동 인지발달의 중요성을 일깨워 주었다. Piaget 이전에 연구자들은 아동의 인지에 크게 관심을 기울이지 않았다. Piaget 덕분에 아동의 사고가 성인과는 질적으로 다른 독특한 특성을 지니며, 따라서 성인 대상의 연구방법이나 개념을 아동에게 그대로 적용해서는 안 된다는 것을 알게 해 주었다.

둘째, 능동적 아동관을 제시했다. Piaget는 아동이 능동적인 학습자로서 자신의 인지발달에서 중요한 역할을 한다고 보았다. 이러한 관점은 오늘날에는 일반적이나 그 출발점은 Piaget 이론이었고 당시에는 매우 혁신적이었다.

셋째, 인지발달 연구를 활성화시켰다. Piaget가 제시한 주제나 개념(예: A-not-B 오류, 보존개념)은 많은 연구자들의 관심을 끌었고, 그 결과 후속연구가 활성화되고 새로운 통찰이 생겨났다. 오늘날 인지발달 분야가 발달심리학의 핵심 영역이 된 데에는 Piaget의 영향이 크다.

(2) 비판

인지발달에 대한 Piaget의 설명은 전반적으로 정확하다는 평가를 받지만 완전하지 않은 측면도 있다(Bjorklund & Causey, 2018; Miller, 2016). 그의 이론에는 몇 가지 중요한 비판도 제기되었다.

어린 아동의 인지능력을 과소평가하고 나이든 아동의 능력은 과대평가했다.

후속연구들은 몇몇 인지능력이 Piaget가 제안한 것보다 일찍 출현한다는 것을 발견했다. 예를 들어, 대상영속성의 일부 측면은 생후 몇 개월 내에도 나타난다(Baillargeon, 1987). 또 전조작기 아동이라고 해서 항상 자기중심적인 것만은 아니다. 4세 아동도 성인에게 말할 때와는 달리 어린 아기에게는 더 짧고 단순한 표현을 사용하고, 아기의 요구에 맞춰 자신의 말투를 바꾸기도 한다(Gelman & Shatz, 1977). 한편, 어떤 인지능력은 훨씬 늦게 나타난다. 청소년들 상당수는 여전히 구체적 조작사고를 하는 것으로 보이며, 심지어 성인들조차 형식적 조작에 실패하는 경우가 종종 있다(Kuhn, 2011).

기대위반 방법
violation-of-expectation methods
습관화 방법에 기초한 것으로, 영아에게 기대되는 사건(물리적 법칙을 따르는)과 기대되지 않는 사건(물리적 법칙에 위배되는)을 제시하는 방법. 기대되지 않는 사건에 대한 주의의 증가는 영아가 관련된 물리적 지식을 지니고 있는 것으로 해석됨

Baillargeon(1987)의 연구는 Piaget가 어린 아동의 인지능력을 과소평가했음을 보여준 대표적인 연구다. 이 연구는 습관화 방법에 기초한 기대위반 방법을 사용하여 3, 4개월된 영아들도 대상영속성을 이해한다는 것을 보여주었다. 그림 7-11에서와 같이, 실험에서는 먼저 영아들을 180도 기울어지는 스크린에 습관화시켰다(a). 이후 영아들에게 스크린 뒤에 나무블록이 놓인 것을 보여주고는 가능한 또는 불가능한 사건을 제시하여 그 응시시간을 측정했다. 가능한 사건(b)은 스크린이 나무블록에 걸려 더는 넘어가지 않는 장면이고, 불가능한 사건(c)은 스크린이 나무블록을 통과하여 뒤로 완전히 넘어가는 장면이었다. 여기서 나무블록은 시각적 착시효과를 사용했다. 만약 영아가 나무블록의 존재를 인지하고 있다면, 가능한 사건(b)보다 불가능한 사건(c)을 신기해하며 더 오래 응시할 것이다. 결과는 영아들 대다수가 불가능한 사건(c)을 더 오래 응시함으로써 대상영속성을 이해한다는 보여주었다.

그렇다면 왜 Piaget는 영아들의 대상영속성을 과소평가했을까? 그 이유는 Piaget가 사용한 연구방법이 영아의 찾기 동작에 의존했던 것과 관련된다. 어

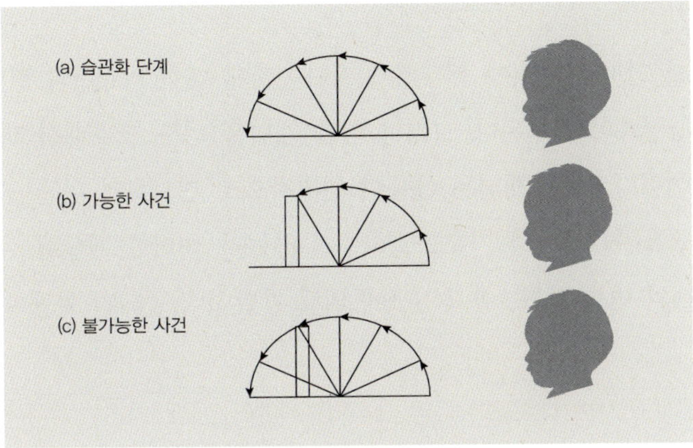

그림 7-11
3~4개월된 영아의 대상영속성에 대한 Baillageon(1987)의 연구

린 영아들은 운동능력이 미성숙해서 대상영속성을 이해하더라도 찾기 동작으로는 이러한 이해를 나타내기 어렵다. 반면에 후속연구들은 응시시간처럼 영아의 발달수준에 적합한 측정법을 사용했기 때문에 더 민감하게 그 이해를 포착했다고 할 수 있다.

인지발달이 항상 단계적으로 나아가는 것은 아니다.

Piaget의 각 단계는 하나의 통합된 사고구조로서 다양한 내용영역(예: 언어, 수학, 시공간 추론 등)에 걸쳐 일관되게 적용된다고 가정된다. 이러한 Piaget의 단계 개념은 많은 도전을 받았다. Piaget 이후의 학자들은 인지발달이 항상 단계적인 것은 아니며 한 단계에서 다음 단계로의 이동도 어느 순간 갑자기 이루어지는 것은 아니라고 주장했다.

단계 개념에 의문을 품게 하는 주요 증거는 개인의 이해수준이 내용영역에 따라 다르게 나타나곤 한다는 것이다. 예를 들어, 언어 추론에서 또래보다 우수한 아동이 수학적 추론에서는 훨씬 낮은 수행을 보이기도 한다. 논쟁은 현재도 진행 중이지만, 오늘날 많은 학자들은 인지발달이 매우 복잡하고 다차원적인 과정으로 아동은 서로 다른 내용영역에서 서로 다른 속도로 발달한다는 견해를 가지고 있다(Bjorklund & Causey, 2018).

변화의 기제에 대한 설명이 모호하다.

아동에게 인지적 변화가 어떻게 일어나는지에 대한 Piaget의 설명은 동화와 조절, 평형화와 관련된다. 그러나 이들 개념은 너무 모호해서 과학적으로 검증하기 어렵다. 이들 개념은 아동이 인지적으로 진보하기 위해 구체적으로 어떠한 경험을 필요로 하는지도 알려주지 않는다. 이러한 제한된 설명력으로 인해 Piaget의 변화기제는 후속연구에 의해 활발히 검증되지 못했다.

인지발달에 미치는 사회문화적 영향을 저평가했다.

Piaget가 아동을 외로운 과학자에 비유한 것에서 알 수 있듯이, 그의 이론에서 아동은 혼자 힘으로 세상을 탐색하고 지식을 구성해나가는 존재다. 그러나 아동의 노력은 사회적, 문화적 영향도 많이 받는다. 예를 들어, 아동이 언어적 대화 기술을 습득하는 시기는 아동이 속한 문화가 그 기술을 얼마나 중시하며 평소에 이를 얼마나 연습하는지와도 관련된다. Piaget가 사회문화적 영향을 아예 간과한 것은 아니지만, 그리 중요하게 여기지도 않았다는 점에서 비판을 받았다. 사회문화적 영향의 중요성은 다음 Vygotsky의 사회문화이론에서 잘 강조되었다.

2. Vygotsky의 사회문화이론

사회문화이론
sociocultural theory
인지발달에 관한 Vygotsky의 이론으로 아동은 자신보다 지식이 많은 사회 성원과의 협동적 대화를 통해 자신이 속한 사회의 문화적 가치, 신념, 사고방식을 획득해 나간다고 봄

Lev S. Vygotsky는 아동 인지발달에서 사회문화적 영향에 관심이 있었다. 그의 사회문화이론은 문화적 가치나 신념, 기술이 한 세대에서 다음 세대로 어떻게 전달되는가에 초점을 둔 이론이다. 문화적 가치와 기술은 문화마다 다양하므로, Vygotsky는 인지발달의 과정과 내용이 Piaget가 주장한 것처럼 인류 보편적인 것은 아니라고 여겼다.

또 앞서 Piaget가 아동의 독립적 노력을 강조한 것과는 다르게, Vygotsky는 아동의 인지발달이 다른 사람들의 도움에 의존하는, 사회적으로 매개된

과정으로 보았다. 모든 사람은 문화에 속해 있으므로 문화적 영향은 필연적으로 사회적 영향을 동반한다는 점에서 Vygotsky의 이론은 근본적으로 사회문화적이다(Rogoff, 2003). 이러한 관점은 사회적 경험과 언어에 대한 강조, 근접발달영역과 비계설정, 혼잣말의 개념에서 잘 드러난다.

1) 사회적 학습자로서의 아동

Vygotsky(1930-1935/1978, 1934/1962)는 아동이 타인과의 사회적 상호작용을 통해 학습해 나가는 사회적 학습자라고 보았다. 특히 자신보다 많은 지식을 가진 성인이나 또래들과 나누는 협동적 대화는 아동이 문화적으로 의미 있는 사고방식과 지식, 기술을 습득하는 데에 필수적이라고 여겼다. 학습과 지식구성의 사회적 맥락에 대한 Vygotsky의 강조는 인지발달에 대한 사회적 구성주의 접근으로 불린다.

사회적 상호작용이 인지발달을 촉진하기 위해 반드시 갖추어야 할 특징은 상호주관성이다. 상호주관성은 활동에 참여하는 두 사람이 서로 공유된 이해에 이르는 과정을 뜻한다. 예를 들어, 아동이 교사와 함께 퍼즐 과제를 푸는 상황이라면 두 사람 모두 활동의 목적과 각자의 역할에 대한 이해를 공유하고 있어야 과제를 함께 효과적으로 해결할 수 있다.

협동적 대화
cooperative dialogue
유능한 교수자와 초보 학습자 간의 협력적인 대화. 이를 통해 아동이 효과적으로 지식을 전달받고 학습함

사회적 구성주의 접근
social constructivist approach
사회적 상호작용을 통한 아동의 학습과 지식구성을 강조하는 Vygotsky의 이론적 관점

상호주관성
intersubjectivity
어떤 과제나 활동에 대한 이해가 달랐던 두 참여자가 상호적이고 공유된 이해에 이르는 과정

2) 언어와 사고

아동을 사회적 학습자로 보는 Vygotsky의 관점은 언어와 사고의 관계에 대한 그의 생각에서도 잘 드러난다. Vygotsky(1934/1962)에 의하면, 언어와 사고는 매우 밀접한 관계에 있으며, 특히 언어는 사고를 이끌어가는 역할을 한다. 언어는 성인이 아동에게 문화적 지식과 기술을 전달하는 주요 수단일 뿐 아니라 그 자체로도 아동의 사고를 돕는 강력한 도구가 된다.

Vygotsky 이론은 추론, 문제해결, 개념형성과 같은 복잡한 고등정신기능의

고등정신기능
higher mental functions
추론, 문제해결, 개념형성과 같은 의도적이고 복잡한 인지기능으로서 학습을 통해 획득됨. 무의식적인 사고나 감각 같은 하등정신기능과는 대비되는 개념

발달에 관심을 둔 이론이다. 언어는 아동이 사고와 행동을 조절하고 문제를 해결하도록 돕는다는 점에서 고등정신기능의 획득을 위한 가장 중요한 도구다. 또 언어는 한 세대에서 다음 세대로 문화를 전달하는 데에도 중요한 역할을 한다. 아동이 성인과 나누는 협동적 대화에 담긴 언어 내용은 점차 아동의 사고 일부가 된다. 언어적 대화를 통해 아동은 문화의 핵심 요소를 내면화하며, 자신의 행동을 이끌고 새로운 기술을 획득할 수 있다(Rogoff, 2003).

3) 기본 개념

(1) 근접발달영역

근접발달영역
zone of proximal development
아동 혼자서는 어렵지만 보다 유능한 타인의 도움을 받아 수행할 수 있는 과제의 범위

Vygotsky(1930-1935/1978)는 아동의 인지능력을 정확히 평가하려면 아동의 근접발달영역을 평가해야 한다고 믿었다. 근접발달영역은 아동이 혼자 힘으로 성취할 수 있는 실제 발달수준과 인지적으로 더 유능한 타인의 도움을 받아 성취할 수 있는 잠재적 발달수준 간의 차이를 의미한다(그림 7-12).

근접발달영역은 인지적 성장이 기대되는 영역으로 교육이 겨냥해야 하는 영역이다. 이 영역을 벗어난 기술과 지식은 아동이 이미 완전히 숙달했거나 혹은 지나치게 어려워서 타인의 도움이 별 효과가 없다. 근접발달영역은 개인마다 다르므로 개별 아동에게 적절한 과제가 제공되어야 교육과 학습이 효과적으로 일어날 수 있다.

Vygotsky(1930-1935/1978)에 의하면, 가상놀이 특히 극놀이(dramatic play)는 는 유아 인지발달의 주요 원천이며 근접발달영역을 조성할 수 있다. 실제로

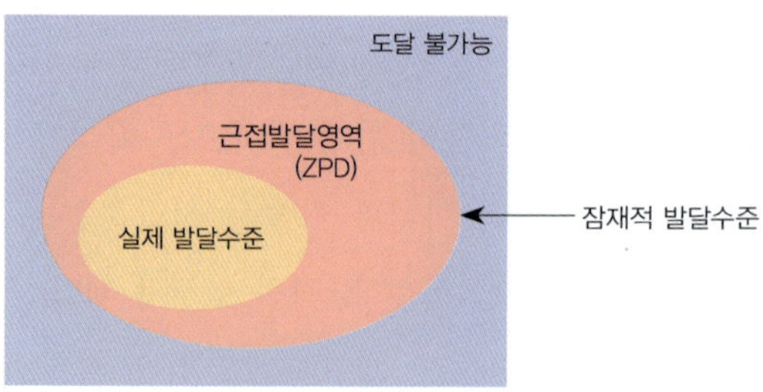

그림 7-12
Vygotsky의 근접발달영역

유아들은 일상에서 극놀이를 즐기며 이를 통해 다양한 기술들을 학습한다. 놀이에서 유아는 상상적 상황을 창조하고, 사물을 대체하며, 사회적 역할을 맡아 활동하고, 그 역할에 맞는 일련의 규칙을 지킨다. Vygotsky는 이러한 극놀이가 유아의 상징적 사고를 촉진하고 자기조절을 효과적으로 연습할 사회적 맥락을 제공한다고 보았다.

(2) 비계설정

근접발달영역에서의 협동적 상호작용은 비계설정으로 특징지어진다. 비계설정은 인지적으로 더 유능한 타인이 아동의 요구에 맞게 학습을 돕는 과정이다(Vygotsky, 1930-1935/1978). 비계는 원래 건물을 지을 때 사용되는 지지대를 말하는데, 이를 교수(instruction)에 비유한 것이다. 비계설정은 학교와 가정 상황 모두에서 적용될 수 있다.

비계설정
scaffolding
성인이 아동을 가르칠 때 아동의 학습행동에 맞춰서 반응하는 과정. 이를 통해 아동은 문제에 대한 이해가 점차 증가함

숙련된 비계설정자는 개별 아동의 요구에 맞추어 도움의 양을 점진적으로 변화시킨다. 학습 초기에 아동은 타인으로부터 많은 도움을 필요로 하지만, 이후 과제에 숙달함에 따라 필요한 도움의 양도 줄어들게 된다. 마침내 아동이 과제에 완전히 숙달하면 아무 도움도 필요로 하지 않는다. 이때 과거의 잠재적 발달수준은 새로운 실제 발달수준이 된다. 이렇게 하나의 도달이 이루어지고 나면, 비계설정자는 새로운 근접발달영역을 겨냥한 교수를 시작한다. 이 과정이 반복되면서 아동은 점차 더 복잡한 기술과 지식을 획득해 나간다.

부모나 교사는 비계설정을 통해 아동이 보다 향상된 방식으로 놀이하고 학습하도록 돕는다.

(3) 혼잣말

혼잣말(사적 언어)
private speech
유아가 자신의 사고와 행동을 안내하기 위해 사용하는, 자신을 향한 언어적 발화 유형

아동의 사고에서 언어의 역할에 대한 Vygotsky의 강조에서도 알 수 있듯이, 그는 유아의 혼잣말을 인지적 성장의 주요 요소로 보았다. 유아기의 빠른 언어습득은 사고에도 큰 변화를 야기한다. 처음에 어린 유아는 부모나 교사 등 다른 사람의 말에 의해 자신의 행동을 조절한다. 그러다가 점차 혼잣말을 사

용하여 자신의 사고와 행동을 조절하기 시작한다.

4세 무렵의 유아가 과제나 놀이에 몰두할 때 종종 자신을 향해 소리 내어 말하는 것을 볼 수 있다. Piaget(1923/2001)는 이러한 발화가 타인의 관점을 잘 이해하지 못해서 나타나는 비사회적 발화라고 보고, 자기중심적 언어로 불렀다. 그러나 Vygotsky(1934/1962)의 생각은 달랐다. 그는 유아의 혼잣말이 과제를 더 잘 해결하기 위한 일종의 자기 안내라고 보았다. 실제로 유아들은 쉬운 과제보다 어려운 과제에서, 그리고 정답을 알고 있을 때보다 실수를 하거나 혼란스러울 때 혼잣말을 더 많이 한다. 그리고 혼잣말을 많이 사용하는 유아일수록 그렇지 않은 유아들보다 문제해결을 더 잘한다(Fernyhough & Fradley, 2005).

자기중심적 언어
egocentric speech
타인을 향하지도 않고 청자가 이해하는 방식으로 표현되지도 않는 유아의 비사회적인 발화 유형

시간이 흘러 유아가 과제에 능숙해지면 혼잣말은 점차 내면화된다. 즉, 혼잣말이 외적으로 발화되지 않는 내적 언어(inner speech)가 되는 것이다(Vygotsky, 1934/1962). Vygotsky 이론에서 내적 언어는 곧 사고를 의미한다.

4) Vygotsky와 교육

Vygotsky의 이론은 교육에 많은 영향을 주었다. Vygotsky도 Piaget와 마찬가지로 인지발달에서 아동이 능동적 역할을 한다고 믿었다. 그러나 교육의 역할에 대해서는 생각에 차이가 있었다. Piaget는 아동의 독립적 학습을 강조하며 교육의 역할에 크게 주목하지 않았으나, Vygotsky는 교육의 역할을 강조하며 교사의 지원을 매우 중요시했다(Mahn & John-Steiner, 2013).

Vygotsky 이론에서 교사는 개별 아동의 근접발달영역에 맞춰 학습을 지원하고 안내하는 역할을 해야 한다. 이러한 지원자 역할은 또래도 해당하므로 교사는 또래 간 협동학습도 촉진해야 한다. 협동학습은 다양한 인지적 수준을 지닌 아동들이 한 집단을 이루어 학습하면, 서로 돕고 가르치는 활동을 통해 모두의 학습이 촉진될 수 있다는 신념에 기초한다. 즉, 인지적으로 덜 유능한 아동은 더 유능한 아동으로부터 도움을 받고, 더 유능한 아동도 가르치는 역할을 하면서 학습능력이 향상된다(Palincsar et al., 1993).

유아교육에 주는 Vygotsky의 시사점은 더욱 분명하다. Vygotsky 접근에

서 유아교육은 고등정신기능의 획득을 향한 긴 여정의 첫 단계다(Bodrova & Leong, 2009). 교사가 개별 유아의 근접발달영역을 정확히 알고, 그 영역에서 사회적으로 의미 있는 활동과 성숙한 극놀이의 기회를 충분히 제공하는 것은 유아기 인지발달을 효과적으로 지원할 수 있다. 또한, Vygotsky는 학령기 아동들을 위해서는 읽기, 쓰기와 같은 문해교육을 강조하였다(Scrimsher & Tudge, 2003). 학령기에 접어든 아동이 교실에서 문학, 수학, 과학 등에 대해 토의할 때 교사는 적절한 정보와 발문을 통해 학습을 지원해야 한다.

5) Vygotsky 이론의 평가

(1) 공헌

Vygotsky 이론은 Piaget 이론에서 다소 간과된 사회문화적 영향을 강조함으로써 인지발달에서 사회적 구성주의라는 새로운 관점을 제시했다. Vygotsky 이론의 주요 공헌은 인지발달 연구 분야가 문화적 다양성을 인식하도록 해주었다는 것이다. 예를 들어, 문명사회에서 학교에 다니는 아동들의 문해기술은 형식적 교육을 거의 받지 않는 부족사회의 아동들과는 매우 다를 수 있다. 이러한 차이는 인지적 수준의 차이가 아닌 문화적 차이를 반영한다.

또 다른 공헌은 교육의 역할에 대한 강조에 있다. Vygotsky는 아동이 자신보다 유능한 타인과의 협동적 대화를 통해 인지적 성장을 이루어 나간다고 보았다. 실제로 부모와 교사는 가르침과 협동적 대화를 통해 아동의 인지적 성장에 상당한 기여를 한다.

(2) 비판

Vygotsky의 이론도 몇 가지 중요한 비판을 받았다. 그중 하나는 근접발달영역(ZPD)의 개념이 모호하다는 것이다(Miller, 2016). 아동이 지닌 ZPD 범위만 가지고는 학습능력이나 학습유형 그 어느 것도 정확히 파악할 수 없다. 예를 들어, ZPD가 좁은 아동은 학습능력이 너무 낮아서 타인의 지원 자체가 어려울 수 있다. 혹은 잠재수준에 스스로 도달할 만큼 매우 유능한 학습자라서 타인의 지원이 별 효과가 없을 수도 있다. 따라서 아동의 ZPD를 평가하는 것만으로는 발달에 대한 불완전한 정보만 제공할 뿐이다. 게다가 ZPD를 정확히 잴 수 있는 표준화된 측정도구도 아직 찾아보기 힘들다.

또 다른 비판으로는 Vygotsky가 아동의 인지발달에서 다양한 상징체계(예: 그림, 지도, 기호 등)의 중요성을 인식했음에도 언어만 강조했다는 것이다. 모든 문화에서 언어적 대화가 학습의 유일한 혹은 주된 수단은 아니다.

참고로, Vygotsky 이론은 Piaget 이론에 비해 비판을 덜 받은 것처럼 보이기도 하는데 이는 검증가능한 가설이 그만큼 적은 것과도 관련이 있다. 다른 모든 이론과 마찬가지로, Vygotsky 이론도 아동의 인지발달을 완벽히 설명하지는 못한다. 표 7-3은 Piaget 이론과 Vygotsky 이론을 비교한 것이다.

표 7-3 Piaget 이론과 Vygotsky 이론

구분	Piaget 이론	Vygotsky 이론
아동에 대한 관점	독립적인 학습자(외로운 과학자)	사회적 학습자
구성주의	인지적 구성주의	사회적 구성주의
발달단계	강조됨	제시되지 않음
언어와 사고의 관계	사고가 언어를 향상시킴	언어가 사고를 향상시킴
교사 역할	아동 스스로 세상을 탐색하고 발견하도록 지원하는 안내자	아동과 함께 학습하고 협동학습의 기회를 제공하는 안내자

정리해 봅시다

1. Piaget 이론에서 인지발달이 어떻게 일어난다고 가정하는지 설명해보자.
2. Piaget의 인지발달단계를 설명해보자.
3. Piaget 이론을 평가해보자.
4. Vygotsky의 사회문화이론의 주요 개념을 설명하고, 이를 Piaget 이론과 비교해보자.
5. Piaget 이론과 Vygotsky 이론이 교육에 준 시사점을 비교하여 설명해보자.

CHAPTER 8
정보처리의 발달

1. 정보처리 접근
2. 주의
3. 기억
4. 실행기능

08
정보처리의 발달

인지발달에 대한 정보처리 접근은 아동의 사고를 컴퓨터의 정보처리에 비유하여 설명한다. 이 접근에서는 아동의 뇌가 성숙하고 주의와 기억, 그리고 자신의 사고에 대한 통제능력이 향상하면서 보다 복잡한 사고를 더 빠르고 정확하게 할 수 있게 된다고 본다. 본 장에서는 정보처리 관점에서 아동 사고의 주요 측면인 주의, 기억, 실행기능의 발달을 살펴보기로 한다.

1. 정보처리 접근

정보처리 접근에는 여러 다양한 이론들이 있다. 그 다양성에도 불구하고 이들 이론이 지닌 공통점은 인간이 제한된 용량체계를 가지고 정보를 처리하기 위해 다양한 인지적 조작이나 책략을 사용한다고 본다는 것이다.

1) 기본 가정

앞서 2장에서 소개한 다중저장모형(Atkinson & Shiffrin, 1968)은 정보처리 접근의 가장 대표적이고 전통적인 이론 모형이다. 이 모형은 마음속에 입력된 정보가 일련의 기억체계, 즉 감각기억, 단기기억, 장기기억을 거쳐 반응으로 산출된다고 가정한다. 그리고 이 모든 정보 흐름이 통제과정에 의해 능동적으로 계획되고 통제된다고 본다. 통제과정의 존재는 인간의 정보처리를 컴퓨터의 정보처리와 구별 짓는 중요한 요소다. 컴퓨터와 달리 인간은 자신의 인지활동을 스스로 계획하고 감독한다.

통제과정
control process
모든 정보처리의 흐름을 계획하고 통제, 감독하는 능동적인 인지과정

다중저장모형에서 아동 정보처리의 발달은 단기기억 및 통제과정과 밀접히 관련된다. 즉, 아동이 나이가 들수록 단기기억 용량이 증가하고 통제과정이 향상하면 더 복잡한 사고가 가능해진다. 또 자신의 정보처리를 계획하고 주의를 조절하며 기억과 문제해결의 과정을 결정하는 능력도 향상한다. 그리고 이는 결국 정보처리 수준을 높인다.

한편, 현대의 정보처리 모형은 정보가 순차적으로만 흘러가는 것이 아니고 기억체계들이 상호작용하여 상향식 또는 하향식 처리과정이 일어날 수 있다고 본다(그림 8-1). 예를 들어, 감각기억에서 지각된 정보가 우리가 이미 알고 있는, 즉 장기기억에 저장된 경험이나 지식에 주의를 기울이도록 이끈다면 이는 상향식 처리과정이다. 반면에, 장기기억에 저장된 경험이나 지식이 지각된 여러 감각정보 중에서 특정 측면에만 주의를 기울이도록 만든다면 이는 하향식 처리과정이라고 할 수 있다.

상향식 처리과정
bottom-up processing
하향식 과정의 반대말로, 감각 입력이나 자극에 의해 도출되는 사고과정

하향식 처리과정
top-down processing
상향식 과정의 반대말로, 이미 알고 있는 개념에 의해 도출되는 사고과정

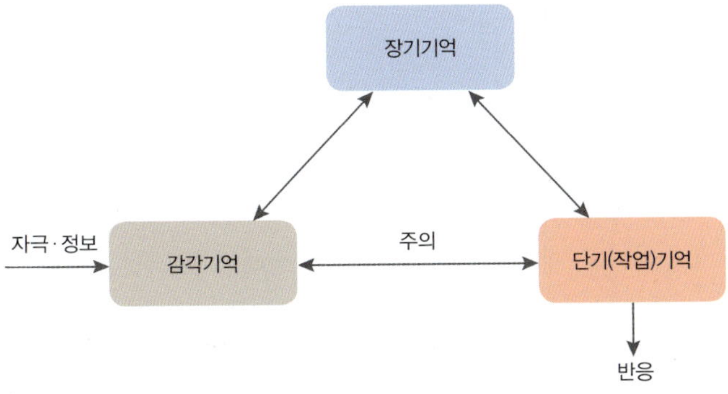

그림 8-1
정보처리의 수정된 모형
출처: Bjorklund와 Causey(2018)

2) 제한된 용량과 자동화된 처리

정보처리 접근의 핵심 개념은 '제한된 용량'이다. 제한된 용량(limited capacity)이란 인간이 한 번에 담아 처리할 수 있는 정보의 용량이 제한되어 있다는

작업기억
working memory
Baddeley(1992)가 제안한 용어로, 제한된 용량의 정보에 대한 작업이 이루어지는 정보처리 체계의 한 부분. 추론과 문제해결을 위해 정보를 일시적으로 유지하면서 조작이 이루어짐

의미로, 주로 단기기억과 관련된다. 단기기억은 오늘날에 작업기억(Baddeley, 1992)으로 더 많이 불리는데, 그 이유는 이곳에서 정보가 단순히 보관되기만 하는 것이 아니라 정보에 대한 적극적인 인지적 조작과 처리가 이루어지기 때문이다. 용어가 시사하듯이 작업기억은 정보에 대한 활발한 작업공간으로서의 의미를 지닌다. 연령에 따라 작업기억 용량이 증가하면 보다 복잡한 개념을 더 빠르게 이해하고 학습할 수 있게 된다.

자동화 과정
automatic processes
인지적 실행을 위한 정신적 노력을 거의 요구하지 않는 사고과정

의도적 과정
effortful processes
인지적 실행을 위한 정신적 노력 즉, 정보처리체계의 제한된 용량을 요구하는 사고과정

또한 정보처리 접근에서는 정보처리과정이 제한된 정신용량을 각각 얼마나 요구하는지에 따라 그 과정을 일련의 연속선 상에서 구분한다. 한쪽 극단은 자동화 과정으로서 주의나 노력, 작업기억의 제한된 용량을 거의 필요로 하지 않는다. 반대쪽 극단은 의도적 과정으로, 그 성공적 수행을 위해 제한된 정신용량의 자원을 많이 사용한다. 의도적 과정은 개인의 지능, 동기, 교육에 의해 영향을 받고, 연습과 훈련에 의해 향상될 수 있다. 즉, 처음에는 노력이 많이 드는 과정도 연습을 많이 하면 점차 적은 노력을 들이고도 더 많은 정보를 빠르게 처리할 수 있는 자동화된 처리가 가능해진다.

2. 주의

주의
attention
정신적 자원을 집중하는 과정

주의란 정신적 자원을 집중하는 것이다. 아동이 나이가 들고 주의가 발달할수록 보다 효율적이고 계획적으로 정보를 수집하고 처리할 수 있다.

1) 선택적 주의

선택적 주의
selective attention
과제와 무관하거나 방해되는 정보는 무시하면서 관련 측면에만 집중하는 능력

선택적 주의는 과제와 무관하거나 방해되는 정보를 무시하거나 제외하면서 관련된 정보에만 주의를 집중하는 능력을 말한다. 이는 어린 영아에서도 찾아볼 수 있다. 낯설거나 강한 자극이 신생아나 영아에게 제시되면 흔히 정향

그림 8-2
선택적 주의 과제에 사용된 도구
출처: Miller(2016)

반응이 일어난다. 즉, 이들은 놀란 표정으로 자극에 시선을 고정하고 심박률과 뇌파에 각성이 일어난다. 이러한 반응은 새로운 자극에 주의를 기울이고 있음을 보여준다. 그러나 자극이 반복 제시되면 그 자극에 친숙해져서 정향반응이 사라지는 습관화가 나타난다. 정향반응은 신생아나 영아에게 잠재적으로 중요하거나 위험한 환경 자극을 알려주는 반면, 습관화는 친숙한 자극에 계속 반응하는 것을 막아 에너지 낭비를 줄여준다.

선택적 주의는 학령기를 거치며 점진적으로 증가한다(Davidson, 1996). 여러 연구가 3세부터 13세 아동들을 대상으로 그림 8-2와 같은 도구를 사용하여 선택적 주의의 발달을 살펴보았다(Miller, 1990). 연구에서 아동들은 30초 동안 상자에 달린 문들 안에 감춰진 동물의 위치를 기억하도록 지시받았다(그림 8-2). 동물 우리가 그려진 문 안에는 서로 다른 동물 그림이, 집이 그려진 문 안에는 서로 다른 집안물건 그림이 있었다. 과제에 성공하려면 관련 정보인 동물 그림에만 주의를 기울이고, 무관련 정보인 집안물건 그림은 무시해야 했다. 그 결과 유아들은 모든 문을 다 열어보면서 탐색하느라 낮은 수행을 보였던 반면, 보다 나이든 아동일수록 관련 정보에만 주의를 기울이며 과제에 성공하는 경우가 많았다.

2) 주의의 지속성

어린 아동은 대개 주의력 지속시간이 매우 짧다. 따라서 한 대상에게 주의를 오래 기울이지 못한다. 한 연구(Ruff & Lawson, 1990)에서 아동들에게 가늘고

긴 색종이를 색에 따라 상자 속에 넣도록 지시하고, 이 작업을 얼마나 지속하는지를 측정했다. 그 결과 2, 3세 아동들은 평균 18분 정도 지속했고 다른 데로 주의를 쉽게 돌렸다. 반면에 5, 6세 아동들은 1시간 이상 작업을 지속할 수 있었다. 보통 2, 3세 아동들은 좋아하는 활동이나 놀이를 할 때도 주의를 오래 기울이기 어려워한다. 주의의 지속시간은 아동기를 지나 초기 청년기까지도 증가한다. 이러한 발달은 주의를 조절하는 데에 중추적 역할을 하는 뇌의 망상체가 사춘기 이전까지는 수초화가 충분히 이루어지지 않는 것과 관련된다.

망상체
reticular formation
각성 및 주의조절과 관련된 뇌 영역

비록 학령기와 청소년기의 주의 지속시간이 훨씬 길기는 하지만, 가장 눈에 띄는 증가는 유아기에 일어난다(Rueda & Posner, 2013). 유아기 언어능력과 사회적 경험은 주의의 지속력을 향상시킨다. 그리고 주의 지속력의 빠른 향상은 유아의 학습준비도와 자기조절의 발달을 지원한다(NICHD Early Child Care Research Network, 2005).

3) 주의의 계획성

주의는 연령에 따라 더 계획적이게 된다. 즉, 아동이 나이가 들수록 인지적 목표 달성을 위해 더 계획적이고 체계적으로 주의를 기울여 정보를 수집할 수 있다. 생후 2, 3개월 영아들도 시각적 탐색을 하지만 이들은 복잡한 시각 자극의 일부만 탐색할 수 있다. 4~10세 아동들에게 **그림 8-3**과 같은 두 개의 집 그림을 제시하고 그림이 서로 같은지를 물으면, 4, 5세 아동들은 체계적인 탐색을 하지 못하고 종종 오답을 한다. 그러나 6세 반 이후의 아동은 상당히 체계적인 탐색을 하며 대다수가 정답을 맞춘다(Vurpillot, 1968). 잃어버린 물건을 찾을 때도 학령기 아동들은 더 체계적으로 주변을 탐색한다(Wellman, 1985).

그림 8-3
체계적 주의책략 과제
출처: Vurpillot(1968)

3. 기억

우리가 어떤 정보에 주의를 기울이고 나면, 그 정보를 기억해야 나중에 사용할 수 있다. 기억은 시간이 지나도 머릿속에 정보를 유지하는 것이다. 기억은 오늘의 경험과 어제의 경험을 연결 짓게 함으로써 우리의 삶에 연속성을 부여한다. 우리가 기억할 수 있는 정보의 양은 놀라울 정도로 많지만, 기억은 때론 왜곡되기도 하는 등 불완전한 측면도 있다.

기억
memory
시간이 지나도 정보를 유지하는 것

1) 기억의 기본과정

기억의 기본과정은 정보의 부호화, 저장, 인출로 이루어진다(그림 8-4). 부호화는 정보가 기억으로 입력되는 과정이다. 효과적 정보처리를 위해서는 적절한 정보를 부호화하고 부적절한 정보를 무시하는 능력이 요구된다(Magen &

부호화
encoding
정보가 기억으로 들어가는 과정

그림 8-4
기억의 과정

Berger-Mandelbaum, 2018). 부호화된 정보는 기억 속에 유지 또는 저장이 되고, 저장된 정보는 이후 어떤 목적에 따라 인출이 된다. 이 중 어느 한 단계라도 실패하면 기억을 하지 못한다. 예를 들어, 사건의 일부가 부호화되지 않으면 그 사건에 대한 정신적 표상은 저장되지 못하거나 혹은 저장되더라도 인출되지 못할 것이다.

2) 기억의 발달적 변화

신생아들도 제한적 형태이긴 하지만 기억능력을 지닌다. 이후 연령이 증가하고 정보처리기술이 향상하면 아동은 더 효율적으로 학습하고 기억하며 복잡한 개념을 더 잘 이해할 수 있다. 또 기억한 정보를 적절히 인출해서 사용할 수 있게 되면서 추론, 문제해결과 같은 고등정신활동도 가능해진다.

(1) 초기 기억

재인
recognition
어떤 자극이 과거에 경험한 것과 같은 것인지를 알아보는 기억인출의 형태

회상
recall
현재 없는 자극을 기억해 내는 기억인출의 형태

기억은 저장된 정보가 인출되는 형태에 따라 재인과 회상으로 나뉜다. 재인은 특정 자극이 과거에 경험했던 것과 같은 것인지를 알아보는 기억이다. 회상은 현재 제시되지 않은 자극을 기억해 내는 것이다.

친숙한 것을 재인하는 능력은 선천적이다. 신생아가 반복 제시된 자극에 습관화를 보인다는 사실은 이전에 경험했던 것을 기억하고 있음을 의미한다. 또 매우 어린 영아들은 적절한 단서가 제공되면 회상도 한다(Rovee-Collier, 1987). 앞서 5장에서 살펴보았듯이 생후 2, 3개월 영아도 자신이 발을 차면 요람 위의 모빌이 움직인다는 것을 학습하고는 몇 주 후에 같은 상황에서 단서가 제시되면 발차기로 모빌을 움직이려는 회상반응을 보인다.

단서 없이도 아기가 회상할 수 있는 시기는 언제일까? 지연모방은 회상기억을 반영한다. 9개월 된 영아들 대다수는 하루가 지나도 지연모방을 할 수 있다. 회상기억은 생후 3년간 계속 발달한다. 2세경에는 몇 달 전에 일어난 사건 특히, 자신의 주의를 끌었던 사건 경험을 회상할 수 있다(Howe & Courage,

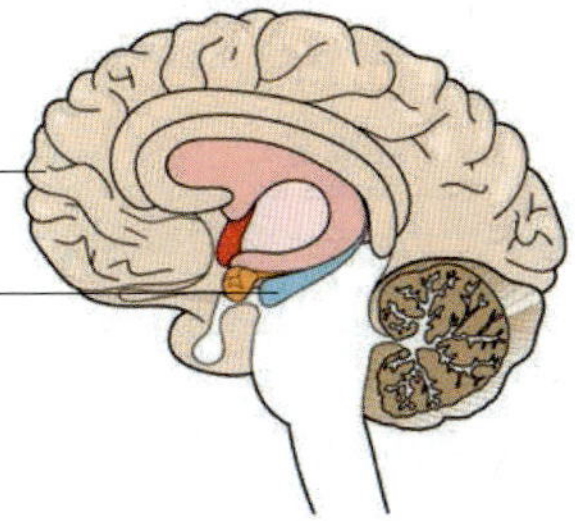

그림 8–5
영아기 명시적 기억발달에 관여하는 뇌의 해마와 전두엽

1993). 심지어 2~3세 사이 아동들 일부는 2년 전의 사건도 기억한다(Perris et al., 1990). 2세 아동이 장 보러 가는 어머니에게 과자를 사 오라고 요구하는 것에서 볼 수 있듯이, 이 시기에는 미래에 할 것을 의도적으로 기억해 내는 미래계획기억도 지닌다(Somerville et al., 1983).

미래계획기억
prospective memory
미래에 할 일을 기억하는 것

영아기 기억과 관련된 뇌의 주요 영역은 해마와 전두엽이다(그림 8–5). 생후 6~12개월 사이 해마와 전두엽의 성숙은 기억의 출현을 가능케 한다(Mullally & Maguire, 2014). 이후 1~2세 사이에도 뇌의 구조는 보다 성숙하고 연결성도 증가한다.

영아기 기억상실증

영아들도 기억을 상당히 잘하는데도 불구하고 성인들 대다수는 3세 이전의 기억을 거의 하지 못한다(Bauer & Dugan, 2020). 이를 영아기 기억상실증이라 한다. 연구들에 의하면, 3세에 겪은 사건에 대한 기억은 이미 학령기부터 상당 부분 사라지기 시작한다(Bauer & Larkina, 2014).

영아기 기억상실증
infantile amnesia
생의 첫 몇 년간의 기억을 거의 하지 못하는 것

성인이나 나이든 아동들이 영아기의 일들을 기억하는 데에 어려움을 겪는 이유가 무엇일까? 가능한 해석은 영아기 언어능력과 자아개념의 부족을 들 수 있다. 영아는 언어를 사용하지 못하므로 초기 기억들은 비언어적 코드로 저장되고, 이러한 기억은 나중에 언어사용자가 되면 인출할 수가 없다(Bauer & Dugan, 2020). 또 영아는 자신의 경험을 조직화하는 자아개념이 부족하기 때문에 당시의 기억은 나중에 잘 회상되지 못한다(Howe & Courage, 1997). 영아기 후반에 이르러 자아개념이 발달하면서 사건들은 보다 기억하기 쉬운 형태로 부호화되기 시작한다.

(2) 아동기 기억발달

생후 3년간 일어나는 기억발달도 현저하지만, 기억의 가장 주된 발달은 3~12세 사이에 일어난다(Schneider, & Pressley, 1989). 재인은 아동에게 여러 개의 사물을 보여주고 과거에 보았던 것과 처음 보는 것이 무엇인지 고르도록 함으로써 측정할 수 있다. 반면에 회상은 사물을 보여주지 않고 이전에 보았던 사물이 어떤 것이었는지를 설명하게 함으로써 측정할 수 있다.

유아기에는 재인이 회상보다 훨씬 앞서 발달한다. 또 유아는 자신이 흥미를 갖거나 일상생활과 관련된 사건일수록 더 잘 기억한다. 그러나 일상의 사건이라도 회상보다 재인을 더 잘한다. 재인과 회상 모두 유아기를 거치며 청소년기까지 꾸준히 향상한다. 아동기 전반에 걸친 기억발달은 기본능력, 기억책략 사용, 상위기억, 그리고 지식기반의 변화로 설명될 수 있다.

기본능력의 변화

장기기억은 연령에 따라 크게 변화하지는 않는다. 연령과 상관없이 아동의 장기기억 저장능력은 거의 무한해서 작업기억 용량보다 훨씬 크다. 그러나 작업기억 용량은 제한이 있고, 연령에 따라 증가한다. 아동은 나이가 들수록 작업기억에 정보를 더 오래, 더 많이 유지하면서 복잡한 정신 조작도 더 잘 수행한다. 즉, 연령에 따라 작업기억에서 처리되는 정보의 양과 처리속도가 모두 증가한다(Case, 1992; Pascual-Leone, 1987).

기억폭
memory span
작업기억 용량에 대한 측정치로, 한 번에 회상할 수 있는 의미 있는 단위의 개수

조작효율성 가설
operating efficiency hypothesis
아동이 나이가 들면서 정보를 더 빨리 효율적으로 처리할 수 있게 됨으로써 사용가능한 정신 공간이 증가한다는 가설

전통적으로 작업기억 용량은 기억폭 과제로 측정한다. 기억폭은 한 번에 회상할 수 있는 의미 있는 단위(digit)의 개수를 말한다. 이러한 단위로는 숫자, 단어가 있다. 따라서 기억폭 과제는 아동에게 일련의 숫자나 단어를 제시한 직후 아동이 이를 얼마나 정확하게 회상할 수 있는지를 잰다. 기억폭은 아동기 동안 꾸준히 증가한다. 그림 8-6에 제시된 바와 같이 평균적인 단순 기억폭은 2세에 2개, 5세에 4개, 7세에 5개 단위이며, 성인은 약 7~8개 단위다.

이러한 증가는 조작효율성 가설(Case, 1992)로 설명된다. 아동은 나이가 들수록 기억폭 내의 항목을 더 빨리 재인하고 인지적 조작도 더 능숙하게 수행할 수 있다. 어렸을 때는 시간과 노력을 많이 필요로 했던 과정도 나이가 들

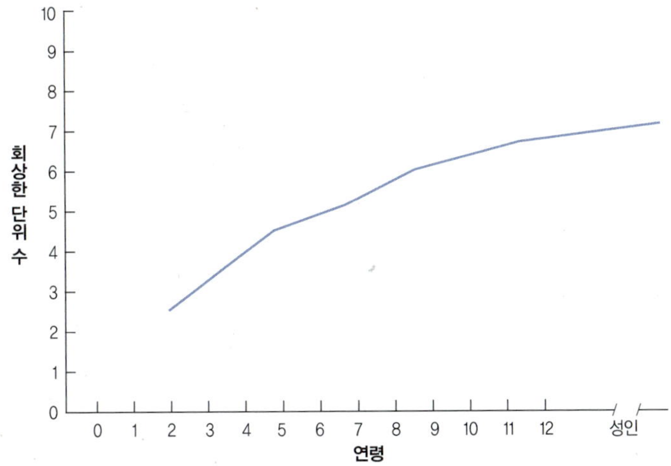

그림 8-6
연령에 따른 기억폭의 발달
출처: Dempster(1981)

면 자동화가 되고, 자동화가 됨에 따라 정보처리에 시간과 노력이 덜 들게 됨으로써 더 빠르고 효율적으로 해답에 도달할 수 있다. 조작 효율성의 증가는 뇌 신경체계의 성숙, 즉 뉴런의 수초화 및 시냅스 가지치기와 관련된다. 물론 경험도 중요한데, 연습과 경험이 쌓이면 기억해야 할 정보에 익숙해지고 인지적 조작도 더 빠르고 능숙하게 할 수 있다.

기억책략 사용의 발달

기억책략은 보다 효율적으로 기억을 하기 위해 의도적으로 사용하는 모든 책략을 말한다. 기억책략은 암송, 조직화, 정교화, 인출책략으로 구분된다.

기억책략
memory strategies
기억을 향상시키기 위해 의도적으로 사용하는 책략

- 암송: 기억했다고 생각될 때까지 정보를 언어적으로 되풀이해서 시연하는 것이다. 작업기억에 정보를 장기간 유지하도록 돕는 단순하지만 효과적인 책략이다. 암송의 사용은 학령기 동안 크게 발달한다. 아동에게 여러 개의 장난감을 보여주고 모두 기억하라고 하면, 3~4세 유아들은 장난감들을 주의 깊게 바라보고 종종 이름을 붙이기도 하지만 암송은 거의 하지 않는다. 반면 학령기 아동들은 자발적인 암송을 한다(Morey et al., 2018). 암송하는 방법도 연령에 따라 더 효율적이 된다. 아동에게 한 번에 하나씩 제시되는 단어 목록을 회상하도록 요구하면, 5~8세에는 대개 제시되는 하나의 단어만 암송한다. 그러나 12세에는 누적적 암송

암송
rehearsal
기억하려는 항목을 언어적으로 반복하는 기억책략

을 하곤 하는데, 이는 새로운 단어가 제시될 때마다 추가로 누적하면서 단어 집합을 반복하는 것이다. 그 결과, 단어를 하나씩 암송할 때보다 많은 단어를 기억할 수 있다.

조직화
organization
항목들을 공통된 특성에 따라 범주화하는 기억책략

- 조직화: 정보를 서로 비슷한 것들끼리 묶어서 몇 가지 범주로 만들어 기억하는 책략이다. 범주로 묶어서 저장했을 경우 나중에 인출할 때 범주 자체를 단서로 활용할 수도 있다. 9, 10세 이전에는 자발적으로 조직화하려는 시도를 거의 하지 않는다. 조직화 사용이 발달하는 데에는 사회적 환경이 중요하다. 예컨대 학교에서 교사의 지시로 범주화 연습을 했던 경험은 아동의 조직화 책략 사용을 향상시킨다(Moely et al., 1992). 또 부모가 아동과 함께 바둑, 카드놀이처럼 조직화 책략을 사용하는 게임을 자주 하고, 평소 계획적인 책략을 많이 사용하게 할수록 아동은 높은 수준의 조직화 책략을 사용하고 회상수행도 잘한다(Schneider & Pressley, 1989).

정교화
elaboration
항목에 무엇인가를 첨가하거나 의미 있는 관계를 만들어 기억하려는 책략

- 정교화: 관련이 없는 두 개 이상의 항목들에 임의로 어떤 공통된 의미를 부여하는 책략이다. 정교화의 자발적인 사용은 청소년기가 되기 전에는 거의 나타나지 않는다. 이렇게 뒤늦은 출현은 나이가 어릴수록 작업기억 용량과 지식의 한계로 인해 복잡한 정교화 책략을 사용하는 것 자체가 어렵기 때문이다. 반면에 청소년들은 더 많은 지식을 바탕으로 자극들의 연결방법을 더 잘 상상할 수 있다(Schneider & Pressley, 1989).

산출결여
production deficiency
자신이 알고 있는 기억책략을 자발적으로 생각해 내서 사용하지 못하는 것

이용결여
utilization deficiency
책략을 사용해도 기억수행에 도움이 되지 않는 것

효과적인 기억수행에는 적절한 책략의 사용이 요구된다. 어린 아동들은 나이든 아동들에 비해 산출결여와 이용결여를 많이 보인다. 산출결여는 자발적으로 책략을 산출하지 못하는 것이고, 이용결여는 자발적으로 책략을 사용해도 기억수행이 향상되지 않는 것이다. 이용결여는 어린 아동일수록 흔히 발견되지만 나이든 아동들에게서도 종종 나타난다(Miller, 1990).

기억책략 사용의 발달은 단순히 초기의 책략이 이후의 정교한 책략으로 대체되는 식의 단계적인 것이 아니다. 어린 아동들도 비록 단순하기는 하지만 책략을 사용할 수 있다. 모든 연령의 아동들이 자발적으로든 훈련에 의해서든 책략을 사용하여 사고하고 문제를 해결하고자 한다.

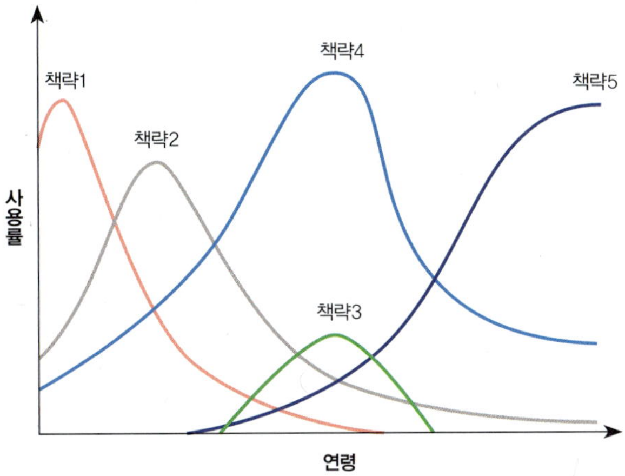

그림 8-7
Siegler의 적응적 책략 선택 모형
출처: Siegler(2000)

Siegler(2000)는 시간에 따른 아동의 책략발달을 설명하고자 **그림 8-7**과 같이 적응적 책략선택 모형을 제시했다. 이 모형은 아동이 다양한 책략들을 가지고 있고 이들 책략은 문제해결에 선택되기 위해 서로 경쟁한다고 가정한다. 과제의 특성과 인지적 목표에 따라 특정 책략이 선택되어 빈번하게 사용되는 반면, 덜 효과적인 다른 책략들은 덜 사용되면서 그 빈도가 점차 줄어든다. 따라서 책략발달은 단계가 아닌 일련의 중복되는 물결들로 도식화할 수 있다(**그림 8-7**).

적응적 책략선택 모형
adaptive strategy choice model
아동의 책략발달에 대한 Siegler의 모형으로, 여러 책략들이 공존하며 문제해결에 선택되기 위해 서로 경쟁한다고 가정함

이상에서 살펴본 암송, 조직화, 정교화는 장기기억에 정보를 저장하는 것과 관련된 책략이다. 반면에 인출책략은 저장된 기억으로부터 필요한 정보를 끄집어낼 때 사용하는 책략이다. 단순한 인출책략 사용의 예로는 기억나지 않아도 바로 포기하지 않고 인출하려는 노력을 지속하는 경우다. 보다 복잡한 인출책략은 단편적 기억, 일반적 지식, 추리력 간의 상호작용을 포함한다. 예를 들어, 부분적으로 생각나는 일을 추론으로 연결시키는 경우다. '시골 과수원에 사과꽃이 만개했던 게 기억나(단편적 기억). 사과꽃은 4, 5월경에 피니까 그건 봄에 일어난 일일 거야(추리, 일반 지식). 그러나 봄에 과수원 근처에 간 것은 2년 전 딱 한 번이기 때문에(단편적 기억) 그 일은 그해 봄에 일어났던 게 틀림없어(추리).'와 같이 기억을 추론하는 것이 가능하다. 복잡하고 정교한 인출책략을 사용하는 능력은 학령기와 청소년기에 걸쳐 발달한다.

인출책략
retrieval strategy
저장된 기억정보를 찾으려 할 때 사용하는 기억책략

상위기억의 발달

상위기억
metamemory
자신의 기억능력 및 기억의 영향요인에 대한 지식

상위인지
metacognition
자신의 인지과정에 대한 지식을 포괄적으로 일컫는 용어

상위기억은 상위인지의 하위 영역으로, 자신의 기억에 대한 지식을 말한다. 즉, 기억을 할 때 여러 기억 활동의 결과를 예측하고 활동 순서를 계획하며 활동을 추적 감시하는 것과 관련된 다양한 지식을 일컫는다.

상위기억은 개인, 과제, 책략에 대한 지식으로 구분할 수 있다(Flavell et al., 1993). 이 중 개인에 대한 지식은 자신과 타인의 기억능력에 대한 인식이다. 과제에 대한 지식은 과제의 분량과 친숙성, 과제 항목들간의 관계, 학습 상황에 대한 인식이다. 책략에 대한 지식은 특정 상황에 적절한 책략과 그 효율성에 대한 인식이다.

5, 6세가 되면 아동은 친숙한 항목이 낯선 항목보다, 그리고 짧은 목록이 긴 목록보다 학습하기 쉽다는 것을 안다. 또 재인이 회상보다 쉬우며 시간이 지날수록 망각하기 쉽다는 것을 깨닫는다. 그러나 상위기억에는 여전히 한계가 있어서, 관련된 항목들이 그렇지 않은 항목보다 기억하기 더 쉽다는 것을 알지 못한다. 또 이야기의 요점을 기억하는 것이 있는 그대로 기억하는 것보다 쉽다는 것을 이해하지 못한다. 게다가 자신의 기억능력을 과대평가하는 경향도 있다(Flavell et al., 1993).

학령기가 되면 책략에 대한 지식이 크게 증가한다. 이러한 지식은 기억책략의 효과적 사용을 돕고, 이는 다시 책략 사용에 대한 지식을 증가시킨다. 또 자신이 선택한 책략의 효율성을 감시하는 능력도 연령에 따라 향상한다. 나이 든 아동일수록 책략이 별 효과가 없다고 판단하면 다른 책략을 시도하고, 만약 효과가 있으면 그 책략을 더 집중학습한다. 이때는 긴 내용을 기억하기 위해서는 노력이 더 많이 필요하다는 것도 알고, 자신의 기억능력과 한계도 더 정확하게 평가할 수 있다.

상위기억은 기억수행과 중간 정도의 정적상관을 지닌다(Schneider & Pressley, 1989). 따라서 높은 상위기억이 항상 높은 회상을 보증하는 것은 아니다. 사실 기억수행과 가장 밀접하게 관련된 상위기억은 책략 그 자체에 대한 단순한 지식이 아니라 그 책략이 왜 기억수행을 높이는지에 대한 지식이다(Fabricius & Cavalier, 1989). 기억훈련 연구(Brown & Campione, 1990)에서도 아동에게 단순히 책략 사용을 가르치는 것만으로는 충분하지 않으며, 한 책략이 다른 책략보다 왜 더 좋은지, 언제 사용하는 것이 좋은지를 구체적으로 가르쳤을 때만 효과가 있었다.

지식기반의 증가

지식기반, 즉 어떤 주제에 대한 사전지식은 기억수행을 돕는다. 친숙한 정보는 더 쉽고 빠르게 부호화되고 처리되며 정보의 조직화, 저장, 인출에 모두 영향을 미쳐 기억을 향상시키기 때문이다(Bjorklund & Harnishfeger, 1990).

지식기반
knowledge base
대부분의 인지과제 수행에 영향을 미치는, 특정 분야에 대한 일반적인 배경 지식

Chi(1978)는 10세 아동들과 성인들에게 일련의 숫자와 사물(체스판의 말)의 위치를 기억하는 과제를 제시했다. 참가한 아동들은 숙련된 체스 선수들인데 비해 성인들은 체스를 둘 수는 있지만 전문가는 아니었다. 연구결과, 숫자기억 과제에서는 성인들의 수행이 높았으나, 위치기억 과제에서는 10세 아동들의 수행이 월등히 높았다. 이는 체스에 대한 지식이 많은 아동들은 말의 위치를 의미 있게 조직화하여 기억했던 반면 체스에 대한 지식이 부족한 성인은 말의 위치를 무선적 배열로 인식했기 때문이다. 이와 유사하게, 아동은 자신에게 친숙한 만화 속 인물과 게임에 대해서는 성인보다 잘 기억할 수 있다(Lindberg, 1980).

그러나 일반적으로 어린 아동은 초보자이고 나이 든 아동이나 성인은 숙달자다. 따라서 지식기반이 기억수행에 영향을 준다는 사실은 나이 든 아동들이 어린 아동들보다 관련 분야에 대한 지식이 더 많기 때문에 기억수행도 더 잘하는 것으로 해석할 수 있다.

3) 사건기억

우리가 기억하는 대부분은 사건에 대한 것이다. 사건기억이란 어떤 사건에 대한 장기기억이다. 아침에 무엇을 먹었는지, 지난 연말에 누구와 무엇을 했는지 등이 사건기억에 해당한다. 여기서는 아동의 사건기억 중에서 연구가 활발히 이루어졌던 스크립트 기억과 목격자 기억에 대해 살펴볼 것이다.

사건기억
event memory
사건에 대한 장기기억

(1) 스크립트 기억

스크립트
script
무슨 사건이 언제 일어났는지 순서대로 표상한 것으로, 반복되는 일상의 사건을 조직화하고 해석하는 데에 사용됨

사건을 스크립트 형태로 조직하여 기억하는 것을 스크립트 기억이라고 한다. 여기서 스크립트란 사건을 인과관계와 시간적 순서에 따라 조직한, 일종의 조직화된 도식을 말한다(Nelson, 1996).

유아기에 들어서면 스크립트 기억이 나타난다. 3~5세 아동들은 일상에서 반복되는 친숙한 사건일수록 특히 잘 기억하는데, 이들은 사건을 스크립트 형태로 조직할 수 있다. 즉, 특정 상황에서 무엇을 언제 어떻게 했는지 등을 인과관계와 순서대로 기억하고 말한다. 예를 들어, 3세 아동들은 마트에 가면 무엇을 어떻게 하는지 말할 수 있다. 다만 이 시기는 가장 중요한 부분은 이야기할 수 있지만, 세부적인 것은 잘 언급하지 못한다. 그러나 순서는 대체로 정확하게 말한다(Fivush et al., 1992).

유아는 아침에 일어나 세수를 하고 밥을 먹는 것 같은 일상의 경험들을 스크립트 형태로 기억할 수 있다. 나이가 들면서 스크립트 기억은 보다 구체적이고 정교해진다.

스크립트는 유아가 자신의 일상경험들을 조직화하고 해석하는 기본 틀이 된다. 그리고 친숙한 스크립트에 맞는 새로운 정보는 더 잘 회상된다. 연령이 증가하면서 스크립트 기억도 점차 정교해진다.

(2) 목격자 기억

아동의 장기기억과 관련하여 가장 많이 연구된 분야가 목격자 기억이다. 아동이 사건의 유일한 목격자일 때 그 증언의 정확성은 법정에서 주요 논쟁이 되곤 한다. 특히, 어린 아동의 목격자 증언은 비교적 최근에 이르러서야 그 법정 효력을 인정받기 시작했다(Pantell et al., 2017).

다른 사건기억과 마찬가지로, 특정 사건에 대한 아동의 목격자 기억도 나이가 들수록 향상한다. 학령기가 되면 이전 시기보다 자신이 목격한 사건을 더 정확하고 상세하게 묘사하고, 타인의 의도도 더 정확히 추론하며 면접관의 유도 질문에도 더 잘 저항할 수 있다(Roebers & Schneider, 2001).

암시성
suggestibility
타인의 암시(suggestions)로 인해 틀린 정보가 기억에 저장될 확률

그러나 어린 아동들은 성인 면접관의 암시나 유도 질문에 비교적 취약하다(Ceci et al., 2007). 이러한 취약성을 암시성이라고 하는데, 어린 아동일수록 반

복되는 암시를 받으면 잘못된 기억을 형성하기 쉽다. 물론 여기에는 개인차가 있다. 아주 적은 암시에도 영향받는 아동이 있는 반면 암시에 매우 저항적인 아동도 있다. 그간의 연구에 의하면, 이러한 개인차는 자아개념 및 부모 지지와 관련된다(Bruck & Melnyk, 2004).

어린 아동의 목격자 기억의 정확도는 암시성을 최소화하는 인터뷰 기법에 크게 의존한다.

중요한 점은 이러한 연령차와 개인차 요인과는 상관없이, 면접기술만으로도 어린 아동의 사건기억에 상당한 왜곡을 일으킬 수 있다는 것이다. 일반적으로 어린 아동이 나이든 아동보다 암시에 취약하기는 하지만, 이러한 취약성이 곧 기억 자체의 부정확성을 의미하지는 않는다.

어린 아동들도 사건에 대해 꽤 많은 부분을 정확히 회상할 수 있다. 회상을 요구받았을 때, 면접관이 중립적인 어조로 아동을 지지하는 태도를 보이고 유도적이거나 암시적인 질문을 하지 않는다면 어린 아동도 꽤 정확한 보고를 한다(Bruck & Melnyk, 2004). 또 면접관이 단답식 질문이 아니라 아동이 제공한 단서와 관련된 개방형 질문을 하면서 완전한 대답을 하도록 격려하는 것은 증언의 정확성을 크게 높인다(Saywitz et al., 2019). 따라서 목격자 증언의 정확성 여부는 아동이 경험한 면접기술에 달려있다고 할 수 있다.

4. 실행기능

Alexander R. Luria (1902~1977)

우리는 무슨 정보에 주의를 기울이고 어떠한 책략을 실행하여 정보를 처리하고 기억할지를 스스로 결정한다. 즉, 정보는 저절로 흘러가는 것이 아니라 우리가 이 모든 흐름을 능동적으로 통제한다. 다중저장모형(Atkinson & Shiffrin, 1968)의 통제과정과 Baddeley(1992)의 작업기억 개념에서 강조된 능동적인 정보처리는 오늘날 실행기능이라는 개념으로 활발히 연구되고 있다.

실행기능 연구의 역사는 러시아 심리학자 Alexander R. Luria(1962/1980)로 거슬러 올라간다. 그는 처음으로 인간의 뇌 전두엽이 자신의 행동을 계획, 감독, 조절하는 기능을 한다는 이론적 설명을 제시한 학자다. 또 그는 여러 과제를 고안하여 이러한 전두엽 기능이 4~7세 사이에 크게 향상한다는 것을 보여주었다.

1) 실행기능의 개념

실행기능
executive function
인지적 목표를 달성하기 위해 자신의 사고와 행동을 의도적으로 통제하고 조절하는 자기조절적 인지과정

전전두피질(전전두엽)
prefrontal cortex(*or* lobe)
전두피질(전두엽) 중에서 전운동피질 및 기타 운동영역을 제외한 앞쪽 부위로, 억제, 주의 등 고등 사고를 담당함

실행기능은 인지적 목표를 달성하기 위해 자신의 사고와 행동을 의도적으로 통제하고 조절하는 인기기술들을 포괄적으로 의미하는 용어다(Best & Miller, 2010). 실행기능과 유사한 개념으로는 자아통제, 자기조절, 의도적 통제, 유동지능 등이 있다.

실행기능은 뇌 전전두피질(전전두엽)의 목표지향적인 통제기능과 밀접히 관련된다. 한편, 성숙한 실행기능에는 전전두피질 내에서뿐 아니라 전전두피질과 다른 부위 간 기능적 통합이 필요하다(Zelazo, 2015). 이러한 신경학적 관련성으로 인해 실행기능은 인지신경기술로도 불린다. 실행기능에 포함된 인지기술에는 여러 가지가 있는데, 그중 대표적인 것이 억제, 작업기억, 인지적 융통성이다(Blair, 2016; Miyake et al., 2000). 참고로, 앞서 살펴본 작업기억은 오늘날 실행기능의 일부로 간주되곤 한다.

억제
inhibition
목표 추구나 과제수행과 무관한 자동적이고 우세한 반응을 의도적으로 억제하는 능력

인지적 융통성
cognitive flexibility
다양한 과제나 정신상태 간에 주의를 전환하여 사고하는 능력

- 억제: 목표 달성과 관련 없는, 자동적이고 우세한 반응을 의도적으로 억제하는 능력이다.
- 작업기억: 무엇에 주의를 기울일지 결정하고 정보처리 책략을 선택, 적용, 감독하는 등 정보를 효율적으로 처리하기 위한 능력과 관련된다.
- 인지적 융통성: 주의전환으로도 불린다. 필요할 때마다 다양한 정신활동 간에 융통성 있게 주의를 전환하며 사고하는 능력이다.

실행기능은 사고, 정서, 사회관계 등 발달의 여러 영역에서 목표지향적 행동의 통제에 관여함으로써 아동의 적응적 발달을 돕는다(Zelazo et al., 2016). 실

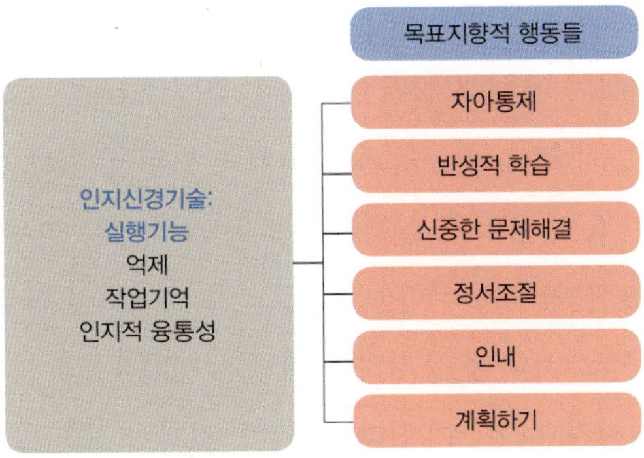

그림 8-8
실행기능이 요구되는 목표지향적 행동들의 예
출처: Zelazo 등(2016)

행기능이 요구되는 일상의 목표지향적 행동들로는 인내, 문제해결, 반성적 학습 등이 있다(그림 8-8). 기억과정만 하더라도 우리가 기억을 잘하려면 관련 없는 정보는 무시하고(억제), 언제 무엇에 주의를 기울일지 결정하고(작업기억), 다양한 측면에서 사고하는(인지적 융통성) 능력이 필요하다. 이처럼 실행기능은 여러 기능들 간의 조합을 통해 아동의 삶을 지원한다.

2) 실행기능의 발달

실행기능의 발달은 유아기와 학령초기 사이에 급격히 이루어지고 학령기와 청소년기에 동안에도 지속된다(Best & Miller, 2010). 특히, 유아기 실행기능의 빠른 발달은 어린 아동이 충동적으로 행동하지 않고 적절히 반응하도록 돕는다.

실행기능의 핵심 기술 중에서 억제의 경우 단순한 형태의 반응 억제는 1세 전에도 출현한다. 그러나 습관적인 우세반응을 억제하고 비우세반응을 실행하는 보다 복잡한 억제는 4~7세 사이에 크게 증가한다. 청기백기 놀이 같은 행동억제 놀이에서 보듯이, 4세 이전에는 대개 진행자의 말이 끝나기도 전에 깃발을 드는 등 습관적이고 빨리 반응하려는 충동을 억제하기 어려워한다. 그러나 7세가 되면 이러한 충동을 보다 쉽게 억제하고 사회자의 말을 다 듣고는 정확한 행동을 실행할 수 있다.

인지적 융통성도 유아기 동안 주요 발달이 이루어진다. 예를 들어, 색이나 모양에 따라 공을 분류하는 과제에서 분류기준을 중간에 계속 바꾸면 3세에는 어려워하지만 5세 이후에는 비교적 쉽게 해낸다(Carlson, 2005). 작업기억은 4세부터 청소년기까지 보다 점진적으로 발달한다(Baddeley, 2007).

이처럼 실행기능의 주요 기술들은 유아기에 모두 출현하고 이후 빠르게 조직화 된다. 억제는 특히 유아기 실행기능 발달의 토대를 이루며 목표지향적인 인지과정에서 중요한 역할을 한다(Garon et al., 2008). 어린 아동들은 환경의 방해에 취약하므로 방해자극을 무시하기 위한 억제가 가장 먼저 출현해야 문제해결 능력을 발달시켜 나갈 수 있다. 유아가 억제에 숙달될수록, 작업기억과 주의전환이 보다 복잡한 정보처리에 활용될 수 있다. 유아기 이후에도 실행기능은 학령기와 청소년기를 거치며 더욱 통합적인 체계를 이루어간다.

그동안 연구들은 유아기 실행기능 향상을 겨냥한 적절한 교육적 개입이 이후 학령기와 청소년기의 높은 학업성취, 언어 및 수학능력 등 학교성공으로 이어질 수 있다는 것을 보여주었다(Blair & Raver, 2015; Duncan et al., 2018). 반면에, 실행기능이 약한 유아들은 이후 주의력 문제, 낮은 학업성취, 우울 등 부정적 발달성과를 보이는 경우가 비교적 많았다(Zelazo & Müller, 2010). 다른 많은 인지능력과 마찬가지로, 실행기능의 발달도 경험에 의존한다. 아동이 어릴 때부터 문제해결을 반복연습하거나 관련 기술을 자주 사용하는 것은 실행기능의 향상을 돕는다.

3) 실행기능 과제

대부분의 실행기능 과제는 난이도 문제로 인해 같은 과제를 모든 연령층에 사용하기가 거의 불가능하다(Best & Miller, 2010). 나이든 아동이나 청소년에게 적합한 과제는 어린 아동에게는 지나치게 어렵기 때문이다. 따라서 연령에 적합한 과제를 사용해야 한다.

Luria의 실행기능 과제들(Luria et al., 1964)은 지금도 널리 사용되고 있다. 대표적인 예가 핸드게임이다(그림 8-9). 과제는 3~6세 아동의 행동 억제를 평가한다. 처음에 아동은 검사자가 제시한 손동작과 똑같이 따라하도록 격려받는다. 몇 번의 정확한 연습시행 후 검사시행에서 아동은 검사자의 손동작과 반

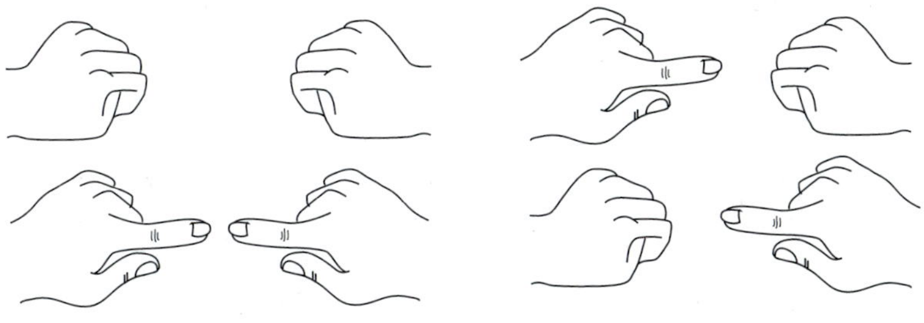

그림 8-9
Luria의 핸드게임
출처: Hughes와 Graham (2008)

대되는 손동작을 해야 한다. 예를 들어, 검사자가 가리키기를 하면 아동은 주먹을 쥐는 식이다.

표 8-1에 제시된 바와 같이, Luria 이후에도 연구자들은 어린 아동에게 적합

표 8-1 **아동 실행기능 과제의 예**

과제명	설명	대상 시기
A-not-B	Piaget의 연구에 기초한다. 영아가 물건을 장소 A에서 찾아내는 경험을 한 후 물건이 다른 장소 B로 옮겨지는 것을 보고 이를 찾도록 요구받는다.	영아기
핸드게임	Luria의 연구에 기초한다. 검사자가 제시하는 손동작(주먹 또는 가리키기)과 반대되는 손동작을 취해야 한다.	유아기
낮/밤 스트룹	Luria의 연구에 기초한다. 달과 별이 그려진 그림을 보면 "낮"이라고 말하고, 해가 그려진 그림을 보면 "밤"이라고 말해야 한다.	유아기, 학령초기
만족지연	검사자가 잠시 방을 나갔다 돌아올 때까지 아동이 기다리면 많은 양의 보상(예: 간식)을 얻지만, 기다리지 못하면 적은 양의 보상을 받는다.	유아기, 학령초기
차원변경카드분류 (DCCS)	색과 모양이 다양한 카드들을 한 차원(예: 모양)에 따라 분류한 후, 차원이 변경된다는 것을 듣고 새로운 차원(예: 색)에 따라 카드를 분류해야 한다.	유아기, 학령초기
숫자폭/단어폭	'차례로 따라하기'와 '거꾸로 따라하기'가 있다. 검사자가 1초에 하나씩 불러주는 일련의 숫자(또는 단어)를 순서대로 또는 거꾸로 따라 말해야 한다.	유아기 이후
하노이탑	같은 길이의 막대 3개와 서로 다른 크기의 원반 3개로 구성된다. 제시된 것과 동일하게 일련의 규칙에 따라 원반을 막대로 옮겨 탑을 쌓아야 한다.	유아기 이후
고-노고 (Go-NoGo)	Luria의 연구에 기초한다. Go 자극에 대해서만 특정 운동반응을 하고, No-Go 자극에 대해서는 반응하지 않아야 한다.	학령기
스트룹	색을 지칭하는 단어(예: 빨강)가 그 단어 내용과 일치하지 않는 색(예: 파란 잉크)으로 인쇄되었을 때 단어가 아닌 잉크색을 말해야 한다.	학령기 이후
플랭커 과제 (Flanker task)	표적자극과 주변의 수반자극들이 함께 제시되면 수반자극을 무시하고 표적자극이 가리키는 방향에 따라서만 반응해야 한다.	학령기 이후

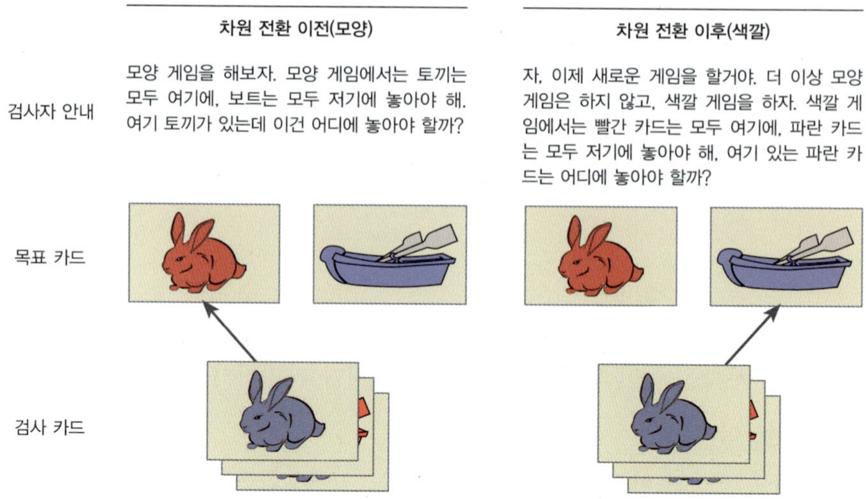

그림 8-10
차원변경카드분류 과제 (Dimensional Change Card Sort task)
출처: Zelazo(2006)

한 다양한 실행기능 과제들을 고안했다(Carlson, 2005). 그 예로 Zelazo(2006)의 차원변경카드분류과제(DCCS)가 있다(그림 8-10). 아동은 두 개의 차원(색, 모양)을 지닌 카드 더미를 제시받고, 처음에는 한 차원(예: 모양)에 따라 카드를 분류해야 한다(예: 파란 토끼-빨간 토끼). 이후 분류 차원이 다른 차원(예: 색)으로 변경된다는 것을 들으면 그에 따라 카드를 분류해야 한다(예: 파란 토끼-파란 배). 중간에 분류 규칙이 바뀜과 동시에 그 규칙과 상관없는 다른 차원은 무시해야 하므로 이 과제는 인지적 융통성과 억제를 모두 측정한다. 과제는 3~7세를 대상으로 하는데, 5세 이후에는 대다수가 과제에 성공한다.

정리해 봅시다

1. 전통적 다중저장모형과 현대의 수정된 모형이 제시하는 정보처리의 흐름을 비교해보자.
2. 주의의 발달과정을 설명해보자.
3. 효율적인 기억을 위한 기억책략들을 생각해보자.
4. 상위기억의 발달을 설명하고 실제 기억수행과의 관계를 생각해보자.
5. 실행기능의 개념과 그 발달적 의의를 설명해보자.

CHAPTER 9
지능발달

1. 지능이론
2. 지능의 측정
3. 지능의 예측력
4. 지능 개인차의 영향요인
5. 지능의 안정성과 변화가능성
6. 성인기 이후의 지능발달
7. 지능의 신경학적 기반
8. 창의성

09
지능발달

지능발달 연구는 유전과 환경의 역할, 경험에 의한 변화가능성 등 발달의 기본 속성에 대한 많은 중요한 문제들을 제기해왔다. 이 장에서는 지능의 개념과 측정 그리고 그 발달과정에 대해 살펴보도록 한다.

1. 지능이론

일반적으로 지능은 적응적인 사고와 행동을 의미한다(Bringuier, & Piaget, 1980). 그러나 지능을 구체적으로 정의하기는 쉽지 않다. 실제로 지능에 대한 학문적 정의는 다양한데, 그 이유는 이론에 따라 지능으로 간주하는 주요 속성이 다르기 때문이다. 다만, 많은 학자들이 지능을 정의함에 있어 추상적인 사고능력과 효과적인 문제해결 능력이 중요하게 고려되어야 한다는 점에 동의한다(Sternberg, 1991).

심리측정적 접근
psychometric approach
지능이 개인차를 반영한 특성들로 이루어졌다는 가정하에 표준화된 검사로 이를 측정할 수 있다고 보는 이론적 관점

1) 심리측정이론

20세기 이후 지능연구의 가장 주된 접근은 심리측정적 접근이다(Bjorklund &

Causey, 2018). 사고의 과정에 초점을 두는 Piaget 이론이나 Vygotsky 이론, 또는 정보처리이론과는 달리 심리측정접근은 사고의 결과물에 초점을 둔다. 즉, 아동이 얼마나 많은 그리고 얼마나 다양한 유형의 질문들에 정확히 답하는가가 관심의 대상이다.

심리측정 이론가들은 지능이 하나의 혹은 여러 정신요인의 세트로 이루어져 있다고 본다. 그리고 이러한 요인(들)에서의 개인차는 검사로 측정될 수 있다고 믿는다. 이러한 믿음에 따라 그동안 다수의 표준화된 지능검사를 개발해 왔다.

최초로 지능검사를 만든 심리학자는 프랑스의 Binet와 Simon이다. 이들은 1904년 프랑스 정부의 요청으로 아동의 연령별로 주의, 지각, 기억, 추리 등을 재는 검사들을 만들어 지능을 측정하고자 했다.

이후 여러 학자가 지능이 단일 속성인지, 혹은 여러 개의 속성으로 구성되는지를 밝히고자 요인분석이라는 통계기법을 사용했다. 요인분석은 수집된 자료가 동일한 요인(집합)으로 묶이는지를 검증하는 방법이다. 아동에게 여러 인지과제를 주고 그 수행을 분석하면, 하나의 요인으로 묶인 과제들의 수행은 서로 관련되지만 다른 요인으로 묶인 과제 수행과는 관련되지 않는다. 여기서 각 요인은 서로 구별되는 정신요인으로 간주된다.

요인분석
factor analysis
검사항목(요인)들 중에서 서로는 상관이 높지만 다른 항목들과는 상관이 낮은 항목들의 묶음을 찾아내는 통계적 분석방법

요인분석에 기초하여 영향력 있는 이론을 제시한 Spearman(1927)은 정신요인에는 일반요인과 특수요인이 있는데, 지능은 이 중 일반요인의 개념으로 설명될 수 있다고 보았다. 그리고 이를 일반지능 또는 "g"로 명명했다. g는 모든 유형의 인지과제 수행에 영향을 주는 일반적인 정신능력이다. 반면에, 특수요인은 특정 유형의 과제 수행과만 관련되므로 지능의 포괄적 속성을 이해하는 데에는 별 쓸모가 없다고 보았다. 따라서 Spearman에 의하면, 지능은 g라는 단일 속성으로 설명된다. 실제로 한 개인이 서로 다른 과제에서 나타내는 지적 능력은 대체로 유사하다. 똑똑한 아동은 언제 어디서나 무엇을 하건 거의 항상 우수한 수행을 보이고, 그렇지 않은 아동은 일관되게 낮은 수행을 보인다. 이러한 현상은 g의 존재를 증명한다.

g
Spearman's g 또는 일반지능(general intelligence)으로도 불림. 심리측정접근에서 지능이 g라는 하나의 단일요인으로 설명될 수 있다는 개념임

이와 달리, 지능이 서로 다른 정신요인들로 구성된다고 제안한 이론가도 있다. Thurstone과 Thurstone(1941)은 지능이 공간지각, 지각속도, 단어이해, 단

어 유창성, 수리, 기억, 추론이라는 7개 요인으로 구성된다고 보고, 이 요인들을 기본정신능력이라고 불렀다. 또 Guilford(1967)는 지능의 구조를 내용, 조작, 결과의 3차원으로 구분하여, 지능이 6개의 내용, 5개의 조작, 6개의 산물의 결합으로 나타나는 180개의 기본정신능력들로 구성되어 있다는 지능구조 모형을 제시했다.

이후 Cattell(1963, 1971)은 지능이 유동지능과 결정지능이라는 2개 요인으로 이루어진다고 보았다. 유동지능은 생물학적 기반을 지니며, 과거에 학습한 적이 없는 새롭고 추상적인 문제를 해결하는 지적 능력이다. 기억폭, 처리속도, 공간적 사고를 재는 과제들의 수행이 이와 관련된다. 이에 비해 결정지능은 문화와 학습의 영향을 받는 지능으로 어휘, 언어이해, 연산 과제의 수행과 관련된다.

보다 최근의 심리측정접근에서는 지능이 일종의 위계적 모형으로 설명될 수 있다고 가정한다. 지능의 위계모형에 따르면 지능에는 일반요인과 특수요인이 있는데, 특수요인은 여러 개가 있고 이들은 서로 관련되어 있으면서 최상위 수준의 일반요인인 g의 영향을 받는다. 지능 위계모형의 대표적인 예는 Carroll(1993)의 삼층이론이다(그림 9-1). 이 이론에 의하면, 지능의 구조에서 가장 꼭대기인 삼차 층위에 있는 일반지능(g)이 이차 층위에 있는 8개의 넓은(broad) 능력에 영향을 미치고, 이 넓은 능력들은 다시 일차 층위에 있는 수십 개의 좁은(narrow), 특수한 능력들에 영향을 미친다. Carroll의 이론은 일반요인과 특수요인을 모두 포함하지만, 일부 학자들은 심리측정접근이 지능의 광범위하고 포괄적인 속성을 이해하기에는 적절하지 않다고 주장했다.

기본정신능력
primary mental ability
Thustone이 지능구조를 이룬다고 본 7개의 정신능력

지능구조모형
structure of intellect model
Guilford의 모형으로, 지능에는 180개의 정신능력이 있다고 가정함

유동지능
fluid intelligence
생물학적으로 결정되고 문화와 학습의 영향을 거의 받지 않는 지적 능력

결정지능
crystallized intelligence
문화와 학습경험의 영향을 받는 지적 능력

지능의 위계모형
hierarchical model of intelligence
지능이 위계적인 구조로 되어 있다는 이론적 모형으로, 위계의 최상층에 넓은(broad) 일반요인이 있고, 그 아래에 여러 개의 좁은(narrow) 특수요인들이 있다고 가정함

지능의 삼층이론
three-stratum theory of intelligence
Carroll이 제시한 지능의 위계모형으로, 위계의 최상위인 삼차 층위에 g가 있고, 그 아래인 이차 층위에 8개의 넓은(broad) 능력이, 그리고 일차 층위에는 그 하위요인인 여러 좁은(narrow) 능력이 있다고 봄

2) Sternberg의 삼두이론

정보처리접근은 지능을 인지과정으로 바라본다. 앞서 심리측정접근이 인지내용, 즉 아동이 이미 알고 있는 것에 초점을 두는 것에 비해 정보처리접근은 처리속도, 실행기능, 상위인지와 같은 인지과정의 개인차에 관심을 둔다.

Sternberg(1985)는 전통적 심리측정검사에서 다루어지는 지능의 개념과 범

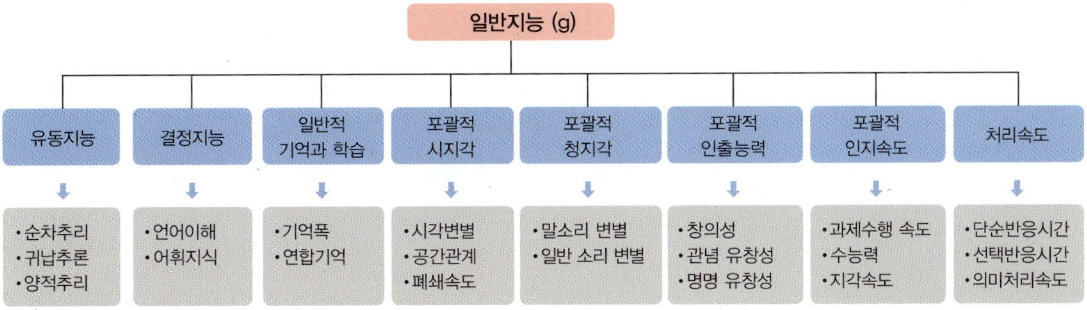

그림 9-1
Carroll(1993)의 삼층이론에서 가정된 지능의 위계구조
출처: Carroll(1993)

위가 협소하다고 비판하며 정보처리접근에 기초한 삼두이론을 제시했다. 이 이론은 지능의 세 가지 측면으로 맥락, 경험, 정보처리기술을 강조한다(그림 9-2). 보다 최근에 Sternberg(1999, 2003)는 자신의 이론을 성공지능이론(theory of successful intelligence)으로 명명하고, 개인 삶에서의 성공은 이러한 지능의 세 가지 측면에 달려있다고 주장했다.

삼두이론
triarchic theory
Sternberg가 제시한 지능의 정보처리이론으로, IQ 검사로 잘 포착되지 않는 지능의 세 가지 측면인 행동 맥락, 검사와 관련된 개인의 경험, 과제에 적용하는 개인의 정보처리기술을 강조함

삼두이론에서 강조되는 지능의 첫 번째 측면은 맥락으로, 지능은 행동이 발휘되는 맥락(예: 문화, 시대, 연령)에서 평가되어야 한다는 것이다. 이러한 측면은 일상의 문제해결과 관련되므로 실용적 지능을 반영한다. 두 번째 측면은 경험으로, 검사문항에 대한 개인의 경험이 수행을 결정한다는 것이다. 우수한 수준의 경험을 가진 사람은 새로운 아이디어를 생성하고 자동화된 처리로 문제를 해결하는 데 뛰어나므로 창의적 지능이 높다. 세 번째 측면인 정보처리기술은 개인이 과제에 어떻게 접근하는지와 관련된다. Sternberg(2003)는 정보처리 기술을 지능의 근간으로 보고, 이것이 뛰어난 사람은 문제를 면밀히 분석하여 다른 사람들이 못 보는 해결책을 생각해 낼 수 있다는 점에서 분석

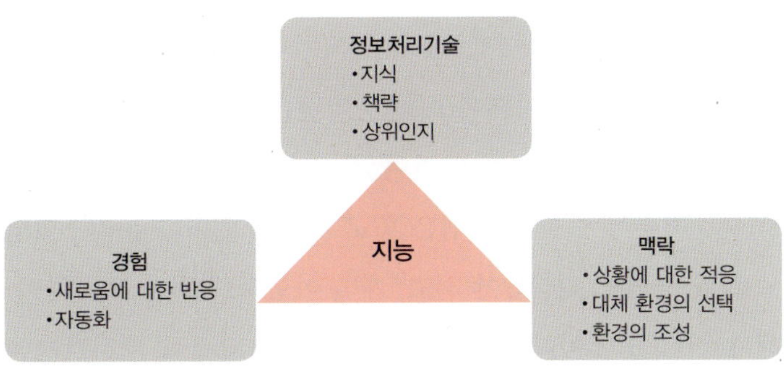

그림 9-2
Sternberg의 삼두이론

적 지능이 높다고 보았다.

Sternberg가 제안한 지능의 세 측면은 서로 긴밀히 상호작용한다. 정보처리기술은 아동의 과제 친숙도에 따라 다르게 작용할 수 있으며, 지능의 각 측면은 적용되는 맥락에 따라 다르게 평가될 수 있다.

다중지능이론
multiple intelligence theory
Gardner의 이론으로, 인간은 9개의 서로 다른 유형의 지능을 보이는데 이들 중 여러 개는 IQ 검사로 측정되지 않는다고 봄

3) Gardner의 다중지능이론

오늘날 많은 학자들이 지능의 광범위한 측면을 하나의 단일 검사로 포착하기는 불가능하다는 데에 동의한다. 전통적인 심리측정검사는 언어, 수리, 공간능력을 측정하지만, 창의성, 사회적 이해, 자신의 장단점에 대한 지식 등 지능의 또 다른 본질적 측면들은 다루지 않는다.

이러한 인식을 바탕으로 Gardner(1983, 1999)는 지능에 대한 대안적 접근을 시도하였다. 그는 지능이 하나가 아닌 여러 독립된 측면들로 이루어진다고 제안하며 자신의 이론을 다중지능이론으로 명명했다. 그 이론적 가정은 지능에는 하나가 아닌 여러 개의 서로 다른 지능들이 있다는 것이다. 여기서 이 여러 지능들은 일반지능(g)의 영향을 받는 하위요인들이 아니라 각각이 뇌의 특정 부위와 연결된 독립적인 지능이다. 다중지능이론에서 구분하고 있는 9가지 지능은 표 9-1과 같다.

Gardner에 의하면, 아동은 여러 개의 서로 다른 지능을 지닐 수 있다. 예를 들어, 발레 연습을 하는 이 아동은 자신의 신체운동지능을 발달시켜 나갈 것이다.

그러나 Gardner의 이론을 비판하는 학자들은 각 지능의 독립성에 의문을 제기한다. 실제로 특정 분야에서 탁월한 개인들은 여러 분야에서 동시에 탁월한 경우가 많다(Goldsmith, 2000). 또 독립적이라고 가정된 Gardner의 지능들이 어떤 공통성을 가지는 것으로 발견되기도 한다(Visser et al., 2006).

다중지능이론에 대한 증거들은 비교적 약하지만, 이 이론은 지능의 개념을 확장하여 지능의 다양한 특성을 부각시켰다는 의의를 지닌다. 이론이 주는 시사점은 학교 교육이 언어나 논리수학만이 아니라 다른 유형의 능력도 격려해야 하고, 개별 아동의 강점을 포착하여 이를 더욱 강화해야 한다는 것이다. 이러한 강조가 주는 낙관적 메시지는 다중지능

표 9-1 Gardner의 다중지능이론에 제시된 9가지 지능

지능의 유형	정의
언어 지능	단어를 이해하고 적절히 사용하며 의미를 전달하는 능력
논리수학 지능	행동, 사물, 개념 간의 관계를 이해하고 논리수학적인 조작을 하는 능력
공간 지능	사물을 정확히 지각하고 사물의 변형 전과 후의 모습을 정신적으로 이미지화하는 능력
음악 지능	음의 고저, 리듬, 음색, 멜로디의 다양성을 이해하고 만들어내는 능력
신체운동 지능	자신을 표현하거나 목표달성을 위해 신체를 효과적으로 사용하는 능력
대인 간 지능	타인의 감정, 의도, 동기를 식별하고 효과적으로 상호작용하는 능력
개인 내 지능	자신의 정서를 이해하고 장점과 약점을 아는 능력
자연주의자 지능	자연환경을 이해하고 자연 속 유기체와 영향을 주고받는 요인들을 이해하는 능력
영적 지능	삶의 의미, 죽음과 인간존재에 관련된 문제를 고려하는 능력

이론이 교육 분야에서 특히 영향력 있는 이론으로 자리매김하는 데에 기여했다(Bjorklund & Causey, 2018).

2. 지능의 측정

지능검사는 오늘날 대다수 아동이 고등학교를 졸업하기 전에 한 번쯤 수행할 만큼 보편적이다. 학교에서 집단 지필검사로 진행되는 검사도 흔하지만 가장 신뢰할 수 있는 검사는 검사자와 피검사자가 일대일로 마주하여 1시간 이상에 걸쳐 집중적으로 실시하는 개인 검사다.

1) 지능검사

지능검사는 그동안 많은 변화를 거듭해왔다. 오늘날 전 세계적으로 널리 사용되는 지능검사는 스탠포드-비네 검사와 웩슬러 검사다. 두 검사 모두 숙련된 전문가에 의해 실시되는 개인 검사로 표준화가 매우 잘 이루어진 검사들이다. 표준화 검사란 모집단을 대표하는 큰 표본으로부터 얻어진 점수자료를 바탕으로 검사 실시와 채점에 대한 표준화된 규준이 마련된 검사를 말한다. 이러한 전통적 심리측정검사 외에도 새로운 접근에 기초한 검사들도 끊임없이 개발되고 있다.

표준화 검사
standardized test
검사 실시와 채점에서 표준화된 절차와 규준이 마련된 검사로 개인의 수행을 또래와 비교하게 해줌

(1) 스탠포드-비네 검사

1916년 미국 스탠포드 대학의 Lewis Terman이 프랑스의 Binet와 Simon 검사를 미국에서 표준화하여 스탠포드-비네 검사(Stanford-Binet test)를 개발했다. 그는 검사 수행을 지능지수(IQ)라는 용어로 기술했는데, 당시에 IQ는 정신연령과 생활연령의 비율로 계산되었다. 이 비율은 개인의 정신연령을 생활연령으로 나눈 후 100을 곱한 값이다.

IQ
intelligence quotient
지능지수. 지능검사에서 개인의 수행을 다른 피검자의 수행과 비교하여 점수로 나타낸 측정치

$$IQ = MA / CA \times 100$$

여기서 정신연령(mental age, MA)은 연령별로 절반이 넘는 아동들이 풀 수 있는 문제의 수준을 반영한 지적발달의 측정치다. 생활연령(chronological age, CA)은 생년월일 기준의 실제 연령이다. 이 공식에 의하면 정신연령과 생활연령이 같으면 IQ가 100이 된다. 즉, IQ 100은 모든 연령에서 평균 지능을 의미한다.

정신연령
mental age(MA)
각 연령에 해당하는 아동이 풀 수 있는 연령별 문제 수준을 반영한 지적발달의 측정치

편차 IQ
deviation IQ
한 개인의 수행을 또래들과 비교하여 나타낸 지능지수

그러나 이 계산법은 많은 비판을 받았다. 예를 들어, 5세 아동의 정신연령이 6세라면 IQ가 120이지만, 10세 아동이 IQ 120이 되려면 12세의 정신연령을 지녀야 한다는 문제가 있다. 따라서 이후에 개정된 검사에서는 정신연령의 개념을 버리고 편차 IQ를 채택하였다. 현대의 지능검사들은 정신연령 개념이

아닌 편차 IQ를 사용한다. 편차 IQ에서는 아동의 수행이 또래들과 비교되고, 다른 연령의 아동들과는 비교되지 않는다.

스탠포드-비네 검사는 주기적인 개정이 이루어져 왔고, 그 개정판은 지금도 널리 사용되고 있다. 개정판의 검사 규준은 다양한 사회계층과 문화적 배경의 아동과 성인 표본에 기초하고 있다. 미국에서 2003년에 개정된 스탠포드-비네 검사 5판은 언어적, 비언어적 측면과 함께 유동지능, 결정지능, 수리지식, 시각처리, 단기기억의 5개 요인을 측정한다. 검사문항은 매우 쉬운 것부터 매우 어려운 것까지 난이도가 분포되어 있고, 대상 연령은 2세부터 85세까지다.

검사 규준
test norms
검사의 평균적 수행에 대한 기준으로, 대표성 있는 큰 표본자료로부터 산출된 점수에 기초함

(2) 웩슬러 검사

미국의 David Wechsler가 만든 아동용 검사는 두 개의 버전이 있는데, 하나는 6~16세를 대상으로 하는 웩슬러 아동지능검사(Wechsler Intelligence Scale for Children, WISC)고, 다른 하나는 2~7세 대상의 웩슬러 유아지능검사(Wechsler Preschool and Primary Scale of Intelligence, WPPSI)다. WISC는 1949년에, WPPSI는 1967년에 처음 개발되었다. 두 검사 모두 주기적인 개정이 이루어졌고, 그 개정판은 국내에서도 표준화되었다.

WISC는 가장 대표적인 아동용 지능검사 중 하나다. 미국에서 2014년에 개정된 5판(WISC-5)은 앞서 소개한 Carroll의 삼층이론에 기초한다(Wechsler, 2014). WISC-5는 전체 IQ와 함께 5개의 기본능력 점수(언어이해, 시공간, 유동추론, 작업기억, 처리속도)를 제공한다. 검사는 총 16개의 언어적·비언어적 소검사를 포함하고 있다. 검사에서 사용되는 것과 유사한 문항들은 **그림 9-3**과 같다. 검사 결과를 해석할 때에는 전체 IQ뿐 아니라 5개 기본능력 지표의 점수를 토대로 각 아동의 수행패턴을 종합적으로 평가하는 것이 중요하다. 이러한 평가를 통해 아동 개인의 지적 강점과 약점, 혹은 학습문제나 신경학적 문제에 대한 신호를 발견할 수 있다.

언어적 문항

어휘 자동차란 무엇인가?
공통성 사과와 포도는 서로 무엇이 비슷한가?
이해 경찰이 필요한 이유는 무엇인가?

비언어적 문항

토막짜기 블록 4개로 다음의 그림을 만드시오.

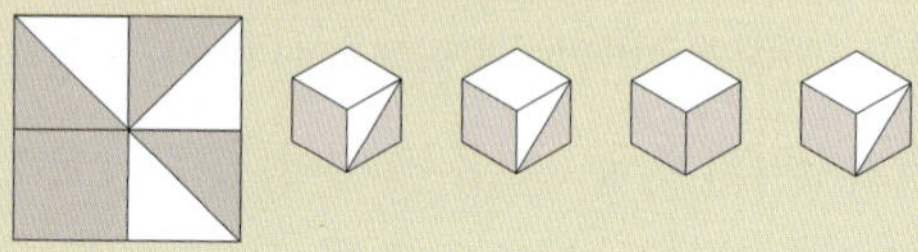

그림 9-3
WISC-5 문항과 유사한 문항 예시

(3) 새로운 접근의 검사

심리측정접근에 기초한 지능검사는 오늘날에도 가장 널리 사용되고 있지만, 정보처리이론과 신경심리학적 접근에 기초한 새로운 검사들도 꾸준히 개발되고 있다. 이들 새로운 검사는 전통적 지능검사에서 간과된 인지능력에 초점을 두고 새로운 문제해결능력을 측정하고자 한다.

그 예로, 카우프만 아동용 지능검사(Kaufman Assessment Battery for Children, K-ABC)는 Kaufman과 Kaufman이 1983년에 처음 개발한 지능검사로 인지발달에 대한 정보처리 관점에 기초한다. 검사는 3~18세 아동의 정보처리기술과 문제해결 능력을 측정하는 비언어적 내용으로 되어 있고, 주로 Cattell과 Horn이 제안한 유동지능을 측정한다(Kaufman & Kaufman, 1983). 이 외에도 종합인지기능진단검사(Cognitive Assessment System, CAS)가 있다. CAS는 5~17세를 대상으로 계획하기, 주의, 동시처리, 순차처리 능력을 측정한다(Naglieri & Das, 1997). 검사는 특히 학습장애나 주의력 문제를 지닌 아동들을 위한 개입 방법을 선택하고 그 효과를 평가하기에 유용한 도구로 알려져 있다(Sparrow & Davis, 2000).

2) 영아 검사

앞서 살펴본 지능검사는 언어기술과 주의력을 요구하기 때문에 영아들에게는 사용할 수가 없다. 3세 이하의 지능은 주로 발달과업의 달성을 기준으로 측정된다. 오늘날 가장 널리 사용되는 검사는 Bayley가 개발한 베일리 척도(Bayley Scales)다. 이 척도는 1969년에 처음 개발되었다.

베일리 척도는 IQ 대신 DQ(developmental quotient)를 산출한다. 2019년에 개정된 BSID-4(Bayley Scales of Infant and Toddler Development; Bayley & Aylward, 2019)는 0~42개월 영아를 대상으로 하며, 5개의 하위척도(인지, 언어, 운동, 사회정서, 적응행동)로 구성되어 있다. 모든 검사문항에 대한 점수를 합한 후 표준점수로 변환하여 DQ가 산출되는데, DQ는 개별 영아의 수행이 또래집단에 비해 얼마나 높은지, 혹은 낮은지를 알려준다.

DQ
developmental quotient
발달지수. 발달시간표상에서 영아의 수행을 또래의 수행과 비교해서 점수화한 측정치

베일리 척도는 발달규준을 참조하여 영아가 발달지연 문제를 보이는지 발견할 수 있는 발달선별검사의 역할을 한다는 점에서 유용하다. 그러나 이러한 영아 검사가 과연 IQ 검사와 동일한 능력을 측정하는가에 대해서는 논란이 있다. 이러한 논란에 대해서는 이후 지능의 안정성과 관련하여 살펴볼 것이다.

훈련된 검사자가 1세 영아에게 베일리 검사를 실시하는 모습. 일반적인 지능검사가 언어적 추론, 개념, 문제해결 등을 측정하는 것과는 달리, 영아 검사는 지각과 운동 반응을 측정한다.
출처: Berk(2019)

3) 지능지수(IQ)의 분포

스탠포드-비네 검사나 웩슬러 검사와 같은 현대의 지능검사는 편차 IQ 개념에 기초하여 IQ가 특정 통계적 속성을 갖춘 정상분포를 따르도록 만들어진다. 즉, 지능을 측정한다고 간주되는 일련의 하위 검사가 정해지면, 검사 개발자는 각 연령집단마다 개인의 상대적 위치를 잘 구별해줄 수 있는 문항들로 하위 검사를 만든다. 예를 들어, 어떤 5세 아동 개인의 지능 수준을 잘 구별해 줄 수 있는 문항은 또래의 절반은 맞추고 나머지 절반은 틀리는 문항일 것이다. 만약 너무 많은 5세 아동들이 답을 맞히거나 틀린다면, 누가 똑똑하고 누가 아닌지 구별하기 어렵기 때문이다.

정상분포
normal distribution
모집단 특성의 변량을 나타내는 종 모양의 대칭적 분포로, 평균 범위에 대다수 사람들이 속해 있고 분포의 양극단에 속하는 사람들은 비교적 적음

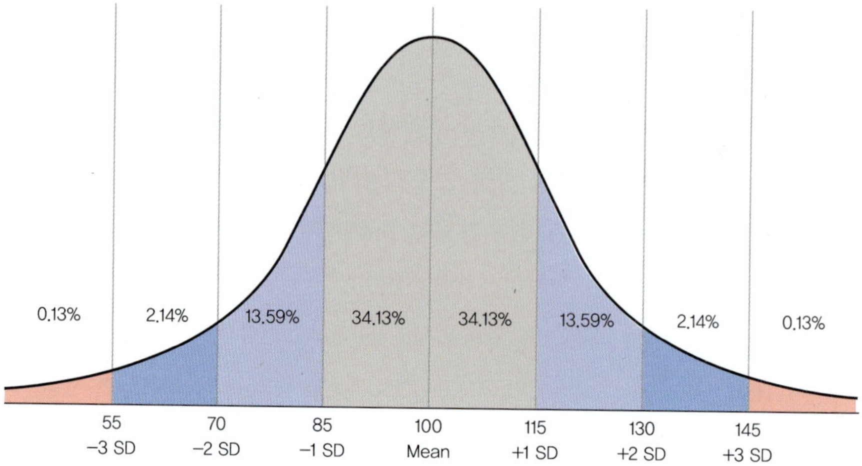

그림 9-4
IQ의 정상분포

그림 9-4와 같이, 지능의 이론적 분포는 IQ의 평균이 100이고 표준편차(SD)가 15인 정상분포를 따른다. 이 분포에서는 IQ 85~115 범위에 약 68%의 점수가 분포한다. 만약 한 5세 아동의 IQ가 130이라면 이는 또래들 중에서 상위 2%에 해당하는 점수다. 이러한 해석은 다른 연령에도 똑같이 적용된다. 따라서 누군가의 IQ를 안다는 것은 곧 그 아동이 모집단(또래 전체)의 IQ 분포에서 상대적으로 어느 위치에 있는가를 쉽게 파악하게 해준다.

3. 지능의 예측력

IQ 점수는 이후에도 아동이 학교와 사회에서 얼마나 성공적으로 잘 살아갈지 예측할 수 있을까? 그동안 많은 연구가 아동의 IQ가 이후의 학업성취, 심리사회적 적응, 직업적 성공을 예측한다는 것을 보여주었다.

IQ 점수는 그 당시뿐 아니라 여러 해가 지난 후에도 학교성적이나 성취 수준을 예측한다(Geary, 2005). 이에 대해, IQ 검사로 측정된 정신능력이 일반지능(g)을 반영하며 이러한 정신능력은 학업성취에 꼭 필요한 능력이기 때문이라는 견해가 있다(Jensen, 1998). 그러나 학업성취에는 IQ 외에도 학습 동기나 사회적 기술 등 다른 여러 특성들도 관여할 수 있다(Sternberg, 2003). 따라서 높은 상관이 곧 IQ가 학업성취를 전부 설명한다는 의미는 아니다.

IQ는 직업적 성공도 예측한다. 현대사회에서 직업적 성공은 주로 경제력, 사회적 지위와 관련된다. 상위 수준의 직업군에 있는 사람들은 IQ가 높은 경우가 많다(Brody, 1992). 심지어 같은 직업군(예: 변호사 집단) 내에서 같은 학력을 가진 사람들도 IQ가 높을수록 우수한 수행을 보인다(Schmidt & Hunter, 2004). 더 나아가 IQ는 긴 수명도 예측한다(Deary, 2012). 즉, IQ가 높은 사람들은 장수하는 경향이 있는데, 이는 아마도 그들이 건강에 관심이 많아서 흡연이나 음주를 덜 하고 건강에 좋은 음식을 섭취하는 경향이 크기 때문일 수 있다.

4. 지능 개인차의 영향요인

왜 어떤 아동은 다른 또래보다 똑똑해 보일까? 지능의 개인차가 유전과 환경 중 무엇에 주로 기인하는가는 발달심리학에서 가장 오래되고 격렬한 논쟁 중 하나다. 논쟁은 지금도 지속되지만, 오늘날 많은 학자들은 유전과 환경 둘 다 중요하다는 데에 동의한다.

1) 유전

지능의 개인차에 미치는 유전의 영향은 가족 구성원들의 지능 간 상관을 분석한 친족연구 결과에서 찾아볼 수 있다. 만약 유전이 지능에 미치는 영향이 크다면, 가족 간 유전 유사도가 높을수록 지능 유사도도 높아야 한다. 같은 시기에 태어나 자라는 쌍생아 중에서 일란성 쌍생아는 유전적으로 100% 동일하고, 이란성 쌍생아는 형제자매처럼 50% 정도의 유사도를 지닌다.

친족연구
kinship studies
복잡한 발달특성에서 유전의 영향력을 추정하기 위해 가족 구성원들의 특성을 비교하는 연구

그림 9-5는 쌍생아 5만 쌍을 포함한 친족연구 100개 이상의 결과를 요약한

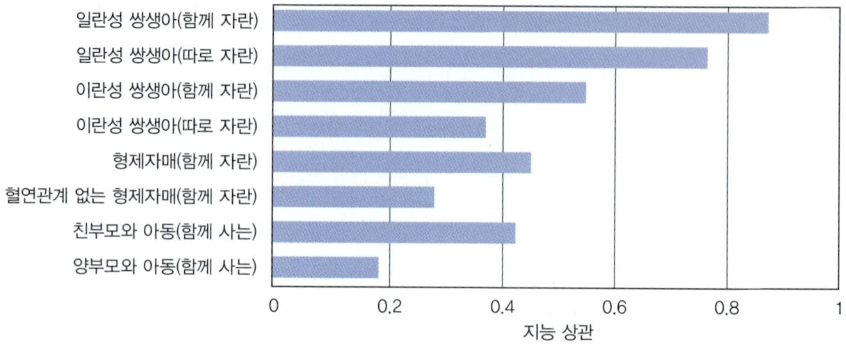

그림 9-5
친족 간 지능지수 상관
출처: Scarr(1997)

것이다(Bouchard & McGue, 1981; Scarr, 1997). 일란성 쌍생아의 IQ 상관이 이란성 쌍생아의 경우보다 높은 것은 물론이고, 심지어 다른 가정에서 따로 자란 일란성 쌍생아의 IQ 상관도 한 가정에서 함께 자란 이란성 쌍생아보다 높은 것을 알 수 있다. 또 아동이 생물학적 친부모와 지니는 IQ 상관도 양부모와의 상관보다 크다. 이러한 결과는 지능발달에서 유전 영향력을 보여준다.

2) 환경

지능발달에는 환경도 중요한 역할을 한다. 환경 영향력에 대한 대표적 증거 중 하나는, 그동안 전 세계 많은 나라에서 사람들의 평균 IQ가 계속 높아졌다는 사실이다(Flynn, 1987). 즉, 불과 한 세대만에 집단의 평균 IQ가 10~20점씩 상승했다(Flynn & Weiss, 2007). 더욱 놀랍게도 생물학적 기반이 강한 유동지능의 증가폭이 더 컸다. 이러한 현상은 이를 최초로 발견한 심리학자 James Flynn의 이름을 따서 플린 효과로 불린다. 한 세대라는 시간은 결코 인간의 유전적 진화가 일어날 수 없는 시간이므로, 이러한 IQ의 상승은 사회적 환경 변화와 관련된 것으로 추정되었다.

플린 효과
Flynn effect
20세기에 관찰된 IQ 점수의 체계적 증가

또 지능에는 사회환경뿐 아니라 가정환경도 영향을 미친다. 예를 들어, 부모가 아동과 자주 의사소통하고 지적 자극을 풍부하게 제공하는 가정환경에서 자란 아동들은 그렇지 않은 아동들보다 높은 IQ를 지니는 경향이 있다(Nisbett et al., 2012). 환경 영향력에 대한 또 다른 증거는 교육적 개입의 효과에서도 찾아볼 수 있다. 특히 조기 개입, 즉 유아교육 경험은 경제적 어려움으로 인한 지능발달에서의 불이익을 효과적으로 예방할 수 있다(Gallinsky, 2006).

이처럼 지능에 미치는 유전적 영향과 환경적 영향에 관한 증거는 모두 강력하다. 그러나 모든 발달이 그러하듯 지능발달에서도 유전과 환경은 서로 분리될 수 없다(Gottlieb, 2007). 중요한 질문은 유전과 환경이 어떻게 서로 상호작용하여 지능발달에 공헌하는가일 것이다.

5. 지능의 안정성과 변화가능성

과거에는 개인의 IQ가 타고난 것이라 시간이 흘러도 잘 변하지 않는다는 견해가 지배적이었다. 그러나 오늘날 많은 학자들은 IQ가 특정 시기에서의 지적 수행에 대한 측정치일 뿐이며 개인의 지적 역량을 항상 잘 대표하는 것은 아니라는 의견에 동의한다.

1) 지능의 안정성

지능의 안정성(stability)은 시간이 흘러도 개인의 지능이 상대적으로 동일한 수준으로 유지되는지에 관한 문제다. 만약 지능이 안정적인 속성이라면 어릴 때의 IQ 점수는 나이 든 후의 점수를 예측해야 할 것이다. 다른 말로, 어릴 때 똑똑했던 영아는 학령기가 되어도 똑똑해야 한다.

IQ는 여러 심리 특성들 가운데 상당히 안정적이라고 알려져 있다(Brody, 1992). 다만, 영아기 지능(DQ)은 이후 아동기의 IQ 점수와 관련이 거의 없다(McCall & Carriger, 1993). 연구자들은 연령시기별 IQ의 상관을 분석한 결과, 2세 이전의 지능은 이후의 IQ와 상관이 없고, 4세부터 비로소 의미 있는 상관이 나타나기 시작하며 이러한 상관이 5, 6세 이후 더욱 강해진다는 것을 발견하

표 9-2 어릴 적 IQ가 10세와 18세의 IQ와 지니는 상관(Honzik et al.,1948)

첫 번째 검사 시기(연령)	재검사 시기	
	10세의 IQ	18세의 IQ
2세	.37	.31
4세	.66	.42
6세	.71	.61
8세	.88	.70
10세	–	.70
12세	.87	.76

였다(Sameroff et al., 1993). 표 9-2는 250명 이상의 아동들을 대상으로 수행되었던 종단연구 결과를 요약한 것이다.

왜 영아의 지능은 이후의 지능을 예측하지 못할까? 이는 영아 검사와 보다 나이든 아동용 검사가 서로 다른 능력을 측정하기 때문이다. 앞서 살펴보았듯이 영아의 지능은 실제로는 발달지수(DQ)를 사용한다. 따라서 영아 검사는 일반적으로 감각운동기술을 잰다. 이에 비해 아동용 검사는 언어 및 인지기술을 주로 잰다.

한편, 영아기에도 일부 정보처리기술은 이후의 IQ와 관련이 있는 것으로 나타난다. 실제로 영아의 정보처리기술에 대한 측정치는 베일리 척도의 DQ보다 이후의 IQ를 더 잘 예측한다. 예를 들어, 영아의 재인기억은 학령기와 청소년기의 IQ와 관련이 높다(Bornstein & Colombo, 2012). 즉, 자극에 빨리 습관화되고 새로운 자극에 선호를 빨리 보이는 영아일수록 더 똑똑한 아동과 청소년이 될 가능성이 크다.

결론적으로, 영아의 지능(DQ)은 이후의 IQ를 잘 예측하지 못하지만 약 6세부터는 IQ가 꽤 안정적이라고 할 수 있다. 그러나 지능이 안정적이라고 해서 모든 개인의 지능지수가 항상 동일하게 유지된다는 의미는 아니다. 그동안 보고된 지능의 안정성은 주로 집단의 점수에 기초한 것으로 개인의 점수에 근거한 것이 아니었다. 실제로 아동기를 거치며 IQ가 큰 폭으로 변하는 아동도 상당수 있다. 한 종단연구(McCall et al., 1973)에서는 아동 140명을 대상으로 2~17세 사이의 IQ 변화를 추적 조사하였다. 그 결과, 시간에 따라 IQ 점수가 크게 변하는 아동들이 절반을 넘었다. 평균적인 변동 폭은 2점 이상이었고, 3명 중 1명은 40점 가까이 변한 아동도 있었다. 이는 IQ가 어떤 아동들에게는 안정적이지만 어떤 아동들에게는 안정적이지 않다는 것을 보여주는 결과다.

2) 지능의 변화가능성

지능은 고정 불변하는 항구적인 것이 아니다. 아동을 둘러싼 지적 환경이 안정적으로 유지될 때 IQ도 안정적이다. 처음 지능의 형성에 영향을 미쳤던 환경이 크게 변하면 아동의 IQ도 변할 수 있다.

(1) 입양 연구

입양 연구들은 아동의 IQ가 양부모보다 생물학적 부모와 더 밀접히 관련되기는 하지만, 어릴 때 입양으로 인한 환경개선이 IQ 향상으로 이어질 수 있다는 것을 보여주었다(van IJzendoorn et al., 2005). 이는 유전과 환경이 함께 지능발달에 기여한다는 것을 의미한다.

지금까지 환경 영향을 가장 극명하게 보여준 사례는 루마니아 고아들의 사례일 것이다. 1980년대 후반 루마니아 고아원의 열악한 환경에서 생의 초기부터 자란 아동들은 IQ, 언어, 애착 등 다양한 행동영역과 뇌 신경체계에서 결함을 보였다(Chugani et al., 2001; Moulson et al., 2009). 그러나 루마니아 고아들 중에서 0~3세 사이에 고아원을 떠나 영국으로 입양된 아동들을 추적 연구한 결과, 일부는 일반 아동의 평균수준으로까지 지능을 회복한 것으로 나타났다(Beckett et al., 2006). 다만 그 회복 가능성은 아동이 고아원을 얼마나 일찍 떠나는가에 달려 있었다. 즉, 2세 이전에 입양되어야 지능이 향상될 가능성이 있었다. 이러한 결과는 초기의 부정적 경험이 이후의 긍정적 경험에 의해 반전될 수 있다는 희망적 메시지와 함께 이러한 반전에는 시기적 제한이 따른다는 것을 보여준다(Nelson, 2014).

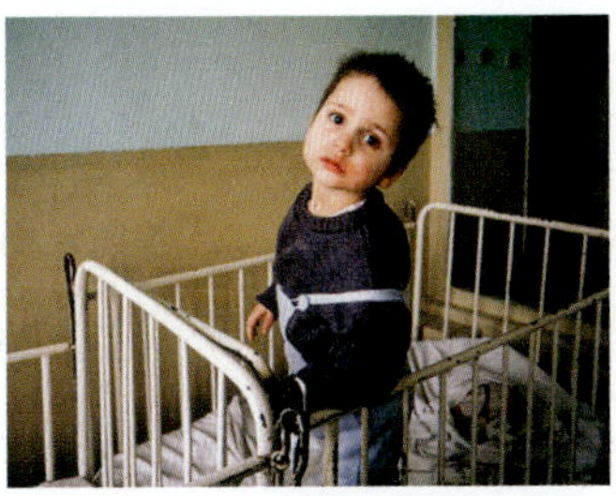

20세기 후반 루마니아 고아원의 아동
출처: www.science.org

(2) 보상교육 프로그램

경제적 빈곤은 지능발달을 위협하는 주된 위험요인이다. 빈곤은 아동의 학습 환경을 제한하고, 이로 인해 빈곤 가정의 아동들은 중산층 또래보다 학업수행이 뒤처지는 경우가 많다(NICHD Early Child Care Research Network, 2005). 이들이 지적 과제가 중심이 되는 학교에 입학하면 지적 발달이 더욱 지연되는 누진지체 현상이 일어날 수 있다. 그동안 이러한 지체를 예방하기 위한 사회적 노력이 이루어졌다.

누진지체
progressive retardation
초기에 나타난 지체가 나이가 들수록 더욱 증대되는 현상

보상교육 프로그램
compensatory education program
저소득 가정의 유아들에게 학교교육에 필요한 지적기술들을 가르치는 프로그램

1960년대 미국에서 빈곤 가정의 유아들의 학습을 돕기 위한 다양한 보상교육 프로그램이 개발되기 시작했다. 대표적인 예가 미국 정부가 지원한 Head Start 프로젝트다. 프로그램에 참여한 아동들은 읽기, 수세기와 같은 주요 학업기술과 문제해결 책략을 배웠다. 이러한 보상교육의 목적은 저소득 가정의 아동들이 겪는 교육경험의 부족을 보상하여 초등학교 입학 시 다른 중산층 또래들과 같은 출발선에 서게 하는 것이었다. 프로그램마다 그 성공 여부는 달랐지만, 대체로 참여자들은 비참여자들에 비해 초등학교 1학년 때 IQ가 더 크게 상승했다(Barnett, 1995). 이는 유아기 보상교육이 지능 향상을 야기할 수 있다는 가능성을 보여준다. 보상교육의 효과는 유아교육의 중요성을 대중에게 널리 알리는 데에도 기여했다.

그렇다면 이러한 향상 효과가 이후에도 오래 지속될까? 프로그램의 장기적 효과를 살펴보기 위해 여러 연구가 수행되었다. 그 결과, 프로그램 참여자가 이후에 추가적인 향상 교육을 받지 못하면 초기의 향상 효과가 2, 3년 후에는 대부분 사라지는 것으로 나타났다(Bradley et al., 2001). 그러나 일부 효과는 지속이 되었는데, 프로그램 참여자들은 몇 년이 지난 후에도 비참여자들보다 특별교육을 덜 필요로 했고 학업성적도 일반 또래 평균에 뒤처지지 않았다(Barnett, 1995).

1972~1985년 사이에 미국에서 시작된 Carolina Abecedarian 프로젝트는 장기적 효과를 보여준 대표적 프로그램이다. 프로그램은 IQ 70~85 사이의 빈곤 가정 아동들에게 생후 6주부터 5세까지 다양한 신체, 인지, 사회적 교육활동을 제공하고, 부모와의 긴밀한 협조하에 부모교육, 양육 상담, 가족 건강

검진 등 포괄적인 서비스를 제공했다(Campbell & Ramey, 2010). 12세가 되자 프로그램 참여자들은 유사한 환경에서 자란 비참여자들의 평균 IQ(88)보다 높은 IQ(94)를 보였고, 학업성취도 더 우수했다. 그리고 그 효과는 프로그램이 끝나고 15년이 지난 후에도 지속되었다(Campbell et al., 2019).

이 프로젝트가 장기적 효과를 보였던 주된 이유는 영아기부터 시작되어 다년간 지속되었고, 부모 참여가 동반된 포괄적 프로그램이었다는 사실에 있다. 프로그램이 3세에 중단된 경우에는 이러한 장기적 효과가 나타나지 않았기 때문이다(Campbell & Ramey, 2010). 프로젝트의 성공은 빈곤 가정 아동들을 위한 지속적이고 효과적인 조기 개입의 설계가 가능하다는 교훈을 주었다.

결론적으로 환경은 지능의 형성과 유지, 그리고 변화가능성 모두에 책임이 있다. 환경은 유전과의 상호작용을 통해 개인의 지능을 형성하는 데에 중요한 역할을 한다. 그러나 환경은 아동이 자라면서 크게 변하기도 한다. 그 변화가 별로 크지 않다면 개인의 지능은 비슷한 수준으로 유지될 것이지만, 변화가 큰 경우에는 지능도 변할 수 있다.

6. 성인기 이후의 지능발달

성인기 이후에도 지능이 향상할까? 추론 효율성과 관련된 유동지능은 중년기 이후부터 점차 감퇴하기 시작하지만, 학습과 경험에 의존하는 결정지능은 전생애에 걸쳐 증가한다(Horn, 2007).

그림 9-6은 전 생애에 걸친 유동지능과 결정지능의 변화를 보여준다. 이러한 변화 곡선은 주로 횡단자료에 기초한 것이다. 횡단자료에서 주의해서 해석할 부분은 종단자료에서보다 중년기 이후 지능의 감퇴가 더 크게 나타난다는 것이다. 횡단자료와 종단자료 간 차이는 동년배 효과를 반영하는 것일 수 있다. 다시 말해 세대 간 교육경험의 차이가 횡단연구에서는 연령에 따른 지능의 감퇴처럼 보일 수 있다.

그림 9-6
전생애에 걸친 결정지능과 유동지능의 발달
출처: Horn과 Donaldson (1980)

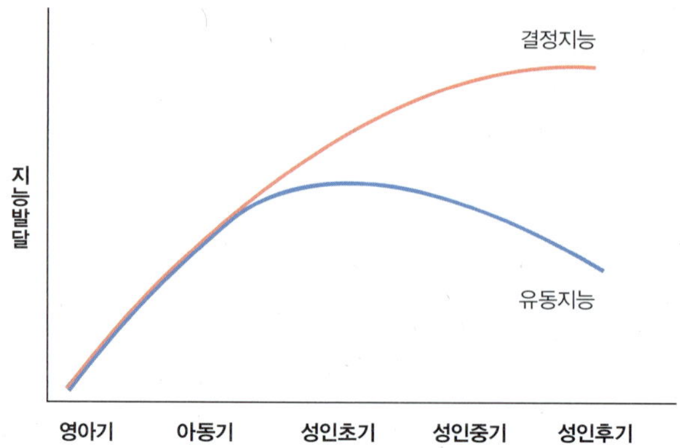

반면에 종단자료는 연령에 따른 지능의 발달적 추세를 밝히는 데에 중요한 정보를 제공한다. 최근의 종단연구에 따르면, 중년기는 많은 인지기술이 절정에 이르는 시기다(Schaie, 2016). 1956년에 500명을 대상으로 시작된 미국의 시애틀 종단연구(Seattle Longitudinal Study)는 성인기 전반에 걸친 언어기억, 언어이해, 공간기술, 귀납추론, 수 개념, 지각속도의 발달변화를 추적 조사했다. 그 결과, 이들 6개 능력 중 4개(언어기억, 언어이해, 공간기술, 귀납추론)가 70대까지 계속 향상하고, 나머지 2개(수 개념, 지각속도)만 중년기 이후부터 감퇴하는 것으로 나타났다(Schaie, 2005, 2016).

7. 지능의 신경학적 기반

신경과학의 발전 덕분에 지능의 신경학적 기반에 관한 연구자들의 관심과 탐색이 크게 증가했다. 초기의 견해는 지능이 주로 뇌의 전두엽에 위치한다는 것이었다. 지금도 일부 연구자들은 지능이 전전두피질과 가장 밀접히 관련된다는 점을 강조하고 있다.

그러나 보다 최근에 연구자들은 지능이 뇌의 전 영역에 걸쳐 고르고 넓게 분포한다는 것을 발견했다. 뇌 영상 연구에서 보고된 가장 설득력 있는 증거

중 하나는 높은 지능이 전두엽과 두정엽에 걸친 신경회로 분포와 밀접히 관련되며, 그보다 관련 정도는 약하지만 측두엽, 후두엽, 소뇌와도 관련된다는 것이다(Haier, 2018; Luders et al, 2009). 일반지능(g)의 종단적 변화도 뇌 전두엽과 측두엽의 두께 및 표면영역과 관련되는 것으로 보고되었다(Cole et al., 2012).

참고로, 천재 물리학자였던 아인슈타인의 두뇌 크기는 성인 평균 크기였지만, 수학과 공간정보를 처리할 때 활성화되는 두정엽 영역은 일반 성인 평균보다 15%나 컸다고 알려져 있다(Witelson et al., 1999). 따라서 지능과 관련된 뇌 부위는 전두엽뿐 아니라 두정엽, 측두엽, 후두엽, 소뇌를 모두 포함한다고 볼 수 있다.

8. 창의성

1) 창의성의 개념

영재성에 대한 정의는 높은 IQ와 음악, 미술, 문학, 과학 등 특정 분야에서의 특별한 재능을 포함한다. 전통적 지능검사로는 측정되지 않는 능력을 지닌 사람들이 특정 분야에서 뛰어난 기술을 지닌 전문가가 되는 경우가 있다. 그러나 이들 전문가 중에서도 극소수만 혁신적인 창의성을 지닌다.

창의성이 과연 무엇인가에 대해서는 아직 논란이 있다. 그러나 일반적 의미에서 창의성은 새로운 아이디어나 혁신적인 해결법을 산출하는 능력, 다시 말해 단순히 새롭거나 독특한 것이 아니라 주어진 맥락에 적절하고 다른 사람들에 의해 가치를 인정받는 산물을 만들어내는 능력을 뜻한다(Sternberg & Lubart, 1996).

영재성
giftedness
특별히 높은 지적 잠재성 또는 다른 특별한 재능을 가지고 있는 것

창의성
creativity
유용하고 가치 있는 새로운 아이디어나 작업을 산출하는 능력

2) 창의성 이론

(1) 심리측정 관점

수렴적 사고
convergent thinking
문제에 대한 하나의 정답을 찾아가는 사고

심리측정 이론가인 Guilford(1988)는 창의성이 수렴적 사고보다는 확산적 사고와 관련된다고 보았다. 수렴적 사고는 문제에 대한 하나의 가장 적절한 정답을 찾아가는 사고이며, 이는 지능검사가 주로 측정하는 능력이다. 반면에 확산적 사고는 하나의 정답이 없을 때 문제에 대한 다양한 해결책을 생성하는 사고이다.

확산적 사고
divergent thinking
하나의 정답이 존재하는 것이 아닐 때 문제에 대한 다양한 아이디어와 해결책을 찾아내는 사고

확산적 사고는 IQ와 중간 정도의 상관만을 지니며, 유전보다 환경의 영향을 비교적 크게 받는다(Plomin, 1990). 실제로 확산적 사고를 잘하는 아동의 부모는 자녀의 지적 호기심을 격려하고 자녀가 충분히 탐색할 기회를 보장하는 경향이 있다(Runco, 1992). 이는 확산적 사고가 일반지능과 구별되는 인지기술로서 경험을 통해 향상될 수 있다는 것을 의미한다.

그러나 아동의 확산적 사고 점수가 이후의 창의적 성과와 기껏해야 중간 정도의 상관만을 보인다는 사실은 심리측정적 관점의 한계로 지적되었다(Simonton, 2000). 확산적 사고가 창의적 문제해결을 돕는 것은 분명해 보이지만, 확산적 사고만으로 창의성이 무엇인지 충분히 설명하지는 못한다.

(2) 통합적 관점

오늘날에는 창의성이 하나의 단일요인이 아닌, 여러 요인들이 합쳐져 발현된다고 보는 통합적 또는 다원적 관점이 보다 설득력을 지닌다(Simonton, 2000).

창의성의 투자이론
investment theory of creativity
창의성이 개인의 지적 능력, 지식, 인지 양식, 성격, 동기, 환경 같은 지적 자원들의 통합에 달려있다고 보는 이론

이러한 관점의 예로는 Sternberg와 Lubart(1996)의 투자이론이 있다. 투자이론에 의하면 창의성은 개인의 지적 능력, 지식, 인지 양식, 성격, 동기, 환경의 6개 지적 자원의 통합에 달려 있다(**표 9-3**).

투자이론에 기초한 창의성 검사는 위의 6개 자원요인 중 환경을 제외한 나머지 5개 요인을 측정한다. 검사에서 아동은 글쓰기, 미술, 과학 등의 분야에서 혁신적인 문항들(예: 문어의 운동화에 대한 스토리 창작하기, 희망을 묘사하는 그림 그리기)을 제시받는다(Shaffer et al., 2020). 아동의 반응은 전문가들의 합의를 거쳐 그 창의성 수준이 평가된다.

표 9-3 창의성의 6가지 지적 자원(Sternberg & Lubart, 1996)

지적 자원	내용
지적 능력	• 새로운 문제를 찾거나 기존의 문제를 새로운 시각으로 바라보는 능력 • 아이디어의 가치를 분석하는 능력 • 새로운 아이디어를 타인에게 전달하는 능력
지식	• 해당 분야에 대한 지식기반
인지 양식	• 새롭고 확산적인 사고양식
성격	• 합리적인 불확실성을 감수하고 이겨내는 자기확신적인 성격
동기	• 일에 대한 열정과 내적 보상에 의한 동기
환경	• 아동의 재능을 격려하고 그 성과를 보상하는 지지적인 환경

3) 창의성 증진하기

아동의 창의성은 부모가 자녀의 지적 호기심을 격려하고 자녀의 흥미와 관심을 존중할 때 발달한다.

가정과 학교에서 창의성 발달을 돕기 위해서는 아동의 지적 호기심, 인내력, 내적 동기 등을 격려하는 환경을 조성하는 것이 중요하다. 부모와 교사들은 아동이 자신의 지적 활동이나 실험을 스스로 설계하고, 자신의 호기심을 집중 탐구할 자유가 충분히 허용될 때 창의성을 발달시킬 수 있다는 점에 유념해야 한다. 기존에 알려진 사실을 단순 암기하고 정답을 찾는 것만 지나치게 강조하기보다는 가능한 대안이 여러 개인 복잡한 문제해결을 강조하는 것도 아동의 확산적 사고와 분석적 사고 기술을 향상시킬 수 있다.

정리해 봅시다

1. 지능에 대한 심리측정이론과 대안적 이론의 설명을 비교해보자.
2. IQ 점수의 의미와 아동 지능검사의 특징을 설명해보자.
3. 지능의 안정성과 변화가능성에 대해 생각해보자.
4. 아동의 지능발달에서 유전과 환경의 영향을 설명해보자.
5. 일상에서 아동의 창의성을 증진시킬 수 있는 방법을 생각해보자.

CHAPTER 10
언어발달

1. 언어의 구성요소
2. 언어발달의 이론
3. 언어발달의 단계
4. 이중언어의 발달

10
언어발달

전 세계에 약 7,000개의 언어가 있지만 모든 언어는 상징적이고 문법체계를 지닌다는 공통점을 지닌다(Tomasello, 2006). 언어의 복잡성과 추상성에도 불구하고, 모든 언어권의 아동들은 매우 일찍부터 빠른 속도로 자연스럽게 언어를 습득하고 사용한다. 본 장에서는 언어란 무엇이며 아동이 어떻게 언어를 습득하는지, 그리고 그 습득과정은 어떠한지 살펴보고자 한다.

1. 언어의 구성요소

언어란 무엇인가? 언어는 매우 포괄적인 용어로 언어를 한마디로 정의하기란 쉽지 않다. 언어는 음운론, 의미론, 형태론, 구문론, 화용론이라는 다섯 가지 요소를 포함한다. 이는 곧 언어가 언어로 간주 되기 위해서는 이들 요소를 모두 갖추어야 한다는 것을 의미한다. 또, 아동이 언어를 습득하기 위해서도 이들 요소를 모두 배워야 하고 이들 요소를 하나의 의사소통 체계로 통합해야 한다는 것을 의미한다.

1) 음운론

음운론은 언어의 소리체계다. 음운론에 대한 지식은 의미 있는 말소리 산출을 위한 음소 결합 규칙에 대한 이해를 말한다. 음소는 소리의 기본단위(예: 모음, 자음)로, 모든 언어는 음소를 결합하는 규칙과 그 결합을 어떻게 발성하는지에 대한 규칙을 가지고 있다. 아동이 다른 사람의 말을 이해하고 자신의 말을 상대에게 이해시키기 위해서는 말소리들을 구별, 산출하고 연결 짓는 방식에 대해 배워야 한다.

음운론
phonology
언어의 소리체계로, 의미 있는 말소리 단위를 산출하기 위해 소리를 결합하는 규칙

음소
phonemes
한 언어에서 사용되는 소리의 기본 단위

2) 의미론

의미론은 단어와 문장의 의미다. 모든 단어에는 특정 의미가 있다. 아동이 타인의 말을 이해하고 또 타인이 이해할 수 있도록 말하기 위해서는 모든 단어가 의미를 담고 있다는 것, 그리고 그 단어들이 결합되어 더 길고 복잡한 문장의 의미를 만들어낸다는 것을 배워야 한다.

의미론
semantics
단어와 문장에서 표현된 의미

3) 형태론

형태론은 단어의 구조, 즉 단어를 형성하는 규칙이다. 형태소는 의미의 기본 단위로, 모든 단어는 하나나 그 이상의 형태소로 구성된다. 대부분의 경우 한 단어가 형태소가 된다. 영어는 동사에 형태소 'ed'를 붙여 과거 시제를 표현하고, 명사에 형태소 's'를 붙여 복수형을 표현한다. 우리말은 명사에 '들'을 붙여 복수형을 표현한다.

형태론
morphology
단어를 형성하는 규칙

형태소
morphemes
언어의 가장 기본적인 의미 단위

구문론
syntax
언어의 구조로, 문장을 구성하기 위한 단어의 결합 규칙

문법
grammar
구문론과 형태론을 포함한 언어의 규칙

4) 구문론

구문론은 단어를 구나 문장으로 배열하는 규칙이다. 문법은 구문론과 형태론을 포함한다. 아동이 언어에 숙달하려면 구문 규칙을 터득해야 하고, 단수와 복수, 동사의 시제, 능동태와 수동태 같은 문법적 표지들(예: 한국어의 -들, -했다, 영어의 -s, -ed)의 사용을 배워야 한다.

5) 화용론

화용론
pragmatics
사회적 맥락에 적절하게 언어를 사용하는 것과 관련된 기준

사회언어적 지식
sociolinguistic knowledge
특정 사회적 맥락에서 언어가 사용되는 방식에 관한 문화적 규칙

화용론은 사회적으로 적절하고 효과적으로 언어를 사용하는 것이다. 다른 사람과 성공적으로 대화하려면 서로 말을 주고받고, 의미를 명확히 전달하며, 목소리 톤이나 몸동작에도 주의해야 한다. 화용론은 특정 사회적 맥락에서 언어가 사용되는 방식에 관한 문화적 규칙인 사회언어적 지식을 포함한다(Hoff, 2014). 이러한 지식의 예로는 상대의 나이나 지위에 따라 다르게 말하는 법, 자신이 어디에서 누구와 말하고 있는지 등에 대한 이해가 있다.

2. 언어발달의 이론

언어는 어떻게 습득되는가? 언어습득에서 핵심적 측면은 구문론의 획득이다. 이에 대해 여러 이론적 관점들이 존재한다.

언어습득이 선천적 현상인가 아니면 학습 현상인가에 관한 논쟁은 언어발달에서 가장 오래된 논쟁 중 하나다. 학습이론은 20세기 초반과 중반에 유행했던 이론으로, 언어습득이 강화와 모방 같은 학습기제에 의해 이루어진다고 보았다. 이를 정면으로 비판했던 생득이론은 언어가 인간 고유의 선천적 기제를 통해 습득된다고 보았다. 또 상호작용 이론은 학습이론과 생득이론의 중

간자적 관점을 취하며 언어발달이 학습과 선천적 기제 모두를 통해 설명된다고 보았다.

1) 학습이론

학습이론에서 언어는 다른 행동들과 마찬가지로 고전적 조건형성과 조작적 조건형성을 통해 학습된다. 따라서 아동에게 언어적 역할모델이자 강화자인 부모의 역할이 강조되었다. 실제로 부모가 자녀의 말에 언어적으로 민감하게 반응하고 대화를 격려할수록 자녀들은 초기 언어발달에서 앞선다(김연수, 곽금주, 2010; Hoff, 2014).

강화와 모방이 초기 언어발달에 공헌하는 것은 확실해 보이지만, 오늘날 학습이론에 동의하는 연구자들은 드문 편이다. 학습이론 관점대로라면 부모나 성인은 아동이 엄청난 양의 어휘와 문장을 습득하도록 모방과 강화를 끊임없이 제공해야 한다. 그러나 이는 사실상 불가능하다. 게다가 아동은 강화나 모방 없이도 새로운 단어나 문장을 스스로 만들어 내기도 한다. 또 부모들이 어린 자녀가 말할 때 그 자리에서 자녀의 문법적 오류를 바로잡는 경우도 드물다. 아동이 새로운 단어를 모방을 통해 학습할 수는 있지만, 복수형이나 과거시제 같은 새로운 문법 형태는 아동이 자발적으로 산출하기 전에는 모방을 통해 습득되지 않는다(Brown & Hanlon, 1970).

강화와 모방과 관련된 이러한 현실적 한계에도 불구하고, 대다수 아동은 초등학교에 입학하기 전에 모국어를 유창하게 구사한다. 따라서 아동이 구문론을 습득하는 과정을 학습원리로만 설명하기에는 무리가 있다.

생득이론
nativist theory
아동은 포괄적인 언어지식을 선천적으로 가지고 태어나며, 이러한 지식은 아동이 자라면서 듣게 되는 말에 부합되도록 수정되어 간다고 보는 이론

Noam Chomsky
(1928~)

2) 생득이론

생득이론은 아동이 언어습득을 위한 선천적 능력을 지니고 태어난다고 본다. 모든 언어는 그 구조가 매우 복잡해서 학습이론의 주장처럼 어린 아동이 부모의 가르침이나 연습을 통해 언어를 배우는 것은 거의 불가능하다는 것이다.

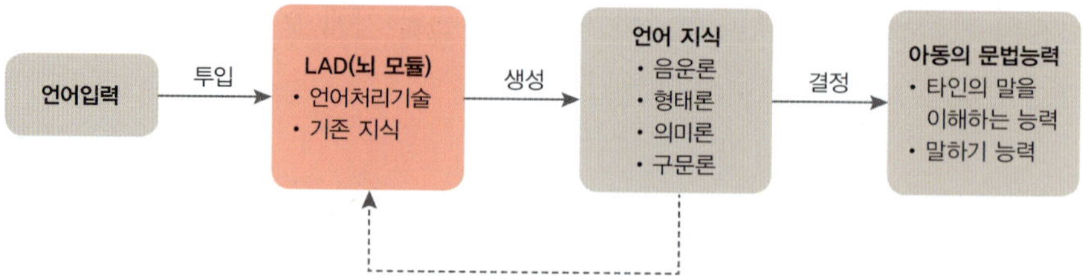

그림 10-1
생득이론에서 가정된 언어습득 과정
출처: Shaffer 등(2020)

> **언어습득장치**
> **language acquisition device (LAD)**
> Chomsky가 제안한 가설적 구성체로 선천적인 문법지식을 포함하며 이를 통해 아동이 언어를 습득한다고 가정됨

> **보편문법**
> **universal grammar**
> 언어습득의 생득이론에서 제안된, 모든 인류 언어를 특징짓는 기본적 문법규칙

생득이론을 처음 제안한 미국의 언어학자 Noam Chomsky(1957)는 아동이 언어에 특화된 뇌 모듈인 언어습득장치(LAD)를 가지고 태어난다고 주장했다. LAD는 일종의 선천적인 언어처리기제로서 모든 언어에 공통된 일종의 기본 문법규칙인 보편문법을 포함한다(Chomsky, 1957, 1968). 대다수 아동은 일단 충분한 양의 어휘를 습득하고 나면 스스로 단어를 결합해 일관된 문법으로 새로운 문장을 수없이 만들어 내고, 다른 사람들의 말을 대부분 이해할 수 있게 된다(**그림 10-1**). 즉, 선천적 LAD 덕분에 언어에 노출만 되면 아동은 자연스럽게 언어의 구조에 숙달된다는 것이다.

(1) 생득이론에 대한 증거

생득이론의 주장처럼 아동은 언어를 습득하도록 생물학적으로 타고나는 것일까? 생득이론을 지지하는 증거는 다음과 같다.

언어발달은 보편적인 순서로 이루어진다.

> **언어적 보편성**
> **linguistic universal**
> 모든 인류 아동이 공유하는 언어발달의 측면

모든 언어권의 아동들은 대부분 생후 6개월 무렵 옹알이를 하고, 1세가 되면 첫 단어를 말하며, 2세에는 단어를 결합하기 시작한다. 5세가 되면 많은 어휘를 보유하고 모국어 문법의 기본 구조에 숙달한다. 이러한 언어적 보편성은 언어습득이 생물학적인 기반을 지니는 선천적 과정이라는 생득이론의 관점을 지지한다.

아동은 언어를 발명한다.

아동이 보편문법에 따라 언어를 발명한다는 증거는 피진(Pidgin)과 크레올(Creole)에 관한 역사적 사례에서 찾아볼 수 있다. 서로 다른 문화에서 살던 사람들이 같은 지역으로 이주하면 처음에는 주로 피진을 사용하기 시작한다. 피진은 여러 언어가 뒤섞인 혼성어로, 소수의 단어와 간단한 결합 규칙만 있는 의사소통 체계다. 1870년대 미국 하와이의 사탕수수 농장에 모여든 여러 국적의 이민자들은 초기에 하와이 피진을 사용했다.

그러나 불과 한 세대 만에 그 자녀들은 부모세대의 피진을 크레올이라는 진정한 언어체계로 진화시켰다(Bickerton, 1990). 하와이 크레올 영어는 피진과 다양한 외국어에서 파생된 풍부한 어휘와 구문규칙을 지닌 진정한 언어다. 크레올의 발명은 아동이 선천적인 보편문법을 사용하여 부모세대 피진의 오류를 수정할 뿐 아니라 새로운 진정한 언어를 만들어 낼 수 있다는 것을 보여주었다.

이와 유사하게, 니카라과 수어(Nicaraguan Sign Language)를 발명한 사례도 있다. 중앙아메리카의 니카라과에서 1970년대에 청각장애 아동을 위한 학교교육이 시작되자, 이전에는 수어를 접하지 못했던 학생들이 개별 몸짓들을 통합하여 피진과 유사한 의사소통 체계를 만들었다. 그리고 불과 20년도 지나지 않아 그들의 자녀들은 부모세대의 피진 수어를 진정한 언어인 니카라과 수어로 진보시켰다(Senghas & Coppola, 2001).

보다 일반적인 사례는 언어적 결핍 환경에서 자란 청각장애 아동들에 관한 사례다. 정상인 부모에게 태어난 청각장애 아기가 수어를 접하지 못한채 소리내기를 요구받고 자라면, 구어는 말할 것도 없고 수어의 흔한 동작조차 하지 못하게 된다. 연구자들은 이러한 아동들이 자발적으로 홈사인(homesign)을 만들어 사용한다는 것을 발견하였다(Goldin-Meadow et al., 1984). 홈사인은 구어와 그 기본 구조가 매우 유사한 몸동작 의사소통 체계다. 이러한 사례는 수어를 접하지 못했던 청각장애 아동들이 그들 자신만의 언어체계를 스스로 발명해낼 수 있다는 것을 보여주었다.

보노보 침팬지 Kanzi가 Sue Savage-Rumbaugh 박사와 의사소통 하기 위해 키보드의 상징들을 손으로 가리키고 있다.

언어는 인간 고유의 능력이다.

그동안 동물에게 언어를 가르치려는 시도가 있었다. 특히 인간과 유전적으로 가장 유사한 침팬지에게 인공언어(artificial language, 컴퓨터의 시각적 상징을 이용한 의사소통 체계)와 미국 수어(American Sign Language)를 가르치려는 시도가 많이 이루어졌다. 그러나 수년간의 집중

훈련에도 불구하고 침팬지의 문법 수준은 2세 영아 수준에 불과했다(Savage-Rumbaugh et al., 1998). 아직 그 어떤 동물도 언어를 습득할 수 있다는 증거는 없다.

인간 뇌에는 언어에 전문화된 영역이 있다.

브로카 영역
Broca's area
뇌의 좌측 전두엽에 위치한 영역으로, 언어산출을 통제함

베르니케 영역
Wernicke's area
좌반구의 측두엽에 위치한 영역으로, 언어이해와 관련됨

대다수 사람에게서 언어기능은 뇌의 좌반구에 위치하는 언어 편재화가 나타난다. 좌반구 전두엽에 위치한 브로카 영역은 문법처리와 언어산출에, 좌반구 측두엽의 베르니케 영역은 언어이해에 주로 관여한다(그림 10-2). 또 이 두 영역은 서로 긴밀히 소통하고 좌반구의 다른 많은 영역들과도 협동한다(Bates et al., 2003).

문법은 다른 언어 요소보다 특정 뇌 영역(좌측 전두엽)에 더욱 의존한다. 2세 영아들에게 문장을 들려주면 그 문법적 정확성에 따라 성인들과 유사하게 좌측 전두엽 및 측두엽이 활성화된다(Oberecker & Friederici, 2006). 이는 2세 영아도 성인과 동일한 신경체계로 문장구조를 처리한다는 것을 의미한다.

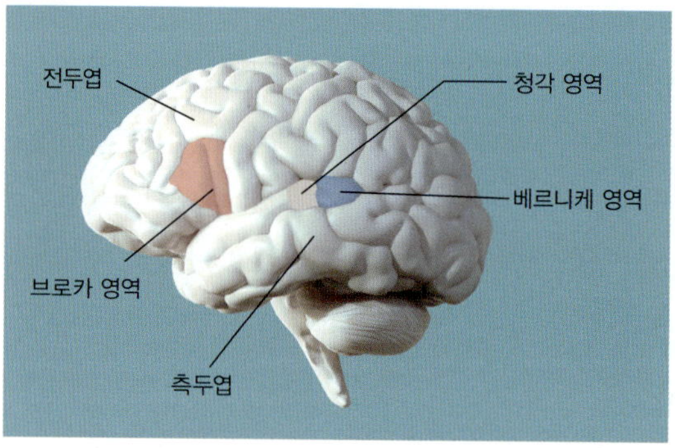

그림 10-2
대뇌 좌반구의 브로카 영역과 베르니케 영역

언어발달에는 민감기가 있다.

언어획득의 민감기 가설
sensitive period hypothesis of language acquisition
인간은 사춘기 이전에 언어학습이 가장 잘 이루어진다는 가설

Lenneberg(1967)는 뇌가 편재화되는 0~12세 사이에 언어가 가장 쉽게 습득된다는 언어획득의 민감기 가설을 제안했다. 그 증거로 청각장애 사례를 보면, 부모의 잘못된 언어지도(예: 구어 교육)로 인해 청소년기 이후에야 수어를 습득한 사람들은 아동기에 수어를 습득한 사람들의 언어 수준을 결코 따라잡지 못했다(Singleton & Newport, 2004). 또 다른 증거는 제2언어 학습에 관한 사례다. 미국에 사는 한국인과 중국인 이민자들의 영어 유창성에 영향을 미치는 요인들을 살펴본 연구에서 처음 이민 온 시기만이 유일하고 강력한 영향요인인 것으로 나타났다(Johnson & Newport, 1989). 즉, 2~7세에 이민 온 성인들은 원어민과 유사

한 수준의 영어 유창성을 보였지만, 언어습득의 민감기가 지난 15세 이후에 이민 온 성인들은 원어민 평균보다 낮은 영어 능력을 보였다.

(2) 생득이론에 대한 평가

언어발달에 관한 생득이론은 오늘날 가장 영향력 있는 이론이라고 할 수 있다. 그러나 비판가들은 과연 하나의 추상적인 문법규칙이 인류 언어의 다양성을 모두 설명할 수 있는가에 대해 의문을 제기한다(Slobin, 1985; Tomasello, 1995).

생득이론에 따르면, 아동이 일단 선천적 문법지식을 사용하기 시작하면 곧바로 관련된 모든 문법사례에 이를 적용할 수 있어야 한다. 그러나 아동들은 많은 시행착오를 겪으며 점진적으로 문법을 배운다. 심지어 어떤 문법(예: 수동태)은 학령기에도 완전히 숙달되지는 않는다. 이는 아동의 언어습득에는 Chomsky가 가정한 것보다 훨씬 많은 경험과 학습이 필요하다는 것을 시사한다.

또 생득이론은 언어의 화용론적 측면이나 아동의 인지능력을 별로 중요시하지 않았다는 비판도 받았다. 정신지체 아동의 사례(예: 다운증후군)를 보면 선천적 문법 규칙이 아닌 IQ나 작업기억 같은 일반적 인지능력이 문법 습득에 중요한 역할을 한다는 것을 알 수 있다(Robinson et al., 2003).

3) 상호작용 이론

상호작용 이론은 기본적으로 학습이론과 생득이론 모두 옳다고 본다. 이 이론에 의하면, 언어발달은 아동의 선천적 능력, 인지발달, 그리고 끊임없이 변화하는 사회환경 간의 복잡한 상호작용 결과다(Bohannon & Bonvillian, 1997).

상호작용 이론
interactionist theory
생물학적 요인과 환경요인이 언어발달의 과정을 결정하기 위해 상호작용한다고 보는 관점

그림 10-3과 같이, 상호작용 이론이 주장하는 아동의 뇌, 인지, 환경 간의 상호작용 패턴은 양방향적이다. 아동의 뇌는 느리게 성숙하면서 자신이 새로이 이해하고 학습한 것을 다른 사람과 공유하려는 동기를 갖게 한다. 의사소통하려는 아동의 초기 시도는 부모가 하는 말에 영향을 주고, 이러한 부모의 말을 처리하면서 아동 뇌의 언어영역은 더욱 성숙한다. 또 언어규칙도 더 잘

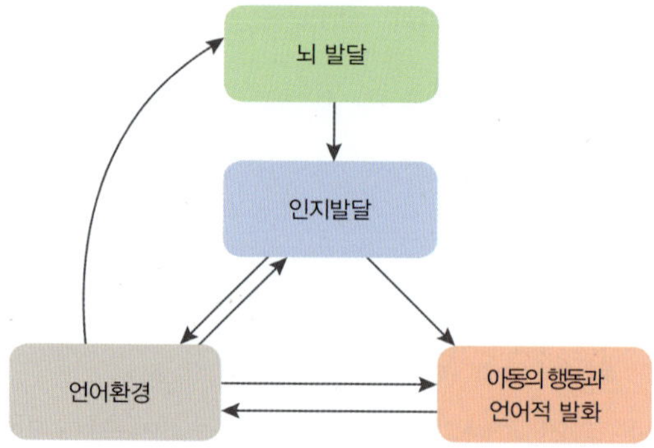

그림 10-3
언어발달의 상호작용 이론
출처: Shaffer 등(2020)

추론하게 되고 보다 명확하게 말할 수 있게 된다. 그리고 이는 다시 부모가 하는 말에 영향을 준다. 이처럼 아동은 자신의 적극적 참여로 조성된 언어 환경으로부터 영향을 받으며 언어를 습득해 간다.

(1) 초기 발달에 필요한 사회인지 능력

생후 9개월 영아들은 타인과 공통의 관심사에 함께 주의를 기울이는 공동주의(shared attention) 활동을 시작한다. 상호작용 이론은 영아와 부모의 공동주의 활동이 영아의 언어습득을 효과적으로 돕는 의사소통 맥락을 제공한다고 보았다(Tomasello, 2006). 실제로 많은 부모가 어린 자녀가 의사소통 의도를 지니기 전에도 어떤 대상이나 사건을 손으로 가리키는 등 자녀가 마치 의사소통 의도를 지닌 것처럼 대하곤 한다. 일찍부터 부모와 공동주의 활동에 참여한 아기일수록 보다 뛰어난 의사소통기술을 발달시킨다(Carpenter et al., 1998).

(2) 언어 환경

부모와 성인들은 영아들과 상호작용할 때 독특한 방식으로 말한다. 이는 초기의 언어발달을 돕는 효과적인 의사소통 전략으로 볼 수 있다.

아동지향어
child-directed speech
성인이 어린 아동에게 말할 때 사용하는, 짧고 단순하며 높은 억양과 반복되는 문장들

아동지향어

거의 모든 문화권에서 부모나 성인이 아기에게 말할 때 아동지향어를 사용한

다. 아동지향어는 모성어(motherese)로도 불리는데, 성인이 어린 아기의 수준에 맞게 간단명료하면서도 높은 억양과 느린 속도로 주요 단어를 반복하며 말하는 것이다(Gelman & Shatz, 1977). 어린 영아들은 단조로운 말소리보다 음조가 높고 억양이 다양한 아동지향어를 선호한다. 부모들은 자녀의 언어가 정교해짐에 따라 아동지향어의 복잡성을 점차 증가시킨다. 아동지향어는 어린 영아들의 언어학습을 위한 이상적인 상황을 제공한다.

어머니들은 어린 영아에게 말할때 높은 톤, 과장된 억양, 뚜렷한 발음, 짧은 문장을 사용하여 말하곤 한다. 이러한 아동지향어는 영아의 언어학습을 효과적으로 돕는다.

확장과 고쳐말하기

대다수 부모는 어린 자녀의 문법 오류를 직접 지적하기보다는, 은연중에 그러한 오류가 정확하지 않다는 것을 전달하고 자녀 스스로 이를 정정하도록 정보를 제공하는 식으로 반응한다. 이러한 부모의 반응 중 대표적인 예가 확장과 고쳐말하기다(Hoff, 2014).

확장은 어린 자녀가 말한 문장의 정확성과 복잡성을 높여 정교화하는 반응이다. 고쳐말하기는 부정확한 문장을 재구성해주는 반응이다. 확장의 예로는, 영아가 "멍멍이, 가"라고 말할 때 부모가 "그래, 멍멍이가 가고 있구나"라고 반응함으로써 영아의 비문법적 표현을 정확하고 풍부한 문장으로 만들어 주는 경우다. 고쳐말하기의 예로는, 부모가 앞서 영아가 한 표현에 대해 "멍멍이가 자기 집으로 가나 보네"와 같이 정확한 문법의 문장으로 고쳐서 다시 말해주는 것을 들 수 있다. 이는 다소 새로운 발화이므로 영아의 주의를 끌고 영아가 부모의 말에 나타난 새로운 문법에 주목할 가능성을 높인다.

확장
expansions
아동의 비문법적 말을 문법적으로 정교화해주는 성인의 반응

고쳐말하기
recasts
아동의 비문법적 말을 문법에 맞는 형태로 재구성해주는 성인의 반응

의사소통 기회

영아가 언어를 학습하기 위해서는 단순히 타인이 대화하는 것을 듣는 것만으로는 부족하다. 영아가 타인과 직접 상호작용함으로써 의사소통에 적극적으로 참여하는 것이 중요하다. 실제로 아기에게 질문을 많이 하거나 언어적 반응을 요구하는 어머니의 아기들은 그렇지 않은 어머니의 아기들보다 어휘 발달에서 앞서 있을 뿐 아니라 문법규칙도 더 빨리 배우는 것으로 보고되었다(Roseberry et al, 2014).

(3) 상호작용 이론에 대한 평가

선천적 기제와 경험 모두 언어습득에 중요하다는 상호작용 이론은 많은 발달학자들이 선호하는 관점이다. 그러나 이 이론 역시 아동의 언어발달을 완벽히 설명하지는 못한다. 상호작용 이론에서 언어발달은 아동의 의사소통 능력에 기초한다. 그러나 화용론은 의미론이나 구문론 같은 다른 언어 측면들과는 분명히 다르다. 예를 들어, 일부 정신지체 아동들의 의사소통기술은 다른 언어적 측면(예: 어휘)보다 크게 뒤처져 있다(Levy, 1996).

3. 언어발달의 단계

모든 문화권의 아동들은 언어의 모든 측면(음운론, 의미론, 문법, 화용론)에서 유사한 순서로 발달한다. 표 10-1은 이를 요약한 것이다.

표 10-1 **언어발달의 보편적 단계**

연령	음운론	의미론	문법	화용론
0~1세	• 음소지각 • 발성연습(쿠잉) • 옹알이	• 모국어 듣기를 선호 • 친숙한 단어 인식	• 모국어의 구조 패턴을 선호	• 공동주의 • 상대와 번갈아 가며 소리내기
1~2세	• 단어 발음을 단순화하는 전략 사용	• 첫 단어를 말함 • 어휘급등 나타남 • 과대확장과 과소확장의 오류 보임	• 일어문에 이어서 전보어 나타남 • 세 단어 문장 출현, 문법 형태소 일부 습득	• 번갈아가며 말함
3~5세	• 음운인식 향상 • 발음 정확성 증가	• 어휘의 지속적 증가	• 기본 문법 대부분을 인식	• 상대의 나이와 사회적 기대에 맞춰 말을 조정
6~10세	• 성인과 유사한 발음	• 어휘의 지속적 증가 • 은유, 유머 이해	• 복잡한 문법규칙(예: 복문, 수동태) 습득	• 의사소통기술 향상 • 상대방의 말 의도에 대한 이해 증가
11세~성인기	• 성인과 유사한 발음(지속적 향상)	• 어휘의 지속적 증가 • 풍자, 아이러니, 속담 이해	• 복잡한 문법규칙의 지속적 정교화	• 다양한 상황과 맥락에 맞는 의사소통기술 향상

1) 전언어 단계

생후 1년 동안은 의미 있는 단어를 말하기 이전의 시기라는 의미에서 전언어 단계라고 한다. 언어획득은 연속적인 과정으로 전언어 단계는 이후 언어단계의 주요 토대가 된다.

전언어 단계
prelinguistic phase
아동이 의미 있는 첫 단어를 말하기 이전의 시기

(1) 음소지각과 반응

출생 직후부터 아기들은 사람 말소리에 민감하게 반응한다. 누군가 말을 하면 신생아들은 눈을 뜨고 말하는 사람을 응시하며 때로는 소리를 낸다. 또 신생아들은 다른 소리에 비해 인간 말소리를 가장 선호한다.

언어는 연속되는 소리의 흐름으로 이루어져 있다. 따라서 타인의 말소리를 알아듣기 위해서는 소리 흐름을 음절, 단어, 문장으로 나눌 수 있어야 한다. 아기들의 이러한 능력은 놀라울 정도다. 1개월 된 영아도 같은 음소 범주에 해당하는 여러 소리들을 동일한 것으로 지각하는 범주적 지각을 한다(Kuhl, 2004). 이러한 범주적 지각을 특징으로 하는 음소지각은 언어의 습득과 사용에서 가장 기본이 되는 능력이다.

음소지각(말소리 지각)
speech perception
같은 음소 범주에 해당하는 여러 소리들을 동일한 것으로 지각하는 능력

음소지각에는 경험도 중요한 역할을 한다. 생후 며칠 안 된 신생아도 다른 언어보다 모국어 듣는 것을 선호한다. 또 특정 언어에 노출된 경험이 많을수록 그 언어의 음소를 더 빠르고 정확히 변별한다(Moon et al., 1993).

생후 6~8개월 사이는 모국어 음소학습의 민감기다. 이 시기 영아들은 모국어의 음소 범주에 따라 말소리를 조직화하기 시작함과 동시에 모국어에 없는 소리에 더는 주의를 기울이지 않는다. 따라서 생후 8개월이 지나면 모국어 음소 변별력은 빠르게 증가하지만 다른 음소에 대한 변별력은 급격히 감소하기 시작한다(Kuhl et al., 1992). 보통 1세경이 되면 모국어에 없는 소리에 대한 변별력이 상실된다. 다만, 이 시기에도 외국어 사용자와 직접 상호작용하며 외국어에 노출된 경험은 이러한 상실을 막을 수 있다(Kuhl et al., 2003).

이처럼 영아의 음소지각은 선천적 현상인 동시에 경험도 영향을 준다. 생의 초기에 영아들은 경험에 의해 불필요한 말소리에 대한 변별력을 상실하

모국어신경투입
native language neural commitment
영아의 뇌 신경회로가 모국어 소리 패턴에 최적화되어 이후 모국어 학습을 지원하는 반면 모국어 패턴과 일치하지 않는 외국어 학습은 방해한다는 가설

는 대신에 필요한 말소리에 대한 변별력은 더욱 강화한다. 이러한 현상에 대해 Kuhl(2004)은 모국어신경투입 가설을 제안했다. 이 가설은 어린 학습자의 뇌 신경회로가 모국어 소리 패턴에 최적화되어 이후 모국어 학습을 지원하는 반면 모국어 패턴과 일치하지 않는 언어(예: 외국어)의 학습은 방해한다는 것이다. 이는 전언어 단계의 학습이 어떻게 이후의 언어발달을 지원하거나 혹은 제한하게 되는지를 설명한다.

(2) 초기 발성

옹알이
babbling
생후 6개월경 영아가 자음과 모음을 결합하여 내기 시작하는 한 음절로 된 소리

전언어 단계의 영아는 말소리가 아닌 여러 다른 소리들을 낸다. 이는 상당히 예측 가능한 발달과정이다. 아기가 맨 처음 내는 소리는 언어가 아닌 발성으로, 울음, 트림 등 생리적 반응에 따른 소리다. 생후 2개월이 되면 아기는 쿠잉(cooing)이라고 하는 "아~~", "오~~"와 같은 목울림 소리를 낸다. 생후 6개월부터는 "다다다", "마마마"처럼 자음과 모음이 결합된 음절이 반복되는 옹알이를 한다. 청각장애 영아들 또한 몸짓으로 옹알이를 한다(Petitto, 2000). 옹알이는 1세 무렵 아기가 첫 단어를 말하게 되면서 바로 사라지는 것은 아니고 한동안 지속된다.

생후 6개월부터 모든 언어권의 영아들은 옹알이를 한다. 전형적인 소리 옹알이처럼 청각장애 영아들도 손동작으로 옹알이를 한다.
출처: Speechopedia

(3) 전언어 단계에서 언어 단계로의 변화

약 1세가 되면 첫 단어를 말하게 되면서 언어단계에 접어든다. 첫 단어의 출현은 갑자기 나타나는 듯 보이지만 실제로는 점진적이고 연속적인 과정이다(Vihman & Miller, 1988). 생후 10~12개월 영아들은 특정 소리들을 더 자주 내는데, 영아들은 곧 이 소리들을 특정 대상에 연결짓기 시작한다. 또 영아들은 기존에 사용했던 소리로 된 단어들을 더 빨리 배운다(Schwartz et al., 1987).

2) 일어문 시기

일어문
holophrase
한 문장과도 같은 의미를 나타내는 한 단어 발화

1세 무렵 영아들은 첫 단어를 말한다. 이때부터 18개월까지를 일어문 시기라 한다. 일어문의 주요 기능은 의사소통이다. 일어문에서 영아는 하나의 단어로 전체 문장과도 같은 의미를 표현한다. 따라서 성인이 이러한 일어문을 해석하려면 맥락에 의존하거나 외적 단서를 활용해야 한다(Dore, 1985). 예를 들어, 영아가 "엄마"라고 말할 때 "엄마 안아줘", 또는 "엄마 물 줘"를 표현하는 것일 수 있다.

어휘의 습득은 단어산출보다 단어이해에서 더 빠르다. 즉, 영아들은 말할 수 있는 단어보다 이해하는 단어가 더 많다. 1세에 첫 말을 시작한 지 3, 4개월이 지날 때까지 영아들은 대개 10개 정도의 단어를 산출한다. 초기의 단어들은 대개 가족(예: 어머니, 아버지)이나 친숙한 대상을 지칭한다.

그러다가 18~24개월에는 습득 속도가 급격히 빨라져서 1주에 약 10~20개의 단어를 습득하는 어휘급등이 일어난다(Reznick & Goldfield, 1992). 2세에는 약 300개의 단어를 산출하며, 이보다 훨씬 많은 수의 단어를 이해한다(Hoff, 2014). 이 시기 어휘습득은 중요한 발달지표다. 습득한 어휘 수가 많을수록 이후에 인지, 언어, 사회성 등 여러 영역에서 보다 긍정적 발달성과를 보인다(Golinkoff et al., 2019).

어휘급등
vocabulary spurt
영아가 생후 8~12개월 사이에 새로운 단어를 습득하는 속도가 크게 증가하는 현상

어떻게 영아들은 그렇게 빨리 많은 어휘를 획득할까? 영아기 어휘급등은 '빠른 대응' 덕분이라고 제안되었다(Carey, 1978). 빠른 대응이란 영아가 아주 적은 경험만으로도 새로운 단어와 그 의미를 연결 짓는 언어처리과정을 말한다. 예를 들어, 성인이 게임을 하는 동안 어떤 물건을 생소한 이름으로 불러도 2세 영아는 그 단어가 무엇을 가리키는지 금방 알아챈다.

빠른 대응
fast-mapping
영아가 아주 적은 경험만으로도 새로운 단어를 학습하는 능력

영아들이 빠른 대응을 한다고 해도 단어의 의미를 배우는 과정에서는 과대확장이나 과소확장의 오류를 보이곤 한다. 과대확장은 아동이 단어를 적절한 대상이나 사건을 넘어 지나치게 포괄적으로 적용하는 오류로, 이는 여러 언어권에서 매우 흔하게 나타난다(Rescorla, 1980). 그 예로는 개라는 명칭을 네 발 달린 다른 동물인 고양이나 여우 등에 붙이는 경우다. 이와 반대로 과소확장은 단어를 너무 협소한 범위의 대상에만 사용하는 오류다. 예를 들면, 바

과대확장
overextension
특정 대상을 가리키는 단어를 다른 대상에게까지 포괄적으로 확장하여 사용하는 영아의 경향성

과소확장
underextension
여러 대상을 가리키는 일반적 단어를 특정 대상에게만 사용하는 영아의 경향성

둑이 모양을 한 강아지만 개라고 부르는 경우다. 과대확장과 과소확장은 빠른 대응으로 인해 생기는 오류로 해석된다.

또 영아들은 종종 성인 언어에 존재하지 않는 새로운 단어를 만들어 사용하곤 한다. 예를 들어, 사물의 정확한 이름을 모를 때 새로운 이름을 붙이는 경우다. 이러한 현상은 어휘 수가 증가하면서 감소한다(Windsor, 1993).

새로운 단어가 지칭하는 대상이 불분명한 상황에서도 영아들은 그 단어의 의미를 어떻게 바로 알아챌까? 언어학자들은 아동이 특정 방법으로 사물과 이름을 관련시키는 선천적인 경향을 타고난다고 믿는다. 즉, 아동은 새로운 단어를 들을 때 자동적으로 그 단어가 무엇을 의미하는가에 대해 몇 가지 가정을 한다는 것이다. 이러한 가정은 틀린 가능성들을 제외시키고 그 단어의 의미를 재빨리 파악할 수 있게 함으로써 단어학습을 돕는다(Markman, 1991). 예를 들어, 영아가 고양이라는 단어를 처음 들었을 때 이 단어가 고양이의 귀나 색깔, 행동이 아니라 고양이 전체를 가리킨다고 가정하는 것이다. 즉, 영아는 어떤 새로운 단어가 대상의 일부가 아닌 전체의 온전한 대상을 의미한다는 것을 즉각적으로 이해한다.

3) 전보어 시기

전보어
telegraphic speech
관사, 전치사, 대명사 등 별로 중요하지 않은 부분을 빼고 내용 단어로만 구성된 초기 문장

생후 18~24개월 무렵이 되면 단어를 결합하여 마치 전보어처럼 말하기 시작한다. 18개월에는 "엄마 과자", "우유 줘", "저기 신발"처럼 주로 두 단어를 결합하다가, 2세 무렵에 "엄마 여기 가"와 같이 3개나 그 이상의 단어를 결합한다. 참고로, 전보는 관사나 전치사 등이 생략되고 명사, 동사, 형용사 같은 핵심 단어들만 포함된 과거의 긴급 통신 수단이다. 영아들이 전보어처럼 말하는 이유는 언어산출의 한계 때문이다. 영아들은 짧은 문장만 생성할 수 있으므로 내용을 가리키는 핵심 단어인 명사 위주로 열거하는 것이다(Hoff, 2014).

모든 언어권에서 이 시기의 영아들은 단어를 아무렇게나 결합하는 것이 아니라 다양한 의미를 전달하기 위해 일정한 규칙에 따라 결합한다(Brown, 1973). 예를 들어 '행위자-행위' 관계를 나타내기 위해 "엄마 자"라고 하고, '소

유자-소유물' 관계를 나타내기 위해 "누나 인형"이라고 말한다. 또 영아들은 동일한 전보어를 서로 다른 상황에 사용하기도 한다. 예를 들어, 엄마가 사과를 먹고 있는 것을 볼 때나 엄마에게 사과를 달라고 할 때 모두 "엄마 사과"라고 말하는 경우다.

영아의 전보어에서 확실한 것은 문장이 단어의 무선적 나열이 아니라 어떤 일관된 규칙을 따른다는 것이다. 그러나 이러한 규칙은 성인들의 언어규칙과는 다르며 규칙을 사용함에 있어서도 영아마다 개인차가 있다.

4) 유아기의 언어발달

유아들은 2~5세 사이에 모국어의 기본 문법구조를 습득하여 성인처럼 복잡한 문장을 말하는 것을 배운다. 그리고 5, 6세가 되면 모국어의 기본 문법규칙 대부분을 숙달한다.

(1) 문법 발달

문법지식은 형태론과 구문론에 대한 지식을 포함한다. 일반적으로 언어 문법은 단어의 순서, 어형 변화, 억양의 세 요소를 지닌다. 특히 구문론에 해당하는 단어순서는 언어를 이해하는 데에 필수적이다. "영호가 공을 던진다"와 "공이 영호를 던진다"를 보면 단어순서가 얼마나 중요한지 알 수 있다. 어형 변화란 단어에 형태소가 추가됨으로써 의미가 달라지는 것이다. 우리말 예로는 단수에 "들"을 붙여 복수로 표현하는 경우다. 억양도 중요한데, 우리말은 문장 끝을 올려 서술문을 의문문으로 바꿀 수 있다.

언어에 따라 이들 세 요소 중 하나가 특히 더 발달되어 있기도 하다. 예를 들어, 터키어는 한 동사가 3000개의 어형 변화가 가능하며 중국어에서는 억양으로 모음을 구별한다(Slobin, 1985).

유아기 문법발달의 주된 성과는 문법형태소와 변형문법의 습득이다. 문법형태소는 문장의 의미를 정교화하는 접두사, 접미사, 전치사, 조동사 등을 말

문법형태소
grammatical morphemes
단어와 문장의 의미를 수정하는 전치사, 접두사, 접미사, 조동사를 가리킴

한다. 2세 반에서 3세 사이에 유아는 세 단어를 결합한 문장을 산출하기 시작하면서 이후 곧 문장에 문법형태소를 추가하여 완전한 문장을 말한다. 또 단어의 복수형과 소유격을 사용하고, 인칭과 시제에 적절하게 동사를 사용할 수 있게 된다.

문법형태소를 배우고 나면 유아들은 친숙한 상황은 물론 새로운 상황에도 그 형태소를 적용한다. 이때 자신이 배운 형태소를 적용할 수 없는 경우까지 확대하여 적용하는데 이를 과잉일반화(과잉규칙화)라고 한다(Marcus et al., 1992). 우리말에서도 주격조사의 사용에서 이러한 오류가 자주 나타난다. 예컨대, 받침이 없는 주어의 주격조사에 익숙해진 유아들은 "삼촌이" 대신에 "삼촌이가"라고 말한다. 영어권에서도 단어의 복수형에 's'를 붙이는 것에 익숙해진 유아들은 foot의 복수형을 "feet" 대신 "foots"으로 말한다. 또 동사의 과거시제로 '-ed'를 붙이는 것에 익숙해지면 go의 과거형을 "went" 대신 "goed"로 말한다.

과잉일반화(과잉규칙화)
overregularization
문법규칙이 적용되지 않는 경우에까지 규칙을 과잉일반화하는 것

이러한 과잉일반화의 오류는 언어획득에서 아동의 창의성에 대한 주요 정보를 제공한다. "삼촌이가"나 "goed"같은 단어는 유아가 주변에서 들어본 적이 없는 단어로, 유아가 언어를 단순히 모방하는 것이 아니라 스스로 규칙체계를 발달시켜 이를 적용해 나간다는 것을 보여주기 때문이다.

변형문법은 서술문을 의문문, 명령문, 부정문 등 다른 유형의 문장으로 변형시키는 문법규칙이다. 2세에서 2세 반 무렵에 유아들은 조동사의 일부를 습득하면서 문장에 몇몇 변형을 시도하기도 하지만 이는 성인의 문장과는 다르다. 변형문법의 습득은 점진적인 과정이다(de Villiers & de Villiers, 1992). 의문문의 경우 우리말은 억양만 올리면 되므로 유아가 배우기에 큰 어려움이 없다. 반면에, 영어권에서는 의문문 습득에 시간이 더 걸리는데, 처음에는 서술문에 억양만 변화시키다가 이후 조동사가 첨가되고, 그다음에 주어와 동사의 순서가 바뀌는 단계로 나아간다.

변형문법
transformational grammar
서술문을 의문문, 부정문, 명령문 등 다른 유형의 문장으로 변형시키도록 해주는 구문 규칙

부정문의 경우 우리말에는 두 종류가 있다. 그 하나는 동사 앞에 "안"을 추가하는 단형부정이고, 다른 하나는 "~지 아니하다"의 장형부정이다. 단형부정은 2세 무렵에, 장형부정은 3세 이후에 습득된다(성현란 등, 2001). 영어권 유아들은 처음에는 no를 단어 앞에 붙이다가 그다음 문장 안에 not을 추가하고, 이후 성인처럼 조동사를 포함해서 부정문을 만든다(Hoff, 2014). 또 유아들은

자신의 말에 확인을 받으려고 문장 끝에 "~했지, 그렇지?"라고 추가하는 확인 부가의문문을 사용하기도 한다. 이처럼 유아기에는 구문론적 지식이 크게 발달하지만 그렇다고 완전히 숙달하는 것은 아니다. 수동태나 능동태와 같은 복잡한 문법지식은 학령기에 들어 정교해진다.

(2) 의미론 발달

유아기에도 어휘는 꾸준히 증가하여 유아기가 끝나는 6세 무렵에는 약 1만 개가 넘는 어휘를 지닌다(Carey, 1978). 유아기에는 개별 단어의 의미뿐 아니라 큰/작은, 안/밖, 긴/짧은, 전/후 같은 단어 의미의 관계적 대비를 이해하고 표현할 수 있게 된다(Hoff, 2014). 그러나 빠른 의미론적 발달에도 불구하고 유아들은 아직 구문론적 지식이 불완전하다. 이로 인해 수동태 문장을 능동태 문장으로 잘못 해석하는 등 의미론적 오류를 자주 보인다.

(3) 의사소통기술의 발달

효과적인 의사소통을 하려면 먼저 자신의 요구를 다른 사람이 이해할 수 있게 표현하는 방법을 배워야 한다. 2세 반부터 유아들은 의사소통에 필요한 사회적·상황적 맥락을 인식하고 이러한 맥락에 적절한 의사소통기술을 배우기 시작한다. 예를 들어, 다른 사람과 대화할 때는 번갈아 말하고, 말을 할 때 상대를 보면서 말해야 한다는 것을 알게 된다. 또 먼 거리에 있는 사람에게 말하려면 목소리를 크게 하거나 가까이 다가가고, 타인에게 뭔가 요청할 때는 공손하게 말해야 한다는 것도 알게 된다(Garton & Pratt, 1990).

3세가 되면 유아들은 말하는 사람의 진정한 의도가 그 사람의 말과 차이가 있을 수 있다는 것을 이해하기 시작한다. 4, 5세에는 효과적 의사소통을 위해 자신이 말하고자 하는 내용을 듣는 사람에게 맞추어야 한다는 것을 배운다(Reeder, 1981). 예를 들어, 4세 유아들은 2세 아기에게 말할 때 짧은 문장을 사용하고, 성인에게 말할 때는 더 공손하고 형식적인 언어를 사용하는 등 또래에게 말할 때와 다르게 말한다.

유아기에 눈에 띄는 향상은 과거 사건에 대한 유아의 기술에서 찾아볼 수 있다. 3세 유아들의 대화에서는 과거 사건에 대한 언급이 기껏해야 가끔씩 짧게 나타나지만, 5세에는 이야기 형식으로 과거 사건을 기술하는 내러티브(narrative)를 산출할 수 있다(Miller & Sperry, 1988).

대다수 유아는 다른 사람과 대화하는 것을 좋아한다. 그러나 그들의 대화 기술은 다른 언어기술에 비해 뒤처진 듯이 보인다. 무엇보다, 유아의 말은 타인보다 자기 자신을 향한다. 즉, 유아들은 누군가와 대화할 때 상대의 입장은 생각지 못하고 자신의 관점에서만 이야기하는 자기중심성을 보인다. 반복, 혼잣말, 집단독백도 자기중심적 언어의 예라고 볼 수 있다. 그러나 앞서 7장에서 살펴본 Vygotsky(1934/1962)의 이론에 의하면 유아의 혼잣말은 인지발달에서 중요한 역할을 한다.

5) 학령기 이후의 언어발달

학령기와 청소년기에도 언어발달에서 중요한 변화가 계속된다. 아동은 더 많은 어휘를 갖고, 더 길고 복잡한 문장을 사용하게 되면서 이전에는 할 수 없었던 언어적 사고와 조작을 할 수 있게 된다.

(1) 문법 발달

학령기 아동들은 이전 시기에 보였던 많은 문법적 오류를 스스로 바로잡고 복잡한 문장도 말할 수 있다. 7~9세에는 대다수가 수동태 문장을 정확히 이해하고 산출한다(Sudhalter & Braine, 1985). 또 논리적 추론이 발달함에 따라 비교법, 가정법을 이해하고 사용하며 문장 구성력도 증가한다(Boloh & Champaud, 1993). 따라서 학령기는 문법적 정교화를 이루어가는 시기라고 할 수 있다.

(2) 의미론 발달

학령기 이후에도 의미론적 발달이 지속되는데, 특히 어휘의 발달이 두드러진다. 6세에는 대다수가 1만 개가 넘는 어휘를 지니고, 8세에는 2만 개, 18세에는 6만 개, 그리고 성인들은 보통 10만 개의 어휘를 지닌다(Carey, 1978). 학령기의 읽기학습은 어휘와 문해발달에 크게 기여한다.

학령기 아동들은 개별적인 언어 정보를 통합하여 의미를 추론해내는 의미론적 통합에도 점차 능숙해진다. 의미론적 통합이 가능해지면서 실제 발화에는 드러나지 않는, 상대방 말의 숨은 의미도 탐지할 수 있게 된다. 이러한 능력의 발달은 상위언어적 인식의 증가와 관련된 것으로 추정된다(Casteel, 1993).

상위언어적 인식
metalinguistic awareness
언어 및 언어의 속성에 대한 지식

상위언어적 인식은 언어와 그 속성에 대한 지식을 말한다. 이러한 인식은 언어학습에서 중요한 역할을 하며, 이후의 어휘, 문법, 읽기의 발달을 돕는다(Smith & Tager-Flusberg, 1982). 유아기 후반에도 이러한 인식이 일부 나타나기는 하지만 보다 완전한 인식은 아동의 인지가 발달하고 읽기, 쓰기 같은 학교교육이 이루어지는 학령기가 되어야 나타나기 시작한다. 8세가 되면 아동들은 어떤 문장의 의미가 거짓이건 엉터리건 간에 그 문장의 문법적 정확성을 제대로 판단할 수 있다. 예를 들어, "먼지가 나를 깨끗하게 한다."는 의미가 엉터리지만 문법에는 맞는 문장이라는 것을 이해한다. 상위언어적 인식은 학령기 아동들의 단어 정의, 농담, 수수께끼, 은유를 이해하는 능력에서도 뚜렷이 드러난다.

(3) 의사소통기술의 발달

성숙한 의사소통에는 상대가 잘 모르는 내용도 효율적으로 전달하는 능력이 필요하다. 학령기 초반에 의사소통기술은 크게 발달한다. 4~10세 아동들을 대상으로 한 실험(Krauss & Glucksberg, 1977)에서, 서로를 볼 수 없게 칸막이가 있는 테이블에 앉은 두 아동에게 각각 추상적인 무늬가 그려진 나무토막 세트를 제공했다(그림 10-4). 한쪽에 앉은 아동이 하나의 나무토막 무늬를 맞은편의 또래에게 설명하면, 그 또래는 해당 나무토막을 찾아내야 했다. 8~10세 아동들은 상대가 자신의 나무토막을 볼 수 없다는 사실을 고려하며 알아듣게끔 설명했지만, 그보다 어린 유아들은 자신만 알아듣게 설명했다.

이러한 발달차는 인지기술과 사회언어적 지식의 차이에 기인한다. 유아들은 아직 효율적인 의사소통 방법을 잘 모르고 인지적으로도 미숙하다. 물론 유아

그림 10-4
의사소통 실험
출처: Krauss와 Glucksberg(1977)

들도 듣는 사람의 나이에 따라 자신의 말을 조정할 수는 있지만 대체로 듣는 이의 특성에 민감하지 못하다. 이러한 민감성은 학령기에 증가한다. 학령기에는 자기중심성의 감소와 역할수용능력 및 사회언어적 지식의 증가로 다양한 상황과 요구에 맞춘 보다 성숙한 의사소통기술을 갖게 된다(Hoff, 2014).

한편, 의사소통에서는 듣는 사람도 말하는 사람과 마찬가지로 정보의 부적절함과 모호함에 민감해야 하고, 상대의 말이 부적절했을 때는 이를 인식하고 반응해야 한다. 6, 7세에는 문제가 있는 정보를 스스로 알아채기는 어렵지만 문제를 지적받으면 수정할 수 있다. 학령기와 청소년기를 거치며 아동은 자기가 들은 말의 내용을 추적하여 모호성을 탐지하고 말한 사람에게 명확히 해달라고 요구하는 등 의사소통능력이 더욱 향상한다(Ackerman, 1993).

4. 이중언어의 발달

이중언어
bilingual
두 언어에 유창한 것

오늘날 전 세계적으로 60% 이상의 아동들이 둘 이상의 언어를 말하는 이중언어자로 자란다(Marian & Shook, 2012). 과거 1960년대 이전의 연구들은 이중언어 아동이 단일언어 아동보다 언어이해력이 낮다는 연구결과에 기초하여 어릴 때

둘 이상의 언어를 가르치는 것이 발달을 저해한다고 결론 내렸다. 그러나 이들 연구는 소득수준 같은 가외변인을 제대로 통제하지 않았거나 혹은 사용한 검사도구가 타당도 문제를 지니는 등 방법론적 결함이 있었다(Diaz, 1983). 이후에 보다 잘 통제된 연구들은 이러한 과거의 결론이 사실이 아니라는 것을 보여주었다.

실제로 어린 아동에게 두 언어를 동시에 가르치는 것은 단점보다 장점이 훨씬 더 많다(Bialystok, 2015, 2017). 3세 이전에 두 언어에 동시에 노출된 동시적 학습자들은 두 언어에 모두 유창해질 가능성이 크다. 그러나 모국어를 먼저 배운 다음에 제2언어를 배운 순차적 학습자는 학습 시기에 따라 그 결과가 달라진다. 즉, 늦어도 학령기 초반부터 배우기 시작한 학습자는 제2언어를 비교적 쉽게 습득하고 원어민처럼 발음할 수 있다. 그러나 학령기 후반이 되어서야 뒤늦게 배우기 시작한 학습자는 유사한 소득수준 가정의 단일언어 또래들보다 두 언어 모두에서 언어능력이 뒤처지는 것으로 보고되었다(Genesee, & Nicoladis, 2007).

이중언어 학습이 발달 초기에 시작되면 아동들은 단일언어 또래들과 거의 같은 시기에 언어적 발달지표에 도달한다(Bialystok, 2017). 게다가 이중언어 아동들은 단일언어 아동들보다 문법과 의미의 오류를 더 잘 포착하고, 같은 물건이 언어마다 다른 이름으로 불린다는 것을 알기에 언어의 상대적 속성을 더 잘 이해하는 등 상위언어 능력도 뛰어나다(Genesee, & Nicoladis, 2007). 이 외에도 작업기억 용량, 주의력 통제, 실행 기능, 추론 같은 여러 인지적 기능에서도 앞선다(Bialystok, 2015). 따라서 어릴 때 이중언어 학습은 언어적, 인지적 발달에 도움이 된다고 볼 수 있다.

최근의 연구들은 어릴 때부터 학교 교육에서 이중언어나 제2언어를 가르치는 것이 단점보다 장점이 훨씬 더 많다는 것을 보여주었다.

정리해 봅시다

1. 언어란 무엇인지 정의해보자.
2. 언어발달의 이론들이 유전과 환경의 영향을 어떻게 설명하고 있는지 비교해보자.
3. 언어의 뇌 신경학적 기반을 설명해보자.
4. 영아기부터 아동기 전반에 걸친 언어발달과정을 설명해보자.
5. 아동의 언어발달을 돕기 위한 환경은 어떠해야 하는지 생각해보자.

CHAPTER 11
정서발달

1. 정서
2. 기질
3. 애착

11

정서발달

정서는 긍정 또는 부정적인 내적 경험, 생리적 신체 반응, 정서에 대한 인식과 사고, 그리고 얼굴 표정과 행동의 변화를 포함한다. 정서는 생의 초기부터 발달한다. 영아와 부모와의 정서적 관계는 영아가 이후 다른 사람들과 관계를 형성하는 데에 영향을 미친다. 이 장에서는 아동의 정서 발달, 정서적 반응 양식인 기질, 그리고 정서적 유대인 애착 발달에 대해 살펴볼 것이다.

기능주의자 관점
functionalist approach
정서의 주요한 목적이 사회 환경 속에서 다른 사람과의 관계를 형성, 유지, 조절하는 것이라고 주장함

1. 정서

개별정서이론
discrete emotions theory
정서는 생물학적, 선천적으로 나타나며 개별 정서마다 특정한 얼굴 표정과 신체적 표현이 나타난다고 주장함

정서를 보는 관점은 기능주의와 개별정서이론으로 나눌 수 있다. 기능주의자 관점은 다른 사람과 관계를 형성하는 데에 관여하는 정서의 역할과 사회적 기능을 강조한다. 정서는 선천적이지만 인지발달과 사회 경험이 증가하면서

정서를 나타내는 아기들의 얼굴 표정은 선천적이고 문화에 관계 없이 보편적이다.

맥락에 맞게 표현되고 정교화된다. 따라서 대인관계를 통해 정서 표현에 대한 사회적 기준을 학습하는 것이 필요하다(Campos et al., 1994). 개별정서이론은 특정 정서를 경험할 때 나타나는 얼굴 표정과 신체 반응이 모든 사람에게 보편적이라는 것을 강조한다. 각 정서는 문화나 사회 경험에 관계없이 특정한 시기에 유사한 형태로 나타난다(Izard, 1991). 이러한 사실은 정서가 생물학적으로 프로그램된 선천적인 것이라는 주장을 뒷받침한다.

1) 정서의 기능

정서는 개인이 경험하는 느낌을 다른 사람에게 전달하는 의사소통 기능을 가지고 있다. 생의 초기에 나타나는 영아의 정서는 부모의 행동에 영향을 미친다. 영아가 괴로운 울음소리를 내면, 부모가 영아에게 가까이 간다. 영아가 미소나 흥미를 보이면 부모는 영아가 같이 놀고 싶어 한다고 생각할 수 있다. 이처럼 정서는 부모가 영아의 요구에 반응하도록 하는 기능을 한다. 정서는 또한 사회적 거리를 조절하고 환경을 통제한다. 분노는 낯선 사람이 다가오지 못하게 하고 일정한 거리를 유지하게 하는 반면, 울음이나 슬픈 표정은 다른 사람의 주의를 끄는 역할을 한다.

2) 정서 표현의 발달

Izard(1993)는 영아를 다양한 상황에서 관찰하고 정서 표현이 어떻게 나타나는지 제시했다. 영아가 손에 얼음을 쥐었을 때, 가지고 있던 장난감을 빼앗겼을 때, 멀리 떨어져 있던 어머니가 영아에게 가까이 다가왔을 때 등의 상황에서 영아의 표정을 녹화하여 정서적 표현을 알아보았다. 성인들에게 녹화된 영상을 보여주고 영아가 어떤 정서를 표현하고 있는지 질문했다. 그 결과 대부분의 성인들이 영아의 얼굴 표정을 유사하게 해석했다. 그러나 성인들은 긍정적 정서는 쉽게 구별하였으나 부정적 정서를 구별하는 데는 상대적으로 많은 오류를 보였다. 영아들은 다양한 정서를 표현하고 각 정서의 얼굴 표정은 연령이 증가할수록 뚜렷해지는 경향이 있다.

영아기 동안 특정 정서가 각각 다른 시기에 나타난다. 신생아는 출생 이후 흥미, 고통, 혐오, 만족감 등을 표현한다. 2개월에서 7개월까지 기쁨, 슬픔, 화남, 두려움, 놀람 등의 일차정서가 나타난다. 일차정서는 정상발달을 보이는 모든 영아에게서 비슷한 시기에 나타나는 선천적인 정서이다. 일차정서는 문화에 관계없이 누구나 얼굴 표정을 보고 어떤 정서인지 구별이 가능하다(Izard, 1982, 1993). 일차정서는 환경적 맥락에 맞게 구별되어 나타난다. 영아들은 자신이 어떤 사물을 통제할 수 있다는 것을 깨닫고 놀라움과 기쁨을 나타낸다. 영아가 다리를 움직일 때 모빌이 움직이면 즐거운 소리를 내는 것을 볼 수 있다. 만약 영아가 이 물건을 통제하는데 방해받으면 분노 또는 슬픔을 나타낸다(Lewis et al., 1990).

일차정서(기본정서)
primary(*or* basic) emotion
출생 시부터 생후 첫 해 동안 나타나는 선천적인 정서로 기쁨, 분노, 슬픔, 혐오, 만족 등이 이에 해당함

이차정서라고 불리는 정서들은 인지와 자아가 발달함에 따라 나타난다. 당황, 수치, 부러움, 자부심 등은 주로 생후 1년 이후에 나타나며 더 복잡한 표현 형태를 보인다. 이차정서는 자의식적인 정서이기 때문에 자아인지 발달, 타인과 자신의 비교, 행동의 원인에 대한 이해 등이 선행되어야 나타날 수 있다. 이처럼 이차정서는 타인과의 다양한 상호작용에 영향을 받는다. 특히 이차정서는 일차정서와 다르게 얼굴 표정만 보고 어떤 정서인지 알기 어렵다. 이차정서는 두 가지 정서의 혼합된 표정으로 나타나거나 얼굴 표정보다 신체적 행동으로 표현되기도 한다. 아동들은 수치심을 느낄 때 얼굴을 가리거나 볼을 감싸는 행동을 보인다.

이차정서(복합정서)
secondary(*or* complex) emotion
주로 1세 이후에 나타나는 자의식적인 또는 자기 평가적인 정서로 인지 및 자아발달에 의존함

정서표출규칙
emotion display rule
정서를 언제 어떤 상황에서 표현할 수 있는지 또는 하지 말아야 하는지에 대한 사회문화적인 규칙

수치심, 죄책감 등의 이차정서는 얼굴 표정 외에 신체적 표현을 수반한다.

인지가 발달하고 사회적 경험이 늘어날수록 아동들의 정서 표현은 정교화된다. 모든 사회는 구성원들이 언제 어떤 상황에서 정서를 표현할 수 있는지, 또는 표현하지 말아야 하는지에 대한 암묵적인 기준을 가지고 있다. 이를 정서표출규칙이라고 한다. 아동들이 정서표출규칙을 습득하면 이 규칙에 따라 행동하려고 하기 때문에 정서 표현의 형태나 강도가 달라질 수 있다. 또한 상황에 따라 정서 표현을 억제할 수 있다. 따라서 정서표출규칙을 습득하면 정서 표현이 정교화됨과 동시에 정서 조절이 함께 발달한다.

3) 정서 이해의 발달

정서 해석의 발달

아동들이 언제부터 다른 사람의 정서 표현을 인식하고 이해할 수 있을까? 영아들이 어머니의 기분을 아는 것처럼 행동하는 것을 흔히 관찰할 수 있다. 3개월 된 영아들은 어머니의 얼굴 표정에 따라 다르게 반응했는데 어머니가 웃으면 영아들도 따라 웃고, 어머니가 화난 표정을 지으면 영아들도 괴로운 반응을 보였다(Haviland & Lelwica, 1987). 이처럼 아주 어린 영아들도 어머니의 기쁨, 슬픔, 분노 등을 구별할 수 있다.

정서 이해능력은 6개월 이후 더욱 발달한다. 1세 미만의 영아들도 어머니의 얼굴 표정을 보고 낯선 물체가 무엇인지 판단할 수 있다. 처음 보는 이상한 물체가 나타났을 때 어머니가 미소를 보이면 이 물체를 무서워하지 않았지만, 어머니가 험악한 표정을 보이면 영아들은 이 물체를 두려워하고 회피하는 모습을 보였다. 영아들이 새로운 장난감을 한참 가지고 놀다가 어머니의 얼굴을 쳐다보는 경우가 있는데 이것은 영아가 어머니의 정서적 반응을 보고 자신의 행동을 평가하려는 사회적 참조로 볼 수 있다(Klinnert et al., 1986). 애매한 상황일수록 사회적 참조가 더 많이 나타난다.

이처럼 영아의 정서이해가 발달할수록 자신의 행동을 선택하거나 자신의 판단을 확인받기 위해 어머니와 또래의 정서로부터 정보를 얻는 경향이 증가한다. 또한 정서적 경험에 대해 가족과 대화를 많이 하는 영아일수록 다른 사람의 정서를 더 정확하게 이해할 수 있다(Dunn et al., 1991). 유아기 이후에는 가정뿐 아니라 학교, 이웃, 지역사회 등으로 사회관계가 확장되면서 정서 이해가 꾸준히 발달한다.

정서 원인과 양가정서 이해의 발달

4~5세의 유아들은 또래가 왜 화가 났는지 또는 왜 슬픈지 정서의 원인을 추측하고 이해할 수 있다. 이 시기에는 정서의 원인을 내적인 것보다 외적인 것으로 생각한다. 어떤 아이가 우는 것은 장난감을 빼앗기거나 넘어졌기 때문이라고 생각하고 '그래서 슬퍼'보다는 '그래서 울어'라고 행동 중심적인 대

답을 하는 경향이 있다.

학령기 아동들은 정서의 원인을 이해하기 위해 외적인 단서와 내적인 단서를 모두 사용한다(Denham, 1998). 다른 아동이 우는 이유가 아끼던 물건을 잃어버려서 서운하고 슬픈 마음이 들기 때문이라고 대답할 수 있다. 양가적 정서의 이해 역시 아동기에 발달한다. 반대되는 둘 이상의 정서를 동시에 경험한다는 것을 이해하기 때문에 슬프면서도 기쁠 수 있고, 기뻐도 울 수 있다고 생각한다. 서로 상반되는 정서가 어떻게 표현되는지 얼굴 표정과 행동, 언어와 상황적 단서들을 종합하여 다른 사람의 정서를 해석한다(Denham, 1998; Friend & Davis, 1993).

4) 정서 조절의 발달

아동이 정서를 억제하기 위해 사용하는 책략은 다양하다. 무조건 참을 수도 있고 다른 생각을 하면서 기분을 바꾸려고 시도할 수도 있다. 예를 들어, 생후 1년경의 영아들이 앞뒤로 몸을 흔들거나 물건을 깨물면서 정서적 각성을 감소시키는 모습을 볼 수 있다. 1~2세 영아들은 화가 나서 소리 지르는 것을 참으려고 눈살을 찌푸리거나 입술을 굳게 다물기도 한다. 이처럼 정서 표현을 억제하는 것을 정서 통제라고 한다. 정서 통제는 정서 조절과 유사어로 쓰이지만 정서 조절은 정서 표현을 다른 방식으로 바꾸거나 정서의 강도를 낮추어 표현하는 등의 조절적 책략을 포함한다(Gross, 2008; McRae & Gross, 2020).

정서 통제
emotion control
정서 표현을 억제하고 정서를 드러내지 않는 것

정서 조절
emotion regulation
어떤 목표를 성취하기 위해 정서의 강도나 표현 방식을 바꾸는 것

정서 통제나 조절은 주로 부정적 정서를 경험할 때 더 많이 요구된다. 정서 조절을 위해 다양한 책략들을 사용할 수 있지만 불쾌한 정서를 통제하려고 다른 일을 생각하는 인지적 책략은 영아들이 사용하기 어렵다. 인지적 정서 조절 책략은 유아기가 되어야 나타나는 경향이 있다. 2~6세 유아들은 불쾌한 정서로부터 관심을 돌리고 즐거웠던 다른 일을 생각하면서 정서를 바꿀 수 있다(McCoy & Masters, 1985; Thompson, 1994). 이 시기에 부모들은 유아들이 짜증을 낼 때 재미나는 이야기를 해주면서 유아들이 다른 생각을 하도록 유도할 수 있다.

앞서 언급한 대로 정서표출규칙을 획득하면서 정서 조절이 함께 발달한다. 어린 아동들은 한 문화나 사회의 정서표출규칙에 따라 정서를 억제해야 하는

상황을 종종 경험한다. 3세 유아들은 부모가 열지 말라고 금지한 선물 상자를 열어보고 자신이 좋아하는 장난감을 발견했을 때 감정을 드러내지 않고 열어본 적이 없다고 거짓말을 할 수 있다(Lewis et al., 1989; Ruffman et al., 1993). 그러나 유아들은 정서 표현을 통제하거나 조절하는 데에는 아직 서툰 편이다.

사진 속 유아와는 다르게 학령기 아동들은 좋아하지 않는 선물을 받았어도 정서표출규칙에 따라 실망감을 크게 드러내면 안된다는 것을 안다.

연령이 증가하면서 학령기 아동들은 사회적으로 금지된 정서표출규칙을 더 잘 알기 때문에, 상황에 맞게 정서를 조절하거나 억제하는데 능숙해진다. 아동들은 자신이 좋아하지 않는 선물을 받았을 때도 실망스러운 감정을 바로 드러내지 않고 애써 감추는 모습을 보인다. 그 이유는 선물을 준 사람에게 싫은 표정을 짓는 것이 무례한 일이라고 생각하기 때문이다. 이처럼 학령기가 되면 다른 사람에게 선물을 받았을 때 어떻게 행동해야 하는지에 대한 사회적 기준에 맞추어 정서 표현을 조절한다(Harris, 1989; McDowell et al., 2000).

5) 정서 능력

정서 능력은 정서 인식, 정서 표현, 정서 이해, 정서 조절을 포함하는 포괄적 능력들을 통칭하는 의미이다. 좋은 대인관계를 형성하기 위해서는 자신과 타인의 정서를 다루는 여러 가지 능력이 요구되기 때문에 학자들(Eisenberg et al., 1998; Saarni, 1999)은 정서 능력을 사회적 유능성의 지표로 강조했다. 정서 능력은 인지적 요소를 많이 포함한다. 정서를 변별하고 이해하고, 정서의 원인을 추론하는 것은 인지 능력과 관련이 있다. 지능지수인 IQ와 대응되는 개념으로 정서 지능의 지표인 감정(정서)지수 EQ를 제시하기도 한다(Goleman, 1995; Mayer & Salovey, 1993).

정서 능력
emotional competence
정서를 인식하고, 적절하게 표현하고, 정서의 의미와 원인을 이해하고 맥락에 맞게 정서를 조절하는 등의 정서와 관련된 포괄적 능력

정서 능력의 구성요소에 대해서는 여러 가지 의견이 있지만 공통적으로 정서 표현 능력, 정서 이해 능력, 정서 조절 능력, 정서적 공감 능력, 정서에 대한 자아효능감의 경험 등을 들 수 있다(Saarni, 1999). 정서적 자아효능감은 자신이 스스로 부적 정서나 좌절을 잘 극복하고 정서를 잘 다룰 수 있다는 개

인의 신념이다. 아동기부터 정서적 문제해결을 통해 발달한다. 정서 능력은 부정적 정서뿐 아니라 긍정적 정서를 다루는 능력도 해당한다(Caprara et al., 2008). 기쁨이나 행복감을 표현하는 것은 좋은 일이지만, 다른 사람의 기분이나 주변 상황을 고려하지 않으면 적절하지 못한 표현이 될 수 있다.

2. 기질

어떤 아기는 활동적이고 명랑하고, 또 다른 아기는 조용하고 순하다고 설명하는 것은 개인의 고유한 속성을 언급하는 것이다. 기질은 한 개인이 가지는 정서적 반응의 지속적이고 안정된 속성을 말한다. 즉, 기질은 개인의 타고난 안정된 정서적 반응양식이다.

1) 기질의 특성

기질
temperament
개인의 타고난 안정된 속성으로 생리적 기능과 정서적 반응양식에서의 개인차를 반영함. 성격의 근원이 됨

기질은 영아가 가지고 태어난 안정된 속성이며 선천적인 생리적 기능에서의 개인차와 관련된다. 쌍생아와 입양아 연구에서 지능, 성격, 정신병리적 특성이 서로 일치하는 정도가 이란성 쌍생아들이나 입양 형제들의 경우보다 일란성 쌍생아들에게서 높게 나타난다(Buss & Plomin, 1984; Plomin et al., 1994). 이를 통해 기질에 대한 유전의 영향을 알 수 있다. 그러나 기질의 유전적 영향은 연령이 증가할수록 감소한다. 영아가 성장하면서 겪는 경험에 의해 기질이 환경에 적응하는 방향으로 변화한다. 따라서 영아기의 기질적 특성이 사회적 경험과 상호작용하면서 성인기의 성격을 형성한다.

기질과 환경과의 상호작용은 양방향적이다. 환경이 기질에 영향을 주기도 하지만 기질에 따라 환경이 달라지기도 한다. 이러한 증거는 유전자형의 적소 선택에서 찾아볼 수 있다(Scarr & McCartney, 1983). 예를 들어, 선천적으로 친화력이

높은 기질을 가지고 태어난 영아들은 다른 사람들과 더 많이 접촉하려고 시도하면서 사교적 환경을 추구할 수 있다. 주변의 어른들도 웃지 않는 영아보다 더 잘 웃는 기질을 가진 영아들에게 더 자주 반응한다. 즉, 기질에 따라 다른 환경적 반응을 얻게 된다.

2) 기질의 구성요소와 유형

(1) 기질의 구성요소

어떤 영아들은 태어나자마자 팔과 다리를 크게 흔들며 몸을 이리저리 움직이는 활동적인 모습을 보인다. 어떤 자극을 받았을 때 강하게 반응하는 영아들이 있고, 긴장하는 모습을 보이는 영아들도 있다. 배고플 때 얼굴과 온몸이 빨갛게 될 정도로 계속 크게 우는 영아가 있는가 하면, 같은 상황에서도 조용하고 차분한 영아들이 있다. 이와 같은 개인차를 측정하기 위해 학자들은 1950년대부터 기질의 구성요소를 연구했다.

Schaffer와 Emerson(1964)은 생후 18개월 동안 영아들을 관찰하여 부모와 다른 사람들에게 잘 안기고 친밀한 신체적인 접촉을 즐기는 영아와 선천적으로 사람을 피하고 잘 안기지 않는 영아가 뚜렷이 구분된다고 하였다. 행동유전학자인 Buss와 Plomin(1975, 1984)은 정서성, 활동성, 사회성의 세 가지를 선천적인 기질의 구성요소로 제시했다.

Thomas와 동료 연구자들(Thomans & Chess, 1957. 1977; Thomas et al., 1970)은 1956년에 141명의 중산층과 95명의 저소득층 영아, 조산아(68명)와 장애 영아(52명)를 대상으로 생후 2~3개월부터 연구를 시작하여 약 30년 동안 뉴욕종단연구(New York Longitudinal Study)를 수행했다. 기질의 9가지 범주에 대한 영아의 행동특성을 관찰, 심리검사, 부모 및 교사 인터뷰 그리고 설문으로 평가했다. 그 결과 기질의 9가지 범주를 제시했다. 그 범주는 활동수준, 생리적 기능이나 행동의 규칙성, 새로운 자극에 대한 접근 또는 회피성, 적응력, 반응을 일으키는 데에 필요한 반응 역치, 반응 강도, 일반적인 기분상태, 산만성, 주의 지속 및 지구력이다. Rothbart와 Bates(1998)는 기질을 선천적인 기반을 둔 개인차로 정의하고 회피와 위축, 부적 정서성, 긍정적 정서, 활동 수준, 주의의 지속성, 규칙성 등의 6가지를 대부분의 학자들이 공통적으로 제시하는 기질의 핵심 요소로 보았다. 이 요소들을 평가하기 위해 영아용과 아동용 기질 설문지를 개발했다.

(2) 기질 유형

순한 기질
easy temperament
규칙적인 생리적 리듬을 가지고 있으며 일반적으로 명랑하고 새로운 상황에 쉽게 적응함

까다로운 기질
difficult temperament
생리적 리듬이 불규칙하며 새로운 상황에 적응하기 어렵다. 반응이 일반적으로 강하고 부정적인 경향을 보임

적응이 느린 기질
slow-to-warm-up temperament
환경적 자극에 대하여 활발한 반응을 보이지 않음. 약간은 불안하고 부정적인 상태를 나타내며 새로운 환경에 적응하는 데 시간이 오래 걸림

Thomas와 연구자들은 위에서 언급한 기질의 9가지 범주를 통해 영아들을 세 가지 유형으로 구분했다. 첫째는 순한 기질의 영아다. 이 유형의 영아들은 식사, 수면, 배변 습관 등이 규칙적이었으며 다른 사람들에게 편하게 접근했다. 또한, 대체로 명랑하고 다루기가 쉬웠다. 두 번째는 까다로운 기질의 영아다. 까다로운 영아들은 조금만 불편해도 강하게 반응했으며, 평상시에도 대체로 기분이 좋지 않은 모습을 보였다. 낯선 사람을 회피하고 두려워하는 성향이 높았으며 새로운 상황에 쉽게 적응하지 못했고, 식사나 수면 패턴이 불규칙적이었다. 세 번째는 적응이 느린 기질의 영아다. 적응이 느린 영아들은 새로운 상황을 접할 때 불편함과 불안을 나타냈고 새로운 변화에 적응하는 데에 시간이 더 오래 걸렸다. 그러나 시간이 오래 걸리긴 했지만 결국에는 적응하는 모습을 보였다. Thomas와 Chess(1977)는 연구에 참여한 중산층 영아의 40%가 순한 영아, 10%는 까다로운 영아, 15% 정도는 적응이 느린 영아로 분류된다고 하였다. 그러나 나머지 약 35%의 영아는 이 중 어떤 유형으로도 분류되지 않았다.

(3) 기질의 안정성

영아기의 기질이 발달에 따라 유지되는 안정적인 속성인가 하는 문제는 오랫동안 학자들의 관심사가 되어 왔다. 기질의 모든 요소들이 발달적 연속성을 보이는 것은 아니지만 특히 수줍음과 행동적 억제는 아동기 이후까지 그 특성이 어느 정도 지속되는 것으로 알려졌다. Kagan(2000, 2003)은 수줍고 겁이 많은 기질과 외향적이면서 대담한 기질을 구분하고, 낯선 사람들이나 상황에서 위축되는 것을 억제적 성향이라고 정의했다. 4개월 때 낯선 상황에서 높은

억제적 성향을 보인 영아들은 14개월과 21개월 그리고 4세 반이 되었을 때도 억제적 성향이 지속되는 모습을 보였다(Kagan & Snidman, 1991). 그러나 아동의 수줍음은 연령이 증가함에 따라 그 정도가 상당히 줄어들었다(Kerr et al., 1994; Kerr et al., 1996). 수줍은 성격이 사회적 관계를 맺고 상황에 적응하기 위해 덜 수줍은 방향으로 변화했다. 그러나 순한 영아보다 까다로운 영아가 이후 발달시기에 문제행동을 더 많이 나타내는 경향이 있었다.

행동적 억제
behavioral inhibition
낯선 사람과 상황에 대한 두려움과 스트레스로 소극적이고 위축된 모습을 보이는 기질적 특성

수줍음이 많고 낯선 사람과 상황에 회피적인 억제적 기질은 아동기까지 지속되는 경향이 있다.

3) 조화의 적합성

기질이 안정적인 속성이라면 부모는 자녀를 어떻게 양육해야 할까? 까다로운 기질과 이후 문제행동 간의 연관성이 있다고 알려졌지만 부모의 반응에 따라 발달에 차이가 나는 경우가 많다(Chess & Thomas, 1984). 특히, 부모가 자녀의 까다로운 기질을 어떻게 다루는가는 매우 중요하다. 부모들은 자녀의 까다로운 기질에 대해 분노, 당황함, 또는 우울을 느낄 수 있기 때문에 영아에게 더욱 부정적으로 반응할 수 있다. 반면 어떤 부모들은 자녀가 까다로운 영아임에도 불구하고 분노나 스트레스를 크게 느끼지 않고 자녀를 강하고 씩씩하며 도전적이라고 생각한다.

조화의 적합성
goodness-of-fit
개인의 기질과 환경적 요구가 조화를 이룰 때 가장 적절한 발달이 이루어질 수 있다는 개념

이와 같이 영아의 까다로운 기질을 긍정적으로 생각하는 부모들은 힘든 상황에서도 대체로 자녀 돌보기를 즐기고 적극적일 가능성이 높다. 그렇다고 순한 영아의 부모들이 항상 적절한 반응을 하는 것은 아니다. 일반적으로 순한 영아들은 부모나 주변 사람들로부터 웃음, 애정 등의 긍정적 반응을 더 많이 이끌어낸다. 그러나 어떤 부모들은 영아가 순하고 짜증을 내는 일이 많지 않기 때문에 영아에게 크게 주의를 기울이지 않고 내버려 두는 경우도 있다.

영아의 기질이 부모의 양육태도와 맞지 않을 때는 문제행동이 일어날 가능성이 높다. 부모는 융통성 없이 자신의 생각대로 완고하게 아동을 다루지 말아야 한다. 아동 개인의 기질적 특성을 존중하면서 그들이 행동을 이해하고 반응한다면 아동은 문제없이 잘 성장

부모가 아동의 기질을 이해하고 이에 맞게 적절하게 대응해야 한다.

할 것이다.

조화의 적합성이란 영아의 기질 유형과 물리적, 사회적 환경 간의 조화를 말한다. 부모가 영아의 기질에 부조화된 반응을 보일 때 영아와 어머니 모두에게 갈등과 긴장이 발생한다. 따라서 부모는 먼저 아동의 기질을 이해하고 개별적 특성에 맞추어 민감하고 융통성 있게 대처해야 한다(Lerner et al., 1989; Seifer et al., 2014).

3. 애착

애착
attachment
생의 초기에 형성되는 영아와 양육자 간의 친밀한 정서적 유대를 말하며 근접성을 추구하는 경향을 보임

애착은 생의 초기에 형성하는 영아와 양육자 간의 친밀한 정서적 유대이다. Bowlby(1969)는 애착 관계에 있는 두 사람이 자주 접촉하고 상호작용을 하며 거리를 가깝게 유지하려는 모습을 보인다고 하였다. 어머니와 애착이 형성된 12개월 영아는 어머니와의 접촉을 유지하기 위해 어머니가 다른 곳으로 가면 울고 매달리면서 따라가려는 행동을 보인다. 애착 대상은 다른 사람들과의 관계보다 더 특별한 의미를 가지기 때문에 영아는 애착 대상인 어머니와 함께 있을 때 더 큰 즐거움과 안정감을 느낀다.

1) 애착이론

애착에 대한 이론적 근거는 정신분석이론, 학습이론, 인지발달이론 그리고 동물행동학 등에서 찾을 수 있다.

(1) 정신분석이론

Freud는 구강기의 영아들이 빨기 같은 구강 활동을 통해서 만족을 얻으

며 구강에 만족을 주는 존재에게 애착을 느낀다고 보았다. 어머니의 젖을 먹을 때 영아는 구강의 만족과 쾌락을 경험한다. 따라서 어머니가 영아에게 특별한 애정의 대상이 되는 것은 자연스러운 일이다. 심리사회이론을 제시한 Erikson은 어머니의 수유가 영아의 애착과 정서적 안정감을 형성하는 데 큰 영향을 주며, 아동의 욕구에 대한 어머니의 반응성이 애착형성에 중요하다고 하였다. 영아의 욕구에 어머니가 빠르고 일관성 있게 적절한 반응을 보이면, 영아들은 어머니에게 신뢰감을 형성할 수 있다. 이렇게 형성된 신뢰감은 이후 발달에 영향을 주게 된다. 반대로, 영아에게 반응하지 않거나 일관성 없는 반응을 보이는 어머니는 불신감을 심어줄 것이다.

(2) 학습이론

학습이론에서는 조건화와 강화의 원리를 통해 애착이 형성되는 과정을 설명한다. 어머니의 수유는 영아에게 즐거움을 주는 자극이다. 영아는 이러한 자극을 통해 어머니를 즐거움의 대상으로 조건화한다. 영아를 안고 수유할 때 신체적 접촉은 영아에게 따뜻함, 편안함, 부드러움과 같은 심리적 안정감을 제공한다. 수유를 통한 어머니와의 따뜻한 접촉은 이차 강화원이 되어 어머니와의 애착을 형성하게 된다.

접촉과 애정의 중요성은 원숭이 연구를 통해서도 밝혀졌다. 새끼 원숭이들을 출생 후 어미와 격리시켜 몇 달 동안 분리된 우리에서 키웠다. 이 우리 안에는 철사로 된 몸통에 어미 원숭이의 얼굴 모형을 붙인 대리모 모형 두 개를 두고 새끼들이 배고플 때 젖을 얻을 수 있는 인조 젖꼭지를 설치했다. 두 개 중 한 개의 대리모 모형은 철사로 된 몸통을 부드러운 천으로 감싸두었다. 새끼 원숭이들의 절반은 천으로 싸인 모형으로부터 젖을 먹었고 다른 절반은 철사 모형으로부터 젖을 먹었다. 그러나 새끼 원숭이들은 수유를 어디서 받았던지 상관없이 부드러운 천으로 싸인 대리모 모형을 더 좋아했으며 대부분의 시간을 천으로 둘러싸인 모형을 부둥켜 안고 보냈다. 또한 새끼들이 우리 안에서 처음 보는 새

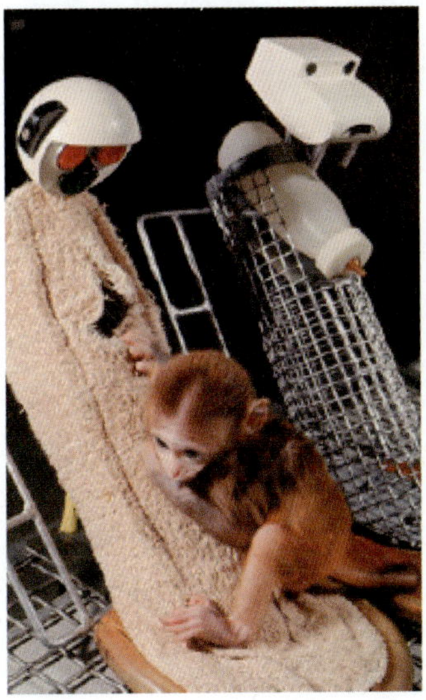

접촉과 애정에 대한 Harlow의 원숭이 실험
출처: Berk(2019)

로운 자극이 나타났을 때 철사가 아닌 천으로 싸인 대리모 모형에게 달려갔다(Harlow & Zimmerman, 1959). 새끼들은 부드러운 천의 접촉에서 정서적 따뜻함을 경험하는 것 같았다.

이와 같이, 생존에 필수적인 수유나 음식의 제공은 양육자에 대한 영아의 애착 형성에 결정적인 요소가 아니다. 애착에 더 중요한 것은 수유나 생물학적 욕구의 충족이 아니라 따뜻한 애정적 경험과 어머니의 반응성이다. 영아들은 반응성이 높고 자극을 충분히 제공하며 영아와 자주 상호작용하고 신체적, 언어적 애정을 표현하는 양육자에게 친밀한 애착을 형성한다(Schaffer & Emerson, 1964).

(3) 인지발달이론

인지발달이론에서는 지각과 인지발달이 애착 형성의 필수적 조건임을 설명하고 있다. 애착이 형성되려면 우선 영아가 낯선 사람과 친숙한 사람을 구별할 수 있어야 한다. 영아들은 친숙한 대상과 관계에 대한 인지적 도식을 형성하며 이 도식과 새로운 자극을 비교할 때 여러 가지 정서적 반응이 나타난다.

낯가림
stranger anxiety
낯선 사람의 접근에 불안해하거나 피하는 경향

우선, 낯가림은 영아가 친숙한 양육자에 대한 인지적 도식을 형성했다는 증거이다. 낯선 사람의 얼굴이 영아가 가지고 있는 친숙한 도식에 어긋날 때 두려움이나 불안을 나타낸다(Kagan, 1972). 낯가림은 양육자에 대한 도식이 형성되는 시기와 유사하게 7~10개월에 최고조를 이루다가 점차 감소한다(Kagan et al., 1978; Schaffer, 1977). 그러나 모든 영아가 처음 보는 사람에게 낯가림을 보이는 것은 아니고 우호적인 반응을 보이는 경우도 있다.

분리 불안
separation anxiety
애착대상과 분리되었을 때 보이는 불안하고 괴로운 반응

분리 불안 역시 낯가림과 마찬가지로 인지적 도식의 발달과 관련이 있다. 영아들은 사람뿐 아니라 장소에 대해서도 도식을 형성한다(Kagan, 1972, 1976). 따라서 영아들은 도식에 맞는 친숙한 장소에 있을 때는 불안감이 적지만, 도식에 맞지 않는 낯선 장소에서는 높은 불안감을 나타낸다. 예를 들어, 어머니가 10개월 된 영아를 거실에 남겨둔 채 주방으로 가도 영아가 큰 불안함 없이 놀이를 계속하는 모습을 볼 수 있다. 이때 영아는 주방이라는 장소에 어머니가 있다는 도식을 가지고 있기 때문에 분리 불안이 나타나지 않는다. 그러나 어머니가 지갑을 들고 집 밖으로 나가려고 하면, 영아는 어머니가 어디 가는지 알 수 있는 도식이 없기 때문에 불안해한다.

대상영속성 개념을 획득하면 영아는 양육자가 보이지 않는 곳에 있어도 안정적인 관계를 유지할 수 있다. 대상영속성은 6개월 이후에 발달하기 시작하며 대부분의 영아들이 18~24개월 사이에 대상영속성을 획득한다. 대상영속성이 발달하기 시작하는 시기에 낯가림과 분리 불안이 나타난다. 대상영속성이 전혀 발달하지 않은 영아들에게서는 분리 불안이 나타나지 않는다(Lester et al., 1974). 분리 불안은 대상영속성을 완전히 획득하는 20개월 전후에 가장 높아졌다가 그 이후 감소한다. 대상영속성이 나타나는 감각운동기 후반에는 내적 표상이 형성되는 시기이다. 이 시기에 아동들은 어떤 대상과 관계를 정신적으로 표상한다. 인지가 발달하면서 관계에 대한 정신적 표상을 통해 애착 관계에 대한 내적 표상이 형성되기 시작한다.

(4) 동물행동학이론

각인
imprinting
생존을 위한 선천적인 종 특유의 행동. 어린 개체가 어미에게 애착되어 따라다니는 것이 이에 속함

결정적 시기
critical period
어떤 환경적 영향이 특히 민감하게 영향을 미치는 시기. 이 시기가 지나면 다른 시기에는 환경적 요인의 영향이 적거나 거의 없음

동물행동학의 가장 중요한 가정은 인간을 포함한 모든 종이 생존하기 위한 선천적인 종 특유의 행동을 가지고 태어난다는 것이다. Bowlby(1969, 1980)는 많은 선천적 행동들이 영아와 양육자 간의 애착을 증진시킨다고 주장했다. 애착관계는 동물들이 위험으로부터 새끼를 보호하는 것 같은 생존적 기능을 가진다. Lorenz(1937)는 오랫동안 세대를 거쳐 이어져 온 선천적인 각인 현상에 결정적 시기가 있다고 언급했다. 새끼 거위는 본능적으로 알에서 깨어나 처음 본 대상을 어미로 인식하고 따라다닌다. 이러한 각인은 결정적 시기인 알에서 깨어난 후 아주 짧은 시기 동안에만 이루어지며 일단 형성되면 되돌리기 어렵다.

Lorenz의 각인
출처: www.britannica.com

인간 영아들은 거위나 다른 동물처럼 결정적 시기 동안 각인되어 어머니를 따라다니지는 않지만, 양육자와 접촉을 유지하고 보호받아 생존할 수 있는 행동 특성을 가지고 태어난다(Bowlby, 1969). 영아의 빨기, 잡기, 울기, 웃기, 옹알이와 같은 선천적 반응은 양육자의 시선을 끌고 돌봄을 받게 한다. 성인들 또한 영아나 어린 아동의 반응에 대응하는 선천적인 기제를 가

지고 있다. 학습한 적이 없어도 성인들은 영아가 우는 것을 무시하지 않고 달래거나 위로하려는 행동을 보인다. 이처럼 영아와 양육자는 서로에 대한 선천적 반응성 때문에 애착을 형성한다.

Bowlby(1969)와 Lorenz(1943)는 영아가 주변 사람들로부터 애정을 이끌어내는 몇 가지 특징을 가지고 태어난다고 주장했다. 인간뿐 아니라 동물의 새끼들은 귀여운 인형(큐피 인형)과 같은 모습을 가지고 있다. 큰 머리, 오동통한 뺨, 전체적으로 부드럽고 동글동글한 모습이 사람들로 하여금 영아들을 귀엽고 사랑스럽게 생각하도록 하며 이를 큐피인형효과라고 한다(그림 11-1). 신생아가 보이는 반사행동 역시 생존을 위한 선천적 행동으로 볼 수 있다. 빨기 반사, 파악 반사는 양육자의 주의를 끌고 영아 가까이에 머물게 한다(Bowlby, 1969). 영아의 미소나 옹알이도 양육자에게 의미 있는 중요한 신호로 인식되어 양육 행동을 강화한다.

큐피인형효과
kewpie doll effect
아기의 귀엽고 사랑스러운 얼굴 특징이 다른 사람들의 호의적인 반응을 유도한다는 생각

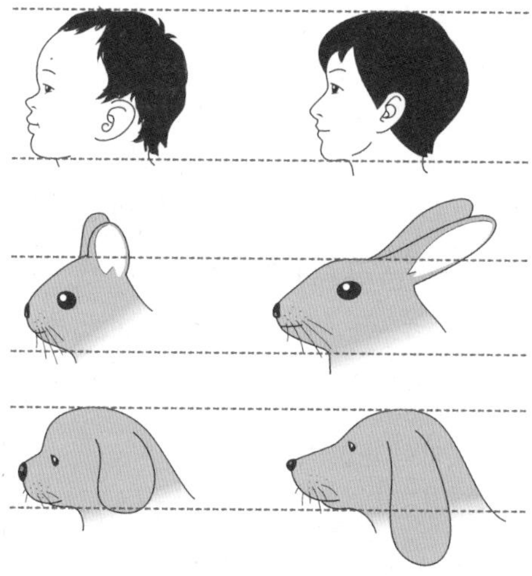

그림 11-1
큐피인형효과
출처: Shaffer(2005)

(5) Bowlby의 애착이론

Bowlby(1969, 1980)는 앞서 언급된 여러 가지 이론들을 바탕으로 애착이론을 제시했다. 인간의 애착은 동물처럼 본능적으로 아주 짧은 결정적 시기에 형성되지 않는다. 생의 초기부터 양육자와의 상호작용을 통해 천천히 형성되기 시

작하며 이후 애착 관계에 대한 표상이 형성된다. 그러나 애착에 대한 표상이 각인처럼 절대 변하지 않는 것은 아니다. 애착은 발달하면서 긍정적인 대인 관계를 통해 변할 수 있다. 따라서 인간의 애착을 설명할 때는 동물과 다르게 결정적 시기가 아닌 민감기라는 용어를 사용한다.

Edward John Mostyn Bowlby (1907~1990)

양육자가 영아의 신호를 적절하게 해석하고 반응하면 영아는 양육자의 반응에 따라 자신의 행동을 조절하면서 애착을 형성한다. 만약 어머니가 산후 우울증이나 스트레스로 인해 영아의 신호를 잘 알아차리지 못하거나 적절하게 반응하지 못하면 영아와 어머니와의 애착이 제대로 형성되기 어렵다. 특히, 영아와 양육자의 동시적 상호작용이 중요하다. 영아가 어떤 것에 무관심한 상태라면 양육자도 억지로 반응하지 않고 기다리는 것이 필요하다. 영아가 쉬는 상태일 때 어머니가 계속 자극을 준다면 영아는 즐겁지 않을 것이다. 즉, 동시적으로 반응을 주고 받는 상호작용을 할 때 영아는 양육자로부터 즐거움을 경험하고 안정된 애착 관계를 형성할 수 있다.

동시적 상호작용
synchronized interaction
두 사람이 서로 상대방의 행동에 자신의 행동을 맞추고, 조절하며 적응해가는 조화로운 상호작용

한편, 영아는 양육자와의 애착 관계를 바탕으로 주변의 자극과 대상을 능동적으로 탐색할 수 있다. 어머니는 영아를 돌보고 보호하며 정서적 지지와 안정감을 주는 심리적인 기반이 되는데 이를 안전 기지라고 한다. 어머니와 함께 이웃집을 방문한 영아는 어머니가 있는지 없는지 고개를 돌려 자주 확인하면서 자기 주변을 탐색한다. 이처럼 어머니를 안전 기지로 여기는 영아는 정서적 안정감을 느끼고 환경을 적극적으로 탐색한다.

안전 기지
secure base
환경을 탐색하다가도 되돌아올 수 있고 정서적 지원을 받을 수 있는 기반으로 양육자를 생각하는 것

2) 애착발달의 단계

애착은 생후 초기부터 18개월까지 몇 단계의 발달과정을 거쳐 형성된다 (Schaffer & Emerson, 1964).

- 비사회적 단계(출생~6주): 사회적 자극과 비사회적 자극에 똑같이 긍정적 반응을 보인다. 점차 영아들은 사회적 자극을 선호하기 시작한다.
- 무분별한 애착단계(6주~6, 7개월): 이 시기의 영아들은 분명히 사람들을

좋아하지만 특정인을 구별하지는 않는다. 성인들이 영아를 안았다가 내려놓으면 칭얼대며 모든 성인에게 유사한 반응을 보인다.

- 특정대상 애착단계(7~9개월): 영아들은 특정한 사람(주 양육자 또는 어머니)에게 애착을 형성한다. 낯가림을 보이고 어머니로부터 분리되면 불안해하고 짜증을 낸다. 이러한 행동은 영아가 특정 대상에게 진정한 애착을 형성하게 되었다는 것을 알려준다. 어머니를 안전 기지로 삼아 주변을 적극적으로 탐색하는 행동이 증가한다.
- 다수 애착단계(9~18개월): 영아는 어머니와 애착을 형성한 후, 아버지, 조부모 또는 형제들에게도 애착을 형성하기 시작한다. 18개월까지 영아들은 한 사람뿐 아니라 친밀한 다수의 사람들에게 애착을 형성한다.

3) 애착 유형과 양육태도

낯선 상황
Strange Situation
영아와 양육자와의 애착을 측정하기 위해 놀이, 낯선 사람의 출현, 양육자와의 분리 및 재회 등의 8가지 에피소드로 구성된 구조적 관찰 상황

Ainsworth와 동료 연구자들(1978)은 영아들이 양육자와 애착을 형성하는 유형에 차이가 있다는 것을 발견했다. 연구자들은 낯선 상황이라는 구조적 관찰 상황을 고안하였다. 낯선 상황은 영아들이 양육자를 안전 기지로 인식하는지 알아보기 위한 8개의 순차적 에피소드로 구성되어있다(표 11-1). 진행되는 과정을 살펴보면, 맨 처음에 장난감이 있는 방에서 양육자와 영아가 놀이를 하고 있을 때 낯선 사람이 방으로 들어온다. 이렇게 셋이 있는 방에서 양육자는 방을 나가고 낯선 사람과 영아가 방에 남게 된다. 짧은 분리시간이 지나고 양육자가 방으로 다시 되돌아와서 영아와 재회한다. 재회한 뒤 양육자가 다시 방을 나가면서 영아와 한 번 더 분리된다. 이때 낯선 사람이 다시 방으로 들어와서 영아와 상호작용을 시도한다. 마지막으로 낯선 사람이 나가고 양육자가 방으로 돌아와서 영아와 재회한다.

이와 같이 낯선 상황 실험에서는 영아와 양육자 간에 두 번의 분리와 두 번의 재결합(재회)이 이루어진다. 연구자들은 낯선 상황에서 영아의 놀이 탐색활동, 낯선 사람에 대한 반응, 양육자와 분리되었을 때와 재회했을 때의 반응을 분석하여 영아의 애착유형을 한 개의 안정애착과 두 개의 불안정애착으로 분류하였다. 이

표 11-1 낯선 상황의 8가지 에피소드(Ainsworth et al., 1978)

장면번호	장면그림	등장인물	지속시간	행동기술
1		어머니, 아기, 관찰자	30초	관찰자가 어머니와 아기를 장난감과 여러 가지 놀이기구들이 있는 실험실로 인도한 후 남겨두고 나간다.
2		어머니와 아기	3분	어머니는 아기가 방안을 탐색하도록 놔둔다. 만일 아기가 아무것도 하지 않을 때는 2분이 지난 후 놀이를 하도록 격려한다.
3		어머니, 아기와 낯선이	3분	낯선이가 들어온다. 최초의 1분은 침묵, 두 번째 1분은 낯선이가 어머니와 대화, 마지막 1분은 낯선이가 아기에게 접근한다. 주어진 3분이 지나면 어머니가 조용히 방을 나간다.
4		낯선이와 아기	3분 또는 보다 짧게	첫 번째 분리장면. 낯선이의 행동은 아기의 행동에 맞추어 조정된다.
5		어머니와 아기	3분 또는 보다 길게	첫 번째 재회장면. 어머니가 아기를 반기거나 달랜 후, 아기가 다시 놀이를 하도록 도와준다. 그런 다음 어머니가 '안녕'이라고 말하며 나간다.
6		아기 혼자	3분 또는 보다 짧게	두 번째 분리장면. 아기가 실험실에 남아 있다.
7		낯선이와 아기	3분 또는 보다 짧게	두 번째 분리의 계속. 낯선이가 들어와서 아기의 행동에 맞추어 행동한다.
8		어머니와 아기	3분	두 번째 재회장면. 어머니가 들어와서 아기를 반기고 안아준다. 그 사이에 낯선이는 조용히 방을 나간다.

애착연구를 위해 낯선 상황을 고안한 Mary Dinsmore Ainsworth(1913~1999)

후 Main과 동료 연구자(Main, 1990; Main & Solomon, 1990)가 한 가지 불안정 애착 유형을 추가하여 총 네 가지 애착 유형을 제시했다.

애착 유형을 구분할 때 학자들은 먼저 구별되는 집단을 알파벳으로 나누고 이후에 각 집단의 특성에 따라 구체적인 이름으로 명명했다. 안정애착을 Type B, 불안정애착을 Type A, C, D로 정하였다. 거의 대부분의 문화에서 네 가지 형태의 애착 유형이 관찰된다(van Ijzendoorn & Kroonenberg, 1988). Ainsworth(1979)는 양육자의 반응과 행동이 영아의 애착에 결정적 영향을 준다고 믿었다. 각 애착 유형의 영아들이 낯선 상황 실험에서 나타내는 특성들과 애착 유형별 어머니의 양육태도는 다음과 같다.

안정애착
secure attachment
친밀한 애정관계를 형성하고 있고 영아가 양육자를 안전기지로 여기는 애착 관계

(1) 안정애착 (Type B)

- 영아의 행동 특성: 안정애착 유형으로 분류된 영아들은 어머니와 둘이서 능동적으로 놀이하며 주변을 탐색한다. 이 영아들은 낯선 상황 실험에서 어머니와 분리되었을 때 눈에 띄게 괴로워하지만 어머니와 재회했을 때 어머니를 매우 반기고 신체적 접촉을 시도하면서 안정되는 모습을 보인다. 영아의 약 65~70%가 안정애착으로 나타났다.
- 어머니의 양육태도: 안정애착을 형성한 영아의 어머니들은 평소에 영아와 자주 접촉하고 정서적인 표현을 했으며, 영아의 사회적 신호와 요구에 매우 민감하게 반응하는 경향이 있다. 영아들이 주변을 탐색하고 놀이할 때 이를 지지하며 애정적 경험을 제공하기 때문에 영아들은 양육자로부터 편안함과 즐거움을 느낀다.

회피애착
avoidant attachment
양육자와 분리되었을 때 분리불안을 거의 보이지 않으며 재회 시 양육자를 회피하거나 무시하는 불안정한 애착관계

(2) 불안정 회피애착 (Type A)

- 영아의 행동 특성: 불안정 회피애착으로 분류된 영아들은 놀이와 탐색에 큰 흥미를 보이지 않고 어머니와 분리되었을 때에도 큰 고통이나 스트레스를 보이지 않았다. 어머니와 재회했을 때에는 어머니와의 접촉을 피하고 회피하거나 어머니를 쳐다보지 않고 무시하는 것처럼 행동했다. 이 유형의

영아들은 낯선 사람에 대해서도 크게 불안을 나타내지 않고 반응을 보이지 않았다. 영아의 약 20% 정도가 이 유형으로 나타났다.

- 어머니의 양육태도: 불안정 회피애착을 보이는 영아들의 어머니는 두 가지 형태의 양육태도를 보이는 경향이 있다. 어떤 어머니는 영아들의 신호나 요구를 잘 알아차리지 못하거나 이를 무시한다. 어머니의 무시가 반복되면 영아는 자신이 어머니의 관심을 끌려는 노력이 소용없다고 느끼고 슬픔을 경험할 수 있다. 이처럼 어머니가 냉담하고 부정적 감정을 자주 표현하기 때문에 영아들이 결국 어머니와의 상호작용을 피하게 된다. 이러한 어머니들은 영아를 양육하는데 즐거움을 느끼지 못하고 자녀를 거부하면서 자기중심적 특성을 보인다. 한편 이와는 반대로 영아에게 열성적으로 끊임없이 말을 하거나 영아들이 원하지 않아도 지나치게 많은 과잉 자극을 주는 어머니가 있다. 이러한 어머니들이 과도하게 주는 자극을 감당하기 어려운 영아들은 상호작용을 즐거워하거나 애정을 느끼지 못하고 어머니를 회피하게 된다.

(3) 불안정 저항애착 (Type C)

저항애착
resistant attachment
양육자와 분리되었을 때 강한 불안을 보이면서도 양육자가 접촉을 시도하면 저항하는 양가적인 불안정한 애착관계

- 영아의 행동특성: 불안정 저항애착으로 분류된 영아들은 낯선 상황 실험에서 어머니와 떨어지지 못하고 붙어 있으려 하며 어머니가 옆에 있어도 탐색 활동을 잘 보이지 않았다. 어머니와 분리되었을 때 심하게 스트레스를 보였고 어머니와 재회했을 때에도 쉽게 기분을 안정시키지 못했다. 영아들은 어머니가 자기를 남겨두고 떠났던 것에 대해 화를 내면서도 어머니와 가까이 있으려는 양가적인 모습을 보였다. 따라서 어머니가 영아를 안거나 영아에게 신체적 접촉을 하려고 하면 어머니를 놓지 못하면서도 어머니를 때리고 발로 차며 분노를 표현했다. 영아들의 약 10%가 이 유형의 애착을 보였다.
- 어머니의 양육태도: 불안정 저항애착을 보이는 영아의 어머니들은 자신의 기분에 따라 일관성 없이 영아에게 때로는 애정적으로, 때로는 무관심하게 대하는 경향이 있다. 영아들은 어머니가 일관성 없이 반응하면 안정감

을 느끼지 못한다. 따라서 어머니를 유능한 양육자로 생각하지 않으며 신뢰하지 못하는 것처럼 보인다.

혼란애착
disorganized/disoriented attachment
양육자와 재결합 시 어쩔 줄 모르는 혼란한 상태를 보이며 양육자에게 다가갔다가 바로 뒷걸음질 치는 반응을 보이는 불안정한 애착관계. 불안정 회피애착과 저항애착의 특성을 모두 보임

(4) 불안정 혼란애착 (Type D)

- 영아의 행동특성: 이 유형으로 분류된 영아들은 낯선 상황 실험에서 양육자에게 다가가야 할지 회피해야 할지를 결정하지 못하고 혼란해 하는 모습을 보였다. 즉, 불안정 회피애착과 저항애착이 결합된 형태를 나타냈다. 어머니가 돌아왔을 때 영아들은 얼어붙은 모습을 보였고 어머니가 다가가면 뒷걸음질 치는 등 공포와 두려움의 반응을 보이기도 했다. 영아들의 5~10% 정도가 이 유형을 나타낸다. 혼란애착은 학대 아동들에게서 흔히 보이는 유형이다.
- 어머니의 양육태도: 혼란애착을 보이는 영아들이 양육자를 두려워하고 회피하는 이유는 양육자가 영아를 극도로 무시하거나 학대했기 때문일 것으로 추측된다. 부모로부터 수용과 학대를 되풀이해서 경험했기 때문에 때문에, 부모에게 다가가야 할지 부모를 회피해야 할지 혼란스러워 하는 행동이 나타난 것이다. 심한 우울증을 보이는 어머니의 자녀들에게서 이 유형이 나타나는 편이다.

애착은 아기와 주 양육자 사이의 친밀한 정서적 상호작용으로 이루어진다.

4) 애착 유형과 이후 발달

내적작동모델
internal working model
영아가 양육자와의 상호작용을 통해서 형성한 자기 자신, 다른 사람 그리고 대인관계에 대한 내적 표상

(1) 애착 관계에 대한 내적작동모델

생의 초기에 형성된 애착은 이후 발달에서 아동에게 어떤 영향을 미치게 될까? 영아기 이후에는 애착 관계에 대한 내적작동모델이 형성되며 생의 후기까지 지속적인 영향을 미친다. 애착에 대한 내적작동모델이란 자기 자신과 다른 사람, 그리고 대인관계에 대한 인지적 표상으로 이를 통해서 주변의 세상을 해석하고 새로운 사회관계에 대한 기대를 형성한다.

아동들은 양육자와의 지속적인 상호작용을 통해 양육자가 어떤 존재인지를 정신적으로 표상한다(Bowlby, 1988; Bretherton, 1990). 양육자가 민감하고 반응적인 태도를 보이면 아동들은 양육자를 신뢰할 수 있는 대상으로 표상한다. 또한, 양육자뿐 아니라 사람이라는 대상을 신뢰할 수 있는 존재로 믿게 된다. 그러나 무반응적이고 무감각한 양육자를 신뢰할 수 없는 존재로 표상하면 다른 사람에 대해서도 불신감을 가지게 된다. 다른 사람에 대한 표상이 형성되는 것과 동시에 영아는 자신에 대한 표상도 형성하게 되는데, 양육자가 영아에게 민감하게 반응하면 자신을 다른 사람으로부터 관심과 애정을 받을 수 있는 유능한 존재로 표상하게 된다. 또한 양육자와의 놀이나 상호작용에서 즐거움을 경험한 영아는 다른 사람과의 관계 역시 우호적으로 받아들인다. 따라서 이후 사회에서 대인관계를 형성할 때도 적극적인 모습을 보일 수 있다.

특히 중요한 점은 내적작동모델이 무의식적인 속성을 가진다는 것이다. 애착이론이 민감기를 강조한 것처럼 애착에 대한 내적작동모델이 한번 형성되면 쉽게 바뀌지 않는다. 따라서 영아기의 애착이 아동기를 거쳐 성인기까지 발달에 지속적으로 영향을 미치는 것이다.

(2) 애착의 지속성

안정애착으로 분류된 영아들은 불안정애착으로 분류된 영아들보다 유아기에 놀이에서 갈등을 잘 해결하였으며 또래들에게 인기가 있었다(Pipp et al., 1992). 안정애착으로 분류된 영아들은 또래의 욕구와 감정에 더 민감하게 반응했고 호기심과 학습 동기도 높았다. 반면 불안정애착으로 분류된 영아들은 또래들과 잘 어울리지 못했고 정서적으로도 위축된 모습을 보였다(Waters et al., 1979). 안정애착 된 영아들은 아동기에도 또래 관계에 적극적이었고 사회성이 높았다(Elicker et al., 1992).

그러나 영아기의 안정애착이 전 생애의 긍정적 사회관계를 다 보장하는 것은 아니며, 반대로 영아기의 불안정애착이 평생 동안 건강하지 못한 인생의 지표가 되는 것도 아니다(Fagot & Kavanagh, 1993). 그러나 초기 안정애착의 중요성을 과소평가해서는 안 된다. 안정애착인 영아들은 유아기에 부정적 관계를 경험하거나 적응에 다소 문제가 있더라도 다시 회복하여 아동기에 사회적응을 잘 할 가능성이 높았다(Sroufe et al.,. 1990).

5) 사회적 실조와 애착

생후 1~2년에 양육자와의 접촉이 없거나 매우 제한적이었던 영아는 애착을 형성하는데 어려움을 겪을까? 모성실조가설은 영아들이 일관되게 한 사람의 양육자로부터 따뜻하고 애정적인 양육을 받지 않으면 애착이 정상적으로 발달할 수 없다는 것을 강조한다(Bowlby, 1973, 1980; Spitz, 1965).

모성실조가설
maternal deprivation hypothesis
영아가 한 사람의 중요한 양육자와 애착형성이 이루어지지 않으면 정상적으로 발달할 수 없다는 가설

사회적 자극 가설
social stimulation hypothesis
사회적 신호에 반응하는 사람이 없고 사회적 자극을 받지 못할 때 아동이 정상적으로 발달할 수 없다는 가설

양육자의 부재 외에도 사회적 자극의 결여가 애착형성의 위험요인으로 제시되었다. 발달 문제를 보인 영아들은 위생적으로 좋지 않은 환경에 있었고 돌보는 대리 양육자들도 매우 부족한 상황이었다. 더욱이 장난감이나 풍부한 놀이 환경이 없었기 때문에 영아가 단조로운 환경에서 사람을 접촉하거나 감각 경험을 할 기회가 없었다. 즉, 영아들이 애정적 경험이나 인지발달을 촉진시킬 만한 사회적 자극을 거의 받지 못하면 애착형성이 저해될 수 있다.

그렇다면 생의 초기 사회적 실조의 부정적 영향은 극복될 수 있을까? 시설에서 자란 영아들 중에서도 이후 양육자들에게 충분히 따뜻하고 민감한 양육을 경험한 영아들은 정상적으로 성장하여 아동기가 되었을 때 일반 가정에서 자란 아동들과 적응에 차이가 없었다(Oppenheim et al., 1988). 즉, 시설에서 자라 입양된 아동들은 입양 부모와의 긍정적인 상호작용을 통해 사회 실조의 영향을 극복할 수 있었다(Rutter, 1981).

산후 우울로 아기에 대한 애정적 반응이 부재하면 애착 형성에 문제가 될 수 있다.

6) 애착과 스트레스 조절

애착은 정서적인 반응을 포함하며 이에 대한 신경생리적 조절 기제를 가진다. 다양한 신경생리적 연구들이 어릴 적 부모와의 관계에서 경험한 학대와 애착이 전생애 동안 신체 건강의 지표가 된다는 것을 보여주었다.

항상성이란 인간의 신체가 균형이 깨어졌을 때 원래의 상태로 돌아가려는 경향을 말한다. 신경생리분야의 연구들은 뇌가 애착 행동을 조절하여 항상성을 유지한다는 여러 가지 증거를 보여주고 있다(Schore, 2000; Schore & Schore, 2008). 특히, 양육자와의 상호작용에서 스트레스를 경험했을 때 항상성에 관여하는 시상하부-뇌하수체-부신 축이 작동하기 시작한다. 시상하부와 해마는 심리적 충격으로 깨진 신체 반응을 감지하고 이를 원래대로 되돌리기 위해 코르티졸 호르몬을 더 많이 또는 더 적게 분비하는 자동조절 기능을 수행한다. 그러나 이러한 조절 과정이 지나치게 반복되면 신체가 과부하되어 정서적 스트레스에 잘 적응하는 능력을 잃어버리게 되는데 이를 알로스타틱 부하라고 부른다. 가혹하고 무관심한 부모의 양육을 오랫동안 경험한 아동은 비효율적이고 느린 신체적 반응성을 보이는 경향이 있으며 이는 만성적 스트레스에서 빠르게 회복할 수 있는 조절 능력이 감소된 것으로 볼 수 있다(Fotopoulou et al., 2022; Katz et al., 2011).

알로스타틱 부하
allostatic load
만성적으로 반복되는 스트레스를 경험할 때 생리적 조절기제가 지나치게 반복되면 과부하로 신체가 손상되는 상태가 됨

네 가지 애착 유형의 영아들이 낯선 상황에서 보이는 스트레스의 생리적 반응을 살펴보았을 때, 안정애착인 영아에 비해, 불안정 혼란애착으로 분류된 영아들은 시간이 지나도 코르티졸 수준이 조절되지 못하고 높게 유지되는 경향을 보였다(Hertsgaard, et al., 1995). 신체의 스트레스 조절 능력 저하는 자율신경계 혈압조절, 신진대사 조절, 염증성 사이토카인 반응 등에 영향을 미치기 때문에 면역 체계에 취약성을 보이는 것으로 알려졌다. 불안정 저항애착을 보인 영아들은 32개월에 염증 관련 질병을 보일 확률이 높았으며(Puig et al,. 2013) 유아기와 청소년기에 비만 및 성인기 염증성 질환 위험이 더 높았다(Anderson et al, 2012).

정리해 봅시다

1. 정서의 발달과정을 설명해보자.
2. 기질을 정의하고 기질 유형을 설명해보자.
3. 애착의 발달과정과 애착이론을 설명해보자.
4. 애착의 유형과 양육태도를 설명해보자.
5. 영아의 애착이 후기 발달에 미치는 영향을 설명해보자.

CHAPTER 12
자아와 사회인지발달

1. 자아개념의 발달
2. 자아존중감
3. 자아정체감
4. 자아통제
5. 타인이해와 사회인지의 발달

12
자아와 사회인지발달

사람들은 모두 '나는 누구인가'에 대해 궁금해한다. 다른 사람들이 자신을 어떻게 평가하고 반응하는지 경험하면서 자아에 대한 개념이 확립된다. 이 장에서는 자아이해와 타인이해가 어떠한 과정으로 발달해 가는지 살펴볼 것이다. 자아인식과 자아개념, 자아존중감, 자아정체감, 자아통제, 그리고 타인이해 발달을 알아보도록 하자.

1. 자아개념의 발달

자아개념
self concept
자신의 특성, 능력, 태도와 가치에 대한 총체적 개념으로 자신이 누구인가에 대한 개인의 믿음

거울자아
looking-glass self
거울의 비친 모습을 보는 것처럼 다른 사람의 반응에 의해 자아개념이 형성된다는 개념

자아
self
각 개인에게 독특한 신체적 특성과 심리적 특성의 결합체

자아개념이란 자신이 독특한 특성들로 이루어진 존재임을 아는 것이다. 자아인지의 발달은 자아개념 발달의 필수적인 요소이다.

1) 자아의 출현

자아란 다른 사람과 구별되는 개인의 신체적, 심리적 특성을 말한다. 그러나 자신이 어떠한 사람인지 스스로 알기 어렵다. 거울자아이론(Cooley, 1902)은 거울에 비친 모습을 보는 것처럼 한 개인이 다른 사람의 시각을 통해서 자아상

을 형성한다고 제시한다. 자아는 I-self와 Me-self로 구분된다(James, 1890/2018). I-self는 자신을 주변 세상과 구분되는 능동적이고 주체적 행위자로 인식하는 것이다. Me-self는 다른 사람에게 보여지는 객관적 모습으로서의 자신을 인식하는 것이다.

2~3개월의 영아들도 의도적으로 팔을 뻗어 모빌을 잡는다.

그렇다면 영아들은 언제부터 자신이 외부와 구별되는 독립적인 존재라는 것을 알게 될까? Piaget의 인지발달이론은 신생아기의 반사가 일차와 이차 순환반응단계를 거치면서 자발적이고 의도적인 행동으로 발전한다고 언급하고 있다. 2~3개월의 영아들도 모빌에 달린 줄을 당기기 위해서 팔을 내밀거나 다리를 차는 등의 행동을 하고 스스로 소리를 내는 것을 좋아한다(Rovee-Collier, 1987). 이러한 모습은 영아가 자기 자신을 어떤 사건의 원인이 되는 개인적 주체로 인식한다는 증거가 된다. 아직 초보적이긴 하지만 영아들이 모빌을 자신의 신체와 분리된 사물로 인식하기 때문에 이를 통제하려고 시도할 수 있다. 영아들은 사물뿐 아니라 다른 사람과 자신을 분리된 존재로 인식한다. 9~12개월의 영아들은 다른 사람이 가리키는 사물을 쳐다보거나, 그들의 시선을 따라 같은 대상에 주의를 기울일 수 있다. 이를 공동주의라고 하며 공동주의가 나타나는 것은 영아가 다른 사람의 시선을 자신의 것과 분리된 것으로 인식하기 때문이다.

개인적 주체
personal agency
자신이 어떤 사건의 원인이 될 수 있다는 인식

2) 영아기의 자아인식

영아기 동안 자아를 인식하는 능력은 인지발달과 함께 증가한다. 1세 전에도 분리된 주체로서 자신을 인식하는 모습을 보이지만 보다 완전한 형태의 자아인식은 2세를 전후로 발달한다. Lewis와 Brooks-Gunn(1979)은 자아인식의 발달을 알아보기 위해 립스틱을 영아의 코에 몰래 바르고 영아가 거울에 비친 자신의 모습을 보도록 하는 루즈테스트를 실시했다. 만약 거울 속의 모습을 보고 코에 묻은 립스틱을 지우려고 한다면, 이는 거울에 비친 상이 자기 자신이라는 것을 아는 것이다. 이 실험에서 12개월 이전의 영아들은 거울 속에 보이는 자기 모습을 알아차리지 못하고 거울 속에 다른 아이가 있는 것처

자아인식
self-recognition
자아의 특성, 즉 신체적 특성과 심리 특성을 인식하는 것

루즈테스트
rouge test
영아의 얼굴에 표시를 하고 거울을 보게했을 때 어떤 반응을 보이는지를 알아보는 자아인식 실험

영아기에는 거울을 보고 자기 자신임을 알아차리는 자아인식이 발달한다.

럼 행동했다. 그러나 18~24개월의 영아 대부분은 거울을 보고 자신의 코에 이상한 것이 묻어 있는 것을 깨달았다.

자아인식은 사회적 경험에 영향을 받는다. 정상적인 환경에서 자란 침팬지는 거울 속의 자기 모습을 알아볼 수 있었지만, 사회적으로 격리되어 자란 침팬지는 거울 속의 모습을 제대로 인식하지 못했다(Gallup, 1979). 무리에서 다른 침팬지들과 어울린 경험이 없었기 때문에 자기에 대한 인식이 제대로 발달할 수 없었던 것이다. 동물 연구가 인간에게 그대로 적용되기는 어렵지만 극단적인 사회적 결핍이 자아인지 발달에 영향을 줄 수 있음을 시사한다.

영아들이 사용하는 언어를 통해 자아인지의 발달 수준을 알 수 있다. 거울이나 사진 속에서 자신의 모습을 알아볼 수 있는 영아들은 '나'라는 존재를 설명하는 언어를 사용하는 경향이 있었다. "나는 키가 커", "나는 여자아이가 아니라 남자아이야", "미미는 여자아이야"와 같이 외모, 나이, 성과 같은 외적 차원으로 개인이 특성을 분류하는 '범주적 자아'가 나타난다(Stipek et al., 1990). 그러나 영아기에는 자아의 내적인 속성에 대한 언급은 거의 나타나지 않는다.

범주적 자아
categorical self
나이, 성 등과 같이 신체적, 사회적으로 중요하게 인식되는 외적 차원에 따라 자아를 범주화하는 것

3) 유아기의 자아개념

공적 자아
public self
밖으로 드러나서 남이 볼 수 있거나 알 수 있는 자아

사적 자아
private self
남이 볼 수 없는 자신만이 알고 있는 내적 또는 주관적 자아

자아는 겉으로 드러나서 다른 사람들이 보고 알 수 있는 공적 자아와 다른 사람들은 모르고 자기 자신만이 알고 있는 주관적인 사적 자아로 구분된다. 사적 자아의 발달은 자기 내면의 심리적인 속성을 이해하는 것에서 시작된다.

2~3세경부터 유아들은 가끔 자신의 감정, 소망, 믿음과 같은 심리적 상태에 대해 언급한다. 유아들에게 자신을 설명해보라고 하면, 신체적 특성, 소유물, 잘하는 행동 등 외적인 특성을 더 많이 언급하지만 '나는 친구들과 같이 노는 것이 좋다.', '나는 야채를 싫어한다.'와 같이 자신의 마음을 언급하는 모습을 보인다(Eder, 1990).

유아기에 발달하는 시간 개념은 자아인지에 영향을 미친다(Lewis & Brooks-

Gunn, 1979). 2~3세의 유아들은 자신의 과거 모습을 알아보거나 미래 모습을 예측하기 어렵다. 자아인지가 현재의 시점에 제한되기 때문에 더 어릴 적 사진을 보여주면 자신의 모습이 아니라고 생각한다. 그러나 4~5세의 유아들은 과거의 사진이나 영상에서 자신의 모습을 찾을 수 있고, 앞으로 자신이 어떤 모습이 될 것인지도 상상할 수 있다. 이 시기에는 과거, 현재, 미래의 표상을 통합한 확장된 자아인지가 나타난다. 시간이 변화해도 자아가 여전히 존재한다는 것을 알게 된다.

현재의 자아
present self
현재 시점의 자아상은 인식하지만 과거나 미래의 자아상은 인식하지 못하는 2~3세경의 초기 자아표상

확장된 자아
extended self
시간의 변화에 따른 과거, 현재, 미래의 자아상을 통합할 수 있는 3~5세 사이의 보다 성숙한 자아표상

4) 아동기 이후의 자아개념

학령기 아동들은 자아의 특성을 외적 차원과 내적 차원에서 모두 잘 인식한다. 8~11세 동안 자신에 대한 구체적인 심리적 특성의 언급이 크게 증가한다. 특히, 아동기 초기에는 자신의 심리적 특성이 시간이 지나도 변하지 않는 절대적인 것이라고 믿는다. 만약 8세 아동이 "나는 친절해요."라고 말했다면, 이것은 자신은 항상 다른 사람에게 친절하게 대하는 사람이라는 의미이다. 또한 아동기에는 다른 사람과 자신을 비교하거나 특정 사회 집단으로 분류하는 경향도 늘어난다(Harter, 2006; Ruble, 1983). 다른 사람과의 비교와 평가를 통해 자신의 능력이나 장점, 단점 등을 더 잘 인식하게 되면, 실제 자신의 모습인 실제적 자아와 자신이 되고 싶은 모습인 이상적 자아를 구분할 수 있다.

청소년기에는 여러 가지 자아인식을 통합하여 포괄적인 자아개념을 형성하게 된다. 자신이 상황과 조건에 따라 다르게 행동할 수 있는 복잡하고 양면적인 특성을 가진 존재임을 알 수 있다. 청소년들에게 여러 상황에서 자신의 모습을 설명해보라고 했을 때, 13세 청소년들은 자신이 상황마다 일관적이지 않은 모습을 보일 수 있다고 생각하지 않았다. 반면, 15세 청소년들은 상황에 따라 자신의 모습이 다르다고 언급했고 왜 일관적이지 않은지 당황스럽다고 하였다. 특히, 15세 청소년들은 자신의 내부에 여러 가지 자아가 있는 것처럼 느꼈고 어떤 것이 진정한 자신의 모습인지 찾는데 관심이 있었다. 청소년 후기의 고등학생들은 자신에게 다양한 모습의 자아가 존재할 수 있다는 것을

이해하고 이에 대해 크게 불편해하지 않았다. 또한 여러 가지 자아를 응집된 형태로 통합하려는 시도를 보였다(Harter & Monsour, 1992). 예를 들어, 17세 청소년은 자신이 평소에는 자신감 있고 당당한 편이지만, 이성과 데이트를 할 때는 긴장하고 수줍어한다고 언급하고 이를 자신의 모습으로 수용하는 태도를 보였다.

2. 자아존중감

자아존중감
self-esteem
자신이 가진 특성, 즉 자아개념에 대한 평가적 측면. 자아평가를 통한 자기가치감을 경험하는 것

자아존중감은 자아에 대한 평가를 통해 자기가치감을 느끼는 것이다. 자아존중감은 다른 사람들과의 비교를 통한 내적 경험에 영향을 받는다. 자아존중감이 높은 아동들은 자신에게 대체로 만족한다. 이 아동들은 자신의 강점과 약점을 모두 잘 알고 있고, 전체적으로는 자신에 대해 긍정적으로 느낀다. 반면, 낮은 자아존중감을 가진 아동들은 자신의 강점보다 약점을 더 크게 생각하고, 스스로를 부정적으로 받아들이는 경향이 있다.

1) 자아존중감의 측정

그동안 많은 학자들이 자아존중감을 측정하는 방법을 연구했다. 그중 몇 가지 도구들은 국내에서 많이 사용되는 편이다. 자아존중감을 한 개의 단일차원으로 생각한 학자들은 전제적인 자아존중감을 평가하는데 초점을 맞추었다. Coopersmith(1967)의 Self-Esteem Inventory는 아동들이 부모나 또래와의 관계, 학교 등에서 자신을 얼마나 가치있게 느끼는지를 '예/아니오'로 측정하고 전체적인 자아가치감을 제시했다. Rosenberg(1965)의 Self-Esteem Scale 역시 자아존중감을 자신에 대한 긍정적 또는 부정적 평가의 총체로 정의하고 10문항으로 측정한 단일한 점수를 제시했다. 그러나 아동들은 다양한 영역에서 자신

나에게 정말 맞는 말이다	나에게 약간 사실이다			나에게 정말 맞는 말이다	나에게 약간 사실이다
		Scholastic Competence (학업 능력)			
☐	☐	어떤 아이들은 학교 공부를 매우 잘한다고 느낀다.	다른 아이들은 학교 숙제를 할수 있을지 걱정한다.	☐	☐
		Social Acceptance (사회적 수용)			
☐	☐	어떤 아이들은 친구를 사귀기 어려워한다.	다른 아이들은 친구를 사귀는 것이 꽤 쉽다고 생각한다.	☐	☐
		Athletic Competence (운동 능력)			
☐	☐	어떤 아이들은 모든 종류의 운동을 잘한다.	다른 아이들은 운동을 매우 잘 한다고 느끼지 않는다.	☐	☐

그림 12-1
자아존중감 측정 도구인 Self-Perception Profile for Children 문항 예시(번역)
출처: Shaffer(2005)

의 능력을 각각 다르게 평가하는 경향이 있다. Harter(1985)의 Self-Perception Profile for Children은 36문항으로 구성되어 있으며 학업능력, 사회적 수용, 운동능력, 외모, 행동 수행의 다섯 가지의 하위 영역에서 아동이 자신의 능력을 어떻게 지각하는지 측정한다(그림 12-1). 이 도구를 사용했을 때, 아동이 자신을 평가하는 방식은 연령에 따라 차이가 있었다. 어린 아동일수록 자신이 중요하다고 생각하는 영역에서 자기를 더 높게 평가했다(Harter, 1986, 1992).

2) 자아존중감의 발달적 변화

자아존중감은 아동이 자신을 평가하는 방식에 따라 다르게 발달한다. 어린 아동들은 모든 면에서 자신이 다른 사람보다 뛰어나다고 생각하는 경향이 있기 때문에 유아기나 학령 초기에는 자아존중감이 대체로 높게 나타난다. 4~7세 아동들이 이처럼 과장된 자기 평가를 하는 이유는 소망이나 믿음 등을 실제와 구분하는 능력이 부족하기 때문이다. 다시 말해, 자신이 모든 면에서 잘하고 싶은 소망과 실제로 수행 가능한 자신의 능력을 잘 구분하지 못한다. 이처럼 과장된 자기 평가는 다른 사람들이 자기를 칭찬하고 좋아해 주기를 바라는 소망적 사고 때문이다(Eccles et al., 1993). 소망적 사고가 감소하면 맹목적으로 높은 자아존중감도 감소한다.

8세 이후 아동들의 자기 평가는 좀 더 현실적이 된다(Harter, 1982). 높은 학

아동들은 다양한 영역에서 자신의 가치를 인정받고 싶어한다.

업적 자아존중감을 가지고 있는 아동은 실제 교사들로부터 학업 능력에 대해 높은 평가를 받았다. 사회적 수용에 대한 아동의 자기 평가는 또래들의 평가와도 유사했다. 이처럼 아동기에는 객관적인 자기 평가가 가능하기 때문에 자아존중감이 더 정확하게 측정될 수 있고 다양한 영역에 따라 자신을 다르게 평가할 수 있다(Harter, 1998). 예를 들어, 전반적인 자아존중감이 높은 아동들도 사회적 능력이나 외모에서는 자신을 긍정적으로 평가하는 반면, 학업능력에서는 자신을 낮게 평가할 수 있다. 아동들은 여러 영역에서 타인으로부터 자신의 가치를 인정받고 싶어한다.

그렇다면 어린 시절의 자아존중감은 청소년기 이후에도 변하지 않고 지속될까? Erikson(1963)은 청소년의 자아존중감이 아동기보다 낮아질 수 있다고 보았다. 사춘기에는 많은 신체, 인지, 사회적 변화가 나타나기 때문에, 청소년들이 이러한 변화에 대해 갈등과 스트레스를 경험할 수 있다. 또한 청소년들은 자신이 누구이고 앞으로 어떤 사람이 될 것인지 고민하는 정체감 위기를 경험하기 때문에 자신의 가치에 대해 확신을 가지지 못하는 경우가 있다.

청소년의 자아존중감은 사춘기에 해당하는 중학교 입학 즈음에 낮아지는 것으로 보고되었다(Simmons & Blyth, 1987; Trzesniewski et al., 2003). 자기가치감은 여러 가지 스트레스를 경험할 때 현저하게 감소한다. 만약 갑자기 성장한 키와 늘어난 몸무게, 마음에 드는 새로운 이성의 출현, 부모와의 갈등을 동시에 경험한다면 이 시기에 자아존중감은 감소할 수 있을 것이다. 그러나 모든 청소년들이 자아존중감에 감소를 보이는 것은 아니다. 도리어 청소년 중기부터 후기까지 점진적으로 자아존중감이 증가하는 경우도 있다(Mullis et al,. 1992). 혼란한 질풍노도의 시기를 지나 성인기에 안정된 자아정체감을 획득하면 자신을 좀 더 긍정적으로 평가하게 되고 자아존중감도 높아질 수 있다.

3) 자아존중감에 영향을 미치는 요인

어떤 아동들은 왜 다른 아동들에 비해 자아존중감이 높을까? 자아존중감은 스스로에 대한 자기 평가를 기반으로 형성되지만, 사회적 비교에 더 크게 영향 받는다. 객관적으로 뛰어난 능력을 가진 아동들도 주변 사람들로부터 부적절하게 비교당하면 낮은 자아존중감을 보일 수 있다.

사회적 비교
social comparison
자신을 다른 사람과 비교하여 자아를 정의하고 평가하는 과정

(1) 부모의 영향

부모는 아동의 자아존중감에 결정적인 역할을 한다. 아동이 어떤 일에 실패하거나 성공했을 때 부모가 어떤 반응을 보이는지에 따라서 자기 평가가 달라진다. 만약 아동이 실패를 했어도 부모가 아동의 장점과 노력을 칭찬하고 격려하면 자기가치감이 증가할 수 있다. 반대로 아동이 성공적인 수행을 보였어도 부모가 단점을 들추거나 성취를 다른 또래들과 비교하면서 부정적으로 반응하면 자기가치감이 높아지기 어렵다. 하지만 아동들은 객관적으로 자기를 평가할 수 있기 때문에 부모의 칭찬이나 격려가 일방적이고 맥락에 맞지 않을 때는 도리어 실망감이나 무의미함을 느낄 수 있다. 따라서 아동이 스스로 중요하다고 생각하는 어떤 성취를 했을 때 부모가 칭찬해 주면 자아존중감에 좋은 영향을 주게 된다(Harter, 1999; Sykes, 1995).

자녀의 성취에 대한 부모의 칭찬과 격려는 자기가치감을 높인다.

전 세계 여러 문화권에서 자아존중감이 높은 아동의 부모는 따뜻하고 민주적인 양육태도를 보이는 경향이 있다(Lamborn et al., 1991; Martinez, et al., 2020). 이런 부모들은 자녀에게 애정을 표현하고 자녀의 의견을 수용하며 자유롭게 말하게 한다. 이와 동시에 자녀들이 따라야 할 분명한 기준을 제시하고 어떤 결정에 참여할 기회를 제공한다. 이러한 양육태도는 아동들에게 존중받는다는 느낌과 자신이 책임감 있는 유능한 존재라는 인식을 줄 수 있다. "나는 네가 규칙을 준수하고 옳은 판단을 할 수 있다고 믿어", "너는 정말 사랑스럽고 괜찮은 아이야"와 같은 부모의 반응이 아동의 자아존중감을 증진시킨다.

(2) 또래의 영향

또래는 아동들이 자아를 비춰보는 거울이다. 5~6세경의 유아들도 다른 유아

들보다 '더 잘한다.' 또는 '더 못한다.'에 대한 정보를 가지고 있다. 이처럼 사회적 비교를 통한 정보를 기준으로 자신의 능력이나 장점을 발견한다(Ruble et al., 1994). 또래와의 비교는 연령이 증가하면서 증가하는 경향이 있고, 특히 경쟁과 성취가 강조되는 문화에서는 또래와의 비교가 아동의 자아존중감에 더 크게 영향을 미친다.

학령 후기의 아동이나 청소년들은 부모나 가족의 반응보다 또래나 이성 친구의 반응을 더 중요하게 생각한다(McLean & Thorne, 2003). 또래와의 관계가 가까울수록 그들의 반응을 더 진지하게 고려하고 더 많은 영향을 받는다. 공격적인 아동들은 자신의 행동이 또래들로부터 인정받는다고 생각하기 때문에 더 공격적으로 행동한다.

(3) 성차와 인종적 배경

청소년들의 자아존중감은 인종과 민족적 배경의 영향을 받는다.

청소년기에는 자아존중감에 성차가 나타난다. 일반적으로 여자 청소년이 남자 청소년보다 낮은 자아존중감을 보인다고 알려졌다. 사춘기 동안 남자 청소년의 신체는 근육과 골격이 발달하지만, 여자 청소년의 신체는 지방층이 발달해서 살이 찐 것처럼 보일 수 있다. 따라서 여자 청소년이 외모에 대한 불만족을 더 크게 경험하는 편이다(Tanner, 1990). 외모에 대한 부정적인 평가가 자기가치감을 저하시킬 수 있는 것은 사실이다. 그러나 자아존중감의 성차는 크지 않고 일관적으로 나타나지도 않는다. 또한 신체의 변화 때문에 여자 청소년의 자아존중감이 낮아진다고 결론을 확실히 내리기도 어렵다(Marsh & Ayotte, 2003).

인종적 배경 역시 자아존중감에 영향을 준다. 흥미롭게도 인종적 영향은 아동의 연령에 따라 다르게 나타난다. 초등학교에 다니는 아동들은 소득이 낮은 흑인과 히스패닉계 아동들이 백인 아동들보다 낮은 자아존중감을 보였고 아시아계 아동들이 가장 높은 자아존중감을 보였다(Twenge & Crocker, 2002). 그러나 청소년들은 아동들과 다른 모습을 보였다. 한국이나 중국계 청소년들은 높은 학업 성취에도 불구하고 백인이나 흑인 청소년들보다 낮은 자아존중감을 보였다. 특히 인종적 정체감을 형성한 흑인 청소년들은 백인이나 다른 인종의 청소년들에 비해 자기비하도 적고 높은 자아존중감을 보이는 경향이 있었다(Hawkins, 1994). 사람들은 저소득층 소수민족 청소년들의 자아존중감이 낮을 것이라는 편견을 가지고 있지만 실제로는 그렇지 않은 경우가 대부분이다. 소속감과 유대가 높은 이웃 환경에서 부모의 지지를 받으며 학교에 잘 적응하는 소수민족 청소년들은 백인 청소년들과 자아존중감에서 차이가 없었고, 자아존중감 문제를 보이는 일도 거의 없었다(Twenge & Crocker, 2002).

(4) 성취에 대한 귀인

아동의 성취는 자신에 대한 평가에 영향을 미친다. 아동들이 성취의 원인을 어떻게 보는지에 따라 자아존중감에 차이가 날 수 있다. 학령기 아동들은 성취가 자신의 능력이나 노력 때문인지, 운 또는 우연 때문인지 파악할 수 있다(Dweck, 2002). 하지만 어떤 아동들은 성취에 대한 부정확한 귀인을 보이며 스스로 능력이 있거나 그 일을 통제할 수 있다고 믿지 않는다.

학습된 무기력을 보이는 아동은 스스로 성공할 수 없다고 생각하기 때문에 어려운 과제를 쉽게 포기한다.

Dweck(2001)은 어려운 과제를 접했을 때 아동들이 보이는 반응을 두 가지 유형으로 제시했다. 숙달 지향적인 아동들은 과제에 실패했어도 자신이 결국 그것을 극복하고 성공적으로 완수할 수 있다고 믿기 때문에 끈기 있게 도전한다. 반면, 학습된 무기력을 보이는 아동들은 자신의 능력이 부족하여 성공할 수 없다고 믿기 때문에, 시도해보지도 않고 과제를 포기하는 모습을 보인다. 도전조차 하지 않기 때문에 학습된 무기력을 보이는 아동은 대체로 낮은 자아존중감을 보인다.

숙달 지향
mastery orientation
어떤 과제에 실패했어도 더 열심히 하면 결국 그것을 극복하고 성공적으로 해낼 수 있다는 믿음 때문에 끈기있게 도전하는 경향

학습된 무기력
learned helplessness
실패를 자신의 능력 부족 때문이라고 생각하기 때문에 자신은 성공할 수 없다고 믿고 과제를 쉽게 포기하며 새롭게 시도하지 않는 경향

이러한 차이에 큰 영향을 주는 것은 부모나 교사와 같은 주변의 반응이다. 예를 들어, 아동이 꽤 높은 성취를 보였음에도 불구하고 부모가 이를 수용하지 않고 항상 '더 잘 했어야지'식의 질책하는 반응만 보인다면 아동들은 자신이 유능하다고 생각하지 못한다. 이처럼 능력에 대한 왜곡된 자기인식이 낮은 자아존중감으로 이어질 수 있고, 낮은 자아존중감 때문에 성취에 대한 동기가 저하되고 무기력해지는 부정적 순환이 반복될 수 있다.

3. 자아정체감

자아정체감
self-identity
내가 누구이고 앞으로 어떤 사람이 될 것이며 사회 속에서의 나의 역할은 무엇인가와 같은 개인이 추구하는 가치, 신념과 목표로 구성되어 있는 안정되고 조직화된 성숙한 자아의 총체

정체감 위기
identity crisis
자신의 역할 혼란으로 인해 경험하게 되는 불확실성과 불안. 미래를 위해 여러 가지 대안을 탐색하는 과정

헌신
commitment
자신이 선택한 어떤 것에 시간과 노력을 투자하는 것

정체감 혼미
identity diffusion
아직 자아정체감의 위기를 직면하지 않았거나 자신에 대한 탐색이 이루어지지 못한 상태

정체감 유실
identity foreclosure
자신의 정체감에 대한 위기의 경험과 탐색이 없이 결정을 내린 상태

정체감 유예
identity moratorium
정체감 위기 중에 있으며 정체감을 탐색하고 있는 상태

정체감 성취
identity achievement
정체감 위기를 잘 해결하고 안정된 정체감을 획득한 상태

1) 자아정체감 형성 단계

Erikson(1963)은 자아정체감을 자아에 대해 확고하게 통합된 느낌을 가지고 자신이 무엇을 하고 어디를 향해 가고 있는지 아는 것이라고 정의했다. 자아정체감은 청소년기 동안 여러 가지 발달적 과업의 해결을 통해 형성된다. 사춘기 아동과 청소년들은 "나는 어떤 종류의 직업을 가져야 할까?", "나는 어떤 종교나 정치적 가치관을 가질 것인가?" 등의 수많은 질문을 해결하기 위해 많은 생각을 하고 다양한 감정을 느끼며 혼란을 경험하기도 한다.

Marcia(1980)는 '정체감 위기'와 '헌신'의 두 가지 구성 요소를 바탕으로 자아정체감 형성과정을 네 단계로 구분했다. 정체감 위기는 미래를 위해 여러 가지 대안들 중에서 한 가지를 선택하려고 탐색하는 과정을 의미한다. 헌신은 선택한 것에 개인의 노력과 시간을 투자하는 것을 말한다.

자아정체감 형성의 첫 번째 단계는 '정체감 혼미'로 아직 정체감 위기에 직면하지 않았거나 미래에 대한 탐색적 욕구가 거의 없다. 탐색이 없기 때문에 어떤 일에 헌신할 것인지도 결정되지 않은 상태이다.

두 번째는 '정체감 유실'로 정체감 위기를 거치지 않고 갈등이나 고민 없이 자기의 미래를 결정한 상태이다. 부모의 기대에 부응하기 위해 부모가 원하는 직업을 그대로 수용하고 헌신하는 것이 그 예가 될 수 있다. 이러한 청소년들은 안정적인 생활을 하는 것 같지만, 성인기 이후 다시 정체감 위기를 경험할 가능성이 있다.

세 번째는 '정체감 유예'로 이 단계에서는 정체감 위기를 경험하면서 다양한 가치, 흥미, 이념과 미래의 직업 등을 결정하기 위해 적극적으로 탐색하고 고민한다. 그러나 아직 어떤 한 가지를 확실하게 결정하고 헌신하지 못하는 불확실한 상태이다. 정체감 유예는 정체감 성취에 이르기 위해 필수적으로 거쳐야 하는 과도기적 단계이다.

네 번째는 '정체감 성취'이다. 이 단계에서는 정체감 위기가 해결되고 미래

직업이나 이념 또는 가치가 비교적 확고하게 결정된다. 정체감을 성취한 청소년들은 뚜렷한 삶의 목표와 가치를 향해 적극적으로 나아가는 모습을 보인다. 정체감 성취는 가장 적응적인 상태이며 이 단계에 도달한 청소년들은 그 전 단계에 머무르고 있는 또래들보다 자아존중감이 더 높다.

2) 자아정체감 형성 단계의 다양성

Marcia는 자아정체감 형성이 혼미나 유실에서 유예로, 유예에서 성취로 나아간다고 가정했다. 그러나 Meilman(1979)은 청소년과 성인 초기 남성을 대상으로 정체감을 평가했을 때, 18세의 20%만이 정체감 성취에 도달한 것으로 나타났다고 하였다. 12~18세 청소년의 대부분이 아직 정체감 혼미나 유실의 상태로 남아 있다가 21세 정도 되어서야 절반 정도가 정체감 유예 또는 성취에 도달했다. 더욱이 성인이 되어서도 정체감 혼미나 유실 단계에 머무르고 있는 경우도 있었다(그림 12-2).

또한 자아정체감 성취과정은 모든 영역에서 동일하게 나타나지 않는다. 영역별로 자아정체감 형성 단계가 다를 수 있다. Archer(1982)는 초등학교에서 고등학교에 다니는 청소년을 대상으로 미래의 직업, 성역할 태도, 종교적 신

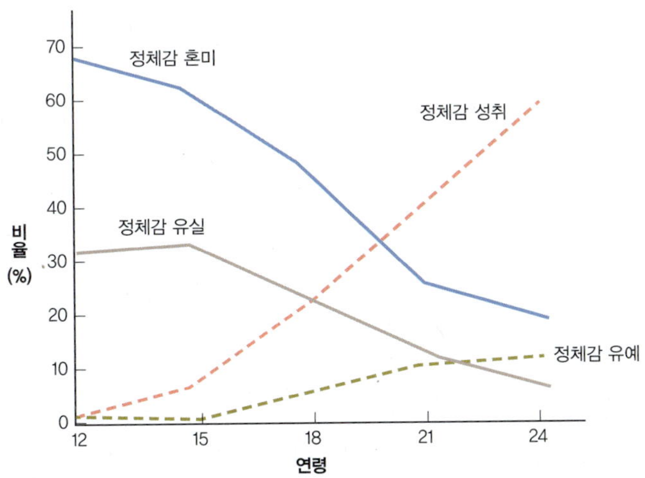

그림 12-2
자아정체감 형성 단계의 다양성
출처: Meilman(1979)

념, 정치적 이념에 대한 자아정체감을 평가했다. 네 가지 영역 모두에서 동일한 단계를 보인 청소년들은 많지 않았다. 90% 이상의 청소년들이 일부 영역에서는 자아정체감 성취를 보였으나 나머지 영역에서는 정체감 탐색을 계속하는 모습을 보였다.

또한 청소년들이 모두 동일한 단계를 거쳐 정체감 성취에 이르는 것도 아니다. 정체감 유예는 정체감 성취에 도달하기 위해 반드시 거쳐야 하는 과정으로 인식되어 왔지만 정체감 유예에서 혼미나 유실로 되돌아가는 경우도 있었다(Meilman, 1979; Waterman & Archer, 1990). 정체감을 성취한 성인들도 사회생활을 하는 과정에서 자신을 돌아보고 새로운 정체감 문제에 직면할 수도 있다. 그러나 정체감 발달에서 가장 문제가 되는 것은 오랜 탐색과 고민에도 불구하고 결국 정체감을 형성하지 못하는 것이다. 이런 청소년들은 우울과 미래에 대한 무력감을 경험하거나 문제행동을 보이기도 한다(Erikson, 1963).

3) 자아정체감 형성의 영향요인

자아정체감은 인지발달에 영향을 받는다. 형식적 조작기에 해당하는 청소년들은 추상적인 사고가 가능하기 때문에 미래의 자아상과 가치에 대해 더 잘 생각할 수 있다. 또한 정체감 성취 단계에 있는 청소년들은 자신의 삶과 관련된 정보를 더 잘 찾을 수 있으며, 자신의 가능성을 적극적으로 알아보고 충동적인 결정을 피하는 경향이 있다(Berzonsky, 1992).

부모와의 관계 역시 청소년의 자아정체감 형성에 결정적 영향을 미친다. 정체감 혼미상태에 고착된 청소년들은 부모가 거부적이거나 자녀에게 관심을 가지지 않고 무시했을 가능성이 높다. 반면, 정체감 유예와 성취를 보이는 같은 연령의 청소년들은 부모들이 애정과 자율이 조화를 이룬 민주적 양육태도를 보이는 경우가 많다. 특히 가정 내에서 부모에게 반대의 의견을 말할 수 있을 정도로 자유롭고 애정적인 관계를 형성한 경험을 가지고 있다(Grotevant & Cooper, 1986). 또한 자아정체감은 사회적, 역사적 상황에 영향을 받는다. 산업화된 사회의 청소년들은 대부분 정체감 위기를 경험하지만, 산업화되지 않은 전통사회의 청소년들은 정체감 위기 없이 성인이 되는 경향이 있다. 즉, 자연스럽게 부모의 가업을 이어받아 농부의 아들은 농부로, 상인의 아들은 상인으로 살아가는 등 특별한 탐색과 고민 없이 미래의 직업을 결정한다.

4) 민족정체감

특정 집단의 구성원들은 자신이 소속된 집단의 가치와 신념을 공유하는 집단정체감을 형성한다. '나는 한국 사람이다'라는 정체감을 가지고 있는 사람들은 어떤 사건에 대해 유사하게 느끼거나 유사하게 행동하는 모습을 보인다. 인종과 민족 정체감은 소수민족 또는 이민가정 청소년들에게 큰 이슈가 되어왔다. 다문화 사회에서 긍정적인 민족정체감을 가지는 것은 사회적응에 특히 중요하다. 이민가정의 청소년들은 그 사회의 다수를 차지하는 주류 문화에 적응해 나간다. 다수인 주류 문화가 소수 집단의 문화를 부당하게 평가하거나 인정하지 않을 때 소수 집단 청소년들은 정체감 갈등을 경험한다(Caldwell et al., 2002).

민족정체감
ethnic identity
어떤 민족이나 인종집단에 속해 있다는 것을 인식하고 그 집단의 전통과 문화를 받아들임으로써 형성되는 정체감

Phinney(1993)는 자아정체감을 형성하는 것과 유사한 방식으로 민족정체감이 형성된다고 보았다. 아직 어린 소수민족 청소년들은 이러한 문제를 거의 생각하지 않거나 부모가 가진 민족적 또는 인종적 정체감을 그대로 받아들이는 혼미 또는 유실 단계를 보인다. 그러나 청소년 후기에는 두 민족 또는 인종 간의 차이를 인식하고 가정과 학교에서 다른 사회적 가치를 경험한다. 따라서 자신들이 전혀 다른 두 가지 문화에 적응해야 한다는 것에 혼란을 느끼고 고민하는 유예 단계를 거친다. 자신의 고유한 문화와 민족적 배경에 자부심을 가지면서도 새로운 문화를 거부하지 않는 수용적 태도를 보일 때 긍정적인 민족정체감이 형성된다. 정체감 성취를 보이는 소수민족 청소년들은 그렇지 못한 또래보다 높은 학업성취와 자아존중감을 보였다.

4. 자아통제

자아통제
self-control
목표 달성을 위해 자신의 행동을 통제하고 억제할 수 있는 능력

자아통제란 자신의 말이나 행동을 억제하거나 조절할 수 있는 능력을 말한다. 자신의 충동을 통제하는 것을 배우지 않는다면 사회에서 다른 사람들과 조화롭게 살아가기 어려울 것이다. 자아통제는 생의 초기부터 발달하며 외부에 의해 행동이 통제되는 것에서 시작하여 점차 자발적인 통제로 발달한다. 아주 어린 아동들은 스스로 통제할 능력이 아직 부족하기 때문에 부모나 다른 사람들이 아동의 행동을 통제한다. 이후 아동들이 자아를 통제하는 규준과 방법을 배우면서 스스로를 통제할 수 있는 내면화된 자아통제 능력이 발달한다(Mischel, 1986).

1) 자아통제의 출현

언제부터 아동들은 자기를 통제할 수 있을까? 2세 미만의 영아들은 부모가 무엇을 기대하고 바라는지 알고 부모의 요구와 지시에 따라 행동한다. 영아들이 물건을 깨뜨렸을 때 또는 금지된 것을 했을 때 걱정하거나 괴로운 표정을 짓는 것은 부모의 기준을 알고 있기 때문이다(Kochanska, 1993). 영아기의 자아통제는 수동적 통제가 대부분이다. '그렇게 하면 맴매야'와 같이 어른들의 말을 따랐을 때와 따르지 않았을 때의 결과에 의해 수동적으로 행동이 통제된다. 그러나 발달에 따라 수동적 통제는 자율적 통제로 이행된다.

3세경의 유아들은 종종 어머니의 말을 따르지 않고 고집을 부리며 반항하는 모습을 보인다. 이 시기에는 이전에 말을 잘 듣던 유아가 갑자기 반항적인 모습을 보이면서 부모들이 '미운 세 살'이라고 부를 정도로 자녀의 통제가 힘든 시기를 경험한다. 그러나 이러한 현상은 자연스러운 것이다. Erikson(1963)은 유아기를 내적으로 '자율성'과 '수치심/회의감'이 갈등하는 시기로 보았다. 자기가 원하는 대로 행동함으로써 자율성을 성취하려는 시도가 양육자에게는 불순종으로 보일 수 있다. 특히 유아들이 '안돼', '싫어'와 같은 자기 주장적

인 말을 자주 하기 때문에 어른들이 반항하는 것으로 생각하기 쉽다.

그러나 이러한 시기에 양육자의 태도는 유아가 이후 권위에 부정적이고 반항적인 사람으로 성장할 것인지, 자아통제에 능숙하고 협조적인 사람이 될 것인지에 영향을 미친다(Crockenberg & Litman, 1990). 양육자에게 순응하지 않는 유아를 다룰 때, 체벌이나 비난을 주로 하면 유아들은 자율감을 느끼지 못하고 반항적으로 자랄 가능성이 있다. 반면, 유아의 잘못된 요구에 단호하게 대처하면서도 왜 규칙을 따라야 하는지 이유를 설명해주면 유아는 이를 이해하고 내적 기준을 발달시킬 수 있다. 따라서 이후 부모에 대한 무조건적인 반항이 줄고 합리적인 순응이 증가하면서 유아가 자기의 충동을 스스로 통제하려는 모습을 보인다. 가까이에 있는 장난감을 만지지 못하게 하거나, 컵 밑에 넣어 둔 건포도를 허락이 있을 때까지 먹지 못하게 하거나, 선물을 바로 풀어보지 못하게 했을 때 어른의 지시에 따라 만족을 지연시키는 능력은 연령이 증가하면서 증가한다.

2) 자아통제와 언어

3세경의 유아들은 스스로 만족을 지연시키거나 자신을 통제하는 능력에 개인차를 보인다. 만족지연 능력은 언어발달과 높은 상관이 있다(Vaughn et al., 1984). Vygotsky의 사회문화이론은 어린 아동들이 문제해결을 계획하고 통제하기 위해 사적 언어(혼잣말)를 사용한다고 주장했다. 2세경의 영아들이 자유놀이 상황에서 혼자 '안돼', '하지 마'라고 말하면서 어떤 행동을 하려다 멈추는 것을 관찰할 수 있다. 이러한 행동은 언어를 사용해서 본인의 행동을 통제하려는 시도로 볼 수 있다.

Luria(1961)는 어린 아동들에게 말하는 대로 행동을 하도록 하는 실험을 실시했다. '눌러'라고 말하면 고무공을 누르고, '누르지 마'라고 말하면 고무공 누르는 것을 멈추라고 지시했다. 3세 이전의 영유아들은 '누르지 마'라고 말하면 반대로 고무공을 더 강하게 눌렀다. 이것은 공을 누르고 싶어서가 아니라 '누르지 마'라는 지시에 따라 현재 누르고 있던 행동을 억제하지 못했기 때문이다. 즉, 어린 아동들은 언어를 사용하여 진행 중인 행동을 멈추도록 통제하는 것이 어려웠다. 반면, 5~6세 유아들은 말하는 대로 행동을 잘 통제하였다. 언어적 지시가 크고 강할수록 더 잘 수행하는 모습을 보였다. 5세경은 되어야 언어를 통한 자아통제가 완전히 가능하고 스스로 자신의 행동을 억제할 수 있다.

3) 만족지연

만족지연
delay of gratification
보다 큰 만족을 위해서 지금 당장 적은 보상을 얻고자 하는 충동을 억제 또는 지연할 수 있는 능력

만족지연은 목표를 달성하기 위해 현재 자신의 욕구를 당장 만족시킬 수 있는 것을 조금 뒤로 미룬다는 개념이다. 즉, 이후에 더 큰 만족을 얻기 위해 지금 즉각적인 적은 보상을 얻으려는 충동을 억제하는 것이다. 만족지연 실험은 자아통제 능력을 알아볼 수 있는 방법이다. 이 방법은 아동에게 지금 당장 얻을 수 있는 작은 만족과 기다리면 얻을 수 있는 더 큰 만족 중에 한 가지를 선택하도록 한다. 만족지연 실험에서 아주 어린 아동들은 지금 눈앞에 있는 작은 만족을 포기하고 기다려서 더 큰 만족을 얻는 것이 어려웠다. 그러나 10~12세경의 아동들은 기다려서 더 큰 것을 얻고자 하는 경향이 강하게 나타났다(Mischel, 1986).

만족지연을 알아보기 위해 눈앞의 마시멜로우를 당장 먹지 않고 참는지 알아보는 실험을 실시한다.

이처럼 연령이 증가할수록 자아통제가 증가하는 이유는 인지발달로 인해 아동들이 만족지연을 위한 방법이나 예상되는 결과를 더 잘 알기 때문이다. 그러나 어린 아동들 중에서도 만족지연 책략에 대한 지식이 많은 아동들은 나이가 많은 아동들처럼 기다릴 수 있었다. Mischel과 Ebbesen(1970)이 유아들에게 눈앞에 있는 간식을 먹지 않고 15분 동안 기다리면 더 맛있는 것을 준다고 하였을 때 5세 미만의 유아들은 대부분 1~2분 이상을 기다리지 못했다. 그러나 그중 몇 명은 15분 동안 기다려서 맛있는 간식을 받았다. 이처럼 기다리는데 성공한 유아들은 눈을 감고 고개를 돌리거나 노래를 부르며 자신의 마음을 다른 데로 돌리기 위해 애쓰는 모습을 보였다. 그러나 다른 유아들은 어떻게 해야 유혹을 견딜 수 있는지 알지 못했다. 이에 비해 6~8세 아동들은 유혹적인 물건을 보지 않거나 눈을 돌려서 만족지연을 할 수 있다는

것을 이해했고 Piaget의 형식적 조작기에 해당하는 11~12세 아동들은 행동이 아닌 상상을 통해서 만족지연이 가능하다는 것을 알고 있었다. 예를 들어, 눈에 보이는 물건을 다른 것이라고 상상하거나, 아주 좋아하는 것을 '나는 저것을 좋아하지 않아'라고 자기 암시를 하는 모습을 보였다.

한편, 아동의 자아통제 능력은 자아통제를 가치있게 여기는 사회적 규준을 내면화하면서 발달한다. 자기 자신을 왜 통제해야 하는지, 타인과의 관계에서 자아통제가 얼마나 중요한지, 자아통제가 어떠한 결과를 가져오는지 등을 인식할 때 스스로 자신을 통제하려는 동기가 강화된다. 자아통제 능력을 바람직한 것으로 생각하는 아동들은 그렇지 않은 또래에 비해서 자아통제가 더 좋은 결과를 가져올 것이라고 기대했다. 또한 주변의 반응은 자아통제 능력을 기르는데 중요하다. 아동들이 스스로 통제하려고 노력할 때마다 참을성이 있다고 격려해주면 아동들은 자아통제를 가치있게 여기고 행동할 것이다 (Toner et al., 1980).

4) 자아통제의 안정성

자아통제의 개인차는 영아기부터 뚜렷이 나타난다. 어떤 아동들은 다른 아동들보다 더 참을성이 있으며 사회적 규칙이나 요구에 더 잘 순응한다. 그렇다면 어린 시절의 자아통제 능력은 성장한 후에도 지속되는 것일까? 만족지연 실험에서 성공하지 못했던 유아들은 청소년기에도 상대적으로 충동적이고 참을성이 없었다. 특히 정서적으로 반응이 없거나 강압적이고 비판적인 어머니의 자녀들은 유아기 이후에도 더 반항적인 모습을 보일 가능성이 높았다. 이러한 유아들은 아동기와 청소년기에 이르기까지 공격적이고 파괴적인 행동을 더 많이 하는 것으로 나타났다(Shaw et al., 1994). 반면, 더 긴 시간 동안 만족을 지연했던 유아들은 아동기 이후에도 우수한 학업성취와 원만한 사회관계를 보였으며 자아존중감도 높았다(Mischel et al., 1988). 이처럼 발달 초기의 자아통제는 청소년기 이후의 인지적 성취, 사회 능력, 정신 건강 등을 예측할 수 있다.

5) 뇌 발달과 자아통제

어린 유아들은 능숙하게 자아를 통제하기 어렵지만 자아통제 능력은 인지가 발달함에 따라 증가한다. 그러나 사춘기가 되면서 청소년들은 충동성과 변덕스러움이 증가하고 아동기보다 반항적이고 감정적인 모습을 보인다. 청소년기에는 왜 이러한 변화가 나타날까? 이에 대해 학자들은 다양한 신경과학적 근거를 제시해왔으며 뇌의 보상 중추와 인지통제 중추의 발달적 불균형을 언급하고 있다.

정서통제 발달은 만족을 억제하고 지연하는 것에서 시작된다. 뇌에서 쾌락과 정서를 담당하는 편도체, 시상하부, 뇌하수체, 측좌핵 등은 보상 기제에 관여한다. 이와 같은 보상 중추의 정교화가 일어나고 호르몬이 더 많이 분비되면 청소년들이 만족을 추구하는 경향이 증가한다. 그러나 보상 중추가 속한 피질하 부위는 사춘기 이후 빠르게 발달하지만 사고와 행동 통제를 담당하는 전전두엽은 아동기 중기에 급격히 발달하고 사춘기 이후에는 발달 속도가 둔화된다(Somerville et al., 2010). 즉, 통제가 만족 추구보다 천천히 발달하는 것이다. 따라서 통제 중추와 보상 중추의 발달적 차이로 인해 사춘기에 높은 충동성이 나타날 수 있다(그림 12-3).

만족을 추구하는 행동에는 개인차가 존재한다. 예를 들어, 어떤 청소년들은 하기 싫은 공부를 그만두고 당장 즐겁게 친구들과 노는 것을 선택한다. 청소년들의 뇌가 쾌락 중추에 따라 바로 반응하는데 익숙해지면 빠른 만족을 주는 일차적 욕구를 충족하려는 경향이 증가한다. 반면, 어떤 청소년들은 당장 놀고 싶은 것을 꾹 참고 다른 만족을 추구하려 한다. 일차적 욕구의 만족을 지연하고 공부하는 자신을 스스로 대견하게 생각하거나 나중에 받을 칭찬과 성취를 생각하며 기쁨을 느낄 수 있다. 어린 시절 부모와 가족으로부터 정서적이고 사회적인 반응과 보상을 많이 받을수록 청소년기에도 일차적인 물리적 욕구보다 사회적 기대에 민감하고 사회적 욕구를 충족하려는 경향이 나타난다(Pfiefer & Allen, 2012; Telzer et al., 2013). 따라서 사회적 기준에 부합하게 행동하려는 자아통제가 증가할 수 있다.

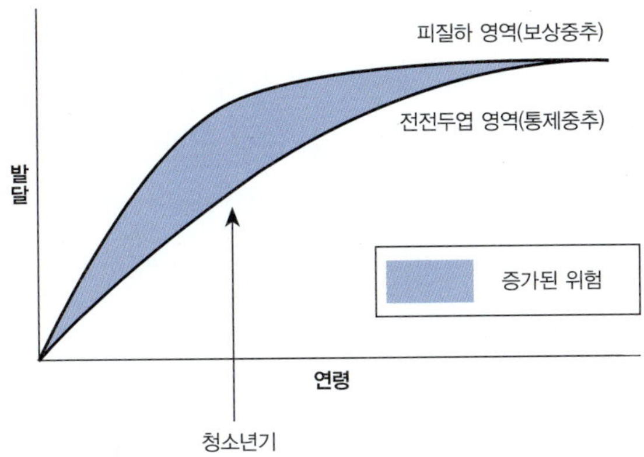

그림 12-3
청소년의 뇌의 통제중추(전전두엽)와 보상중추(피질하 부위)의 발달적 차이
출처: Somerville 등(2010)

5. 타인이해와 사회인지의 발달

자아의 발달은 다른 사람과의 관계를 통해 이루어진다. 타인의 마음과 의도를 이해하고, 그들의 행동을 예측하는 능력은 대인관계 형성에 필수적인 사회인지적 요인이다.

1) 타인이해 능력의 발달

(1) 영유아기의 마음이론

마음이론
theory of mind
사람들은 다양한 마음 상태를 가지고 있고 그 마음에 따라 행동한다는 것을 이해하는 것

앞서 우리는 다른 사람들이 볼 수 있게 겉으로 드러난 공적 자아와 다른 사람들이 볼 수 없는 주관적인 사적 자아에 대해 언급했다. 사적 자아가 발달하면 자신뿐 아니라 다른 사람도 주관적인 마음을 가지고 있고 내적인 심리적 특성이 있다는 것을 인식하게 된다. 그렇다면 아동들은 사람들이 모두 내면에 마음을 가지고 있고 이 마음이 각각 다를 수 있다는 것을 언제부터 알게 될까?

마음 이해에 대한 기초적 증거는 생의 초기에 일찍 나타난다. 1세 이전의 영아들도 어머니가 가리키는 사물에 주의를 기울이거나 어머니의 표정을 알

아차릴 수 있다. 이는 영아가 어머니의 마음을 어느 정도 알고 있다는 증거가 된다. 2~3세가 되면 자신이 마음속에 감정, 소망, 믿음 등 여러 가지 마음의 상태가 있고 이를 다른 사람이 볼 수 없다는 것을 인식한다(Flavell et al., 1993). 또한, 여러 가지 상태의 마음을 연결해서 생각하기도 한다. 예를 들어, 자신이 가지고 싶어 하는(소망) 선물을 받으면 기분이 좋을 것(감정)이라고 생각한다.

그러나 3세 이전의 유아들은 다른 사람들도 각각 다른 마음의 상태를 가지고 있고, 의도적으로 마음과 다르게 행동할 수도 있다는 것을 이해하지 못한다. 또한 외적인 행동과 내적인 마음이 항상 동일하다고 생각하기 때문에 어린 아동들은 표정을 감추거나 거짓으로 표정을 짓는 것이 어려울 수 있다. 특히 3세 이전에는 사람들이 믿음이나 신념보다 자신들이 소망하는 것에 따라 행동한다고 믿기 때문에 이를 소망이론이라고 한다(Cassidy, 1998).

소망이론
desire theory
사람들은 믿음이나 신념보다 소망하는 것에 따라 행동한다고 믿는 초기의 마음이론

3~4세가 되면 유아들은 믿음, 소망 등의 여러 가지 마음의 상태들이 행동을 결정할 수 있다는 것을 이해한다. 이를 믿음-소망이론이라고 한다. 이 시기의 유아들은 사람들이 저마다 믿고, 소망하고, 알고 있는 바가 다양한 마음 상태를 가지고 있으며, 만약 잘못된 틀린 믿음을 가지고 있어도 그 믿음에 따라 행동한다는 것을 이해할 수 있다.

믿음-소망 이론
belief-desire theory
사람들의 믿음과 소망 등은 모두 행동에 영향을 주기 때문에 잘못된 틀린믿음을 가지고 있어도 그 믿음에 따라 행동한다는 것을 이해하는 3~4세 사이에 발달하는 마음이론

연구자들은 틀린믿음 과제를 사용하여 아동의 믿음-소망이론 발달을 연구했다(Wellman & Bartsch, 1988). 틀린믿음 과제는 어린 아동들의 주의를 끌기 위해 인형이나 동영상을 사용하여 이야기 형태로 제시되는 경우가 많다. 널리 알려진 과제로는 Wimmer와 Perner(1983)의 '맥시 과제', 그리고 Baron-Cohen 등(1985)의 '샐리-앤 과제'가 있다(그림 12-4). 두 과제 모두 여러 나라에서 유사한 형태로 사용되었으며 등장인물이나 맥락에 차이는 있지만 그 구조는 대부분 동일하다. 과제에는 일반적으로 두 명의 인물이 등장한다. 한 등장인물이 모르는 상황에서 다른 등장인물이 어떤 행동을 하면 과제를 수행하는 아동은 관찰자로서 모든 과정을 알게 된다.

틀린믿음 과제
false-belief task
사람들은 틀린믿음을 가지고 그에 따라 행동할 수도 있다는 것을 아동이 이해하는지 평가하는 방법. 즉, 믿음-소망이론을 평가하는 과제

연구자들은 샐리-앤 과제에서 이야기를 들려준 뒤 아동에게 샐리가 어디에서 공을 찾으려고 할 것인지 질문했다. 그 결과 3세와 그 이전의 유아들 대부분은 '상자'라고 오답을 말했다. 즉, 공을 상자로 옮긴 것이 앤이고, 그때 샐리는 밖에 있었기 때문에 옮긴 사실을 모르고 바구니에 있다고 생각할 것이

그림 12-4
Sally-Anne 과제
출처: Baron-Cohen 등 (1985)

라는 것을 깨닫지 못했다. 그러나 4, 5세 유아들은 '바구니'라고 정답을 말했다. 이는 샐리가 믿고 있는 것이 실제와는 다른 틀린믿음이라는 것을 인식한 것이다. 즉, 이 시기의 유아들은 이야기 속에서 앤이 공을 옮기는 것을 샐리가 보지 못했기 때문에 샐리는 아직도 바구니에 공이 있다고 생각할 것이라는 것을 알았다. 따라서 공이 있는 곳은 바구니가 아니지만 샐리는 자신의 틀린 믿음에 따라 행동한다고 대답한 것이다.

믿음-소망이론이 발달하면 유아들은 의도와 행동의 관계를 더 잘 이해하게 된다. 4세 유아들은 꽃병을 깨뜨린 후 어머니로부터 혼나는 것을 피하려고 이것이 실수로 벌어진 일이고 자기가 일부러 의도한 일이 아니라고 변명할 수 있다. 또한 사람들의 믿음이 정확하지 않을 수 있다는 것을 이해하면 유아들은 거짓말로 자기에게 유리한 상황을 만들 수도 있다(Wellman & Woolley, 1990). 물건을 감추고 보물찾기 놀이를 하는 유아들은 상대방이 쉽게 찾지 못하도록 가짜 단서를 만들어 잘못된 장소로 유도하려고 한다. 이는 마음이론이 발달했다는 증거이다.

(2) 아동기 이후의 타인이해

마음이론이 발달한 후 타인이해가 현저하게 발달한다. 어린 유아들은 다른 사람의 심리적 특성을 이야기할 때 지속적인 특성을 일일이 설명하기보다 "그 사람은 좋은 사람이야."와 같이 매우 일반적이고 모호한 특성으로 표현한다. 반면, 5~7세의 아동들은 다른 사람을 설명할 때 '수정이는 크다', '준이는 개를 좋아한다' 등의 구체적이고 외적으로 관찰 가능한 특징에 더 주목한다. 이 시기의 아동들은 타인의 관점에서 또래를 구별하고 이해한다. 놀이 친구를 의도적으로 선택할 수 있고 어떤 아동이 좋아서가 아니라 그 아동이 매력적인 장난감을 가지고 있기 때문에 같이 놀고 싶어한다. 그러나 연령이 증가할수록 또래에 대한 평가는 물리적인 것보다 사회적인 중요성을 더 강조하게 된다. 9세 아동들은 좋은 장난감을 가진 아동보다 인기가 있는 아동과 노는 것을 더 선호한다(Boggiano et al,. 1986).

이처럼 타인에 대한 이해가 발달하면서 아동들이 여러 사람들을 비교하는 능력도 증가한다. 또한 타인에 대해 기술하는 방식에서도 변화가 일어난다(Barenboim, 1981) (그림 12-5). 6~8세 아동들은 또래들의 행동이나 외현적 특성을 주로 언급한다. 예를 들어 "철수가 영호보다 더 빨리 달린다"는 식으로 설명한다. 그러나 타인들의 행동에 대한 비교는 8세까지 증가하다가 9세 이후 감소하고 9세부터 11세까지 심리적 특성의 비교가 증가한다. "미미가 지현이보다 더 수줍어한다" 또는 "정민이가 영수보다 마음이 더 넓다" 등의 표현이 증가한다. 또한 이 시기의 아동들은 또래들을 비교할 때 한 개인을 대표할 수 있는 심리적 특성을 언급하는 경향이 있다. "영희가 우리 반에서 그림을 제일 잘 그린다"

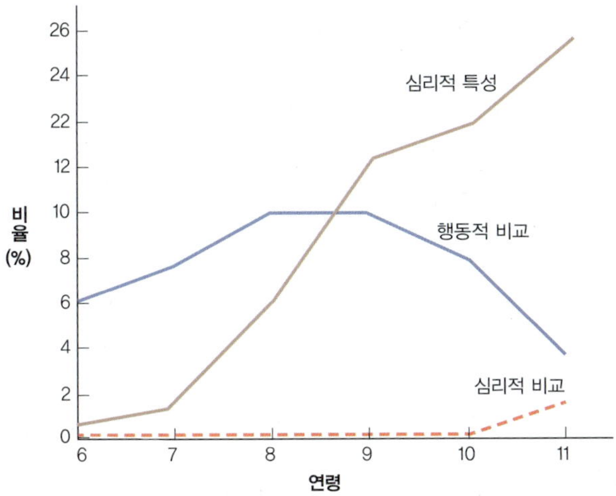

그림 12-5
아동이 타인에 대해 기술하는 방식의 발달적 변화
출처: Barenboim(1981)

대신 "영희는 우리반에서 제일 예술적이야"라고 설명할 수 있다. 사춘기 이후의 청소년들은 다른 사람들 간의 유사점과 차이점을 인식하고 질병이나 가정문제와 같은 상황적 요인까지 고려하여 그들의 특성을 이해할 수 있다. 특히 중기 청소년기에는 사람들의 행동과 심리를 분석하고 논리적으로 모순이 되는 특성까지 통합하여 사람에 대한 인상을 형성한다(Barenboim, 1981).

2) 사회인지 발달이론

사회인지란 자기와 다른 사람의 생각, 정서, 동기 및 행동에 관한 내적 사고와 판단을 말한다. 사회인지 발달을 설명하는 Selman의 역할수용이론을 살펴보자. 사람들은 한 사회 속에서 다양한 사람들과 관계를 맺고 조화와 갈등을 경험하며 살아간다. Selman(1980)은 역할수용능력을 다른 사람의 관점에서 그들의 생각, 감정, 의도, 행동을 이해하는 능력으로 정의했다. 이 이론은 자신과 타인의 관점을 구별하고 여러 관점들 간의 관계를 이해할 때 다른 사람의 입장에 자신을 대입시켜 생각할 수 있다고 보았다. 즉, 다른 사람의 입장에서 생각할수 있는 역할수용능력이 없다면 다른 사람들의 내적 특성을 제대로 이해할 수 없을 것이다. Selman은 다음과 같이 대인관계에서의 갈등에 관한 이야기를 사용하여 아동의 역할수용능력 발달을 연구했다.

역할수용능력
role taking ability
다른 사람의 관점에서 그들의 생각, 감정, 의도, 행동을 이해할 수 있는 능력

홀리는 나무에 올라가기를 좋아하고 그 동네에서 가장 나무를 잘 타는 8살 소녀이다. 어느날 홀리가 큰 나무에서 내려오다가 실수로 떨어졌다. 홀리가 다치지는 않았지만 홀리의 아버지는 그 모습을 보고 걱정이 되었다. 아버지는 홀리에게 다시는 나무에 올라가지 말라고 당부했고 홀리는 올라가지 않기로 아버지와 약속했다. 어느 날 홀리는 친구들과 숀을 만났는데 숀의 고양이가 높은 나무에 올라가서 혼자 내려올 수 없는 상황이었다. 즉시 어떻게 하지 않으면 숀의 고양이는 나무에서 떨어질 위험이 있다. 지금 고양이가 있는 나무 위에 올라가서 안전하게 고양이를 데리고 내려올 수 있는 사람은 홀리뿐이다. 그러나 홀리는 나무에 올라가지 않겠다고 아버지와 약속한 것을 기억하고 있다.

Selman은 이 이야기를 들려주고 아동들이 홀리, 홀리의 아버지, 그리고 숀의 관점을 어떻게 이해하는지 알기 위해 여러 가지 질문을 했다. “홀리는 숀이 자기 고양이를 어떻게 생각하는지 알고 있을까?”, “홀리가 나무에 올라가는 것을 홀리 아버지가 알게 된다면, 아버지의 기분은 어떨까?”, “네가 홀리라면 너는 어떻게 하겠니?” 등 질문들에 대한 아동의 응답을 분석하여 역할수용발달의 5단계를 제시했다.

0수준: 자기중심적 또는 미분화된 관점

3~6세경의 아동들은 다른 사람들의 관점을 잘 인식하지 못한다. 자신의 관점과 다른 사람의 관점을 잘 구분하지 못하기 때문에 홀리에 대해 다른 사람도 자신과 똑같은 생각을 가질 것이라고 믿는다.

예) “아빠도 고양이를 좋아하기 때문에 홀리가 나무에 올라가서 고양이를 구하면 좋아할 거예요”

1수준: 사회정보적 역할수용

6~8세경의 아동들은 사람들이 자신과 다른 관점을 가질 수 있다는 것을 이해한다. 그러나 그것은 사람들이 자신과 다른 정보를 들었기 때문이라고 생각한다.

예) “아빠는 홀리가 왜 나무에 올라갔는지를 모르면 화를 내겠지만, 홀리가 나무에 왜 올라갔는지 알면 화내지 않을거예요.”

2수준: 자기성찰적 역할수용

8~10세경의 아동들은 자기 자신과 다른 사람이 같은 정보를 가지고 있어도 서로의 견해가 다를 수 있다는 것을 안다. 다른 사람의 관점을 정확하게 이해할 수 있고 다른 사람이 나의 입장에서 생각할 수 있다는 것을 알게 된다. 이에 근거하여 다른 사람의 반응을 예측할 수 있다. 그러나 이 시기의 아동들은 아직 자신과 다른 사람의 관점을 동시에 같이 고려하기 어렵다.

예) (홀리가 나무에 올라갈 것 같은지 질문하면) "네, 홀리는 아빠가 왜 그랬는지 알면 자신을 이해할 거라고 생각할 거예요." (그럼 홀리의 아버지는 홀리가 나무에 올라가기를 원할지 질문하면) "아니요, 아빠는 홀리가 그렇게 하길 원하시지 않을 거예요."

3수준: 상호적 역할수용

10~12세경의 아동들은 자신과 다른 사람의 관점을 한꺼번에 고려할 수 있고 다른 사람도 자신처럼 할 수 있다는 것을 안다. 아동들은 자신과 다른 사람이 상대방의 관점에 어떻게 반응할 것인가를 서로 예측할 수 있고 이를 동시에 고려하여 합리적인 결정을 할 수 있다는 걸 이해한다.

예) "홀리는 고양이를 구하고 싶어 할 거예요. 그렇지만 나무에 올라가기는 어려울 거예요. 왜냐면 홀리는 아빠가 나무에 올라가지 말라고 한 걸 알고 있어요. 그리고 아빠는 고양이에 대해 모르잖아요"

4수준: 사회적 역할수용

12~15세경의 아동들은 다른 사람의 관점을 그 사람이 속해 있는 사회체계의 관점과 비교하여 이해하려고 시도한다. 그 사회 대부분의 사람들이 가지고 있는 관점을 누구나 가질 수 있고 개인의 독특한 관점과 사회적 관점이 통합될 수 있다는 것을 이해한다.

예) (홀리가 나무에 올라가는 것 때문에 벌을 받아야 하는지 질문하면) "아니요, 홀리의 행동은 생명을 존중하고 동물을 인도적으로 대한 것이에요. 아빠도 이 점을 이해하실 거예요."

Selman은 나무타기를 잘하는 소녀의 이야기로 역할수용을 측정했다.

Selman의 이야기를 사용하여 40명의 소녀와 41명의 소년을 대상으로 역할수용을 측정했을 때 0수준에서 4수준까지의 발달단계가 모두 나타났다 (Gurucharri & Selman, 1982). 그러나 모든 아동들이 유사한 연령에서 각 단계에 도달하는 것은 아니며 역할수용 발달에 개인차가 있었다. 아동의 역할수용능력은 또래 집단 내에서의 사회적 지위에 영향을 미칠 수 있다. 인기가 있고 사회성이 높고 친사회적 행동을 더 많이 보이는 아동들은 또래에 비해 높은 역할수용능력을 보이는 경향이 있었다(Kurdek & Krile, 1982; Strayer & Robert, 1989).

Selman의 역할수용 단계에 따라 친구와의 우정관계를 이해함에 있어 발달적 차이가 나타났다(Berndt, 1989; Berndt & Perry, 1990). 0수준에 해당하는 학령 전 유아들은 물리적으로 놀이를 함께 하는 또래를 친구로 생각한다. 단지 이웃에 살고 있고 나와 놀고 있기 때문에 친구라고 생각하거나 활동을 함께 하는 것이 우정의 중요한 기준이 된다. 1수준에 도달한 아동들은 다른 사람의 관점이 자신의 관점과 반드시 같지 않기 때문에 자신을 위해서 좋은 일을 하는 사람을 친구라고 생각한다. 그러나 1수준의 아동들은 친구의 배려에 자기가 상호적으로 보답해야 된다고 생각하지 않기 때문에 관계가 일방적이고 친구가 자기의 관심이나 요구를 들어주지 않으면 바로 친구가 아니라고 생각한다.

2수준에 해당하는 아동들은 친구의 요구나 의도에 관심이 증가하고 우정이 상호 신뢰에 기초하고 있다는 것을 인식한다. 우정 관계를 서로에 대한 두 사람의 존중, 친절, 애정을 교환하는 상호교환적인 관계로 본다. 이 시기의 아동들은 자신의 관점이 친구들의 관점과 얼마나 유사한지 또 다른지 평가할 수 있고 친구라면 자신과 유사해야 한다고 주장한다. 초기 청소년기에는 대다수가 3, 4수준에 도달할 수 있다. 이 수준의 청소년들은 친구를 서로 좋아하고, 신뢰하고 도와주는 사람이라고 생각한다. 그러나 더 나아가 깊은 개인적인 생각과 감정을 교환할 수 있어야 우정이라고 강조한다. 우정이란 친구에게 충실하고 필요할 때 정서적 지원이나 방어를 하는 것이라고 생각한다(Buhrmester, 1990). 이처럼 역할수용능력을 획득함에 따라 아동들의 우정개념은 일방적이고 자기중심적인 관점에서 벗어나서 서로를 이해하고 조화로운 관계를 형성하는 상호교환적인 것으로 발달한다.

(1) 사회인지발달에 대한 또래의 영향

Piaget(1932/1965)는 학령기 동안 또래들 간의 놀이가 역할수용능력과 성숙한 사회적 판단을 발달시키는 데에 기여한다고 보았다. 놀이에서 다양한 역할을 해봄으로써 아동들은 자신의 관점과 또래들의 관점에 차이가 있음을 알게 된다. 놀이에서 갈등이 일어날 때도 아동들은 또래와 잘 타협해서 놀이를 계속하는 방법을 배운다. 이처럼 또래와의 상호작용은 대인 간의 이해를 높인다.

의견이 불일치하는 또래들과의 상호작용을 통해 역할수용능력이 발달한다.

그러나 역할수용능력이 발달하기 위해서는 또래와의 조화보다 다양한 의견들 간의 불일치를 경험하는 것이 더 중요할 수 있다. 갈등을 겪었어도 또래들과의 경험이 많을수록 그들을 이해하고자 하는 동기가 더 커지고 또래가 보이는 행동의 원인을 파악하는 능력도 증가한다(Higgins & Parson, 1983). 인기 있는 아동은 다양한 특성을 가진 또래들과 자주 상호작용할 기회가 있다. 따라서 인기 있는 아동들은 사회적 경험의 양이 훨씬 더 많고 이러한 경험이 역할수용능력에도 영향을 줄 수 있다. Gnepp(1989)은 아동들에게 한번도 보지 못한 낯선 아동을 평가하도록 하였는데 인기가 있는 아동들은 인기가 없는 또래에 비해 낯선 아동에 대한 이해도가 높았다.

정리해 봅시다

1. 자아개념의 발달과정을 설명해보자.
2. 자아존중감의 측정 방법과 영향요인을 생각해보자.
3. 자아정체감의 발달과정을 설명해보자.
4. 자아통제의 발달과 영향요인을 설명해보자.
5. 마음이론의 발달과 타인이해의 영향요인을 설명해보자.
6. 사회인지 발달이론을 설명해보자.

CHAPTER 13
성역할 발달

1. 성 발달의 개념과 이론
2. 성 유형화의 발달
3. 성 차
4. 성역할 초월과 성 민감성

13
성역할 발달

사람들은 아기가 태어나면 제일 먼저 아들인지 딸인지 묻고 이에 따라 이름을 짓는다. 아기의 성별에 따른 구별은 양육을 하는 동안 계속된다. 부모들은 자녀의 성에 적합하다고 생각하는 옷을 입히고 머리 모양을 해주고 장난감을 사준다. 왜 사람들은 성에 따라 다르게 반응하고 행동하는 것일까? 생물학적인 차이 때문일까? 사회에서 남성과 여성에게 다른 역할을 기대하기 때문일까? 아동은 자신이 여성인지 남성인지 먼저 인식하고 자기가 속한 사회에서 성에 맞는 동기, 가치 및 행동을 획득하는 과정을 거친다. 이 장에서는 성에 대한 개념이 발달하는 과정을 살펴보자.

1. 성 발달의 개념과 이론

1) 성이란 무엇인가?

젠더
gender
사회적 의미의 성을 언급하며 생물학적인 섹스(sex)와 구분하여 사용됨

성은 남성 또는 여성이라는 사람의 특징을 말한다. 성적 특징에서 생물학적인 부분을 의미할 때는 '섹스(sex)', 사회적인 부분을 의미할 때는 '젠더(gender)'라는 용어로 구분하기도 한다. 성과 관련된 특성을 의미하는 용어는 아래와 같이 매우 다양하다.

- 성 정체감: 자신을 남성 또는 여성으로 범주화하고 수용하는 것.
- 성역할: 특정 성에 적합하다고 생각되는 사회의 가치관, 동기 그리고 행동 양식을 말한다.
- 성역할 고정관념: 어떤 행동이나 능력이 남성 또는 여성에게만 해당한다고 믿는 고정관념.
- 성 유형화: 자신의 속한 사회나 문화가 적합하다고 여기는 성역할의 특성을 발달시켜 가는 과정.

연령이 증가함에 따라 신체, 인지, 사회문화적 특성이 상호작용하면서 성 정체감, 성 유형화 행동, 성역할 고정관념에 변화가 나타난다.

2) 성 발달 이론

(1) 생물사회학 이론

전통적으로 사람들은 생물학적인 차이 때문에 남성과 여성이 결정된다고 믿어 왔다. 남성은 여성에게 없는 Y염색체를 가지고 있고 호르몬 분비에서 차이를 보인다. 이처럼 생리적인 성차는 남성 호르몬인 안드로겐(테스토스테론)과 여성 호르몬인 에스트로겐에 의해 나타난다. 그러나 오늘날에는 성의 사회문화적인 의미를 더 중요하게 생각한다. 생물학적 특징을 바탕으로 사회적 경험을 통해 개인의 성역할 기준과 정체감이 형성된다고 보는 것이 일반적이다.

생물학적 특징과 사회적 특징의 상호작용을 강조한 대표적인 이론이 Money와 Ehrhardt(1972)의 생물사회학 이론이다(그림 13-1). 이 이론은 영아기에서 성인기에 이르기까지 어떤 과정을 거쳐 성 정체감 형성이 이루어지는지 다음과 같이 단계적으로 설명하고 있다.

생물사회학 이론
biosocial theory
성역할 행동과 선호를 생물학적 요인과 사회적 요인의 상호작용의 결과로 보는 이론

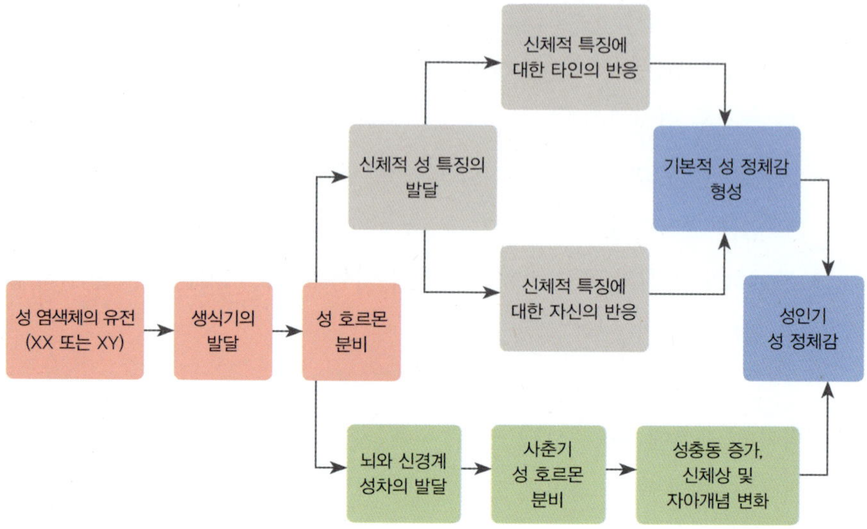

그림 13-1
생물사회학 관점에서 본 성 정체감 형성 과정
출처: Money와 Ehrhardt (1972)

출생 전

생물사회학적 이론에서는 수정에서 출생에 이르는 동안 성 발달에 영향을 주는 세 가지 생물학적 요인을 강조한다. 첫째, 배아들은 부모로부터 성염색체 XX 또는 XY를 전달받는다. 둘째, 성염색체에 따라 남성 또는 여성의 생식기관이 발달한다. XY염색체를 가진 배아는 고환, XX염색체를 가진 배아는 난소를 형성한다. 셋째, 고환은 두 가지 종류의 호르몬을 분비하는데 하나는 음경과 음낭과 같은 남성 생식기관의 발달을 돕는 호르몬이고 다른 하나는 여성 생식기관 발달을 억제하는 호르몬이다. 만약 고환에서 이 호르몬이 정상적으로 분비되지 않으면 남성의 특성이 뚜렷이 나타나지 않고 여성과 같은 생식기를 가질 수 있다.

출생 후

이 이론에서는 출생 후 생물학적 요인과 사회적 요인의 영향을 모두 가정한다. 대뇌 시상하부와 뇌하수체의 기능과 호르몬 분비는 사춘기가 되면서 크게 변화한다. 사춘기 동안 많은 양의 성호르몬이 분비되면서 이차성징이 나타난다. 생식기관이 더욱 정교화되고 성적 충동과 호기심도 증가한다. 한편, 출생 시 신체적 특성은 서로 다른 사회적 반응을 불러일으킨다. 부모와 다른 사람들은 아기의 생식기를 보고 '아들' 또는 '딸'이라고 구분한다. 만약 아기의 생식기가 비정상적이어서 반대의 성으로 구분되었다면 사람들의 잘못된 반응이 성 발달에 영향을 줄 수 있다. 남아를 여아로 착각하고 여아처럼 양육한다면 아이가 자라면서 여아의 성 정체감을 획득하게 될 수 있을 것이다. 그러나 다른 사람들의 반응으로 인해 성인기의 성 정체감이 그대로 결정되는 것은 아니다. 사춘기가 되어 이차성징이 나타나면 자신의 신체적 특성에 대해 스스로 평가하게 되고 다른 요인들과 상호작용하면서 성인의 성 정체감을 형성하게 된다.

이론에 대한 비판

생물사회학 이론은 신체적 특성과 주변의 사회적 반응이 일치하면 이에 따라 성 정체감이 형성된다고 주장했지만 그것은 꼭 사실이 아니다. 태어나자마자 사고로 생식기를 잃은 후 성전환 수술과 호르몬 치료를 통해 여아로 양육되었던 데이비드 라이머의 사례는 이 이론을 반박하는 증거로 언급되고 있다. 부모가 아기 때부터 데이비드를 철저하게 여아처럼 양육했음에도 불구하고 데이비드는 항상 자신이 남성이라고 생각해왔다. 결국 그는 어릴 적의 일을 알게 된 후 생식기 재건 수술을 통해 자신의 원래 성을 되찾았다. 하지만 오랫동안 경험한 성 정체성의 혼란으로 인해 정신적 고통을 겪었다. 이 사례로 인간의 본성과 심리적 문제를 고려하지 않은 성의 인위적인 변경에 대해 윤리적 이슈가 제기되었다.

(2) 정신분석이론

2장의 발달이론에서 언급하였듯이 Freud는 아기가 세상에 나올 때 성적 에너지인 리비도를 가지고 태어난다고 주장했다. 리비도는 연령에 따라 신체의 다양한 부위로 이동하면서 성적 에너지를 제공한다. 특히 남근기에 동성 부모를 동일시함으로써 성 정체감과 성역할 선호가 빠르게 형성된다고 보았다. 정신분석이론에 따르면, 3~6세의 남아들은 거세 불안이 나타나는 오이디푸스 콤플렉스를 경험하고 이를 해결하기 위해 아버지를 동일시하면서 남성적

동성 부모와의 동일시를 통해 성역할 행동이 발달한다.

특성과 행동을 내면화한다. 반면, 여아들은 남근 선망이 나타나는 엘렉트라 콤플렉스를 해결하기 위해 아버지의 애정의 대상인 어머니를 동일시하고 어머니의 여성적 특성을 내면화한다. 이처럼 이 이론은 성적 콤플렉스를 해결하기 위한 성역할 동일시 과정을 강조하고 있다.

(3) 인지적 사회학습이론

인지적 사회학습이론(Bandura, 1989)에 따르면 아동들은 직접적인 학습과 관찰을 통해 성 정체감과 성역할 기준을 배운다. 부모는 아동이 성에 적합한 행동을 할 때 이를 강화하거나 지지하지만, 그렇지 않다고 생각될 때는 "너는 여자 아이인데 그렇게 행동하면 안 돼."하고 주의를 주거나 체벌을 하기도 한다. 아동들은 놀이, 행동, 의복 등에서 성역할과 관련된 강화를 받는다(Fagot & Leinbach, 1989).

부모뿐 아니라 형제와 또래, 교사, 또는 미디어를 통해서도 성과 관련된 학습이 일어난다. 아동들은 자신과 성이 같은 사람의 행동에 선택적으로 주의를 더 많이 기울이고 관찰한다. 이 과정에서 어떤 장난감이나 행동이 자신의 성에 적합한 것인지 알게 된다. 특히 미디어를 통한 모델링은 성역할 기준이나 고정관념을 학습하는 주요한 통로이다. TV 프로그램은 성역할 고정관념을 자주 보여주기 때문에 비판받는다. 광고에서 예쁘고 날씬한 여성이나 근육질 남성, 또는 주방기구를 사용하는 여성이나 거칠게 차를 운전하는 남성처럼 특정 이미지를 강조하면 아동들이 성 고정관념을 학습할 수 있다.

(4) 성 정체감 형성에 대한 콜버그의 인지발달이론

Kohlberg(1966)는 아동들이 단순히 사회적 영향을 수동적으로 받는 존재가 아니라 인지발달에 따라 능동적으로 성역할 사회화를 획득하는 존재라고 강조했다. 사회적 경험이나 학습 때문에 성 정체감이 형성되는게 아니라, 아동이 먼저 성 정체감을 형성하고 여기에 적합한 행동적 특성과 정보를 능동적으로 찾아간다는 것이다. 이러한 생각은 Piaget의 인지발달이론에 영향을 받은 것처럼 보인다. 세상을 이해하는 틀인 인지적 도식처럼, 성에 대한 정보의 해석이 인지발달 수준에 달려 있다고 보았다. 실제로 아동이 시간, 장소, 상황에 따라 변하지 않는 성 정체감을 형성하는 시기는 가역성과 보존개념의 이해를 획득하는 구체적 조작기와 유사하다.

Kohlberg는 성 정체감 형성의 세 단계를 제시했다. 첫 번째 단계는 기본적 성을 인식하고 구분해서 명명하는 기본적 성 정체감 형성 단계이다. 2~3세 경의 아동들은 자신이 여아인지 남아인지 구분할 수 있다. 두 번째 단계는 성 안정성을 형성하는 단계이다. 성 안정성은 시간이 지나도 자신의 성이 변하지 않는다는 것을 아는 것이다. 5세경의 여아는 자신이 커서 아버지가 아닌 어머니가 된다고 대답할 수 있다. 그러나 외형이나 행동이 바뀌어도 자신의 성은 바뀌지 않는다는 것은 잘 알지 못한다. 세 번째 단계는 성 항상성 단계이다. 7세경의 아동은 자신의 성이 어떤 상황이나 조건에서도 변하지 않는다는 것을 이해할 수 있다. 옷을 어떻게 입거나 어떠한 행동을 하는지에 관계없이 자신의 성이 항상 같다는 것을 안다. 성 항상성이 확립되면, 아동들은 이에 맞는 정보와 행동을 스스로 찾고 배우며 성에 대한 이해가 증가한다.

기본적 성 정체감
basic gender identity
아동이 처음으로 자신을 여아, 남아로 구분하여 이름을 붙이는 성 정체감 형성의 첫 단계

성 안정성
gender stability
시간이 경과해도 성이 변하지 않는다는 것을 인식하는 단계

성 항상성
gender consistency
상황이 변하거나 개인의 외적 모습, 행동이 변해도 성은 변하지 않는다는 것을 인식하는 단계

그러나 Kohlberg가 언급한 연령보다 더 일찍 성 정체감을 나타내는 사례가 보고되었다. 기본적 성 정체감이 완전히 형성되지 않은 영아들이 자신의 성과 일치하는 장난감을 선호하는 모습을 보이기도 하고, 3~4세경에 성 안정성을 이해하는 유아들도 있다. 즉, 성 유형화의 발달은 Kohlberg의 단계보다 훨씬 더 이른 시기에 나타난다.

(5) 성 도식 이론

성 도식이란 남성과 여성에 대해 조직화된 믿음과 기대를 의미한다. 성 도식은 일상적으로 주의를 기울이고 기억하는 정보의 종류에 영향을 미친다. Martin과 Halverson(1987)의 성 도식 이론은 기본적 성 정체감이 아동들에게 성에 대해 배우고자 하는 동기를 불러일으킨다고 언급했다. 성 정체감을 형성하고 이에 일치하는 흥미, 가치, 행동을 획득한다는 개념은 Kohlberg와 유사하다. 그러나 성 도식 이론은 Kohlberg 이론처럼 발달적으로 성 항상성이 확

성 도식
gender schema
남성과 여성에 대한 일련의 조직화된 믿음과 기대

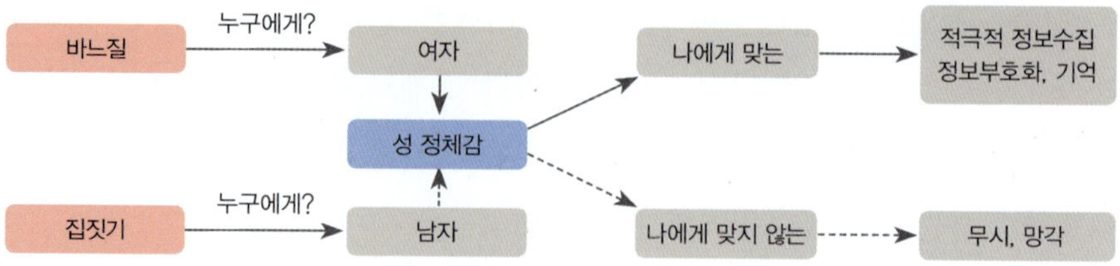

그림 13-2
성도식 이론
출처: Martin과 Halverson (1987)

립된 후에 성 유형화가 나타나는게 아니라, 성 도식을 통해 훨씬 더 이른 시기에 성 유형화가 시작된다고 보았다. 또한 성 도식 이론은 아동들이 사회적 기대에 순응하려는 동기가 있기 때문에 사회적 가치와 성역할 기준이 변하면 내적 동기도 변할 수 있다고 하였다.

성 도식의 형성과정을 살펴보면, 그림 13-2와 같이 아동들은 먼저 단순히 내집단 또는 외집단 도식에 따라 물건, 행동, 역할을 여성의 것, 남성의 것으로 구별하기 시작한다. 다음으로 아동들은 자신의 성에 일치하는 행동을 수행하는데 필요한 정보를 수집하여 성 도식을 형성한다. 예를 들면, 기본적 성 정체감을 가지고 있는 여아들이 바느질은 여성의 일, 집짓기는 남성의 일이라는 정보를 인식하면, 여성의 정체감에 맞는 행동에 더 적극적일 것이다. 따라서 자신의 성 도식에 추가할 수 있는 바느질에 대한 정보는 수집하지만 자신의 성과 관련 없는 집짓기에는 주의를 기울이지 않을 것이다. 이처럼 자신의 성 도식과 일치하는 정보는 부호화하고 기억할 가능성이 높은 반면, 성 도식과 일치하지 않는 정보는 망각할 가능성이 높다(Liben & Signorella, 1993). 성 도식은 아동들이 자신의 성에 대한 정보를 얻는데 영향을 미치기 때문에 발달하면서 여아와 남아들이 성에 따라 다른 관심사와 능력을 가지게 된다.

(6) 생태체계이론

Bronfenbrenner(1977)의 생태체계이론은 아동의 성역할 발달이 다양한 환경체계와의 상호작용을 통해 이루어진다고 가정한다. 예를 들어, 거시체계는 한 개인이 속한 사회의 문화 또는 하위 문화의 관습, 규범, 가치, 신념을 포함하며 성역할 기준 역시 이에 속한다. 미시체계에서 부모-자녀 상호작용은 부모가 가진 성역할 고정관념과 태도에 영향을 받는다. 또한 아동은 외체계와의 상호작용을 통해 성에 대한 지역사회의 태도와 반응을 경험할 수 있다.

(7) 신경과학적 접근

신경과학자들은 성차의 원인을 설명하는 뇌 구조와 기능을 연구했다. 여성의 뇌는 남성의 뇌와 다른가? 이에 대해 최근까지도 서로 상반되는 주장들이 이어져왔다. 뇌의 전체적인 크기는 남성이 여성보다 더 큰 편이지만 구조와 기능에는 큰 차이가 없다(Hyde, 2007). 그러나 뇌의 성차를 주장하는 입장에서는 몇 가지 특징들을 강조한다.

먼저, 성에 따라 뇌의 특정 영역에서 회색질의 양과 활동성에 차이가 있다는 점이다. 회색질에는 신경세포가 존재한다. 여성의 뇌는 두개골 안쪽에 신경세포가 많은 꼬불꼬불한 뇌이랑을 더 많이 가지고 있고(Luders et al., 2004), 정서표현에 관여하는 뇌영역이 남성보다 높은 활동성을 보인다(Gur et al., 1995).

다음으로, 뇌 반구와 부위에 따라 크기에 성차가 있다는 점을 언급하고 있다. 시지각을 담당하는 후두엽과 성 행동에 관여하는 시상하부의 일부는 남성이 여성보다 더 크고(Swaab et al., 2001) 남성은 좌우 반구의 비대칭이 심하여 각 반구가 독립적으로 작용하는 반면, 여성은 뇌량이 크고 좌우 반구 간의 연결이 남성보다 더 잘 이루어지는 것으로 알려졌다(Bishop & Wahlsten, 1997; Hirnstein et al., 2019). 미세뇌기능장애에 속하는 주의력결핍 과잉행동장애나 자폐의 유병률은 여아보다 남아에게서 더 높게 나타난다. 아직 뇌의 기능이나 구조, 신경세포의 역할이 뚜렷이 밝혀지지는 않았지만 이처럼 어떤 연구자들은 여성과 남성의 뇌가 다르다고 가정하고 있다.

그러나 이와는 반대로, 성차가 없다고 주장하는 입장에서는 좌우 반구의 비대칭으로 여성과 남성의 특성이 구별되는 것은 아니며, 크기와 부분적인 구조에 차이가 있다고 해도 이것이 인지적 기능에서의 성차를 설명하지 못한다고 지적한다(Eliot et al., 2021). 즉, 뇌의 성차에 대한 결과도 일관되게 나타나지 않고, 기능적 자기공명영상으로 아주 작은 차이를 밝힌 것만으로는 여성과 남성의 뇌가 다르다는 결론을 내릴 수 없다고 보았다. 뇌에 대한 연구는 아직 진행중이며 이후 성차에 대해서도 더 밝혀질 것이다. 그러나 신경생리적인 차이가 인간의 성차를 전부 다 설명하는 것은 아니므로 이론들의 통합적 이해가 필요하다.

(8) 이론의 통합

지금까지 살펴본 성 발달이론들은 성차, 성 정체감, 성역할 고정관념 등을 설명하는데 기여를 했다. 이 중에서 어떤 이론들은 특정한 시기의 성 발달을 더 잘 설명한다. 예를 들어, 생물사회학적 이론은 태내기부터 청소년기를 거쳐 성인기까지 전생애 동안의 성 정체감 형성과정을 설명했다. 인지적 사회학습이론에서 강조하는 변별적 강화는 영유아기의 성 유형화 과정을 잘 설명한다. 어린 아동들은 주변의 가까운 사람들로부터 강화나 처벌을 통해 자신의 성에 부합하는 행동을 학습한다. Kohlberg의 인지발달이론은 유아기와 그 이후의 성 정체감의 형성과정을 제시하고 있다. 3세경에 기본적 성 정체감을 획득하고 6~7세경에 성 안정성과 항상성을 획득하면 그 이후 자신의 성에 대한 지식을 수집하면서 정교화된 성 유형화가 나타난다. 태내기에서 청소년기에 이르는 과정은 발달적으로 다양한 변화를 포함하고 있으므로 여러 이론을 종합하여 성 발달과정을 이해해야 한다.

2. 성 유형화의 발달

성 유형화
gender typing
아동이 자신이 속한 사회나 문화에 적합한 성역할 특성을 발달시켜 가는 과정

성 유형화는 포괄적인 과정이므로 이를 성 정체감 발달, 성적 선호의 발달, 성역할 기준과 고정관념의 발달로 나누어 살펴보기로 하자.

성 정체감
gender identity
자신을 여성 또는 남성으로 범주화하는 것

1) 성 정체감 발달

성 유형화의 첫 단계는 먼저 여성 또는 남성으로서 성 정체감을 형성하는 것이다.

여성과 남성을 구분할 수 있는 능력은 발달 초기부터 나타난다. 6개월경의 영아들은 음성을 듣고 남성의 말소리와 여성의 말소리를 구분한다. 1세경이 되면 사진을 보고 여성인지 남성인지 구별할 수 있고 성에 따라 목소리와 얼굴을 연결할 수 있다. 여성의 모습을 한 사람이 남성의 목소리로 말하는 걸 보면 영아들은 어리둥절한 모습을 보일 것이다.

2~3세가 되면 영아들은 성을 구분하는 어휘를 획득하고 엄마, 아빠 또는 이모, 삼촌 등의 말을 정확하게 사용한다(Leinbach & Fagot, 1993). 이 시기의 영유아들은 자신이 여성인지 남성인지 정확하게 구분할 수 있지만, 성이 변하지 않는다는 것은 잘 인식하지 못한다. 유아기 동안 여아들은 자신이 커서 어머니가 될 것이고 남아들은 자신이 아버지가 될 것이라고 이해한다. 그러나 옷이나 머리 스타일을 바꾸면 다른 성으로 바꿀 수 있다고 생각하기 때문에 학령초기는 되어야 성이 어떤 조건에서도 변하지 않는 특성이라는 것을 이해하는 안정된 성 정체감이 나타난다(Fagot, 1985). 이후 청소년기가 되면 사춘기의 신체적 변화를 경험하면서 자아의 범주에서 성적 특성을 재인식하고 평가하게 된다. 이에 대한 사회적, 심리적 수용을 통해 보다 확고한 성 정체감을 형성한다.

2) 성적 선호의 발달

어린 아동들은 성유형화된 장난감을 가지고 노는 경향이 있다.

아동이 어떤 성에 대한 선호를 보이는 것은 성 유형화된 행동으로 볼 수 있다. 성에 따라 다른 종류의 장난감을 선호하는 모습은 기본적 성 정체감을 형성하기 이전부터 나타난다. 2세 이전에 남아들은 트럭과 자동차를 좋아하는 반면, 여아들은 인형과 귀여운 장난감을 좋아한다(Smith & Daglish, 1977). 자신이 좋아하지 않는 다른 성의 장난감을 거부하기도 한다. 아이들뿐 아니라 부모들도 아들에게는 트럭을 사주는 등 성 유형화된 환경을 제공하는 경향이 있다(Snow et al., 1983).

유아기에는 동성인 또래와 놀이하는 것을 선호하며 이러한 경향은 아동기 동안 증가한다. 아동기에는 동성 친구에 대한 강한 선호를 보이고 반대 성을 배타적으로 대하는 성 분리 규칙이 나타난다. 성 분리 규칙을 위반하고 여아들과 친하게 지내는 학령기 남아는 또래 남아들에게 인기가 없지만 반대 성에 대한 편견과 배타성은 사춘기 이후 감소한다(Powlishta et al., 1994; Serbin et al., 1993).

이처럼 성 분리 현상이 현저하게 나타나는 시기는 프로이트의 잠복기에 해당한다. 학령초기부터 리비도에 의한 성적 충동이 사라지면서 동성 또래 선호가 강해진다. 많은 문화들이 남성의 성역할에 사회적으로 더 높은 가치를 부여하기 때문에, 남아들은 성에 맞는 행동을 하도록 더 큰 사회적 압력을 받는다. 그러나 여아들은 성역할 행동에 대한 선호를 덜 보이는 편이다. 아동 중기에는 여아들이 남아들이 하는 활동과 역할을 더 선호하는 모습을 보이기도 한다(Bussey & Bandura, 1992; Martin, 1990). 그러나 이러한 선호는 청소년기 이후 감소한다.

3) 성역할 기준과 고정관념의 발달

여성과 남성은 정말 차이가 있을까? 여성과 남성은 신체생리적인 차이를 가지고 있지만 사회적, 심리적인 성차가 있는지는 아직 뚜렷한 결론이 나지 않았다. 그럼에도 불구하고 많은 사람들은 성차가 분명히 있다고 강하게 믿는다. 이러한 편향된 믿음에는 한 사회의 성역할 기준과 고정관념이 크게 작용한다. 성역할이란 특정 성에 적합하다고 생각되는 행동 양식과 가치 등을 말한다. 성역할 기준이 형성되면 이에 따라 생각하고 행동하려 하기 때문에 성역할 고정관념도 늘어난다.

고정관념은 한 사회의 구성원들이 가지는 전형적 특징이며 학습에 의해 후천적으로 형성된다. 한 사회의 구성원들이 고정관념을 완전히 피하기도 어렵고 또한, 고정관념이 모두 사실이 아닌 것도 아니다. 그러나 성역할 고정관념 때문에 개인이 자신의 능력을 올바로 평가받지 못하는 경우가 있다. 성역할 기준과 고정관념은 아기가 태어나는 순간부터 일생동안 여성 또는 남성으로 살아가는데 영향을 미친다.

성역할 기준
sex role standard
한 사회의 구성원들이 특정 성에 적합하다고 생각하는 가치관, 동기 및 행동양식

(1) 성역할 기준

그동안 많은 사회들이 여성에게는 표현적 역할, 남성에게는 도구적 역할을 하도록 기대해왔다. 여성에게 기대되는 표현적 역할이란 친절하고 애정적이며 협동적이고 다른 사람들의 요구에 순응하는 행동을 말한다. 여성은 아내와 어머니가 되기 때문에 가족을 돌보고 자녀를 잘 양육할 수 있도록 표현적 역할이 필요하다고 생각했다. 반대로 남성들에게는 남편과 아버지로서 전통적으로 가족을 부양하는 도구적 역할을 강조했다. 도구적 역할을 하기 위해 남성들이 사회에서 지배적이고 주장이 강하며, 독립심과 경쟁적 태도를 보이기를 기대했다.

표현적 역할
expressive role
일반적으로 여성들에게 기대되는 사회적 규범으로 친절, 협동, 타인의 요구에 대한 민감성 등을 말함

도구적 역할
instrumental role
일반적으로 남성에게 기대되는 사회적 규범으로 지배적이고, 독립적이고, 자기 주장적이고, 경쟁적인 성향을 말함

이처럼 여성과 남성에 대한 성역할 기준은 전통사회뿐 아니라 산업화된 서구 사회에서도 유사하게 나타난다(Williams & Best, 1990). 그러나 현대 산업화된 사회에서는 전통적인 사회보다 부모들이 아들과 딸 모두에게 유사한 성역할을 기대하는 경향이 있다. 딸들에게도 가정에서의 역할보다 사회에서 더 큰 성취를 하도록 격려한다(Lytton & Romney, 1991). 그러나 모든 문화권에서 동일한 현상이 나타나는 것은 아니다. 전통적으로 남아 선호 사상을 가지고 있는 나라에서는 현재도 딸들에게 교육과 성취의 기회가 충분히 주어지지 않거나 아주 어릴 때부터 아내와 어머니의 역할을 하도록 압력을 주는 경우가 많다.

(2) 성역할 고정관념

성역할 고정관념은 어떤 행동이나 능력이 남성 또는 여성의 한쪽에게만 해당한다고 믿는 신념이다. 성역할에 대한 인지적 도식이 형성되면 사람들은 여성과 남성의 행동을 이 도식에 맞추어 해석하려고 하며 이 과정에서 고정관념이 적용된다(Martin & Halverson, 1981). 그렇다면 성역할에 대한 고정관념은 언제부터 나타날까? 사회화가 시작되는 것과 동시에 한 사회의 가치를 반영하는 고정관념이 나타난다.

성역할 고정관념
gender role stereotype
어떤 행동이나 능력이 남성 또는 여성의 한쪽에게만 해당한다고 믿는 신념

2~3세경의 유아들에게 여성 인형을 보여주었을 때, 남아와 여아 모두 이 인형이 요리, 바느질, 인형놀이를 할 것이라고 대답했다. 그러나 남성 인형을 보여

주었을 때는 트럭, 기차놀이, 싸우기, 나무 오르기를 할 것이라고 대답했다(Kuhn et al., 1978). 이 시기에는 여성과 남성을 명확하게 인식할 수 있는 기본적 성 정체감이 발달하기 때문에 성역할과 그 고정관념에 대한 지식도 늘어난다.

유아기 이후 학령 아동기 동안 성에 적합한 물건, 행동, 성취 영역에 대해 성역할 고정관념이 강화된다. 특히, 과학과 수학 성취에 대해서는 성역할 고정관념이 더 뚜렷이 나타난다. 유아와 학령초기의 여아들은 자신들이 남아들 만큼 산수를 잘하지 않는다고 믿으며 학령기 아동들도 읽기, 미술, 음악은 여성에게, 수학, 과학, 체육은 남성에게 더 적합한 과목이라고 생각한다(Eccles et al., 1993).

청소년기 이후 성역할 고정관념이 감소하고 융통성이 증가한다.

성역할 고정관념은 전생애 동안 존재하지만 맹목적이고 극단적인 고정관념은 연령에 따라 변하고 융통성이 증가한다(Biernat, 1991; Martin, 1989, 1990). 유아들은 성역할 기준을 반드시 따라야 한다고 강하게 믿기 때문에 남아가 여아의 옷을 입거나 여아처럼 행동하는 것을 거부할 수 있다. 그러나 학령기 아동들은 성역할 지식이 성인 수준에 도달하고 극단적인 성역할 고정관념이 감소한 모습을 보인다. 연극에서 역할을 위해 여아의 옷을 입는 것도 가능하다고 생각할 수 있다. 하지만 사춘기에 신체적인 변화가 나타나면 성역할 고정관념이 다시 증가하고 융통성이 감소한다. 12~15세경의 청소년은 남성이 손톱에 매니큐어를 바르거나 여성이 남성 스타일의 머리를 하는 행동을 받아들이기 어렵다. 이러한 현상은 이차성징의 출현으로 성차를 크게 인식하고 성역할에 대한 사회적 압력을 따르려는 성 강화가 나타나기 때문일 것이다(Boldizar, 1991). 그러나 청소년들은 직업이나 취미에 대해서 성역할 융통성을 보인다. 여성도 운전기사가 되거나 과학자가 될 수 있으며 남성도 미용사나 네일 아티스트가 될 수 있다고 생각한다. 이후 성인기에는 성역할에 대한 융통성이 더욱 증가한다.

성 강화과정
gender intensification
사춘기에 성역할에 대한 압력이 증가됨에 따라 자신의 성에 일치하는 성역할 행동을 강화해가는 과정

3. 성차

1) 성차에 대한 사실과 오해

남성은 여성보다 일반적으로 키가 크고 체중이 더 나가고 근육이 많은 편이다. 반면 여성은 남성보다 평균 수명이 길고 질병에 덜 걸린다. 이 외에도 신체적이고 생리적인 성차는 비교적 명확하게 나타난다. 하지만 심리적 특성의 성차는 명확하지 않다. 일반적으로 사람들은 "남성이 여성보다 수학을 더 잘한다." 또는 "여성이 남성보다 말을 더 잘한다."는 식의 확인되지 않은 성역할 고정관념을 가지고 있기 때문에 정말 성차가 있는지 알기 어려운 경우가 많다.

Maccoby와 Jacklin(1974)은 1,500편 이상의 연구들을 검토하여 일관적인 성차가 나타나는 몇몇 특성을 제시했다. 그 이후에도 여러 학자들이 성차에 대한 포괄적인 연구를 해왔으며 그 결과들은 다음과 같다.

- 언어능력: 여성이 남성보다 언어능력이 더 높게 나타난다. 여아들은 남아들보다 일찍 말하기 시작하며 언어발달도 빠르다. 아동기와 청소년기에 읽기 이해와 언어 유창성 검사에서 여아가 남아보다 높은 수행을 보였다. 그러나 언어 유추추론 능력은 여아보다 남아가 조금 더 높았다(Lips, 2006). 전반적으로 아동기 동안 언어능력에서의 성차는 크지 않으며 20세가 넘으면서부터 남성과 여성의 차이는 더 줄어든다(Feingold, 1988). 청소년기 이후 남성과 여성은 언어능력보다 의사소통 방식에서 차이를 보인다. 여성들은 사회관계를 형성하기 위해 수용적인 라포형성식 의사소통을 많이 하는 반면, 남성들은 정보를 전달하는 형태의 보고식 의사소통을 많이 하는 편이다(Tannen, 1990).
- 시공간 지각능력: 남성이 여성보다 시공간 지각능력이 더 높다. 그림 추론이나 형태적 정보를 조작하는 능력은 남성이 더 높게 나타난다. 아동기 중기에 남아와 여아의 시공간 능력의 차이는 크지는 않지만 비교적 일관적으로 나타난다(Kerns & Berenbaum, 1991). 그러나 모든 남아들이 여아

들보다 시공간 능력이 높은 것은 아니며 개인적으로 뛰어난 시공간 능력을 보이는 여아들도 많다.

Karen Keskulla Uhlenbeck (1942~)
수학의 노벨상인 아벨상을 수상한 여성
출처: abelprize.no

- 수학능력: 산수 추리능력은 청소년 초기의 남아들이 여아들보다 높은 것으로 보고된다. 여아들은 산술계산 능력에서, 남아들은 복잡한 책략이 요구되는 수학 문제 해결에서 더 뛰어나다(Byrnes & Takahira, 1993; Hyde et al., 1990). 남아들이 수학에서 더 뛰어나다는 주장과 고정관념은 오랫동안 논쟁이 되어 왔다. 그러나 2~11학년 학생 7백만명을 대상으로 한 연구에서 수학 수행의 성차는 없는 것으로 보고되기도 했다(Hyde et al., 2008).
- 공격성: 남성은 여성보다 신체적으로나 언어적으로 공격적이다. 이러한 성차는 영아들에게서도 나타난다(Eagly & Steffen, 1986). 그러나 루머를 퍼트리거나 왕따를 시키는 관계적 공격성에서는 청소년 여아들이 남아들보다 공격성을 더 많이 보인다(Smith et al,. 2010). 따라서 여성이 남성보다 공격성을 적게 보인다고 결론을 내리기는 어렵다. 남성과 여성은 공격성의 양이 아니라 공격성의 형태에서 차이가 있다.
- 활동수준: 놀이에서 어린 남아들은 여아들보다 더 활동적이다(Eaton & Enns, 1986). 남아들은 높은 활동수준 때문에 여아들보다 더 난폭한 놀이를 즐기고 공격성이 높은 것처럼 보일 수 있다.
- 정서성과 친사회성: 여성들이 대체로 남성들보다 정서를 표현하는데 거부감이 없고 더 정교한 정서적 표현과 언어를 사용한다. 유아기부터 여아들은 남아들보다 어린 아기에게 더 많은 관심과 반응을 보이며 대체로 다른 사람에게 더 친절하게 대한다(Hastings et al., 2007). 그러나 도덕적 판단이나 자신을 희생하는 이타적 행동에 대한 성차는 일관적으로 나타나지 않는다.
- 순응성: 여아들은 부모나 교사, 다른 어른들의 요구에 남아들보다 더 순응하는 편이다. 여아들은 다른 사람에게 어떤 것을 부탁하거나 요구할 때도 강압적인 태도보다 공손한 태도를 보인다(Maccoby, 1990).
- 불안과 두려움: 어린 아동들은 불안이나 두려움에 뚜렷한 성차를 보이지 않는다. 그러나 청소년기의 여아들은 남아들보다 불확실하거나 익숙하지 않은 상황에서 더 많이 불안해하고 두려워한다. 또한 여아들

이 더 조심성 있게 행동하고 남아들은 위험을 감수하려는 경향이 있다(Christopherson, 1989).

- 발달적 취약성: 남아는 여아보다 태내기 스트레스와 질병에 더 쉽게 영향받는다. 남아가 여아보다 정신병리적 유병률이 더 높은 편이다. 남아들은 발달장애, 학습장애, 언어장애, 과잉행동 주의집중장애, 정서장애 및 지적장애를 포함한 장애를 보일 가능성이 여아들보다 높다(Jacklin, 1989). 그러나 우울은 청소년기 여아가 남아보다 더 많이 경험한다고 알려졌다.

이러한 성차들이 모든 개인에게 동일하게 나타나는 것은 아니다. 또한 성차가 어떤 행동에서의 집단 차이를 전부 다 설명하는 것도 아니다. Hyde(1984)는 성차가 아동의 공격적 행동을 설명하는 비율이 5%뿐이라고 했다. 더욱이 성차의 원인은 매우 불분명하다. 예를 들어, 남아의 공격성은 성차 때문이 아니라 기질이나 부정적인 가정환경 때문에 나타날 수 있다. 특히 성차가 있다고 알려진 특성들도 최근에는 차이가 더욱 적게 나타난다. 성차는 문화의 영향을 받는다. 여성들이 과학 분야의 직업에 종사할 기회가 많은 이스라엘에서는 수학이나 과학 분야에서 여성이 남성보다 더 우수한 능력을 보이는 경우가 많다(Baker & Jones, 1992).

2) 아동의 성차에 영향을 미치는 사람들

(1) 부모의 영향

부모는 아들과 딸을 다르게 대하고 양육한다. 왜 여아는 남아보다 수학과 과학 과목을 좋아하지 않을까? 왜 과학과 관련된 직업에는 여성들이 적을까? 수학능력에 대한 부모의 반응과 기대는 성차에 영향을 준다(Eccles et al., 1990). 그 예시로 영미가 동생인 영수보다 수학을 잘하지 못하는 이유를 다음과 같이 단계적으로 생각해 볼 수 있다.

수학 성취에 대한 성역할 고정관념을 가지고 있는 부모는 영미와 영수의 능력에 대해 다른 기대를 가진다. 딸인 영미보다 아들인 영수가 수학을 더 잘할 것이라고 믿으며 일상생활에서 이 고정관념에 따라 행동한다.

↓

영미가 수학에서 좋은 성적을 받았을 때 부모들은 이것이 특이한 일이라고 생각한다. 영수가 수학을 잘하는 것은 재능이 있고 자연스러운 일이지만 영미가 수학을 잘하는 것은 남들보다 노력을 더 많이 했기 때문이라고 생각한다. 노력에 의해 좋은 성적을 받은 것이기 때문에 영미가 수학적 재능이 있다고 생각하지 않는다.

↓

영미는 부모의 반응과 의견을 받아들이고 내면화한다. 수학에서의 성취가 자신의 재능이나 적성 때문이 아니라 노력 때문이므로 앞으로 열심히 해야만 좋은 성적을 받는다고 생각한다.

↓

이러한 생각은 영미에게 수학에 대한 부담을 느끼게 한다. 영미는 스스로 수학에 재능이 없다고 생각하기 때문에 흥미를 크게 느끼지 못하고 계속 공부하고 싶어하지 않는다. 이런 믿음을 가지면 청소년기 이후에도 수학과 관련된 직업을 가질 가능성이 줄어든다.

↓

결국 영미는 실제로는 누구보다 수학에 재능이 있음에도 불구하고 이를 발휘할 기회를 얻지 못하고 여성에게 어울리는 다른 전공이나 직업을 선택한다.

그림 13-3
부모의 성역할 고정관념과 수학 성취

이처럼 여아가 숫자를 잘 다루지 못하고 수학능력이 낮을 것이라는 성역할 고정관념을 가진 부모는 자신의 기대대로 자녀가 직업을 선택한 것이라고 생각할 것이다. 결국 부모의 낮은 기대는 여성이 수학자로서의 진로를 선택하는데 영향을 준다.

(2) 교사의 영향

교사 또한 특정 교과목에서 여아와 남아의 능력이 다를 것이라는 성역할 고정관념을 가질 수 있다. 교사들은 열심히 노력하는 학생들에게 성차에 관계없이 높은 점수를 주기는 하지만 여아들이 남아들보다 어떤 과목에 적성이 낮다고 생각할 수 있다. 예를 들어, 교사에게 여아가 수학에서 뛰어날 것이라는 기대가 없으면 여아가 수학에서 높은 수행을 보여도 칭찬을 많이 하지 않는다. 교사의 성역할 고정관념이 여아들에게 수학이나 과학보다 다른 과목에 더 집중하도록 영향을 미칠 수 있다.

4. 성역할 초월과 성 민감성

현대사회에서는 성역할 고정관념의 틀에서 벗어나는 것이 정신적으로 더 건강하다. 과거에는 성역할에 따라 남성성과 여성성을 구분하고 각 성에 맞는 특성을 선호했다. 남성성과 여성성이라는 용어는 성역할을 단일 차원의 양극단으로 보는 개념이다. Bem(1974)은 양성성이란 개념을 제시하면서 한 개인이 남성성과 여성성의 다차원적 특성을 모두 가지고 있으며 이 두 가지가 균형을 이룰 때 적응도가 가장 높다고 보았다. 실제로 성역할 척도를 사용하여 대학생의 성역할 유형을 평가했을 때 뚜렷이 남성성과 여성성을 보이는 비율은 약 33%뿐이었다. 두 가지 특성을 동시에 보이는 양성성 유형은 약 30%였으며 나머지는 미분화 또는 반대의 성역할 유형으로 분류되었다.

양성성
androgyny
남성적인 특성과 여성적인 특성 모두를 공유하고 있는 성역할 성향

양성성은 심리적으로 정말 건강한 것일까? Bem과 Lewis(1975)는 양성성이 높은 사람들이 한쪽 특성이 높은 사람들보다 융통성 있게 행동한다는 것을 발견했다. 양성적인 남성들이 남성적 특성을 가지면서도 요리와 아기 돌보기를 즐긴다면 이러한 모습이 좋은 이미지로 인식되면서 사회적 인기를 얻을 수 있다. 양성성이 높은 아동과 청소년이 그렇지 않은 또래들보다 인기가 있었고 자아존중감도 높았다(Allgood-Merten & Stockard, 1991).

그렇다면 어떻게 아동에게 양성성을 증진시킬 수 있을까? 부모의 양육태도가 특히 중요하다. 부모는 일상생활에서 자녀들에게 성에 대해 편견 없는 행동을 자주 보여주고, 가사일에 남녀 구분 없이 참여시킬 수 있다. 이와 같은 태도가 성역할 고정관념을 줄이고 양성성에 대한 선호를 증가시킬 수 있다.

하지만 양성성이라는 용어는 성을 어떤 형태로 구분하는 의미를 가지고 있다. 양성성이 결국 남성성과 여성성을 바탕으로 구성될 뿐 아니라 개인의

특성을 지나치게 성적인 개념으로 보는 개념이기 때문에 바람직하지 않다는 견해가 있다. 따라서 그 대안으로 학자들(Hefner et al., 1975; Robinson & Green, 1981)은 성역할 초월을 강조해왔다. 성역할 초월은 어떤 특성을 성과 연관시키지 않고 개인의 고유한 역량으로 보는 것이 타당하다는 개념이다. 남성들이 집안 살림이나 자녀 양육에 적극적으로 참여하는 것은 양성성 때문이 아니라 상황에 따른 개인의 적응 행동일 뿐이다.

성역할 초월
sex-role transcendence
개인의 성취와 역량을 성역할 기준과 연관시키지 않고 성을 초월한 고유의 특성으로 인식하는 것

최근에는 성을 이분화하는 편향에서 벗어나려는 경향이 더욱 증가하는 추세이다. 이를 반영하듯 성인지 감수성 또는 성(젠더) 민감성이라는 용어들이 중요한 사회적 이슈가 되고 있다. 사람들은 사회에서 타인과 관계를 맺거나 활동할 때 성이 어떤 역할을 하는지 인식할 필요가 있다. 다시 말해 자신이 잘못된 성역할 고정관념을 가지고 행동하는 것은 아닌지, 자신도 모르는 사이에 성 편견을 가지고 차별적인 행동을 하는 것은 아닌지 돌아볼 필요가 있다. 여러 성차들이 실제 사실이 아닌 것으로 밝혀졌음에도 불구하고, 전통적으로 남성보다 여성이 성역할 고정관념 때문에 불리한 평가와 대우를 받는 경우가 많았다. 성평등을 획일적으로 적용하기는 어렵지만, 성 민감성은 성역할 고정관념의 모순과 특권, 불균형을 인식하고 서로 존중할 때 남성과 여성이 조화롭게 살아갈 수 있다는 점을 강조하고 있다.

성인지 감수성(성 민감성)
gender sensitivity
사회적 관계와 행동에서 성이 어떤 역할을 하는지 이해하는 것. 성역할 고정관념에 의한 편견과 차별적 행위, 성 불평등에 대한 민감한 인식

정리해 봅시다

1. 성 발달의 이론들을 비교하여 설명해보자.
2. 성 정체감, 성역할 고정관념 그리고 성 유형화의 발달과정을 설명해보자.
3. 여성과 남성은 어떤 영역에서 차이가 있는지 생각해보자.
4. 성차에 부모가 어떻게 영향을 주는지 생각해보자.
5. 양성성과 성역할 초월의 차이를 설명해보자.

CHAPTER 14
도덕발달과 공격성

1. 도덕발달
2. 친사회적 행동
3. 공격성

14
도덕발달과 공격성

도덕발달은 우리가 얼마나 서로 잘 어울려 살아가는지와 관련된다는 점에서 가족과 사회에도 중요한 주제다. 인간의 도덕성은 오랫동안 철학과 신학에서 다루어져 왔고 20세기부터는 심리학에서도 본격적인 연구가 이루어졌다. 본 장에서는 먼저 아동의 도덕발달을 살펴보고, 친사회적 행동과 공격성의 발달에 대해 살펴보기로 한다.

1. 도덕발달

도덕성
morality
개인이 옳고 그름을 구별하고, 이 구별에 따라 행동하고 감정을 갖게 하는 일련의 내면화된 규범이나 기준

내면화
internalization
다른 사람의 기준에서 벗어나 자신의 기준을 따르는 과정

도덕 추론
moral reasoning
도덕성의 인지적 측면으로, 도덕적으로 옳고 그름에 대한 판단이나 추론

왜 어떤 아동들은 도덕적으로 행동하고 어떤 아동들은 비도덕적으로 행동할까? 도덕발달에는 선천적 본성, 후천적 양육, 아동의 내적특성이 모두 영향을 미친다. 따라서 이 물음에 답하려면 아동의 도덕성을 이루는 인지, 정서, 행동 측면과 그 영향요인들을 이해해야 한다.

1) 도덕성의 개념

일반적인 의미로 도덕성은 개인이 옳고 그름을 구별하고, 이러한 구별에 따라

행동하며, 자긍심이나 죄책감 같은 감정을 느끼도록 하는 일련의 내면화된 규범을 말한다(Quinn et al., 1994). 도덕적으로 성숙한 사람들은 물질적인 보상을 기대하거나 벌이 두려워서 도덕 규범을 따르는 것이 아니다. 이들은 규범을 내면화했기 때문에 외적 보상이나 벌이 없어도 도덕규범을 따른다. 보상이나 벌과 같은 외적 통제로부터 개인의 내적 기준에 의한 통제, 즉 도덕규범의 내면화가 도덕적 성숙에 이르는 결정적 요인이다.

도덕 정서
moral emotion
도덕성의 정서적 측면으로, 죄책감, 수치심, 공감, 동정심, 자긍심 등을 가리킴

도덕 행동
moral behavior
도덕성의 행동적 측면으로, 유혹에 저항하고 스스로를 통제하며 자신의 도덕 기준에 부합하도록 행동하는 것

도덕성에는 인지, 정서, 행동 측면이 모두 포함된다. 인지적 측면인 도덕 추론(판단)은 도덕적으로 옳고 그름을 판단하고 어떻게 행동할지 생각하고 결정하는 사고과정을 말한다. 도덕 정서는 행동과 관련된 감정, 즉 공감이나 죄책감 등을 가리킨다. 그리고 도덕 행동은 실제로 나타나는 행동, 예컨대 도덕적 규칙을 어기고 싶은 유혹이 있을 때 어떻게 행동하느냐와 관련된다.

중요한 점은 이들 세 요소가 서로 밀접히 관련된다는 것이다. 도덕 행동은 도덕적 추론 및 정서와 서로 영향을 주고받고, 도덕적 추론과 정서 또한 영향을 주고받는다. 도덕발달도 도덕성의 세 측면인 추론, 정서, 행동에서의 변화를 포함한다. 이론마다 어느 측면에 초점을 두는지는 다르다. 도덕 추론은 인지발달이론에서, 도덕 정서는 정신분석이론에서, 도덕 행동은 인지적 사회학습이론에서 주로 설명되었다.

2) 도덕 추론의 발달

도덕 추론, 즉 행동의 옳고 그름에 대한 판단과 추론은 도덕발달의 근간이다(Turiel, 2013). 이러한 이유로 그동안 많은 연구자들이 아동이 도덕적 갈등상황을 해결할 때 보이는 추론과 그러한 추론에서 일어나는 연령 관련 변화에 관심을 가졌다. 도덕 추론의 발달에 관한 대표적 이론으로는 Piaget의 이론과 Kohlberg의 이론이 있다. 두 이론 모두 인지발달 관점을 취하는데, 그 공통된 가정은 도덕발달이 인지발달에 의존한다는 것이다.

(1) Piaget의 이론

Piaget(1932/1965)는 아동의 도덕 판단이 규칙에 대한 존중과 이해에 의존한다고 보았다. 그는 아동의 공기놀이를 관찰하며 이러한 이해가 어떻게 발달하는지를 연구했다. 5~13세 아동들과 공기놀이를 하면서 이들에게 게임 규칙들이 어디서 왔는지, 누구나 이 규칙들을 지켜야 하는지, 그리고 규칙은 변경될 수 있는지 등을 묻고 그 대답을 수집했다. 또 다음과 같은 이야기를 들려주고 거짓말, 벌, 정의와 같은 윤리적 이슈에 대한 아동의 추론을 탐색했다.

> **[이야기 A]** 존이라는 소년이 방에 있다가 저녁 먹으러 오라는 말에 부엌으로 내려갔다. 그런데 부엌 문 뒤에 의자가 있었고, 그 의자 위에는 컵 15개가 쌓인 쟁반이 놓여 있었다. 존은 이 사실을 전혀 모르고 문을 열었고, 문은 쟁반에 부딪혀 15개의 컵이 모두 떨어져 깨졌다.
>
> **[이야기 B]** 헨리라는 소년이 있었다. 어느 날 엄마가 외출하자 헨리는 찬장의 잼을 몰래 꺼내 먹으려고 했다. 그는 의자 위에 올라 팔을 뻗어 보았지만 잼에 닿지 않았다. 이때 컵 하나를 건드리는 바람에 그 컵이 떨어져 깨졌다.
>
> (Piaget, 1932/1965, p. 122)

이야기를 들려주고 아동들에게 "존과 헨리 누가 더 나쁠까, 왜 그렇지?", "네가 엄마라면 누구를 더 혼내겠니?", "더 나쁜 아동은 어떤 벌을 받아야 할까?"와 같은 질문들을 제시하고 그 대답을 수집했다. 이를 토대로 이론화된 Piaget의 도덕발달단계는 다음과 같다.

타율적 도덕성
heteronomous morality
Piaget가 제안한 도덕발달의 첫 번째 단계로, 아동은 권위자가 정한 규칙이 절대적이고 바꿀 수 없는 것이라고 여김

- **전도덕 단계**: 3~4세 유아들은 규칙에 대한 자각이나 관심 자체가 별로 없다. 공기놀이 게임에서도 이들은 이기려는 의도를 가지고 체계적으로 놀이하지 않는다. 대신에 자기 나름의 규칙을 만들기도 하고, 서로 번갈아가며 놀이하고 즐기는 것이 게임에서 중요하다고 여긴다.
- **타율적 도덕성 단계**: 4~7세 아동들은 도덕발달의 첫 단계인 타율적 도덕성 단계에 있다. 이들은 규칙이 신이나 부모 같은 권위자가 만든 것이기에 변

경할 수 없는 절대적인 것으로 여긴다. 공기놀이에서도 새로운 규칙을 사용해도 될지 물으면 그럴 수 없다고 답한다. 행동의 옳고 그름은 행위자의 의도가 아닌 결과에 의해 판단한다. 앞의 이야기에서 아동들 대다수가 실수로 컵을 많이 깨뜨린 존이 더 나쁘다고 답한다. 이들은 또한 사회적 규칙을 위반하면 어떤 식으로든 항상 벌을 받게 된다는 내재적 정의를 믿는다. 이후 7~10세는 과도기적 시기로 첫 단계인 타율적 도덕 단계의 특징과 다음 단계인 자율적 도덕단계의 특징을 모두 보인다.

- 자율적 도덕성 단계: 10세 이후 아동들은 자율적 도덕성을 획득한다. 이들은 사회적 규칙이나 법이 구성원들의 합의에 의한 것으로, 변경이 가능하다는 것을 안다. 공기놀이에서도 필요와 합의에 따라 규칙을 변경할 수 있다고 답한다. 행동의 옳고 그름에 대한 판단도 결과만이 아니라 행위자의 의도를 고려해서 한다. 이들 대다수는 실수로 컵을 많이 깨뜨린 존보다 나쁜 의도로 컵 하나를 깨뜨린 헨리가 더 나쁘다고 답한다. 또한, 사회적 규칙위반에 항상 벌이 따르지는 않는다는 것을 이미 경험했기 때문에 더는 내재적 정의를 믿지 않는다.

내재적 정의
immanent justice
나쁜 행동은 반드시 벌을 받게 되고 정의는 항상 실현된다는 생각

자율적 도덕성
autonomous morality
Piaget가 제안한 도덕발달의 두 번째 단계로, 아동은 규칙이 사람들의 동의 하에 변경할 수 있는 임의적 합의라는 것을 깨닫게 됨

타율적 도덕성에서 자율적 도덕성으로의 변화

Piaget(1932/1965)에 의하면, 아동의 도덕 추론이 타율적 단계에서 자율적 단계로 발달하려면 인지적 성숙과 사회적 경험이 필수적이다. 그는 인지적 자기중심성의 감소와 역할수용능력의 발달이 유아가 문제를 여러 관점에서 바라볼 수 있게 해준다고 보았다. 또 사회적 경험에서는 또래 상호작용이 특히 중요하다고 보았다. 또래들은 공동의 목표를 달성하기 위해 서로 협력하고, 갈등이 발생했을 때는 이를 해결하는 방법을 함께 배운다. 대등한 지위의 또래 활동은 아동 자신과 타인에 대한 자발적인 존중을 촉진하고, 규칙이 임의적인 협약이라는 것을 경험할 기회를 제공한다는 점에서 자율적 도덕성의 발달을 돕는다.

Piaget 이론에 대한 평가

많은 연구들이 Piaget의 도덕발달단계를 지지하는 결과를 보여주었다. 그

러나 몇 가지 비판도 제기되었다. 그중 하나는 전조작기 유아들이 Piaget가 생각한 것처럼 그리 자기중심적인 것은 아니라는 것이다. 유아들도 타인의 의도를 이해할 수 있고 누군가 도덕적 금기를 어기면 이를 인식한다. 예를 들어, 3세 유아들은 어떤 성인이 다른 사람에게 해를 가하는 모습을 보고 나면 그 성인을 도와주기를 꺼린다(Vaish et al., 2010).

또 다른 비판으로는 Piaget의 도덕갈등 이야기가 의도와 결과가 혼재되어 있다는 것이다. 주인공이 나쁜 의도로 적은 손상을 일으킨 경우와 좋은 의도로 많은 손상을 일으킨 경우만 비교했기 때문이다. 이를 보완한 후속연구(Nelson, 1980)에서는 전조작기 유아들도 도덕적 판단에서 행위자의 의도를 고려할 수 있는 것으로 나타났다. 그러나 이들의 판단은 여전히 나이든 아동에 비해 의도보다는 결과에 비중을 두고, 상황에 따라 비일관적이라는 한계를 보였다.

(2) Kohlberg의 이론

Kohlberg(1963, 1969)는 Piaget의 도덕발달이론을 확장했다. 그는 10세, 13세, 16세 남아들에게 일련의 도덕갈등 이야기를 제시하고 그 답을 수집했다. 이야기에는 도덕적 딜레마 상황이 담겨있었다. 다음은 Kohlberg의 이야기 중 가장 많이 알려진 Heinz 이야기다.

> 유럽에서 한 부인이 암으로 거의 죽어가고 있었다. 부인을 살릴 수 있는 약은 어떤 약사가 최근에 발견한 라듐의 일종이었다. 약사는 약을 만든 값의 10배인 2,000달러에 그 약을 팔고 있었다. 부인의 남편인 Heinz는 여기저기서 돈을 빌렸으나 약값의 절반만 마련할 수 있었다. Heinz는 약사에게 자신의 아내가 죽어가고 있으니 약을 싸게 팔거나 혹은 나중에 값을 지불하게 해달라고 요청했다. 그러나 약사는 "안됩니다. 그 약은 내가 발견했고 나는 그 약으로 돈을 벌어야 합니다."라고 거절했다. Heinz는 실의에 빠졌고 결국 부인을 위해 약국 유리창을 부수고 들어가 약을 훔쳐서 나왔다.
>
> (Kohlberg, 1969, p. 379)

Kohlberg는 아동이 이야기를 듣고 내리는 결정 그 자체보다는 자신의 결정을 합리화하는 데 적용한 근거나 이유, 사고 구조에 주목했다. 따라서 만약 아동이 Heinz가 부인을 구하기 위해 약을 훔쳐야 한다고 답했다면, 부인의 생명이 왜 그렇게 중요한지를 설명해야 했다. Kohlberg가 임상 면접을 사용하여 아동들에게 제시한 질문은 다음과 같다.

"Heinz는 약을 꼭 훔쳐야만 했을까?"
"만약 Heinz가 아내를 사랑하지 않았어도 아내를 위해 약을 훔쳤을까?"
"Heinz는 모르는 사람을 위해서도 약을 훔칠 수 있을까?"
"사람들이 타인의 생명을 구하기 위해 하는 일은 모두 용납될 수 있을까?"
"훔치는 것은 법에 어긋나지 않을까?"

아동들의 대답을 분석한 결과, Kohlberg는 도덕 추론이 Piaget의 자율적 단계가 시작되는 10, 11세에는 성숙하지 않으며, 오히려 청소년기와 성인 초기를 거치며 복잡하게 발달한다는 것을 발견했다. 그는 도덕발달단계를 세 수준과 그 하위의 여섯 단계로 구분하여 설명했다. 한 단계는 아동이 도덕적 갈등상황에 대한 답을 찾아가는 과정에서 보이는 관점으로 특징지어진다. 단계의 순서는 불변하는데, 그 이유는 각 단계가 인지발달에 의존하기 때문이다 (Kohlberg, 1969). Kohlberg의 도덕발달단계는 다음과 같다.

전인습적 도덕성
preconventional morality
Kohlberg의 1, 2단계의 도덕 추론을 포함하는 도덕성으로, 도덕 판단이 사회적 규칙이나 관습보다는 행동에 대한 실질적인 처벌(1단계)이나 보상(2단계)에 기초하여 이루어짐

- 수준 1. 전인습적 도덕성: 규칙이 내면화되지 않고, 벌을 피하고자 혹은 보상을 받고자 외부에서 주어진 규칙을 따른다. 이때의 도덕성은 이기적이어서 옳은 행위는 벌을 받지 않거나 혹은 개인적 만족을 주느냐에 따라 결정된다.

  단계 1. 처벌과 복종지향: 행위의 옳고 그름이 그 결과에 달려 있다. 벌을 피하려고 권위에 복종하지만, 들키지 않아 벌을 받지 않으면 그 행동이 나쁘다고 생각하지 않는다. 해를 끼친 정도가 크고 벌이 무거울수록 그 행위가 더 나쁘다고 생각한다.

  단계 2. 쾌락주의: 보상을 얻거나 개인적 목적을 이루고자 규칙을 따른다. 타인에 대한 배려가 나타나지만, 이는 자신에게 이득이 되돌아

오리라는 희망에서 행해신다.

인습적 도덕성
conventional morality
Kohlberg의 3, 4단계의 도덕 추론을 포함하는 도덕성으로, 도덕 판단이 타인의 승인 추구(3단계)나 사회적 질서 유지를 위한 법 준수(4단계)에 기초하여 이루어짐

- 수준 2. 인습적 도덕성: 타인의 승인을 얻거나 사회 질서를 유지하기 위해 사회적 규칙을 따른다. 외적 보상과 벌 대신에 비난 회피와 칭찬이 도덕적 행위의 동기가 된다. 아동들은 타인의 생각을 이해하고 배려할 수 있다.

  단계 3. 착한 소년소녀 지향: 타인을 기쁘게 하거나 돕는 행동, 타인이 승인하는 행동이 도덕적이라고 여긴다. 행위자의 의도를 고려하여 판단할 수 있다.

  단계 4. 법과 질서유지 지향: 법에 반영된 사회적 의도를 고려한다. 법과 규칙을 따르는 이유가 벌이 두려워서가 아니라 이러한 준수가 사회적 질서를 유지한다는 믿음 때문이다.

후인습적 도덕성
postconventional morality
Kohlberg의 5, 6단계의 도덕 추론을 포함하는 도덕성으로, 도덕 판단이 사회적 계약과 민주주의 원칙(5단계) 또는 보편적인 윤리나 정의의 원칙(6단계)에 기초하여 이루어짐

- 수준 3. 후인습적 도덕성: 행위의 옳고 그름을 정의의 원리에 따라 판단한다. 도덕적으로 옳은 것과 법적으로 타당한 것이 항상 일치하지는 않는다는 것을 깨닫는다.

  단계 5. 사회적 계약지향: 법의 목적이 다수의 뜻과 인간 가치를 반영하므로 모두가 법을 준수할 의무가 있다고 여긴다. 그러나 인간 권리와 존엄을 위태롭게 하는 강제된 법은 부당하고 변경 가능하다고 생각한다.

  단계 6. 보편적 윤리지향: 가장 높은 단계로서 옳고 그름을 양심에 비추어 판단한다. 이 양심의 원리는 법이나 사회적 계약을 초월하는 추상적인 도덕 지침이거나 보편적 정의와 권리에 관한 것이다. 여기에 도달한 사람은 도덕 판단에서 모든 관련자의 견해를 고려하여 모두에게 공평하고 적합한 해결 방안을 모색할 수 있다. 그러나 이는 이상적인 단계로 도달한 사람이 극히 드물다. Kohlberg는 이 6단계가 가설적 구성개념으로 우리가 궁극적으로 지향해야 하는 단계로 여겼다 (Colby & Kohlberg, 1987).

Kohlberg 이론에 대한 평가

Kohlberg의 이론에서 도덕 추론의 단계는 인지발달에 의존하므로 불변적이고 보편적인 순서로 나아간다. Piaget와 마찬가지로, Kohlberg도 인지적 성

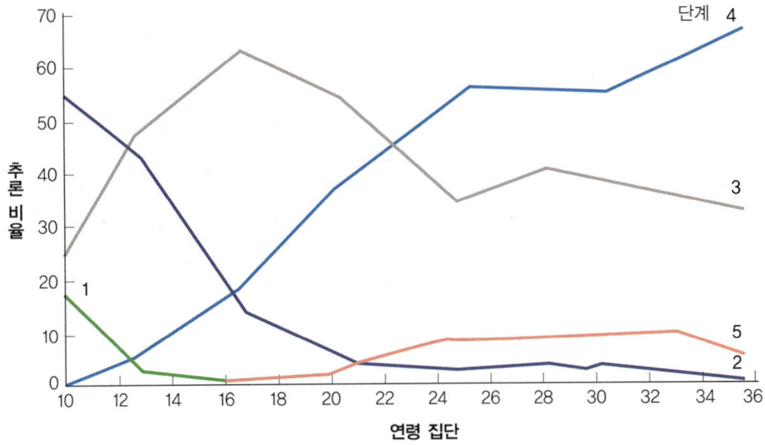

그림 14-1
연령에 따른 Kohlberg의 단계별 도덕 추론의 비율
출처: Colby 등(1983)

장만으로 도덕발달이 보장되는 것은 아니며 도덕발달에는 도덕적 문제와 갈등을 다루는 경험이 필요하다고 보았다. 즉, 아동의 도덕 추론이 발달하려면 인지적 불균형을 경험해야 하는데, 이러한 경험을 위해서는 자신이 지닌 도덕 기준을 재평가하도록 하는 새로운 생각이나 상황을 접할 기회가 있어야 한다. Kohlberg의 이러한 생각이 얼마나 타당한지 살펴보자.

- 단계 순서의 불변성: Kohlberg 단계의 불변성은 연령과 도덕 추론 수준 간의 높은 정적상관을 통해 지지될 수 있다. 이러한 상관이 많은 문화권에서 보고되었다(Colby & Kohlberg, 1987). 한 종단연구(Colby et al., 1983)에서 10, 13, 16세의 남아 58명을 대상으로 약 20년간 Kohlberg의 도덕갈등 상황에 대한 추론 반응을 측정했다. 그 결과, 발달이 매우 점진적으로 이루어진다는 것을 발견했다. 그림 14-1에서와 같이, 청소년기에는 전인습적 수준인 1, 2단계가 급격히 감소하고, 인습적 수준인 3, 4단계가 증가하기 시작했다. 성인 초기에도 인습적 수준은 대다수에게 그대로 남아있었고, 후인습적 수준인 5단계는 극히 일부에게만 나타났다. 아동들은 Kohlberg의 발달순서를 정확하게 밟았고, 단계를 뛰어넘는 아동도 없었다. 따라서 Kohlberg의 단계가 불변적 순서로 나아간다는 것이 확인되었다.
- 인지발달과의 관계: 여러 연구가 Kohlberg의 단계가 인지발달과 밀접히

관련된다는 것을 보여주었다. 예를 들어, 3단계에 도달한 10~13세 아동들은 모두 역할수용능력이 우수했다(Walker, 1980). 그러나 역할수용이 능숙한 아동들 모두가 3단계에 도달한 것은 아니었다. 또 다른 연구(Tomlinson-Keasey & Keasey, 1974)에서도 후인습적 수준에 도달한 사람들은 모두 형식적 조작사고를 했지만, 형식적 조작사고를 하는 모든 사람이 후인습적 도덕 추론을 하는 것은 아니었다. 이러한 결과는 도덕 추론 발달에 인지발달이 필요는 하지만 충분조건은 아니라는 것을 의미한다.

- 또래 상호작용: Piaget와 마찬가지로 Kohlberg도 또래 상호작용이 도덕발달에서 중요한 역할을 한다고 믿었다. 아동들은 성인들보다는 또래들과 토의할 때 자신과 상대의 도덕적 관점에 대해 더 깊게 생각하고 더 적극적으로 의견을 개진한다. 상호적 특성이 강한 또래들 간의 토의는 아동이 타인의 관점을 이해하고 민주적인 원칙을 연습할 기회를 제공하며, 이러한 경험은 도덕 추론의 발달을 돕는다.

Piaget와 Kohlberg는 둘 다 또래관계가 도덕발달을 위한 사회적 자극을 제공하는 데에 필수적이라고 보았다.

- 문화적 차이: 많은 문화권에서 아동들이 Kohlberg의 단계 순서로 3, 4단계까지 발달한다는 것이 밝혀졌지만, 어떤 문화권에서는 후인습적 도덕성을 찾아볼 수 없었다. 비판가들은 Kohlberg의 후인습적 수준이 서구 문화의 가치인 정의(justice)만을 반영하고 다른 문화권이 추구하는 가치는 반영하지 못한다고 지적했다(Shweder et al., 1990). 예를 들어, 공동체 조화를 중시하고 개인보다 집단을 우선시하는 문화의 사람들은 비록 인습적 수준의 도덕추론을 보일지라도 실제로는 매우 높은 수준의 정의 개념을 갖고 있을 수 있다.
- 성별 차이: Kohlberg 이론이 지나치게 남아 자료에만 근거한 남성중심 이론이라는 비판도 있다. 그 예로 Gilligan(1982)은 여아들이 남아들과는 다른 도덕적 지향을 추구한다고 주장했다. 남아들이 자라면서 경험하는 독립심과 자기주장 훈련은 도덕 판단에서 추상적 원칙과 독립심을 대인관계보다 우선시하게 만든다. 이는 곧 정의의 도덕성이다. 반면에 여아들은 자라면서 온정적이고 남을 배려하도록 강화 받는다. 이는 타인 배려의 도덕성이다. Kohlberg는 타인 배려의 도덕성을 사람들 상호

간 책임에 초점을 둔 3단계의 도덕성이라고 보았으나, 여아들의 타인 배려는 매우 추상적이고 더 도덕적일 수 있다(Gilligan, 1982). 이러한 주장이 체계적으로 검증된 자료는 아직 없으나, 도덕성을 법 준수뿐 아니라 타인 복지에 대한 책임감으로 확장했다는 점은 주목할 만하다.

- 도덕 정서와 행동: Kohlberg 이론은 도덕적 정서와 행동을 간과한 채 도덕 추론에만 초점을 두었다는 비판을 받았다. 도덕 규범을 위반하거나 남을 속일 수 있는 상황에서 어린 아동들의 도덕 추론은 실제 행동을 예측하지 못한다. 그러나 초등학교 고학년 이후부터는 이러한 예측력이 일관되게 나타나기 시작한다. 즉, 높은 추론단계의 아동들은 낮은 단계의 아동들보다 이타적이고, 남을 속이거나 비행을 저지르는 경우가 적다(Rest et al., 1999). 다만, 도덕 추론의 단계와 도덕 행동 간 관계의 크기는 중간 정도다. 이는 개인의 행동에는 도덕 추론 외에도 다른 많은 개인 특성과 상황이 영향을 미친다는 것을 시사한다.

3) 도덕 정서의 발달

우리가 잘못을 했을 때 죄책감을 느끼고, 남을 도왔을 때 자긍심을 느끼는 것은 도덕 정서 때문이다. 도덕발달에서 정서의 역할은 전통적으로 Freud의 정신분석이론에서 개념화되었다.

(1) Freud 이론

Freud(1917/1960)에 의하면, 초자아는 도덕적 중재자 혹은 내적 검열자다. 성숙한 초자아는 자아가 도덕 규범을 위반했을 때 죄책감, 수치심, 자존심 손상과 같은 정서 반응을 일으킴으로써 벌을 주는 기능을 한다. 따라서 도덕적으로 성숙한 아동은 이러한 부정적인 정서를 피하고자 도덕 규범을 어기고 싶은 유혹을 뿌리치게 된다.

Freud 이론에서 초자아는 3~6세 남근기에 발달한다. 아동은 오이디푸스 콤플렉스 혹은 엘렉트라 콤플렉스가 주는 불안을 해결하고자 동성 부모를 동일시하고 도덕 기준을 내면화한다. 참고로, Freud는 여아가 남아의 강한 거세불안을 경험하지 않기 때문에 남아보다 약한 초자아를 발달시키게 된다고 보았다.

Freud 이론은 도덕 정서가 도덕 행동에 영향을 주고 도덕규범의 내면화가 도덕적 성숙에 이르는 결정요인이라는 것을 밝혔다는 의의가 있다. 그러나 그의 이론은 과학적 검증이 불가능하다는 한계를 지닌다. 또 Freud는 위협적이고 처벌지향적인 부모들이 자녀를 도덕적으로 성숙시킨다고 주장했지만, 여러 후속연구에서 처벌지향적인 부모의 자녀들은 오히려 도덕적으로 미성숙한 것으로 나타났다(Hoffman, 2000). 게다가 남성이 여성보다 더 강한 초자아를 발달시킨다는 증거도 없다.

현대의 정신분석학자들은 영아기 안정애착 형성이 도덕적 내면화에 이르는 보다 중요한 요소라고 본다(Thompson, 2019). 따뜻한 정서적 유대 속에서 영아는 부모의 행위 기준을 따르려는 동기가 생기고, 영아의 행동에 대해 옳다, 그르다를 시사하는 부모의 정서적 신호에 따라 영아가 부모의 도덕 기준을 내면화하기 시작한다는 것이다. 어느 정도 내면화가 되면 자존감, 수치심을 느끼고 이는 자신의 행동을 평가하고 규제하도록 이끈다. 즉, 도덕적 내면화를 향한 동기가 공포에 의한다기보다는 부모와의 애정을 유지하려는 데서 비롯되는 것으로 그 이론적 해석을 변경한 것이다.

공감
empathy
다른 사람과 동일한 정서를 경험하는 능력

(2) 공감

전통적 정신분석이론이 도덕발달에서 무의식적인 죄책감을 강조했던 것에 비해, 이후의 이론은 공감의 역할을 강조했다. 공감은 타인과 동일한 정서를 경험하는 능력이다(Spinrad & Eisenberg, 2019). 만약 어떤 아동이 타인이 슬퍼하는 것을 보고 자기도 슬퍼한다면 이 아동은 공감을 경험하고 있는 것이다. 공감을 경험하려면 타인의 정서를 파악하고 타인도 정서를 느낀다는 것을 이해해야 하며, 정서적으로 타인의 입장이 되어볼 수 있어야 한다.

공감에는 정서뿐 아니라 인지도 관여한다. 공감의 인지적 요소에는 타인의 심리상태나 관점을 식별하고 이해하는 능력이 있다. 이러한 인지능력은 학습과 경험을 통해 획득될 수 있다.

물론 공감을 느낀다고 해서 저절로 남을 돕게 되는 것은 아니다. 어린 아동들도 타인의 불행이나 고통을 보면 괴로워 하지만, 자신의 괴로움을 덜고자 그 사람을 그냥 외면해 버리곤 한다. 생후 18개월 무렵부터 공감적 각성을 자신을 향한 고통이 아닌, 고통받는 타인을 향한 배려로 해석할 수 있다(Spinrad & Eisenberg, 2019). 그리고 이러한 능력은 도덕적이고 친사회적인 행동을 촉진한다.

공감의 발달은 영아기에 시작되고 유아기와 학령기 동안 두드러진다. 1, 2세 영아들도 타인의 고통을 고려할 수는 있지만, 유아기가 되어서야 비로소 타인의 고통에 적절히 반응할 수 있다. 공감 능력은 이후 학령기와 청소년기에도 지속해서 발달한다.

(3) 현대의 관점

오늘날 많은 연구자가 공감, 동정심 같은 긍정적 정서와 부끄러움, 죄책감 같은 부정적 정서가 모두 도덕발달에 공헌한다는 의견에 동의한다. 동정심은 다른 사람을 위한 슬픔이나 배려의 감정이다(Spinrad & Eisenberg, 2019). 동정심은 타인에 대한 걱정을 동반한다는 점에서 공감과는 다른 정서다. 동정심은 어린 아동이 자신이 가진 것을 타인과 기꺼이 나누도록 하는 등 도덕적 행동을 하는 주요 동기가 된다.

동정심
sympathy(*or* compassion)
다른 사람을 위해 슬픔과 걱정의 감정을 느끼는 능력

공감, 동정심, 부끄러움, 죄책감 같은 도덕 정서는 모두 생의 초기에 출현하여 아동기 전반에 걸쳐 발달한다. 정서는 아동을 도덕과 관련된 사건에 주의를 기울이도록 강하게 동기화함으로써 도덕성의 자연스러운 토대를 제공한다. 그러나 도덕 정서만으로 아동이 도덕적 자각을 하거나 도덕적 행동을 하게 되는 것은 아니며, 도덕 규범에 대한 이해와 준수를 보장하지도 않는다. 도덕 정서는 인지적, 사회적 측면과 복잡하게 얽혀 서로 영향을 주고받으며 발달한다.

4) 도덕 행동의 발달

도덕 행동에는 강화, 벌, 모델링과 같은 학습과정과 유혹에 대한 저항이나 자아통제가 관여한다. 인지적 사회학습이론은 이러한 요인들이 어떻게 도덕 행동에 영향을 주는지를 설명했다.

(1) 강화와 벌, 모델링

강화와 벌, 모델링 같은 기초적 학습과정은 아동이 도덕 행동을 어떻게 학습하는지를 설명해준다. 아동이 도덕적 행동을 했을 때 강화를 받으면 그 행동을 반복할 가능성이 커지는 반면, 비도덕적 행동에 대해 벌을 받으면 그 행동을 적게 하거나 억압할 가능성이 커진다. 또 아동은 타인이 도덕적으로 행동하는 것을 보고 그 행동을 따라 하기도 한다. 2세 영아들도 어떤 성인이 남을 돕는 장면을 보고 나면 부모가 보이는 고통에 위로를 하거나 돕는 행동을 한다(Williamson et al., 2013).

(2) 유혹에 대한 저항과 자아통제

도덕성의 주요 지표는 들키거나 벌 받을 가능성이 없을 때도 유혹에 저항하도록 스스로를 통제하는 능력이다(Pino-Pasternak et al., 2019). 도덕 영역에서 자아통제는 유혹에 대한 저항으로도 불리는데, 이는 도덕 기준에 반하는 행동을 하려는 충동을 스스로 억제 또는 통제하는 능력을 말한다. 외적 감시가 없어도 유혹에 잘 저항하는 아동은 자아통제를 잘하는 아동이다.

자아통제는 나이가 들면서 향상하는데, 그 첫 출현은 양육자의 기대와 요구에 대한 영아들의 순응에서 찾아볼 수 있다. 자아통제를 측정하는 전통적인 과제인 만족지연 과제는 아동이 목표를 달성하기 위해 즉각적인 만족을 지연시켜 더 큰 보상을 얻는 능력을 재는 과제다. 1세 반에서 3세 사이에 만족지연 과제의 수행은 크게 향상한다(Vaughn et al., 1984). 하지만 그렇다고 3세에 자아통제에 숙달하는 것은 물론 아니다. 인지발달과 더불어 학령기와 청소년기에도 그 발달은 지속된다.

유혹에 대한 저항과 자아통제의 역할은 인지가 경험과 도덕 행동의 관계를 어떻게 매개하는지를 설명한다. 인지적 사회학습 이론가인 Bandura(2002)는 사람들이 자신의 행동을 안내하는 도덕 기준을 지니고 있어 이를 통해 행동을 평가하고 통제한다고 보았다. 예를 들어, 사람들은 자신의 도덕기준에 반하는 행동이 자기비난을 야기하기 때문에 결국 철회하곤 한다. 이러한 자기 금기는 스스로를 내적 기준에 따르도록 만든다. 따라서 Bandura에 의하면 추론보다 자아통제 능력이 도덕 행동에서 더 핵심적 역할을 한다.

2. 친사회적 행동

아동들은 도덕적 행동뿐 아니라 타인과 사회에 이로운 친사회적 행동을 하도록 격려받는다. 친사회적 행동은 도덕행동을 포함하는 큰 개념으로, 돕기, 나누기, 위로하기, 질서와 규칙 지키기 등 자발적으로 타인을 이롭게 하려는 의도를 지닌 모든 행동을 말한다. 친사회적 행동의 가장 순수한 형태는 이타성에 의해 동기화된다. 이타성은 타인의 행복을 위한 사심 없는 관심과 배려다.

친사회적 행동
prosocial behavior
돕기, 나누기, 위로하기 등 타인을 위하는 자발적 행동

이타성
altruism
다른 사람의 행복과 안녕을 위해 사심 없는 관심을 가지고 배려하는 심리적 특성. 친사회적 행동으로 표현됨

1) 친사회적 행동의 생물학적 기초

많은 연구자들이 인간은 생물학적으로 친사회적인 존재로 태어난다고 믿는다(Tomasello & Vaish, 2013). 이들은 인간이 친사회적 행동을 진화시켜온 이유가 타인과의 협력이 생존에 필수적이었기 때문이라고 가정한다.

이러한 가정하에 연구자들은 생의 초기에도 친사회적 행동을 위한 도덕적 자각과 동기를 지니는지 살펴보았다. 그 결과, 어린 영아들이 친사회적 행동에 대한 선천적 선호를 지닌다는 것을 발견했다. 한 실험(Hamlin et al., 2007)에

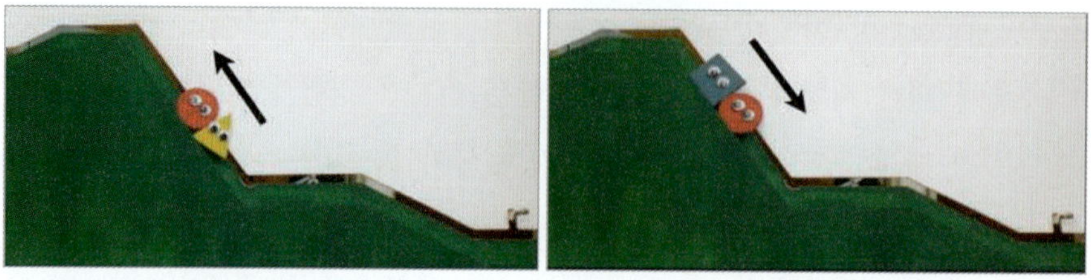

그림 14-2
조력자와 방해자에 대한 영아의 사회적 평가
출처: Hamlin 등(2007)

(a) 도와주는 사건 (b) 방해하는 사건

서 6~10개월된 영아들에게 한 도형 캐릭터(빨간 원)가 언덕을 오르려고 시도하지만 계속 실패하는 장면을 보여주었다. 도형의 세 번째 시도에서 영아들은 그 도형이 조력자(노란 삼각형)에 의해 언덕을 오르는 사건(a)을 보거나, 또는 방해자(파란 사각형)에 의해 언덕에서 밀려 내려오는 사건(b)을 보았다(그림 14-2). 이후 영아들은 조력자 캐릭터와 방해자 캐릭터 중 하나를 고르도록 격려받았다. 그 결과, 6개월 영아들도 모두 조력자를 선택함으로써 조력자에 대한 강한 선호를 보였다. 연구결과는 이후에도 반복 검증되었고, 더 어린 3개월 된 영아들을 대상으로도 같은 결과가 나타났다.

뇌 연구에서도 인간을 친사회적 행동으로 이끄는 정서적 민감성과 관련된 뇌의 특정 영역이 발견되었다. 이 영역은 복내측전전두피질(ventromedial prefrontal cortex)과 안와전두피질(orbitofrontal cortex)이다. 이 두 영역은 생후 2년간 빠르게 성숙하며, 이에 따라 공감능력도 발달한다(Hastings et al., 2013). 이들 영역에 손상을 입은 사람들은 타인의 고통에 공감하지 못하고, 사회적 추론능력이 낮으며, 사회적 규범에도 별 관심이 없다. 특히, 이러한 손상을 아동기에 입으면 사회적 학습이 크게 방해받아 심각한 수준의 반사회적 행동으로 이어질 수 있다(Anderson et al., 1999).

앞서 5장에서 살펴본 뇌의 거울뉴런체계도 친사회적 행동의 생물학적 기반을 보여주는 주요 증거다. 타인이 고통을 받는 것을 관찰할 때 마치 자신이 직접 고통을 경험하는 것과 같은 뇌 반응이 일어난다는 사실은 공감능력이 인간의 생물학적인 본성이라는 주장을 지지한다(Botvinick et al., 2005).

물론 친사회성이 생물학적 기반만으로 모두 설명되는 것은 아니다. 앞서 도덕발달에서 살펴보았듯이, 공감, 동정심 같은 도덕 정서의 발달은 양육환경의 영향을 크게 받으며, 그 성숙한 표현은 인지발달에 의존한다.

2) 친사회적 행동의 발달

친사회적 행동은 공감과 동정심을 느끼는 능력에서 비롯된다. 영아들은 1세가 되기 전에도 기초적인 공감 능력을 보인다. 1~2세부터 동정심도 증가하기 시작하는데, 이는 공감과 함께 친사회적 행동을 촉진한다(Dunfield et al., 2011). 아동이 공감과 동정심을 갖기 위해서는 다른 사람의 관점을 취할 수 있어야 한다. 과거 Piaget는 아동이 6, 7세가 되어서야 이러한 능력이 나타난다고 보았지만, 오늘날에는 이보다 훨씬 이른 시기에 출현한다는 의견이 일반적이다.

1~2세 영아들은 공감과 동정심을 모두 느낄 수 있다. 이 시기에는 타인이 고통받는 것을 보면 자신도 괴로워할 뿐 아니라 고통받는 타인에게 언어적, 비언어적 배려를 표현한다. 또 2세에는 타인이 물건을 빼앗기거나 파손당하는 것을 목격하면, 피해를 입은 타인에게 자신의 물건을 나눠 주거나 위로하고 떨어진 물건을 주워주는 행동을 한다(Dunfield et al., 2011).

3~4세에는 이전 시기에 비해 고통받는 타인을 돕거나 위로하는 행동을 많이 보인다. 그러나 유아들이 동정심을 보이기는 해도 진정한 자기희생, 예컨대 자신의 과자를 자진해서 주는 것 같은 행동은 잘 보이지 않는다. 유아들은 주로 성인이 상대 아동의 입장을 생각하도록 지시하거나 혹은 상대 아동이 강하게 요구했을 때만 나누는 행동을 한다(Birch & Billman, 1986).

학령기가 되면 도덕 추론과 조망수용능력이 발달하면서 돕기, 나누기 행동도 증가한다(Eisenberg & Spinard, 2016). 이 시기에는 부모의 지도도 중요하지만 또래 경험이 행동의 가장 직접적인 이유가 된다. 또래 경험은 공평함, 관용, 약속의 개념에 대한 아동의 이해를 깊어지게 하고, 이에 따라 친사회적 행동도 점차 일관적으로 나타난다.

조망수용능력
perspective taking
다른 사람의 입장과 관점에서 생각하는 능력

청소년기에는 친사회적 행동이 크게 증가한다. 이는 공감, 정서이해, 추상적 추론의 발달과 관련된다(Eisenberg & Spinard, 2016). 인지적 변화는 청소년들이 직접 경험하지 못한 사람들, 예컨대 다른 나라의 가난한 사람들에 대해서도 동정심을 갖게 한다. 청소년기 자원봉사 경험도 친사회적 행동을 촉진한다(Luengo Kanacri et al., 2013). 이처럼 아동은 나이가 들수록 정서 이해, 도덕 추론, 사회인지가 발달하면서 친사회적 행동이 증가한다.

3) 친사회적 행동의 개인차

친사회적 행동은 전반적으로 나이가 들수록 향상하지만 같은 연령에서도 개인차가 존재한다. 실제로 돕기, 나누기, 위로하기 같은 행동을 하는 경향은 개인마다 매우 다르다.

(1) 유전 요인

최근 연구에서 특정 유전자가 친사회적 행동의 개인차에 영향을 준다는 것이 확인되었다(Knafo & Plomin, 2006). 또 이 특정 유전자는 부모 애착과 양육, 공감, 친사회적 행동에 관여하는 호르몬인 옥시토신에서의 개인차와도 관련되는 것으로 나타났다(Feldman, 2012). 이러한 발견은 인간의 친사회적 행동이 생물학적 기반을 지님과 동시에 유전 요인이 친사회적 행동에서의 개인차와 관련된다는 것을 의미한다.

(2) 환경 요인

친사회적 행동의 발달에는 유전뿐 아니라 많은 환경 요인도 관련된다. 주요 요인을 부모, 또래, 학교로 나누어 살펴보면 다음과 같다.

부모

부모는 아동에게 친사회적 행동을 가르치고 스스로가 역할모델이 된다(Maccoby, 2000). 실제로 부모와 아동은 친사회적 행동 수준이 유사하다. 여기에는 유전 요인도 관여하겠지만 모델링 같은 환경 요인도 관여한다. 부모가 친사회적 활동의 기회를 제공하는 것도 도움이 된다. 이러한 활동은 평소 집안일을 돕는 것부터 지역사회 봉사까지 모두 포함한다. 자발적 봉사경험은 아동과 청소년에게 남을 도울 수 있다는 자신감과 정서적 보상을 제공한다. 그러나 나이든 청소년의 경우 지나친 강요는 때론 역효과를 낳을 수 있다는 점에 주의해야 한다(Stukas et al., 1999).

부모의 지지적이고 민주적인 양육과 부모-자녀 애착은 아동의 동정심과 친사회적 행동을 예측하는 주요 요인이다. 그러나 체벌, 강압적이고 권위주의적인 양육은 오히려 아동의 도덕적 미성숙을 야기할 수 있다(Gershoff, 2002).

합리적 설명을 동반한 귀납적 훈육은 아동의 친사회적 행동을 향상시키는 데에 매우 효과적이다. 귀납적 훈육은 강압적 처벌을 하지 않고 아동의 행동이 타인에게 끼칠 수 있는 해를 설명하고 그 행동이 왜 나쁜지를 타인의 관점에서 생각해보도록 격려하고 지도하는 훈육법이다(Hoffman, 2014). 부모의 합리적 설명은 현재뿐 아니라 앞으로도 아동이 참조할 도덕적 기준을 제시해준다는 점에서 중요하다.

귀납적 훈육
inductive discipline
아동을 처벌하지 않으면서 아동의 행동이 타인에게 끼칠 수 있는 해를 설명하고 타인의 관점에서 생각해볼 수 있도록 격려하는 훈육

이처럼 부모는 여러 경로로 아동의 친사회적 행동에 영향을 미친다. 주의할 점은 부모가 온정적이고 지지적이기만 하다고 해서 긍정적 효과가 나타나는 것은 아니라는 것이다. 온정적인 양육과 더불어 긍정적 역할모델이 되고, 아동에게 친사회적 행동을 할 기회를 제공하며, 민주적 양육과 합리적 설명을 동반한 훈육을 할 때 아동의 친사회성 발달을 도울 수 있다.

친사회적인 아동의 부모는 아동이 잘못된 행동을 했을 때 강압적인 처벌 대신 아동의 행동 결과에 대한 합리적인 설명을 제공하는 귀납적 훈육을 한다.

또래

아동은 또래 관계를 통해 정의, 공정, 호혜성, 갈등 해결, 타인 존중 등과 같은 여러 도덕 기준을 배우고 연습한다(McDonald et al., 2014). 또 아동들은 친구에게 다정하게 대해야 한다고 스스로를 동기화시키는 경향이 있다. 이는 호혜성의 학습을 돕는다. 자신이 친구를 다정하게 대해야 친구도 자신을 그렇게 대해 줄 가능성이 커지기 때문이다(Turiel, 2013).

호혜성
reciprocity
누군가의 호의는 호의로 갚아야 한다는 개념

학교

학교 기반의 개입은 친사회적 행동을 증가시키는 데에 효과적이다. 아동이 학교에서 돕기와 협력하기를 경험하고, 그러한 행동의 가치와 도덕규칙에 관한 합리적 설명을 경험하는 것은 친사회적 행동을 향상시킨다.

학교 기반 개입의 예로는 미국의 '긍정적 행동 개입과 지원(Positive

Behavioral Interventions and Supports, PBIS)' 프로그램이 있다(Bradshaw et al., 2012). 프로그램은 학교의 전반적 분위기를 변화시켜 아동의 부정적 행동을 감소시키고 긍정적 행동을 증가시키는 것을 목적으로 했다. 학생의 긍정적 행동에는 즉각적 칭찬과 보상을 주고 교사는 학생에게 바람직한 역할모델이 되었다. 프로그램 효과를 분석한 결과, 이 프로그램에 참여한 아동들은 비참여자들보다 주의력이나 행동 문제는 덜 보이고 친사회적 행동은 더 많이 했으며, 그 효과는 몇 년 후에도 지속되었다.

3. 공격성

친사회적 행동과는 반대로, 사회적 규범이나 규칙을 어기거나 타인에 해를 가하는 행동을 반사회적 행동이라 한다. 공격성은 반사회적 행동의 가장 대표적인 유형이다.

1) 공격성의 개념

공격성
aggression
남을 해하려는 의도를 갖고 행하는 반사회적 행동

공격성은 신체적 또는 정서적으로 남을 해하려는 의도를 가진 반사회적 행동을 말한다(Coie & Dodge, 1998). 공격적 행동은 행위의 결과가 아니라 의도에 의해 정의된다. 따라서 실제로 행하지 않아도 남을 해하려는 의도를 가진 행동은 모두 공격적 행동으로 볼 수 있다. 또 사람들을 보호하는 사회적 규칙이나 법을 어기는 반사회적인 행동도 공격적인 행동이다. 공격적 행동은 다음 두 가지 범주로 나뉜다.

주도적 공격성
proactive aggression
타인의 물건, 공간, 권리를 빼앗으려는 목적을 지닌 공격 행동. 도구적 공격성이라고도 함

- 주도적 공격성: 남의 물건이나 공간, 특권 등을 차지하려는 목적을 지닌, 수단으로서의 공격성

- 반응적 공격성: 적대적인 의도를 가지고 남을 해하려는 것 자체가 목적인 공격성

반응적 공격성
reactive aggression
남을 해하려는 것 자체가 목적인 공격 행동. 적대적 공격성이라고도 함

같은 행동이라도 상황에 따라 주도적 공격성으로 분류되기도 하고 반응적 공격성으로 분류되기도 한다. 만약 어떤 아동이 어린 동생을 꼬집고 놀린다면 이는 반응적 공격성으로 볼 수 있다. 그러나 그 아동이 동생의 장난감을 빼앗으려고 그런 행동을 한 것이라면 이는 주도적 공격성, 또는 반응적이면서 주도적인 공격성이라고 볼 수 있다.

공격성은 신체적, 언어적, 관계적으로 표현된다. 신체적 공격성은 밀치기, 때리기, 물건 부수기 등 남에게 신체적 해를 가하는 행동이다. 언어적 공격성은 협박, 욕설, 적대적인 놀림 등 남에게 언어적 해를 가하는 행동이다. 관계적 공격성은 사회적 따돌리기, 남 앞에서 모욕하기, 악의적 소문내기, 온라인 괴롭힘(cyber bullying)과 같이 타인의 사회적 관계에 해를 입히는 행동이다. 관계적 공격성은 다른 유형에 비해 은밀하고 모호해서 겉으로 잘 드러나지 않는다는 특징이 있다.

2) 공격성의 발달

(1) 영아기

공격성은 매우 일찍부터 나타난다. 1세가 되기 전에도 영아들은 다른 영아가 지닌 물건을 가지려고 물건을 확 끌어당기는 등 공격성을 보인다. 그러나 이러한 행동은 대부분 때리기 같은 행위는 동반하지 않는다.

생후 18개월 무렵부터 때리기, 밀치기 같은 신체적 공격성이 나타나기 시작한다. 이때 나타나는 공격성은 주로 물건을 차지하려는 주도적 공격성이다. 주도적 공격성은 2, 3세까지 계속 증가한다.

18개월부터 신체적 공격성에서 성차가 나타나기 시작한다. 남아의 신체적 공격성 수준이 여아보다 높다. 이러한 성차는 아동기 전반에 걸쳐 많은 문화권에서 보고되었다(Moffitt & Caspi, 2001). 신체적 공격성의 성차는 남성 호르몬

이나 기질 같은 생물학적 요인도 관여하지만, 성역할 순응성과 같은 환경 요인도 영향을 줄 수 있다. 2세가 되면 성역할 고정관념이 생기면서 여아의 신체적 공격성이 남아보다 더 크게 감소하기 시작한다.

(2) 유아기

2, 3세 이후에는 언어발달이 이루어지면서 신체적 공격성이 감소하고 협박, 조롱 같은 언어적 공격성이 증가한다. 유아기에 나타나는 공격성은 주로 또래나 형제자매 간에 물건이나 장소를 차지하려는 주도적 공격성인 경우가 많다. 그러나 유아기 후반부터 주도적 공격성이 감소하고 언어적이고 관계적인 형태의 반응적 공격성이 증가하기 시작한다. 이 시기의 관계적 공격성의 전형적인 사례는 놀이나 모임에 특정 또래를 끼워주지 않고 제외시키는 경우다.

대체로 아동의 신체적 공격성은 남아가 더 높고, 언어적이고 관계적인 공격성은 여아가 더 높다고 알려져 있다. 그러나 이러한 성차는 실질적으로는 적다(Underwood, 2003). 3세부터 여아들의 공격성은 주로 관계적 특성을 띠지만, 남아들의 공격성은 다양한 방식으로 더 뚜렷이 드러난다. 이는 전반적인 공격성 수준이 남아가 더 높게 나타나는 이유이기도 하다. 여아들에게는 사회적 친밀감이 가장 소중하기 때문에 이를 훼손하는 간접적 방식으로 해를 가하는 경우가 많다. 관계적 공격성은 신체적 공격성보다 비교적 오래 지속되는 경향이 있다. 따라서 적어도 아동기에는 공격성의 성차를 논한다는 것이 별 의미가 없다.

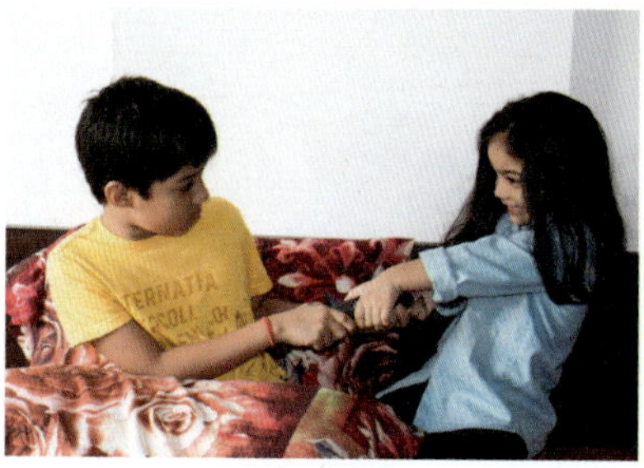

어린 아동들의 다툼은 주로 장난감이나 간식 때문인 경우가 많다. 이는 주도적 공격성이다.

(3) 학령기 이후

초등학교 시기에는 신체적 공격성이 낮은 수준으로 유지되거나, 혹은 점차 감소한다. 그러나 일부 아동들은 심각한 수준의 공격적 행동을 발달시켜 나가기도 한다(Moffitt & Caspi, 2001).

영아와 유아들의 공격성이 대개 주도적인데 비해, 학령기 아동의 공격성은 반응적인 경우가 많다. 학령기에 반응적 공격성이 증가하는 이유는 타인의 의도를 추론할 수 있는 역할수용능력이 발달하는 것과 관련이 있다. 상대 아동이 자신을 해하려는 행동을 하면, 학령기 아동은 상대의 이러한 의도를 알고 그에 대한 보복행동을 하는 경우가 많아진다.

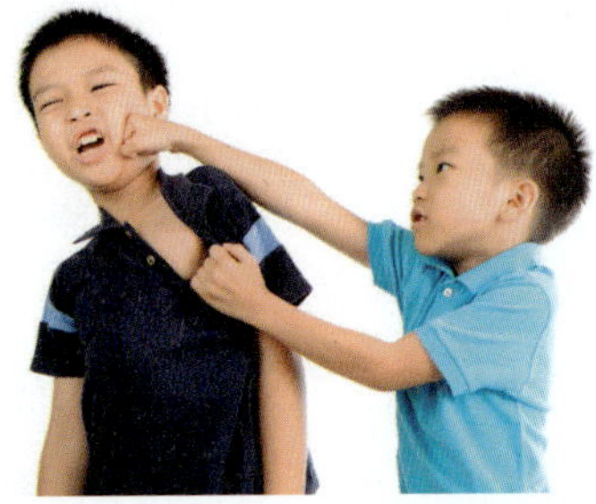

반응적 공격성은 아동이 나이가 들수록 증가하는데, 학령기부터 본격적으로 증가하기 시작한다.

전반적으로 신체적 공격성은 청소년기를 거치며 감소한다(Loeber, 1982). 그러나 그렇다고 해서 청소년들이 이전보다 공격적이고 반사회적인 행동을 덜 한다는 의미는 아니다. 무단결석, 약물남용, 절도 같은 비행은 청소년기 중반에 눈에 띄게 증가한다(Farrington, 2004). 이러한 비행의 증가는 또래 영향이 강해지는 것과도 관련이 있다. 비행은 청소년기 중반을 지나 또래 영향이 감소하고 도덕적 추론 능력이 향상하면서 대체로 줄어든다. 그러나 일부 청소년들은 강력범죄를 저지르는 등 심각한 반사회적 문제를 보이기도 한다.

청소년기에 남아들은 신체적 공격성이, 여아들은 관계적 공격성이 증가한다. 남아들에게서는 절도, 폭력, 약물남용 등의 비행도 증가한다. 특히, 심각한 폭력 범죄에서는 남자 청소년의 비율이 압도적으로 높다(Dahlberg & Simon, 2006). 우리나라에서도 소년범의 성비가 남아 83%, 여아 17%로 남아가 훨씬 많다(대검찰청, 2021).

3) 공격성의 개인차

공격성은 개인차가 크다. 개인차에는 생물학적, 사회인지적, 환경적 요인이 모두 영향을 미친다.

(1) 생물학적 요인

생물학적 요인이 공격성의 개인차에 관여하는 것은 확실하지만, 그 구체적인 역할은 아직 명확하지 않다. 다만, 그간의 쌍생아 연구들은 가족력이 있는 공격적 행동이 유전과 일부 관련된다는 것을 보여주었다(Waldman et al., 2011).

기질은 공격성에 영향을 미치는 주요 생물학적 요인 중 하나다. 공격적인 아동들은 매우 일찍부터 까다로운 기질과 낮은 자기조절력을 보이는 경우가 많다(Rothbart, 2012). 다시 말해, 영아기부터 통제력 부족, 충동성, 과잉행동, 산만함을 보이는 아동은 이후 학령기와 청소년기에도 높은 공격성을 보일 가능성이 크다.

그러나 대다수 아동에게서 생물학적 요인이 항상 공격성을 야기하는 것은 아니다. 또 생물학적 요인만으로 공격적인 아동이 되는 것도 아니다. 아동이 지닌 생물학적 특성이 그 아동을 공격성 발달에 취약하게 만들 수는 있지만, 공격성 발달에는 인지적 요인과 환경도 많은 영향을 준다.

(2) 사회인지

아동의 공격적 행동은 사회인지, 즉 아동이 사회적 상황을 어떻게 해석하는가와도 관련된다. 공격적인 아동들은 세상을 공격적인 시각으로 바라본다. 공격성에 관한 사회인지이론에 따르면, 또래와 자주 싸우는 공격적인 아동들은 적대적 귀인편견, 즉 상대의 의도가 불분명한 상황에서도 상대가 자신에게 적대적 의도를 가진다고 해석하는 경향이 강하다(Coie & Dodge, 1998). 그리고 이는 곧 보복행위로 이어진다. 이때 공격받은 상대의 반격은 상대가 자신에게 적대적이라는 자신의 생각을 더욱 강화한다.

적대적 귀인편견
hostile attributional bias
모호한 상황에서 입은 상해가 자신에 대한 상대방의 적대적 의도에서 비롯된다고 여기는 경향

한편, 공격적인 아동들이 모두 같은 유형의 사회인지적 결함을 지니는 것은 아니다. 반응적 공격성이 높은 아동들이 적대적 귀인편견을 지니는 것과는 달리, 주도적 공격성이 높은 아동들은 오직 공격성만이 자신에게 긍정적인 보상을 가져오리라고 과신하는 경향이 있다(Arsenio et al., 2009).

(3) 환경 요인

아동의 공격성에는 부적절한 양육, 가족 갈등, 반사회적인 또래, 문화적 가치 등 여러 환경 요인들이 영향을 준다.

부모

부모가 자녀에게 가혹하고 처벌적인 훈육을 많이 할수록 자녀는 공격성

발달에 취약하다. 특히, 부모가 냉담하고 처벌지향적인 데다가 자녀와의 애착 형성에 실패하고, 자녀 또한 까다로운 기질과 낮은 자기조절을 지닌 경우 아동기 전반과 성인기에 걸쳐 공격적인 행동을 보일 가능성이 커진다(Gershoff, 2002; Kochanska & Kim, 2012).

부모의 가혹한 신체적 처벌은 아동이 적대적 귀인편견 같은 왜곡된 사고 구조를 갖게 할 수 있다. 또 부모 자신이 역할모델이 되기도 한다. 아동과 부모는 서로 영향을 주고받으므로 공격적 아동은 부모의 처벌적 훈육에 영향을 주고, 이렇게 영향받은 부모의 처벌은 다시 아동의 공격성을 증가시킨다. 이때 부모가 아동에게 미치는 영향이 그 반대의 경우보다 크다(Lansford et al., 2011).

Patterson(1982)은 강압적 가정환경이 아동을 만성적인 공격성과 반사회적 행동의 발달에 취약하게 만드는 주요 요인이라고 보았다. 공격적 아동의 가정은 가족 성원 간 다툼이 끊임없이 지속되는 경우가 많다. 가족들은 서로 대화를 꺼리고 말을 할 때도 상대를 괴롭히고 위협한다. 이러한 강압적 가정환경은 부적강화가 작용한다. 즉, 한 가족원이 다른 가족원을 자극하면 자극받은 가족원은 소리를 지르거나 때리는 등의 행동을 해야 괴롭힘을 멈출 수 있고, 다음에는 더 높은 강도로 공격해야 효과를 거둘 수 있다. 이러한 악순환의 반복은 가정환경을 더욱 강압적으로 만들고, 그 속에서 아동은 일찍부터 공격적 행동을 학습한다.

강압적 가정환경
coercive home environment
가족 구성원들이 서로를 자주 괴롭히고 이에 대처하고자 공격적인 방법을 사용하는 가정환경

부적강화
negative reinforcement
어떤 행동의 결과로 뒤따르는 자극이 제거되면 그 행동이 다시 일어날 확률이 증가하는 것

그림 14-3과 같이, 강압적 가정의 아동들은 자라면서 더 반항적이고 공격적으로 된다(Patterson et al., 1989). 이들이 학교에 입학하면 또래들로부터 거부당하고 교사로부터 비난받으며 학업에도 실패할 수 있다. 또 부모가 자녀양육을 포기하게 만들 수도 있다. 더 나아가 자기와 비슷한 처지의 다른 반항적이고 공격적인 아동과 어울리면서 청소년기 비행으로까지 이어질 수 있다.

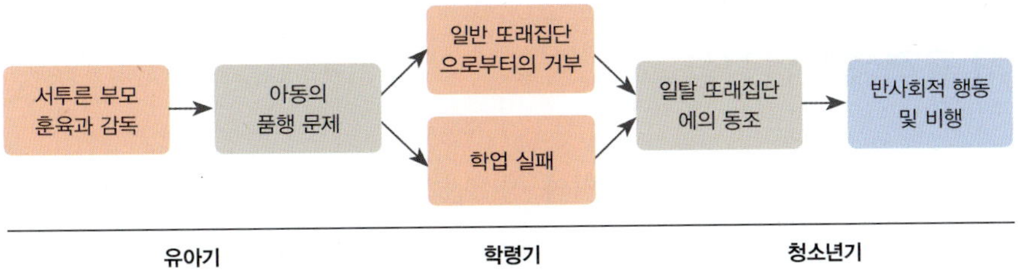

그림 14-3
만성적인 반사회적 행동의 발달모형
출처: Patterson 등(1989)

또래

공격적인 아동들은 공격적인 또래와 어울리기 쉽고, 이는 아동을 더 공격적으로 만든다. 특히, 학령기 후반부터 또래는 모방과 강화를 통해 아동이 비행을 더 많이 저지르게 만든다(Coie & Dodge, 1998). 연구마다 결과에는 다소 차이가 있지만, 비행에 동조하기를 원하는 또래 압박에 대한 취약성은 대체로 초등학생 시기에 증가하여 중학생 시기에 최고점에 이르다가 이후에 감소한다(Brown et al., 1986).

(4) 유전과 환경의 상호작용

유전 연구들은 공격적 행동이 유전과 환경의 조합에 따라 다르게 나타나며, 일부 아동은 유전적으로 부모 양육에 특히 더 민감하다는 것을 보여주었다. 예를 들어, 뇌 신경전달물질인 세로토닌이나 도파민과 관련된 특정 유전적 변이는 아동을 부정적 환경에 더 취약하게 만들 수 있다.

유전 연구에 의하면, 부적절한 양육, 만성적 스트레스, 학대, 빈곤 같은 부정적 환경에서는 세로토닌 수송체 유전자(SLC6A4)와 도파민 수송체 유전자(DRD4), 또는 세로토닌과 도파민을 분해하는 데에 관여하는 MAOA(모노아민 산화효소 A) 유전자의 특정 변이를 지닌 아동들은 공격적 성향을 보이는 경향이 강하다(Caspi et al., 2002). 그러나 이들이 지지적이고 긍정적 환경에서 자란 경우에는 덜 공격적인 아동으로 자란다(Simons et al., 2011). 이러한 결과는 유전과 환경이 그 조합을 통해 아동의 공격성에 영향을 미친다는 것을 보여준다. 아동이 부정적 환경에서 자라면 공격성에 대한 유전의 영향이 강해질 수 있으나, 그렇지 않은 환경에서 자란다면 유전적 영향이 거의 나타나지 않을 수 있다.

4) 공격성의 안정성

어릴 때 공격적인 아동은 학령기와 청소년기, 혹은 성인기에도 공격적일까? 그간의 종단연구들은 유아기와 학령초기에 보이는 높은 공격성이 청소년기와

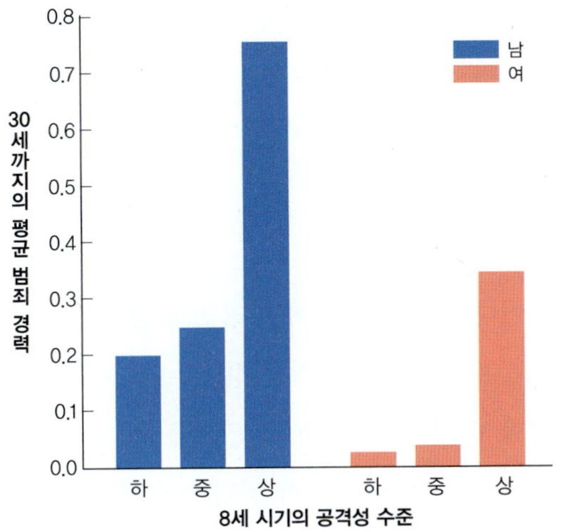

그림 14-4
아동기 공격성과 성인기 범죄 행동의 관계
출처: Huesmann 등(1984)

성인기의 공격성과 반사회적 성향을 꽤 잘 예측한다고 보고하였다. 예를 들어, 600명을 22년간 살펴본 종단연구(Huesmann et al., 1984)는 공격성이 높은 8세 아동이 나중에 자라서도 적대적인 30대 성인, 즉 배우자나 자녀를 구타하거나 형사범죄를 저지르는 경우가 더 많다는 것을 보여주었다(그림 14-4).

대개 높은 수준의 공격성은 유아기부터 나타나기 시작한다. 그러나 이는 집단의 평균값에 기초한 것으로 공격성이 높은 아동들 전부가 시간이 지나도 공격적이라는 의미는 아니다. 연구(Nagin & Tremblay, 1999)에 따르면, 공격성이 높은 5세 남아 8명 중 1명만 청소년기에 높은 공격성을 나타냈다.

그러나 일반적으로 높은 공격성은 쉽게 변하지 않는 비교적 안정적인 속성이다(Tremblay, 2000). 유전적으로 화를 잘 내는 기질을 타고난 아동들은 다른 사람의 부정적인 반응을 유발하기 쉽고 이는 결국 그 아동을 공격성 발달에 취약하게 만든다. 또 유전적 특성과는 상관없이 어떤 아동들은 공격성을 강화하는 강압적 가정환경에서 자라기 때문에 공격성이 증가하기도 한다. 다만, 집단이 아닌 개인 수준에서 보면 공격성의 발달에는 큰 다양성이 존재한다.

5) 공격성 통제법

부모와 교사가 아동의 공격적 행동을 통제하기 위해 사용할 수 있는 일반적 개입은 다음과 같다. 전문적인 개입이나 심리치료에서도 부모 참여는 필수적인 경우가 많다.

(1) 비공격적인 환경조성

애초에 갈등이 일어나지 않게끔 놀이 영역을 조성하는 것은 아동의 공격성을 감소시키는 간단하고도 효과적인 방법이다. 예를 들어, 부모와 교사는 아동의 공격성을 촉발할 수 있는 장난감(예: 총, 칼)을 놀이상황에서 배제해야 한다. 신체 움직임이 큰 놀이에서 넓은 놀이 공간은 신체적 부딪힘, 밀침과 같이 공격성을 야기할 수 있는 사고를 미연에 방지하거나 줄일 수 있다. 또 아동들이 서로 경쟁할 필요 없이 충분한 장난감과 놀이기구가 주어진다면 아동들은 서로 싸우지 않고 꽤 평화롭게 놀이를 한다(Watson & Peng, 1992).

(2) 보상제거

공격성의 유형에 따라 효과적인 개입 유형도 다르다. 주도적 공격성에 대한 효과적 개입은 보상제거다. 보상제거는 부모나 교사가 아동이 공격적 행동으로 인해 얻는 보상이 무엇인지를 찾아내 이를 제거하는 방법이다.

주도적 공격성이 높은 아동에게 공격성보다 협력이나 나누기 같은 친사회적 행동이 목표 달성을 위해 더 좋은 방법이라는 것을 가르치는 것은 효과적이다. 예를 들어, 5세 철이가 동생을 때려서 동생의 장난감을 빼앗았다면, 어머니가 철이에게 동생의 장난감을 돌려주게 함으로써 공격성으로는 아무것도 얻지 못한다는 것을 가르칠 수 있다. 그러나 만약 철이가 자신이 무시 받는다고 여기는 불안정한 아동이고 어머니의 관심을 끌고자 동생을 때린 것이라면 이 방법은 성공하지 못한다. 어머니의 행동이 철이가 원하는 관심을 보인 셈이 되어 오히려 공격성을 강화할 수 있기 때문이다.

이때는 대체반응법을 적용할 수 있다. 이 방법은 아동이 보이는 가장 심각한 행동을 제외한 나머지 다른 공격 행동을 무시함으로써 관심이라는 보상을 주지 않는다. 동시에 협력과 나누기 같이 공격성과 공존할 수 없는 바람직한 대체행동을 강화한다. 이 방법을 사용한 교사들은 아동의 공격성이 빠르게 감소하고 친사회적 행동이 증가한다고 보고하였다(Slaby & Crowley, 1977).

아동이 보이는 공격 행동을 오히려 강화하는 것을 방지하기 위해서는 일시격리법도 효과적이다(Patterson, 1982). 일시격리법은 공격적인 아동을 공격성이 강화받는 상황으로부터 일시적으로 타임아웃 즉, 격리하는 방법이다. 예를 들어, 아동이 적절하게 행동할 때까지 방에 혼자 들어가 있으라고 하는 것이다. 비록 이 방법이 아동의 화를 돋울 수는 있지만, 성인이 아동에게 체벌을 가하거나 공격성의 모델이 되지 않고 성인의 관심을 끌려는 아동의 잘못된 행동을 자신도 모르게 강화하는 것을 방지할 수 있다.

대체반응법
incompatible-response technique
가장 심각한 공격행동을 제외한 모든 공격적인 행동을 무시하면서, 협력이나 나누기 같이 공격 행동과 공존할 수 없는 친사회적 행동이 나타나면 즉시 강화해주는 방법

일시격리법
time-out technique
공격적 행동을 할 때마다 강화를 받을 수 없는 상황에 일시적으로 격리시키는 방법

(3) 사회인지적 개입

반응적 공격성이 높은 아동들에게 분노를 통제하는 방법과 타인의 관점을 취하는 사회인지적 기술을 가르치는 것은 이들의 적대적 귀인편견을 없애는 데에 효과적이다(Guerra & Slaby, 1990). 공격성이 매우 높은 아동들은 종종 공감능력이 결여되어 있고 타인에게 해를 가해도 동정심이나 양심의 가책을 거의 느끼지 않는다. 이들에게는 타인의 의도와 감정을 자각하도록 돕는 공감훈련이 도움이 된다. 가정에서는 부모가 자녀에게 공감의 모델이 되고 적절한 훈육을 함으로써 아동의 공감발달을 도울 수 있다. 적절한 훈육의 예로는 앞서 설명한 귀납적 훈육이 있다.

정리해 봅시다

1. 도덕성이란 무엇인지 생각해보자.
2. 도덕발달의 과정을 인지적, 정서적, 행동적 측면에서 설명해보자.
3. 친사회적 행동의 발달적 의의와 그 생물학적 기반이 시사하는 바에 대해 생각해보자.
4. 공격성의 개념과 영향요인들을 설명해보자.
5. 강압적이고 처벌적인 훈육이 아동의 공격행동에 미치는 영향을 설명해보자.

CHAPTER 15
발달의 맥락: 가족, 또래, 미디어

1. 가족
2. 또래
3. 미디어

15

발달의 맥락: 가족, 또래, 미디어

가족은 대표적인 사회화 기관으로 아동에게 큰 영향을 미친다. 그러나, 성장하면서 아동들은 점차 외부세계의 영향을 많이 받는다. 이 장에서는 가족과 가족 내에서 부모, 형제가 아동에게 미치는 영향을 비롯하여 가정 밖의 사회화 대행자로서의 또래, 그리고 미디어의 영향을 살펴보고자 한다.

사회화
socialization
사회 구성원들과 상호작용을 통해 사회적응에 필요한 지식, 가치, 기술, 규범 등을 획득해 가는 과정

사회화 대행자
agent of socialization
아동의 사회화를 주도적으로 이끌어 가는 사람이나 기관

1. 가족

1) 가족의 기능

현대사회에서 가장 중요한 가족기능은 아동을 돌보고 양육하는 일이다. 부모의 첫 번째 주요 관심은 아동의 생존 가능성을 높이는 데 있다. 아동의 신체와 안전에 더 이상 큰 문제가 없다고 판단될 때 경제적 자급자족에 필요한 특성들을 키워준다. 생존에 문제가 없고 경제적 자립에 필요한 특성이 어느 정도 형성된 후, 비로소 부모들은 자아실현과 관련된 목표를 달성하도록 고취시킨다.

2) 사회적 체계로서의 가족

현대 가족이론에서는 부모-자녀관계를 일방적 모델이 아닌 하나의 포괄적인 사회적 체계로서 받아들인다(Belsky, 1981).

(1) 가족사회적 체계

가족을 사회적 체계로 본다는 것은 가족 구성원들이 상호 관련되어 있어서 서로가 서로에게 영향을 주고받을 뿐 아니라 전체가 하나로 기능하는 통합 구조라는 것을 의미한다(그림 15-1). 예를 들어, 아버지와 어머니, 그리고 영아기 자녀가 있다고 하자. 남편과의 관계가 행복한 어머니들은 결혼생활에 불화가 있고 자녀를 혼자 양육하는 것처럼 느끼는 어머니들보다 자녀의 반응에 더 민감하며 참을성 있게 상호작용할 것이다. 또 배우자 간에 자녀에 관한 대화를 많이 나눌 때 아버지가 자녀에게 더 많은 관심을 보인다(Palkovitz, 1984).

그러나 아동이 일방적으로 부모 영향만을 받는 것은 아니다. 아동 역시 부모에게 영향을 미친다. 매우 충동적이며 부모의 지시를 따르지 않는 자녀에게 부모는 강압적이고 처벌적인 훈육을 사용할 수도 있다(Kochanska, 1993). 그리고 다시 부모의 강압적 양육으로 인해 아동의 반항이 더욱 거세질 수 있다. 가족체계적 접근에서는 부모가 아동에게 영향을 미칠 뿐 아니라 아동 역시도 아동에 대한 부모의 행동과 양육태도에 영향을 미친다고 본다. 또 가족은 더 큰 사회적 맥락의 영향을 받으며 진화하는 상호 관련 관계망이라는 점을

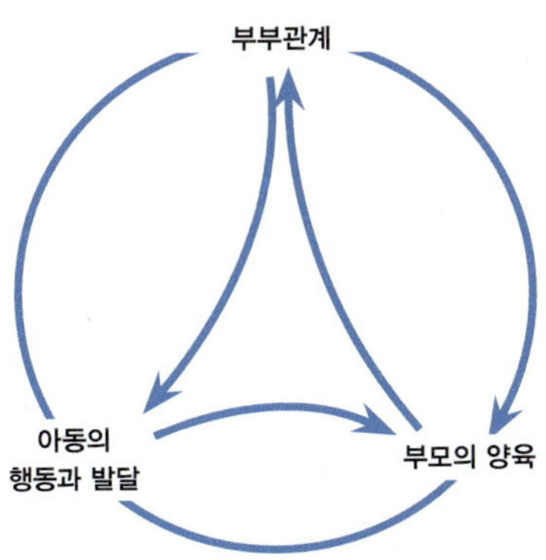

그림 15-1
사회적 체계로서의 가족모형
출처: Belsky(1981)

강조한다.

(2) 가족과 사회적 맥락

가족은 더 큰 문화적 맥락 안에 있다. 따라서 가족의 종교나 가치관, 사회경제적 수준 등이 가족 간의 상호작용과 발달에 영향을 미친다. 예를 들어, 한 가정의 경제적 어려움은 부모의 역할수용에 큰 영향을 미친다. 경제적 여건으로 인해 부모가 우울해질 수 있고 이로 인해 자녀양육에 전념하기 어려울 수 있다(Conger et al., 1995). 그러나 경제적인 어려움이 있다 하더라도 적극적으로 종교 활동에 참여하거나 친밀한 친구들이 있을 때는 부모 역할수용에 대한 스트레스와 문제가 감소하는 것을 볼 수 있다(Hashima & Amnato, 1994).

(3) 가족의 변화

현대 사회의 가족은 여성 취업률, 미혼모, 이혼율과 재혼율의 증가 등 여러 극적인 변화를 겪고 있다. 이에 사회의 변화와 함께 나타난 가족의 다양성을 인정하고 변화된 가족이 아동발달에 미치는 영향에 대한 이해가 필요하다.

이혼

많은 이혼 가정들은 1년이 넘는 기간 동안 가족 구성원의 일상이 심하게 파괴되는 위기를 경험한다(Booth & Amato, 1991). 특히 당사자인 부부는 이혼에 따르는 여러 문제에 직면하면서 정서적인 불안과 혼란을 경험한다. 이에 아동의 요구에 더욱 둔감해질 뿐만 아니라, 강압적으로 양육하고 아동의 행동을 구속하기 쉽다(Fauber et al., 1990). 그러나, 아동들도 부모의 이혼 과정을 같이 지켜보며 불안, 우울, 분노, 공포 등을 경험하고, 심리적 죄책감까지 느낀다.

부모의 이혼 과정에서 아동도 불안, 우울, 분노, 공포와 함께 심리적 죄책감을 경험한다.

이혼이 아동에게는 단기적이든 장기적이든 부정적인 영향을 미친다는 것은 확실하지만, 부모의 이혼으로 인해 한부모 밑에서 자랐으나 안정된 분위기에서 자랐다면 갈등이 계속되는 부모 밑에서 자란 아동의 경우보다 더 잘 적응하는 것으로 나타났다(Long & Forehand, 1987).

취업모

어머니가 직업을 갖는 것 자체가 아동의 정서적 안정에 부정적 영향을 미치는 것은 아니다. 취업모라 하더라도 가정에 있는 동안 어린 자녀의 요구에 민감하게 반응하여 상호작용을 했을 때는 아동들이 안정애착을 보일 가능성이 높다. 더 나이 든 아동들에 대해서도 마찬가지이다. 오히려 취업모의 아동들이 더 독립적이고 자아존중감이 높은 경향이 있다(Richards & Duckett, 1994).

취업모의 자녀들이 긍정적으로 발달하는 이유 중 하나는 자녀의 자율성과 독립성에 대한 욕구를 인정하는 경향이 높기 때문이다. 그리고 어머니들이 자신이 좋아하는 일을 하고 배우자와 가족들로부터 적절한 사회적 지원을 받고 있을 때, 양육자의 역할에도 충실해진다. 그러나, 취업모 중에도 자신의 직업에 대한 만족도가 낮거나, 양육자의 역할수용에 충실하지 않을 때, 그리고 양육자의 역할수용에 필요한 적절한 지원을 받지 못하는 상황이라면 자녀에게 바람직한 부모가 되기 어렵다(Greenberger & O'Neil, 1993).

3) 부모의 영향

Erikson(1963)에 따르면, 1세가 넘으면서 본격적인 아동의 사회화가 시작된다. 이 시기부터 부모는 아동의 호기심, 자율성과 유능감을 손상시키지 않으면서 자아통제력과 사회적 예의를 갖출 수 있도록 지도해야 한다(Fagot & Kavanagh, 1993).

(1) 부모의 양육방법

부모 역할의 두 가지 차원, 즉 애정과 통제의 정도가 아동기 동안에 특히 중요하다(Maccoby & Martin, 1983). 부모의 애정이란 아동의 행동에 대한 반응과 애정의 정도를 말한다. 애정적인 부모들은 아동을 자주 격려하며, 칭찬하고,

웃을 뿐 아니라 자녀의 요구, 도움 요청에 즉각적으로 반응한다. 반대로 냉담한 부모들은 아동의 행동에 무반응하고 자주 비판하거나 깎아내리는 경향이 있으며, 벌을 주거나 무시한다.

한편, 통제는 부모가 아동에게 하는 감독과 통제의 정도를 의미한다. 통제적인 부모들은 아동에 대한 요구가 많다. 이에 부모의 요구를 잘 따르는지 확인하기 위해서 아동의 행동을 철저히 감시하고, 표현과 행동의 자유를 제한한다. 통제하지 않는 부모들은 아동에 대한 요구가 아주 적다. 아동에게 관심이 많고 상당한 자유를 허용한다.

이들 두 차원의 양육태도는 비교적 독립적이다. 따라서 애정적이면서도 통제적인 부모, 애정은 있으나 전혀 통제하지 않는 부모도 볼 수 있다.

부모 양육유형

부모의 양육유형에서는 Baumrind(1973)의 연구가 가장 대표적이다. Baumrind는 부모의 양육유형을 애정과 통제, 두 차원으로 나누고 그에 따라 양육유형을 네 가지로 구분했다(Baumrind, 1973, 1991b)(그림 15-2).

권위주의적 양육
authoritarian parenting
자녀의 요구에 차갑고 비반응적이며, 통제와 요구가 높은 양육유형

권위 있는 양육
authoritative parenting
자녀에게 요구적이지만 동시에 따뜻하고 반응적인 양육유형

허용적 양육
permissive parenting
부모가 자녀의 요구와 바람에 반응적이지만 지나치게 관대한 양육유형

- 권위주의적 양육: 아동의 요구에 차갑고 비반응적이며, 통제와 요구가 높다. 아동의 무조건적인 복종을 기대하면서도, 아동에게 왜 요구에 따라야 하는 이유를 설명하는 경우가 거의 없다. 부모의 요구를 강제하기 위해 위협, 심리적 통제, 처벌 등의 방법을 사용한다.
- 권위 있는 양육: 요구적이지만 동시에 따뜻하고 반응적인 양육유형이다. 부모가 아동에게 많은 자유를 허용한다. 그러나 행동을 제한할 필요가 있을 때는 반드시 따르도록 요구하면서 따라야 하는 이유를 설명한다. 또한, 권위 있는 부모들은 아동의 의견과 요구에 관심을 기울이고 가족의 의사결정에 아동을 참여시킨다.
- 허용적 양육: 부모가 아동의 요구와 바람에 반응적이지만 지나치게 관대하다. 아동에 대한 부모의 요구가 거의 없다. 자유롭게 감정과 충동을 표현하도록 허용하는 반면, 아동의 활동을 면밀히 감독하거나 행동을 엄하게 통제하는 경우는 거의 없다.

- 방임적 양육: 아동에 대한 요구성과 반응성 모두 낮다. 방임적 부모는 아동의 행동에 한계를 설정하지 않는다. 또한 아동을 감독하지 않고 지지하지도 않는다. 이러한 유형의 부모는 때로 아동을 돌보지 않고 방치한다. 아동의 요구보다는 부모 자신의 욕구가 우선인 경향이 있다.

방임적 양육
uninvolved parenting
자녀에 대한 요구와 반응성이 모두 낮은 양육유형

양육유형과 아동특성

Baumrind(1991a)에 따르면, 권위 있는 부모의 자녀들이 유능하고 자신감이 있으며, 성취지향적이었다. 또한 또래에게 인기가 있었으며, 사회적 책임감, 자립성, 스트레스 대처능력이 우수했다. 반면, 약물사용이나 문제행동 등 반사회적 행동 경향성은 낮았다(Dirscoll et al., 2008).

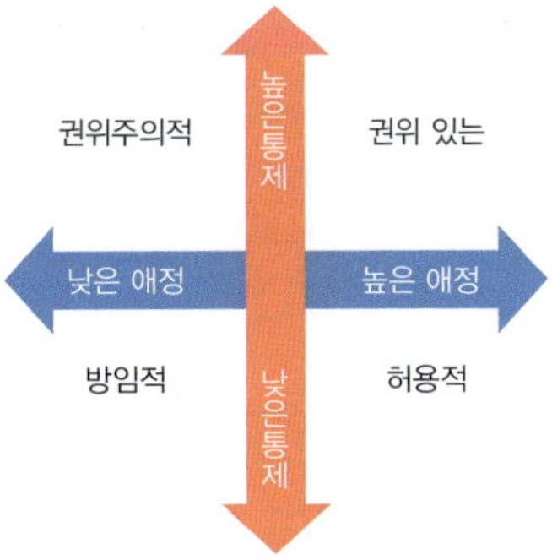

그림 15-2
Baumrind의 4가지 부모 양육유형

반면 권위주의적 부모의 자녀들은 상대적으로 사회적 유능성과 학업적 유능성이 낮았다. 타인에게 비우호적이며, 자신감도 낮았다. 또한 우울한 경향이 있었으며, 지나치게 예민하고 뚜렷한 목표도 없었다(Baumrind, 1991b). 스트레스 대처능력도 떨어졌으며, 비행이나 공격적 행동, 음주 문제와도 많이 관련된 것으로 보고되었다(Bolkan et al., 2010; Dirscoll et al., 2008).

허용적인 부모의 자녀들은 충동성이 높았다. 남아의 경우 여아들보다 더 공격적이었으며 다른 사람을 통제하려는 경향이 있었고, 자기중심적이었다. 또한, 자아통제력이 낮았고, 독립심과 성취지향성도 낮았다(Baumrind, 1991a, 1991b). 청소년이 되었을 때 허용적 부모의 자녀들은 권위있는 부모의 또래들에 비해 학교비행, 약물사용, 음주문제 등을 더 많이 일으켰다(Dirscoll et al., 2008).

방임적 부모의 자녀는 영아기에 혼란애착을 형성하는 경향이 있고, 아동기 중후반에는 많은 경우 또래관계에 문제가 있었다(Parke & Buriel, 1998). 청소년기에는 낮은 학업성취, 우울 또는 사회적 위축 등의 내재화 문제나 반사회적 행동 등 다양한 문제가 광범위하게 나타났다(Dirscoll et al., 2008).

여러 유형의 양육태도 중에 권위 있는 부모의 아동이 긍정적으로 발달한다는 것은 미국이나 다른 여러 문화권의 연구결과를 통해서도 일관되게 확인되었다(Pinto et al., 1991).

(2) 부모-자녀관계의 변화

정서적 자율성
emotional autonomy
부모에게 일방적인 보살핌을 받는 것에서 벗어나 아동 자신의 정서적 힘으로 자신을 위안하고 안정을 찾을 수 있는 능력

행동적 자율성
behavioral autonomy
아동 스스로 결정 내리고 결정에 대해서 책임질 수 있는 능력

아동의 연령에 따라 부모의 아동에 대한 양육방법도 달라진다. 특히, 부모는 아동의 나이가 많아지면서 보다 더 허용적이면서 자율성을 강조한다. 이때의 자율성은 정서적 자율성과 행동적 자율성 모두를 포함한다. 우선 정서적 자율성이란 부모에게 의존하여 정서적 위안이나 안정을 찾는 것이 아니라 자신의 정서적 힘으로 정서적 위안이나 안정을 찾을 수 있는 능력이다. 그리고 행동적 자율성은 스스로 결정하고 자기의 결정에 대해서 책임을 질 수 있는 능력을 말한다(Steinberg, 1985). 자율성을 얻는다는 의미는 부모가 일일이 지시하지 않아도 학교에 지각하지 않으며 자신에게 주어진 책임과 의무를 다하는 것이다.

사춘기 이후 아동은 점차 부모가 요구하는 규칙과 통제를 따라야 하는 이유를 묻기 시작한다. 이 시기 아동들도 여전히 부모로부터의 인정을 진심으로 기대한다. 따라서 부모가 먼저 아동에게 합리적 수준의 규칙과 함께 따라야 하는 이유를 설명하고, 애정과 지지를 보낸다면 건강한 자율성을 획득할 수 있다. 반면 부모가 아동의 자율적 요구에 과도하게 엄격하거나 과도하게 허용적일 때 아동들은 개인적 어려움을 겪을 수 있을 뿐 아니라, 반항하는 등 문제를 일으킬 수도 있다(Barber et al., 1994).

4) 형제자매의 영향

형제자매는 성장 과정에 흔히 경쟁상대가 되는 경우가 많지만, 동시에 친구, 교사, 때로 양육자의 역할을 하면서 아동에게 긍정적인 영향을 미친다.

(1) 애착대상으로서의 형제자매

10~20개월 된 영아들을 Ainsworth의 낯선 상황 검사에 4세 된 형제자매와

함께 있게 하면서 영아의 반응을 관찰했다(Stewart, 1983). 영아들은 낯선 사람이 들어왔을 때 경계 반응을 보였고, 이런 상황에서 형제자매에게 접근하는 반응이 나타났다. 그리고 이 때 4세 된 손위 형제자매는 영아인 어린 동생을 감싸거나 돌보는 반응을 하였다. 위와 같은 상황에서 동생을 잘 보살핀 아동들은 어머니와 안정애착을 형성한 아동이었다. 또한 동생이 왜 울고 무서워하는지, 고통의 근거를 이해할 수 있는 역할수용능력이 발달한 아동이었다(Garner et al., 1994). 한 마디로 손위 형제자매는 부모가 보이지 않는 불안한 상황에서 동생들이 대처할 수 있게 정서적으로 지원하는 중요한 역할을 한다. 더 나아가 학령기 아동들이 자기 형제자매와 정서적으로 긴밀한 유대감을 형성할 때 또래관계에서 생기는 불안감이나 다른 적응문제를 예방하는 데도 도움이 될 수 있다.

(2) 교사로서의 형제자매

손위 형제자매는 때로 동생들에게 중요한 모델이 되고 때로 새로운 기술이나 지식을 가르치는 교사 역할도 한다. 동생들이 어떤 문제에 직면했을 때 또래들보다 손위 형제자매로부터 더 많은 것을 배울 수 있는 이유는 다음과 같다(Azmitia & Hesser, 1993). 첫째, 손위 형제자매는 자기가 가르쳐야 할 대상이 동생일 때 책임감을 더 많이 느끼며, 둘째는 손위 형제자매가 또래보다 더욱 구체적으로 지시하고 격려해주는 경향이 있다. 마지막으로 동생들은 손위 형제자매들의 지도와 안내를 더 추구하는 경향이 있기 때문이다.

(3) 사회적 유능감에 대한 형제자매의 영향

형제자매는 교사, 친구, 양육자 등의 역할을 하면서 아동에게 긍정적인 영향을 미친다.

일반적으로 맏이보다 동생들의 인기가 더 많은 경향이 있다. 아마도 맏이가 동생들에게 사용한 방법을 동생이 또래관계에 적용하는 것이 또래집단에서 지위나 인기를 얻는데 긍정적으로 작용한 것이라고 이해된다. 다른 이유로는 동생들이 힘이 있는 형제자매나 손위 형제자매와의 관계에서 양보하고 타협하는 방법을 일찍부터 배워 또래와의 관계에서도 이러한 타협적인 상호관계 기술을 적용하기 때문으로 해석된다(Miller & Maruyama, 1976). 그러나 또래 인기도에서 출생순위 효과는 크지 않을 뿐만 아니라 예외도 많다.

5) 외동이

정말 외동이들이 이기적이고 버릇이 없을까? 이 문제에 답하기 위해 Falbo(1992)는 외동이에 대한 많은 연구들을 검토하였다. 그 결과, 사람들의 생각과 달리 외동이들의 자아존중감과 성취동기는 비교적 높았다. 또 형제가 있는 아동들과 비교할 때 더 지적이고 순응적이었으며 또래들과도 좋은 관계를 잘 유지했다. 외동이들은 주로 부모와 상호작용한다. 따라서 형제관계에서보다 더 수준 높은 상호작용을 경험하고 직접적인 성취훈련을 받았을 가능성이 높다(Baskett, 1985).

따라서 외동이들이 형제자매가 없다는 것으로 인해 갖는 큰 불이익은 없으며, 형제자매관계에서 얻을 수 있는 많은 것을 외동이들은 또래들과의 관계를 통해 보완하는 것으로 보인다(Falbo & Poston, 1993).

2. 또래

또래관계는 수직적인 성인과의 관계와 달리 상호평등을 기초로 형성되어 사회성 발달에 큰 영향을 미친다.

1) 또래의 기능

또래란 동등한 사회적 지위를 가진 사람들이다. 그래서 또래관계에서는 어느 정도 유사한 행동수준에서 상호작용이 이루어진다. 나이가 달라도 공통의 관심과 목표 추구하고 상대방의 능력이나 요구에 행동을 맞춰 서로 행동한다면 그러한 관계 역시도 또래로 볼 수 있다.

(1) 동년배 상호작용

아동들은 부모나 손위 형제자매와는 종속적인 관계에 있다. 반면 동년배와는 동등한 관계이기 때문에 상호작용은 덜 지시적이고, 덜 비판적인 경향이 있다. 그래서 자유롭게 자기의 생각이나 행동, 역할을 시도해 볼 수 있다. 이뿐만 아니라 또래와의 상호작용을 통해서 자신과 똑같은 다른 사람들의 생각을 이해하고 평가하는 경험을 할 수 있다.

(2) 혼합연령 또래 간의 상호작용

연령이 다른 또래 간의 상호작용에서는 어떤 아동이 다른 아동에 비해 더 많은 힘을 가질 수 있다(Hartup, 1983). 아동들은 이 과정에서 또 다른 사회적 능력을 학습한다. 예를 들어, 어린 또래가 있으면 더 나이 많은 아동들은 어린 아동을 돕고 보살피면서 친사회적 행동뿐 아니라 자기주장과 지도력을 발달시킨다. 동시에 더 어린 아동들은 나이 든 또래를 통해 여러 가지 새로운 기술이나 도움을 얻는 방법을 배운다.

혼합연령 또래의 상호작용은 형제와의 상호작용과 비슷해 보이나 중요한 차이가 있다. 형제자매관계에서 아동의 지위는 출생순위에 의해서 고정되어 있지만, 혼합연령에서의 또래 지위는 융통성이 있다. 따라서 형제자매관계에서 얻을 수 없는 경험을 제공할 수 있다. 예를 들어, 늘 돌봄을 받던 동생이 더 어린 아동들과 어울림으로써 돌보는 행동과 지도력을 발휘할 수도 있다.

2) 또래관계의 발달

아동에게 중요한 타인으로서 또래에 대한 관심은 언제 나타나며 발달에 따라 또래관계는 어떻게 달라지는지 살펴보자.

(1) 영아기

생후 1개월 아기도 다른 아기들에게 관심을 보인다. 하지만 상호작용은 생후 6개월경이 되어야 나타난다. 이때 영아들은 또래를 보며 웃고 장난감을 주기도 한다. 그러나 우호적이고 친절하고 몸짓이 상호작용으로 이어지지 않는다. 12~18개월경이 되면 상대방의 행동에 보다 적절하게 반응하기 시작한다. 하지만 이 시기의 영아들은 또래들을 반응이 있는 장난감 정도로 생각하는 것 같다(Brownell, 1986).

유아들은 나이 들어가면서 또래들과의 사교범위가 넓어지지만 때로는 혼자놀이를 통해서 환경을 탐색하며 적응하는 방법을 배운다.

18개월 된 거의 모든 영아들은 또래들과 분명한 상호작용을 한다. 서로 모방하면서 즐거워하며 상대방을 자주 쳐다보고 웃는다. 24개월경에는 숨고 찾아 다니는 술래잡기 놀이에서 볼 수 있는 것처럼 서로 보완적인 역할을 한다. 또 한 아동이 상자를 열면 다른 아동은 열린 구멍에서 장난감을 꺼내는 등 하나의 목표를 위해 협동하는 행동도 나타난다(Brownell & Carriger, 1990). 18~24개월쯤 되어 영아들이 거울 속에 비친 자기를 알아보고, 사진 속에서 자신을 발견할 수 있을 때 진정으로 협응된 상호작용이 나타난다. 이는 영아들의 상호작용기술이 사회인지 발달수준에 의존한다는 것을 의미한다.

(2) 유아기

2~3세 유아들은 사교 범위는 부모와 그 주변으로 한정될 수 있다. 반면, 4~5세 유아들은 부모보다 또래들의 관심과 인정을 얻고자 노력한다(Harper & Huie, 1985).

유아기 동안 또래관계가 많아지면서 상호작용 특성 역시 변화한다. 연령 증가에 따라 그냥 서서 또래의 행동을 지켜보기보다 직접 참여하는 상호작용이 증가한다. 또한 서로 보완적인 역할을 할 뿐만 아니라 하나의 목표 달성을 위해 의견을 나누는 행동도 점차 증가한다.

(3) 학령기 이후

학령기 또래 상호작용 중의 큰 변화는 또래집단 내의 진정한 또래접촉이 6~10세경에 많이 일어난다는 점이다. 단순한 놀이친구가 아닌 또래집단은 정기적으로 상호작용하면서 소속감을 공유하는 특징을 갖는다. 또래집단은 어떻게 행동해야 할지를 규정하는 암묵적 혹은 명시적 규준을 수용한다. 또한 공동 목표를 달성을 위해 함께 일할 수 있도록 하는 계층적 조직구조를 발달시켜 나가는 집단이다. 유아들의 또래집단은 공통된 관심을 가진다. 그리고 노는 동안에는 서로 다른 역할들을 하며 주어진 규칙이나 규준을 따른다. 그러나 유아들의 또래집단은 매번 바뀐다. 또한, 놀이에서 지켜야 할 지침도 대부분 성인들이 제시한 것을 따른다.

또래집단
peer group
정기적으로 상호작용하며 공동의 행동규준과 목표를 따르며 소속감을 공유한 단순한 놀이친구 이상의 집단

이와 비교할 때 초등학교 학생들의 또래활동은 매우 다르다. 초등학생들은 자신들이 만든 규준을 공유한다. 또한 각자는 집단 내에서 안정된 역할과 지위를 갖기 시작한다. 초등학생들은 집단과 자신을 동일시하며 자신이 속한 또래집단에 자긍심을 갖기도 한다. 6~10세 아동들은 또래집단과의 상호작용 통해서 집단작업의 가치를 발견한다. 또한 몰입감을 경험하며 공유된 목표에 대한 충성을 발달시킨다. 이와 더불어 사회 조직이 어떻게 공동의 목표를 추구해 가는지 배우게 된다.

사춘기에 이르면 아동들은 가족보다 친밀한 친구로 구성된 패거리 또는 동료집단이라고 불리는 소집단과 많은 시간을 보낸다(Berndt, 1989). 초기 또래 패거리들은 일반적으로 유사한 활동 선호도와 가치관을 가진 4~8명의 동성의 또래들로 구성된다. 일단 패거리가 만들어지며 자기들만의 독특한 언어, 행동, 옷입기 등으로 다른 패거리와 차별화되려고 한다. 또한 패거리의 성원들이 강한 집단동일시와 소속감을 가지는 데 도움이 될 수 있는 규준을 만들어 간다.

패거리(동료집단)
clique
빈번히 상호작용하고 결속력과 애착이 강한 4~8명의 동성으로 구성된 또래집단

3) 또래수용과 인기도

(1) 인기도 측정과 분류

또래수용
peer acceptance
또래들이 좋아하고 호감을 느끼는 정도

사회측정법
sociometry
아동들에게 자신들이 좋아하거나 싫어하는 또래를 묻거나 친구로 함께 하고 싶은 정도를 평가하도록 하는 또래수용 측정법

또래수용이란 특정 아동에 대하여 다른 또래들이 받아들이고 호감을 느끼는 정도를 의미한다. 또래수용은 흔히 사회측정법이라는 자기보고법을 통해서 평가된다. 이와 같은 사회측정법을 통해 얻은 자료를 근거로 아동들의 유형은 다음과 같은 몇 가지로 분류 가능하다(Terry & Coie, 1991).

- 인기 있는 아동: 많은 또래들이 좋아한다. 반면, 싫어하는 또래들은 적다.
- 거부된 아동: 많은 또래들이 싫어한다. 좋아하는 또래들도 적다.
- 무관심 아동: 싫다 또는 좋다로 거의 지명되지 않는다. 또래들에게 거의 보이지 않는 것처럼 취급되는 아동이다.
- 인기·거부가 모두 높은 아동: 많은 또래들이 좋아하지만 싫어하는 또래들도 많다.

일반적으로 초등학교 학급 아동의 2/3는 대체로 이상의 4가지 분류 중 하나에 해당한다. 나머지 1/3은 평균적 지위의 아동들로서 너무 많지도 적지도 않은 또래들이 좋아하거나 싫어하는 아동들이다. 무관심 아동과 거부된 아동은 또래수용이 낮은 아동들이다. 그러나 무관심의 대상이 된다는 것은 또래들로부터 거부되는 것만큼 나쁘지는 않다. 무관심 아동들은 거부된 아동들처럼 외로워하지 않는다. 새로운 학급에 편성되거나 새로운 놀이집단에 들어간다면 무관심 아동들은 거부된 아동들보다 더 우호적인 사회측정적 지위를 획득할 가능성이 높다(Coie & Dodge, 1983). 더욱이 거부된 아동들은 반사회적 행동을 비롯한 다른 심각한 적응문제를 경험할 가능성이 높다(Morison & Masten, 1991).

거부된 아동들은 다시 두 가지 하위유형으로 구분할 수 있다. 하나는 공격적 거부 아동으로 공격성이 매우 높은 특징을 가진다. 다른 한 집단은 비공격적 거부 아동으로 불안 수준이 높고, 사회적 기술이 부족하며, 동시에 또래

접촉을 피하는 아동들이다. 공격적 거부 아동들은 흔히 다른 아동의 행동을 적대적인 것으로 잘못 해석하는 경향이 있으며 심한 행동장애를 일으킬 가능성이 높다(Crick & Ladd, 1993). 또한 이들은 만성적으로 반사회적이며, 적대적인 행동을 나타낼 가능성이 높다. 폭력적 범죄행동에 가담하거나 청년기와 성인기에 다른 문제행동을 보일 위험성도 높다.

반면에 비공격적 거부 아동은 일반적으로 많이 위축되어 있으나 그 외의 특이한 행동을 보이지 않는다. 그러나 또래집단의 기대에는 다소 둔감하고 놀림에 대하여 과민반응을 보이기도 한다(Parkhurst & Asher, 1992). 많은 비공격적 거부 아동들은 또래들과 분리되어 있어 외로움을 많이 느끼고 자아존중감이 매우 낮다. 또 우울증과 다른 정서적 장애를 경험할 위험이 크다(Hymel et al., 1993). 더욱이 또래들이 이들 비공격적 거부 아동들을 무시하여 괴롭힘의 대상으로 생각할 수 있다. 따라서 비공격적 거부 아동들은 또래로부터 심각한 따돌림을 당할 높은 잠재적 위험성을 가지고 있다.

(2) 인기도에 영향을 미치는 요인

부모 양육태도

아동을 훈육하는 데 애정을 가지고 충분히 설명하는 권위 있는 부모의 자녀가 또래 사이에서 인기도가 높다. 반면에 매우 독재적이고 강압적인 부모의 자녀들은 퉁명스럽고 비협조적이며 공격성이 높은 경향이 있는데 또래들은 이러한 성격적 특성을 가진 친구를 좋아하지 않는다.

신체적 요인

체격이나 성숙 속도 같은 신체적 요인 역시도 또래수용에 영향을 미친다. 단단해 보이거나 운동선수와 같은 건강한 체격을 갖춘 아동들이 아주 마르거나 뚱뚱한 아동들보다 더 인기가 있다. 남아들의 경우에는 조숙한 아동들이 성숙이 늦은 아동들보다 인기가 있다. 얼굴도 영향을 미치는데 6개월 된 영아들도 매력적인 얼굴과 매력적이지 않은 얼굴을 쉽게 구분할 수 있다(Langlois et al., 1991). 그리고 12개월 영아들은 벌써 매력이 없는 낯선 사람보다는 매력 있는 낯선 사람과 상호작용을 선호한다(Langlois et al., 1990). 유아기에는 또래뿐만 아니라 교사도 매력 없는 유아들보다 매력 있는 유아들을 더 우호적으로 기술하는 경향을 보인다(Langlois, 1986). 초등학교 이후에도 매력 있는 아동들의 인기도가 매력 없는 아동들보다 더 높다.

인지적 요인

인기 있는 아동들은 그렇지 않은 아동보다 역할수용기술이 잘 발달되어 있다. 동시에 학업성취가 높고 지능지수도 높은 경향을 보인다(Bukowski et al., 1993).

행동특성

앞서 기술했던 것처럼 신체 특성과 인지적 요인 등이 또래 수용에 영향을 주지만 아동의 행동이 부적절하거나 반사회적이라면 아무리 지적으로 뛰어나고 매력적이라도 또래로부터 수용되기 어렵다. 이에 인기 있는 아동의 행동특성을 분석한 결과, 인기 있는 아동들은 따뜻하고 협조적이며 관용적인 친사회적 행동을 많이 하는 반면 공격성은 매우 낮았다(Coie et al., 1990).

반면에 무관심한 아동들은 매우 수줍고 위축된 행동특성을 보인다. 말수가 적고 놀이집단에 끼어들려는 시도를 거의 하지 않으며 타인의 관심을 이끄는 행동을 거의 하지 않는다. 이러한 아동들의 위축된 행동은 또래집단으로부터 따돌림당했거나 배척되어 생긴 것이 아니라 사회적 기술이 부족한 자신에 대한 불신과 높은 사회적 불안에 기인하는 것 같다(Younger & Daniels, 1992).

거부된 아동들은 또래들을 화나게 하거나 괴롭히는 등 여러 가지 특성을 보인다. 공격적 거부 아동들은 또래들을 통제하거나 지배하려는 시도를 많이 한다. 평소에 비협조적일 뿐 아니라 친사회적 행동을 거의 하지 않고, 또래집단 활동을 비판하는 방해꾼인 경우가 많다. 반면에 비공격적 거부 아동은 오히려 지나치게 위축되어 보인다. 그러나 민감하고 과민한 경향이 있어서 협조를 거부하는 등 또래들을 자극하는 행동을 할 수 있다(Bierman et al., 1993).

이상에서와 같이 또래 인기도는 다양한 요인의 영향을 받는다. 그러나 바람직한 사회적 행동의 정의는 문화에 따라 다르고, 시대에 따라 변화한다(Chen et al., 1992).

3. 미디어

시대의 흐름에 따라 정보를 전송하는 매체인 미디어는 변화해 왔다. 신문이나 잡지, 책 등 인쇄매체에 이어서 영화, 라디오, 텔레비전과 같은 전자미디어, 그리고 21세기 컴퓨터와 인터넷의 발전으로 스마트폰과 태블릿처럼 휴대해서 볼 수 있는 스마트 미디어가 등장했다(Bittman et al., 2011).

현재까지도 텔레비전은 아동에게 많은 영향을 미치는 미디어이지만 스마트 미디어 역시 빠르게 보급되며 아동 일상의 일부가 되었다(Calvert & Wartella, 2013). 스마트 미디어 노출 연령 역시 점차 하향화되면서 영아들의 노출도 증가하는 추세이다(Wood et al., 2016). 스마트 미디어를 비롯한 다양한 영상 미디어 노출시간으로 보면, 영아들의 경우에 하루 평균 40-45분, 2~4세 유아들의 경우는 하루 약 1시간 정도이다(Kabali et al., 2015). 한편, 4~8세 아동의 영상 미디어 총 노출시간은 약 7시간 정도로 연령 증가와 함께 노출시간도 증가하고 있다(Rosen et al., 2014). 연구자들은 아동들이 부모와 또래와의 상호작용 시간보다 다양한 영상 미디어 시청에 더 많은 시간을 보내고 있다는 점을 우려하며 특히 2~4세 아동에게 있어서 영상 미디어 노출시간을 하루 1시간 이내로 제한할 것을 권고하고 있다(Tremblay et al., 2012).

1) 미디어의 긍정적 영향

아동의 미디어 노출에 대한 연구는 미디어의 내용이 가치 있는 정보를 전달한다면 아동발달에 긍정적인 영향을 미칠 수 있다고 보았다(Truglio & Kotler,

2017). 예를 들어, 미국 교육 프로그램인 Sesame Street는 3~5세 유아를 대상으로 숫자와 글자를 인지하고 변별하기, 순서배열과 분류하기, 수 세기, 그리고 간단한 문제해결과 같은 인지기술을 가르치고자 했다. 프로그램 방영 후 950명의 3~5세 아동을 대상으로 5개 영역에 대한 사전 및 사후 검사를 실시한 후 수행의 변화를 살펴보았다. 그 결과 1주일에 4회 이상 시청한 아동들의 전체적인 인지능력이 가장 크게 향상되었다. 특히 3세 아동보다 5세 아동의 어휘와 인지 준비도가 더 크게 향상되었다(Rice et al., 1990). 또 한 연구(Hearold, 1986)에서는 Sesame Street 시청으로 협동, 나누기와 돕기 등의 친사회적 행동의 증진되었는지 살펴보았다. 그 결과 프로그램을 시청한 아동들은 그렇지 않은 아동보다 친사회적 경향이 높았다. 그러나 아동이 친사회적 프로그램을 시청하는 것만으로는 시청의 효과가 크지 않았다. 성인이 프로그램에서 학습한 내용을 직접 해보도록 격려하고 실제 상황에서 행동하도록 이끌어 줄 때 미디어는 효과적이다.

그 밖에도 Sesame Street의 효과에 대한 15개 국가들의 연구들을 메타분석 한 결과, 프로그램은 다음의 세 가지 영역에서 긍정적인 영향을 미친 것으로 확인되었다. 우선, 글자, 숫자, 과학, 환경, 문화, 안전과 건강 등 살아가는데 필요한 기초지식에 대한 학습에 긍정적인 효과가 있다. 또한 다양한 집단에 대한 긍정적인 태도, 사회적 상호작용에서의 친사회적 추론 능력 향상에 미디어 시청이 긍정적인 영향을 미친다(Mares & Pan, 2013).

2) 미디어의 부정적 영향

앞서 영상 미디어 노출이 아동발달에 미치는 긍정적인 영향을 살펴보았으나, 연구결과는 일관적이지 않다(Archer, 2016; Barr et al., 2010). 이처럼 연구결과가 비일관적인 이유는 미디어 노출 자체보다는 프로그램의 유형, 시청 시간, 부모의 개입여부 등이 영향을 미치기 때문이다. 한 예로, 텔레비전 시청 시간이 많을수록 어휘발달이 지연되는 경우가 더 많았다(Lavigne et al., 2015). 이러한 결과는 영상을 시청하는 동안 부모와 아동 간의 상호작용이 감소한 결과라고 볼 수 있다(Pempek et al., 2014). 따라서 영상을 시청하는 동안 아동과 부모의 상호작용이 이루어진다면 이러한 부정적인 영향을 최소화하거나 없앨 수 있다(Blankson et al., 2015; Zimmerman et al., 2009).

또한, 프로그램의 유형 또는 질이 인지적인 발달에 영향을 미칠 수 있다. Barr와 동료들의 연구에 따르면 성인 프로그램에 오래 참여한 영아들의 실행 기능이 연령에 적합한 프로그램에 참여한 영아들보다 더 떨어졌다(Barr et al., 2010).

무엇보다 아동이 너무 많은 시간 영상 미디어에 노출되는 것은 아동들을 수동적 학습자로 만들 가능성이 있으며, 아동이 사는 세상에 대한 고정관념을 형성하거나 때로 비현실적인 세상을 보여줌으로써 세상에 대한 현실적 인식에 부정적 영향을 미칠 수 있다. 또한, 영상 시청에 너무 많은 시간을 보냄으로써 아동의 놀이시간이 감소될 수 있다. 놀이시간의 감소로 인해 또래와의 상호작용 시간도 줄어들게 되며, 동시에 신체적 활동에 할애하는 시간이 감소한다. 신체적 활동의 감소는 과체중이나 비만이 될 위험성을 증가시키고, 건강한 수면 습관을 방해할 수 있다(te Velde et al., 2012).

이 밖에도 아동이 보는 미디어의 내용이 중요한데, 영상의 내용이 위반 행위와 관련되고 공격성의 수위가 높을 때는 문제가 될 수 있다(Matos et al., 2012). TV에서 높은 수준의 공격성과 위법행위를 본 아동들은 공격적인 행동에 더 관여하는 경향을 보였다(DeWall et al., 2013). 그 외에도 범법적인 내용을 담고 있거나 가상체험을 할 수 있는 게임 역시 아동의 공격적 행동에 영향을 미칠 수 있다(Gentile, 2012).

정리해 봅시다

1. 바람직한 부모의 양육방법을 설명해보자.
2. 아동의 성장과정에 생기는 부모-자녀관계의 변화를 설명하고 바람직한 방향을 생각해보자.
3. 아동발달에서 형제자매의 영향과 역할을 설명해보자.
4. 아동발달에서 또래의 기능과 영향기제를 설명해보자.
5. 미디어의 부정적 영향과 교육적 활용을 생각해보자.

참고문헌●

김연수, 곽금주. (2010). 영아기 어머니의 언어적 반응성 및 영아의 비언어적 의사소통능력과 아동 초기 언어능력간의 관계. 인간발달연구, 17(1), 191-207.

김청택. (2019). 빅데이터를 이용한 심리학 연구 방법. 한국심리학회지: 일반, 38(4), 519-548. https://doi.org/10.22257/kjp.2019.12.38.4.519

대검찰청. (2021). 2021 범죄분석. https://www.spo.go.kr/site/spo/crimeAnalysis.do

성현란, 이현진, 김혜리, 박영신, 박선미, 유연옥, 손영숙. (2001). 인지발달. 학지사.

Abravanel, E., & Sigafoos, A. D. (1984). Exploring the presence of imitation during infancy. *Children Development, 55*(2), 381-392. https://doi.org/10.2307/1129950

Ackerman, B. P. (1993). Children's understanding of the speaker's meaning in referential communication. *Journal of Experimental Child Psychology, 55*(1), 56-86. https://doi.org/10.1006/jecp.1993.1003

Adjerid, I., & Kelley, K. (2018). Big data in psychology: A framework for research advancement. *American Psychologist, 73*(7), 899-917. https://doi.org/10.1037/amp0000190

Ainsworth, M. D. S. (1979). Attachment as related to mother-infant interaction. In J. S. Rosenblatt, R. A. Hinde, C. Beer, & M. Busnel (Eds.), *Advances in the study of behavior* (Vol. 9, pp. 1-51). Academic Press. https://doi.org/10.1016/S0065-3454(08)60032-7

Ainsworth, M. D. S., Blehar, M., Waters, E., & Wall, S. (1978). *Patterns of attachment: A psychological study of the strange situation*. Lawrence Erlbaum Associates. https://doi.org/10.4324/9781315802428

Ainsworth, M. D., Bell, S. M., & Stayton, D. J. (1972). Individual differences in the development of some attachment behaviors. *Merrill-Palmer Quarterly, 18*(2), 123-143.

Aksglaede, L., Link, K., Giwercman, A., Jørgensen, N., Skakkebaek, N. E., & Juul, A. (2013). 47,XXY Klinefelter syndrome: Clinical characteristics and age-specific recommendations for medical management. *American Journal of Medical Genetics Part C: Seminars in Medical Genetics, 163*(1), 55-63. https://doi.org/10.1002/ajmg.c.31349

Allgood-Merten, B., & Stockard, J. (1991). Sex role identity and self-esteem: A comparison of children and adolescents. *Sex Roles, 25*(3-4), 129-139. https://doi.org/10.1007/BF00289850

Anderson, D. R., Huston, A. C., Schmitt, K., Linebargar, D. L., & Wright, J. C. (2001). Early childhood television viewing and adolescent behavior: The recontract study. *Monographs of the Society for Research in Child Development, 66*(1), I-147.

Anderson, S. E., Gooze, R. A., Lemeshow, S., & Whitaker, R. C. (2012). Quality of early maternal-child relationship and risk of adolescent obesity. *Pediatrics, 129*(1), 132-140. https://doi.org/10.1542/peds.2011-0972

Anderson, S. W., Bechara, A., Damasio, H., Tranel, D., & Damasio, A. R. (1999). Impairment of social and moral behavior related to early damage in human prefrontal cortex. *Nature Neuroscience, 2*(11), 1032-1037. https://doi.org/10.1038/14833

Archer, J. A., Lee, A., Qiu, A., & Chen, S. H. (2016). A comprehensive analysis of connectivity and aging over the adult life span. *Brain Connectivity, 6*(2), 169-185. https://doi.org/10.1089/brain.2015.0345

Archer, S. L. (1982). The lower age boundaries of identity development. *Child Development,*

53(6), 1551-1556. https://doi.org/10.2307/1130083

Aronson, E., & Rosenbloom, S. (1971). Space perception in early infancy: Perception within a common auditory-visual space. *Science, 172*(3988), 1161-1163. https://doi.org/10.1126/science.172.3988.1161

Arsenio, W. F., Adams, E., & Gold, J. (2009). Social information processing, moral reasoning, and emotion attributions: Relations with adolescents reactive and proactive aggression. *Child Development, 80*(6), 1739–1755. https://doi.org/10.1111/j.1467-8624.2009.01365.x

Aslin, R. N., & Lathrop, A. L. (2008). Visual perception. In M. Haith & J. Benson (Eds.), *Encyclopedia of infant and early childhood development* (pp. 395-403). Academic Press. https://doi.org/10.1016/B978-012370877-9.00169-9

Atkinson, R. C., & Shiffrin, R. M. (1968). Human memory: A proposed system and its control processes. In K. W. Spence & J. T. Spence (Eds.), *The psychology of learning and motivation: Vol. 2. Advances in research and theory* (pp. 89–195). Academic Press. https://doi.org/10.1016/S0079-7421(08)60422-3

Azmitia, M., & Hesser, J. (1993). Why siblings are important agents of cognitive development: A comparison of siblings and peers. *Child Development, 64*(2), 430–444. https://doi.org/10.2307/1131260

Baddeley, A. (1992). Working memory: The interface between memory and cognition. *Journal of Cognitive Neuroscience, 4*(3), 281–288. https://doi.org/10.1162/jocn.1992.4.3.281

Baddeley, A. (2007). *Working memory, thought, and action*. Oxford University Press. https://doi.org/10.1093/acprof:oso/9780198528012.001.0001

Bahrick, L. E. (2010). Intermodal perception and selective attention to intersensory redundancy: Implications for typical social development and autism. In G. Bremner & T. D. Wachs (Eds.), *Wiley-Blackwell handbook of infant development: Vol. 1. Basic research* (2nd ed., pp. 120–166). Blackwell. https://doi.org/10.1002/9781444327564.ch4

Baillargeon, R. (1987). Object permanence in $3\frac{1}{2}$- and $4\frac{1}{2}$-month-old infants. *Developmental Psychology, 23*(5), 655–664. https://doi.org/10.1037/0012-1649.23.5.655

Baker, D. P., & Jones, D. P. (1992). Opportunity and performance: A socio-logical explanation for gender differences in academic mathematics. In J. Wrigley (Ed.), *Education and gender equality* (pp. 195-208). The Falmer Press.

Baker, R. K., Pettigrew, T. L., & Poulin-Dubois, D. (2014). Infants' ability to associate motion paths with object kinds. *Infant Behavior and Development, 37*(1), 119–129. https://doi.org/10.1016/j.infbeh.2013.12.005

Bandura, A. (1965a). Influence of models′ reinforcement contingencies on the acquisition of imitative responses. *Journal of Personality and Social Psychology, 1*(6), 589–595. https://doi.org/10.1037/h0022070

Bandura, A. (1965b). Vicarious processes: A case of no-trial learning. In L. Berkowitz (Ed.), *Advances in experimental social psychology* (Vol. 2, pp. 1-55). Academic Press. https://doi.org/10.1016/S0065-2601(08)60102-1

Bandura, A. (1977). *Social learning theory*. Prentice-Hall.

Bandura, A. (1989). Social cognitive theory. In R. Vista (Ed.), *Annals of child development* (Vol. 6, pp. 1–60). JAI Press.

Bandura, A. (2002). Selective moral disengagement in the exercise of moral agency. *Journal of Moral Education, 31*(2), 101–119. https://doi.org/10.1080/0305724022014322

Bandura, A. (2012). Social cognitive theory. In P. A. M. Van Lange, A. W. Kruglanski, & E. T. Higgins (Eds.), *Handbook of theories of social psychology* (pp. 349–373). Sage Publications. https://doi.org/10.4135/9781446249215.n18

Banks, M. S., & Salapatek, P. (1983). Infant visual perception. In M. M. Haith & J. J. Campos (Eds.), *Handbook of child psychology: Vol. 2. Infancy and developmental* (4th ed., pp. 113-224) psychobiology. Wiley.

Barber, B. K., Olsen, J. E., & Shagle, S. C. (1994). Associations between parental psychological and behavioral control and youth internalized and externalized behaviors. *Child Development, 65*(4), 1120–1136. https://doi.org/10.2307/1131309

Barenboim, C. (1981). The development of person perception in childhood and adolescence: From behavioral comparisons to psychological constructs to psychological comparisons. *Child Development, 52*(1), 129-144. https://doi.org/10.2307/1129222

Barnett, W. S. (1995). Long-term effects of early childhood programs on cognitive and school outcomes. *The Future of Children, 5*(3), 25–50. https://doi.org/10.2307/1602366

Baron-Cohen, S., Leslie, A. M., & Frith, U. (1985). Does the autistic child have a "theory of mind"? *Cognition, 21*(1), 37–46. https://doi.org/10.1016/0010-0277(85)90022-8

Barr, R., Danziger, C., Hilliard, M., Andolina, C., & Ruskis, J. (2010). Amount, content and context of infant media exposure: A parental questionnaire and diary analysis. *International Journal of Early Years Education, 18*(2), 107–122. https://doi.org/10.1080/09669760.2010.494431

Barrera, M. E., & Maurer, D. (1981a). Discrimination of strangers by the three-month-old. *Child Development, 52*(2), 558-563. https://doi.org/10.2307/1129174

Barrera, M. E., & Maurer, D. (1981b). Recognition of mother's photographed face by the three-month-old infant. *Child Development, 52*(2), 714-716. https://doi.org/10.2307/1129196

Barrett, D. E., & Frank, D. A. (1987). *The effects of undernutrition on children's behavior*. Gordon and Breach.

Baskett, L. M. (1985). Sibling status effects: Adult expectations. *Developmental Psychology, 21*(3), 441–445. https://doi.org/10.1037/0012-1649.21.3.441

Bates, E., Wilson, S. M., Saygin, A. P., Dick, F., Sereno, M. I., Knight, R. T., & Dronkers, N. F. (2003). Voxel-based lesion–symptom mapping. *Nature Neuroscience, 6*(5), 448-450. https://doi.org/10.1038/nn1050

Bauer, P. J., & Dugan, J . A. (2020). Memory development. In J. Rubenstein, P. Rakic, B. Chen, & K. Y. Kwan (Eds.). *Neural circuit and cognitive development* (2nd ed., pp. 395-412). Academic Press. https://doi.org/10.1016/B978-0-12-814411-4.00018-4

Bauer, P. J., & Larkina, M. (2014). The onset of childhood amnesia in childhood: A prospective investigation of the course and determinants of forgetting of early-life events. *Memory, 22*(8), 907–924. https://doi.org/10.1080/09658211.2013.854806

Baumrind, D. (1973). The development of instrumental competence through socialization. In A. D. Pick (Ed.), *Minnesota symposia on child psychology* (Vol. 7, pp. 3–46). University of Minnesota Press.

Baumrind, D. (1991a). The influence of parenting style on adolescent competence and substance use. *Journal of Early Adolescence, 11*(1), 56–95. https://doi.org/10.1177/0272431691111004

Baumrind, D. (1991b). Parenting styles and adolescent development. In R. M. Lerner, A. C. Petersen, & J. Brooks-Gunn (Eds.), *Encyclopedia of adolescence* (pp. 746–758). Garland.

Bayley, N., & Aylward, G. P. (2019). *Bayley Scales of Infant and Toddler Development (4th ed.):* Technical manual. Pearson.

Beckett, C., Maughan, M., Rutter, M., Castle, J., Colvert, E., Groothues, C., Kreppner J., Stevens S., O'connor T., & Sonuga-Barke, E. (2006). Do the effects of early severe deprivation on cognition persist into early adolescence? Findings from the English and Romanian adoptees study. *Child Development, 77*(3), 696–711. https://doi.org/10.1111/j.1467-8624.2006.00898.x

Bell, M. A., & Fox, N. A. (1994). Brain development over the first year of life: Relations between electroencephalographic frequency and coherence and cognitive and affective behaviors. In G. Dawson & K. W. Fischer (Eds.), *Human behavior and the developing brain* (pp. 314–345). Guilford Press.

Belsky, J. (1981). Early human experience: A family perspective. *Developmental Psychology, 17(*1), 3–23. https://doi.org/10.1037/0012-1649.17.1.3

Bem, S. L. (1974). The measurement of psychological androgyny. *Journal of Consulting and Clinical Psychology, 42*(2), 155–162. https://doi.org/10.1037/h0036215

Bem, S. L., & Lewis, S. A. (1975). Sex role adaptability: One consequence of psychological androgyny. *Journal of Personality and Social Psychology, 31*(4), 634–643. https://doi.org/10.1037/h0077098

Bendersky, M., & Sullivan, M. W. (2007). Basic methods in infant research. In A. Slater & M. Lewis (Eds.), *Introduction to infant development* (2nd ed., pp. 18–36). Oxford University Press.

Berg, W. K., & Berg, K. M. (1987). Psycho-physiological development in infancy: State, startle, and attention. In J. Osofsky (Ed.), *Handbook of infant development* (2nd ed., pp. 238–317). Wiley.

Berk, L. E. (2019). *Exploring child development.* Pearson.

Berndt, T. J. (1989). Friendships in childhood and adolescence. In W. Damon (Ed.), *Child development today and tomorrow* (pp. 332–348). Jossey-Bass/Wiley.

Berndt, T. J., & Perry, T. B. (1990). Distinctive features and effects of early adolescent friendships. In R. Montemayor, G. R. Adams, & T. P. Gullotta (Eds.), *From childhood to adolescence: A transitional period?* (pp. 269–287). Sage Publications.

Berry, J. W., Poortinga, Y. H., Segall, M., & Dasen, P. R. (1992). *Cross-cultural psychology: Research and applications.* Cambridge University Press.

Bertenthal, B. I., & Campos, J. J. (1987). New directions in the study of early experience. *Child Development, 58*(3), 560–567. https://doi.org/10.2307/1130198

Bertenthal, B. I., Campos, J. J., & Haith, M. M. (1980). Development of visual organization: The perception of subjective contours. *Child Development, 51*(4), 1072–1080. https://doi.org/10.2307/1129546

Berzonsky, M. D. (1992). A process perspective on identity and stress management. In G. R. Adams, T. P. Gullotta & R. Montemayor (Eds.), *Advances in adolescent development: Vol. 4. Adolescent identity formation* (pp. 193–215). Sage Publications.

Best, J. R., & Miller, P. H. (2010). A developmental perspective on executive function. *Child Development, 81*(6), 1641–1660. https://doi.org/10.1111/j.1467-8624.2010.01499.x

Bethlehem, R., Seidlitz, J., White, S. R., Vogel, J. W., Anderson, K. M., Adamson, C., Adler, S., Alexopoulos, G. S., Anagnostou, E., Areces-Gonzalez, A., Astle, D. E., Auyeung, B.,

Ayub, M., Bae, J., Ball, G., Baron-Cohen, S., Beare, R., Bedford, S. A., Benegal, V., ... Alexander-Bloch, A. F. (2022). Brain charts for the human lifespan. *Nature, 604*(7906), 525–533. https://doi.org/10.1038/s41586-022-04554-y

Bialystok, E. (2015). The impact of bilingualism on cognition. In R. Scott & S. Kosslyn (Eds.), *Emerging trends in the social and behavioral sciences.* Wiley. https://doi.org/10.1002/9781118900772.etrds0340

Bialystok, E. (2017). The bilingual adaptation: How minds accommodate experience. *Psychological Bulletin, 143*(3), 233–262. https://doi.org/10.1037/bul0000099

Bickerton, D. (1990). *Language and species.* University of Chicago Press.

Bierman, K. L., Smoot, D. L., & Aumiller, K. (1993). Characteristics of aggressive-rejected, aggressive (nonrejected), and rejected (nonaggressive) boys. *Child Development, 64*(1), 139–151. https://doi.org/10.2307/1131442

Biernat, M. (1991). Gender stereotypes and the relationship between masculinity and femininity: A developmental analysis. *Journal of Personality and Social Psychology, 61*(3), 351–365. https://doi.org/10.1037/0022-3514.61.3.351

Bijeljac-Babic, R., Bertoncini, J., & Mehler, J. (1993). How do 4-day-old infants categorize multisyllabic utterances? *Developmental Psychology, 29*(4), 711-721. https://doi.org/10.1037/0012-1649.29.4.711

Birch, L. L. (1990). Development of food acceptance patterns. *Developmental Psychology, 26*(4), 515-519. https://doi.org/10.1037/0012-1649.26.4.515

Birch, L. L., & Billman, J. (1986). Preschool children's food sharing with friends and acquaintances. *Child Development, 57*(2), 387–395. https://doi.org/10.2307/1130594

Bishop, K. M., & Wahlsten, D. (1997). Sex differences in the human corpus callosum: Myth or reality? *Neuroscience & Biobehavioral Reviews, 21*(5), 581-601. https://doi.org/10.1016/s0149-7634(96)00049-8

Bittman, M., Rutherford, L., Brown, J., & Unsworth, L. (2011). Digital natives? New and old media and children's outcomes. *Australian Journal of Education, 55*(2), 161-175. https://doi.org/10.1177/000494411105500206

Bjorklund, D. F., & Causey, K. B. (2018). *Children's thinking: Cognitive development and individual differences* (6th ed.). Sage Publications.

Bjorklund, D. F., & Harnishfeger, K. K. (1990). Children's strategies: Their definitions and origins. In D. F. Bjorklund (Ed.), *Children's strategies: Contemporary views of cognitive development* (pp. 309–323). Lawrence Erlbaum Associates.

Blair, C., & Raver, C. C. (2015). School readiness and self-regulation: A developmental psychobiological approach. *Annual Review of Psychology, 66,* 711-731. https://doi.org/10.1146/annurev-psych-010814-015221

Blair, J. R. (2016). The neurobiology of disruptive behavior disorder. The American *Journal of Psychiatry, 173*(11), 1073–1074. https://doi.org/10.1176/appi.ajp.2016.16080971

Blankson, A. N., O'Brien, M., Leerkes, E. M., Calkins, S. D., & Marcovitch, S. (2015). Do hours spent viewing television at ages 3 and 4 predict vocabulary and executive functioning at age 5? *Merrill-Palmer Quarterly, 61*(2), 264–289. https://doi.org/10.13110/merrpalmquar1982.61.2.0264

Boccia, M., & Campos, J. (1983, April 21-24). *Maternal emotional signaling: Its effects on infants' reactions to strangers* [Paper presentation]. Biennial Meeting of the Society for Research in Child Development. Detroit, MI, United States.

Bodrova, E., & Leong, D. J. (2009). Tools of the Mind: A Vygotskian approach to early childhood education. In J. Roopnarine & J. E. Johnson (Eds.), *Approaches to early childhood education* (5th ed., pp. 213-231). Merrill/Pearson.

Boggiano, A. K., Klinger, C. A., & Main, D. S. (1986). Enhancing interest in peer interaction: A developmental analysis. *Child Development, 57*(4), 852-861. https://doi.org/10.2307/1130362

Bohannon, J. N., & Bonvillian, J. D. (1997). Theoretical approaches to language acquisition. In J. K. Gleason (Ed.), *The development of language* (pp. 259-316). Allyn & Bacon.

Boldizar, J. P. (1991). Assessing sex typing and androgyny in children: The children's sex role inventory. *Developmental Psychology, 27*(3), 505-515. https://doi.org/10.1037/0012-1649.27.3.505

Bolkan, C., Sano, Y., De Costa, J., Acock, A. C., & Day, R. D. (2010). Early adolescents' perceptions of mothers' and fathers' parenting styles and problem behavior. *Marriage & Family Review, 46*(8), 563-579. https://doi.org/10.1080/01494929.2010.543040

Boloh, Y., & Champaud, C. (1993). The past conditional verb form in French children: The role of semantics in late grammatical development. *Journal of Child Language, 20*(1), 169-189. https://doi.org/10.1017/S0305000900009181

Booth, A., & Amato, P. (1991). Divorce and psychological stress. *Journal of Health and Social Behavior, 32*(4), 396-407. https://doi.org/10.2307/2137106

Bornstein, M. H., & Colombo, J. (2012). Infant cognitive functioning and mental development. In S. Pauen (Ed.), *Early childhood development and later achievement* (pp. 118-147). Cambridge University Press.

Bornstein, M. H., & Sigman, M. D. (1986). Continuity in mental development from infancy. *Child Development, 57*(2), 251-274. https://doi.org/10.2307/1130581

Botvinick, M., Jha, A. P., Bylsma, L. M., Fabian, S. A., Solomon, P. E., & Prkachin, K. M. (2005). Viewing facial expressions of pain engages cortical areas involved in the direct experience of pain. *Neuroimage, 25*(1), 312-319. https://doi.org/10.1016/j.neuroimage.2004.11.043

Bouchard T. J., Jr., & McGue, M. (1981). Familial studies of intelligence: A review. *Science, 212*(4498), 1055-1059. https://doi.org/10.1126/science.7195071

Bower, T. G. R. (1982). *Development in infancy.* W. H. Freeman.

Bower, T. G. R., Broughton, J. M., & Moore, M. K. (1970). The coordination of vision and tactile input in infancy. *Perception & Psychophysics, 8,* 51-53. https://doi.org/10.3758/BF03208933

Bowlby, J. (1969). *Attachment and loss. Vol. 1: Attachment.* Basic Books

Bowlby, J. (1973). *Attachment and loss. Vol. 2: Separation, anxiety and anger.* Basic Books.

Bowlby, J. (1980). *Attachment and loss. Vol. 3: Loss, Sadness, and depression.* Basic Books.

Bowlby, J. (1988). *A secure base: Clinical applications of attachment theory.* Routledge.

Bradley, R. H., Burchinal, M. R., & Casey, P. H. (2001). Early intervention: The moderating role of the home environment. *Applied Developmental Science, 5*(1), 2-8. https://doi.org/10.1207/S1532480XADS0501_1

Bradshaw, C. P., Waasdorp, T. E., & Leaf, P. J. (2012). Effects of school-wide positive behavioral interventions and supports on child behavior problems. *Pediatrics, 130*(5), Article e1136-e1145. https://doi.org/10.1542/peds.2012-0243

Brainerd, C. J. (1996). Piaget: A centennial celebration. *Psychological Science, 7*(4), 191-195. https://doi.org/10.1111/j.1467-9280.1996.tb00357.x

Bretherton, I. (1990). Open communication and internal working models: Their role in the development of attachment relationships. In R. A. Thompson (Ed.), *Nebraska symposium on motivation, 1988: Socioemotional development* (pp. 57-113). University of Nebraska Press.

Bringuier J. C., & Piaget. J. (1980). *Conversations with Jean Piaget.* University of Chicago Press.

Brody, N. (1992). *Intelligence* (2nd ed.). Academic Press.

Bronfenbrenner, U. (1977). Toward an experimental ecology of human development. *American Psychologist, 32*(7), 513–531. https://doi.org/10.1037/0003-066X.32.7.513

Bronfenbrenner, U. (1979). *The ecology of human development: Experiments by nature and design.* Harvard university press

Bronfenbrenner, U. (1989). Ecological systems theory. In R. Vasta (Ed.), *Six theories of child development: Revised formulations and current issues* (Vol. 6, pp. 187-249). JAI Press.

Bronfenbrenner, U. (1993). The ecology of cognitive development: Research models and fugitive findings. In R. H. Wozniak & K. W. Fischer (Eds.), *Development in context: Acting and thinking in specific environments* (pp. 3-44). Lawrence Erlbaum Associates.

Brown, A. L., & Campione, J. C. (1990). Communities of learning and thinking, or a context by any other name. In D. Kuhn (Ed.), *Developmental perspectives on teaching and learning thinking skills* (Vol. 21, pp. 108–126). Karger Publishers. https://doi.org/10.1159/000418984

Brown, B. B., Clasen, D. R., & Eicher, S. A. (1986). Perceptions of peer pressure, peer conformity dispositions, and self-reported behavior among adolescents. *Developmental Psychology, 22*(4), 521–530. https://doi.org/10.1037/0012-1649.22.4.521

Brown, R. (1973). *A first language: The early stages.* Harvard University Press. https://doi.org/10.1017/S030500090000074X

Brown, R., & Hanlon, C. (1970). Derivational complexity and order of acquisition in child speech. In J. R. Hayes (Ed.), *Cognition and the development of language* (pp. 11–53). Wiley.

Brownell, C. A. (1986). Convergent developments: Cognitive-developmental correlates of growth in infant/toddler peer skills. *Child Development, 57*(2), 275–286. https://doi.org/10.2307/1130582

Brownell, C. A., & Carriger, M. S. (1990). Changes in cooperation and self-other differentiation during the second year. *Child Development, 61*(4), 1164–1174. https://doi.org/10.2307/1130884

Bruck, M., & Melnyk, L. (2004). Individual difference in children's suggestibility: A review and synthesis. *Applied Cognitive Psychology, 18*(8), 947–996. https://doi.org/10.1002/acp.1070

Bruner, J. S., & Goodman, C. C. (1947). Value and need as organizing factors in perception. *The Journal of Abnormal and Social Psychology, 42*(1), 33-44. https://doi.org/10.1037/h0058484

Buhrmester, D. (1990). Intimacy of friendship, interpersonal competence, and adjustment during preadolescence and adolescence. *Child Development, 61*(4), 1101-1111. https://doi.org/10.1111/j.1467-8624.1990.tb02844.x

Bukowski, W. M., Gauze, C., Hoza, B., & Newcomb, A. F. (1993). Differences and consistency between same-sex and other-sex peer relationships during early adolescence. *Developmental Psychology, 29*(2), 255–263. https://doi.org/10.1037/0012-1649.29.2.255

Burns, K. A., Deddish, R. B., Burns, W. J., & Hatcher, R. P. (1983). Use of oscillating waterbeds and rhythmic sounds for premature infant stimulation. *Developmental Psychology, 19*(5), 746–751. https://doi.org/10.1037/0012-1649.19.5.746

Bushnell, E. M., Shaw, L., & Strauss, D. (1985). Relationship between visual and tactual exploration by 6-month-olds. *Developmental Psychology, 21*(4), 591-600. https://doi.

org/10.1037/0012-1649.21.4.591

Buss, A. H., & Plomin, R. (1975). *A temperament theory of personality development.* Wiley.

Buss, A. H., & Plomin, R. (1984). *Temperament: Early developing personality traits.* Lawrence Erlbaum Associates.

Bussey, K., & Bandura, A. (1992). Self-regulatory mechanisms governing gender development. *Child Development, 63*(5), 1236–1250. https://doi.org/10.2307/1131530

Butterfield, E. C., & Siperstein, G. N. (1972). Influence of contingent auditory stimulation upon nonnutritional suckle. In J. F. Bosma (Ed.), *Third symposium on oral sensation and perception: The mouth of the infant* (pp. 313-333). Charles C. Thomas.

Byrnes, J. P., & Takahira, S. (1993). Explaining gender differences on SAT-math items. *Developmental Psychology, 29*(5), 805–810. https://doi.org/10.1037/0012-1649.29.5.805

Cairns, R. B. (1998). The making of developmental psychology. In W. Damon & R. M. Lerner (Eds.), *Handbook of child psychology: Vol. 1. Theoretical models of human development* (5th ed., pp. 25–105). Wiley.

Cairns, R. B., & Cairns, B. D. (2006). The making of developmental psychology. In R. M. Lerner (Ed.), *Handbook of child psychology: Vol. 1. Theoretical models of human development* (6th ed., pp. 89–165). Wiley.

Caldwell, C. H., Zimmerman, M. A., Bernat, D. H., Sellers, R. M., & Notaro, P. C. (2002). Racial identity, maternal support, and psychological distress among African American adolescents. *Child Development, 73*(4), 1322-1336. https://doi.org/10.1111/1467-8624.00474

Calvert, S. L., & Wartella, E. A. (2013). Children and electronic media. In E. T. Gershoff, R. S. Mistry, & D. A. Crosby (Eds.), *Societal contexts of child development: Pathways of influence and implications for practice and policy* (pp. 175-187). Oxford University Press. https://doi.org/10.1093/acprof:oso/9780199943913.003.0011

Campbell, F. A., & Ramey, C. T. (2010). The Abecedarian Project. In A. J. Reynolds, A. Rolnick, M. M. Englund & J. Temple (Eds.). *Cost effective programs in children's first decade: A human capital integration* (pp. 76-95), Cambridge University Press.

Campbell, F. A., Pan, Y., & Burchinal, M. (2019). Sustaining gains from early childhood intervention: The Abecedarian program. In A. Reynolds & J. Temple (Eds.), *Sustaining early childhood learning gains: Program, school, and family influences* (pp. 268-286). Cambridge University Press. https://doi.org/10.1017/9781108349352.013

Campos, J. J., Langer, A., & Krowitz, A. (1970). Cardiac responses on the visual cliff in prelocomotor human infants. *Science, 170*(3954), 196-197. https://doi.org/10.1126/science.170.3954.196

Campos, J. J., Mumme, D. L., Kermoian, R., & Campos, R. G. (1994). A functionalist perspective on the nature of emotion. *Monographs of the Society for Research in Child Development, 59*(2-3), 284–303.

Caprara, G. V., Di Giunta, L., Eisenberg, N., Gerbino, M., Pastorelli, C., & Tramontano, C. (2008). Assessing regulatory emotional self-efficacy in three countries. *Psychological Assessment, 20*(3), 227–237. https://doi.org/10.1037/1040-3590.20.3.227

Carey, S. (1978). The child as word learner. In M. Halle, J. Bresnan, & G. A. Miller (Eds.), *Linguistic theory and psychological reality* (pp. 264–293). MIT Press.

Carlson, S. M. (2005). Developmentally sensitive measures of executive function in preschool children. *Developmental Neuropsychology, 28*(2), 595-616. https://doi.org/10.1207/s15326942dn2802_3

Carpenter, M., Akhtar, N., & Tomasello, M. (1998). Fourteen-through 18-month-old infants differentially imitate intentional and accidental actions. *Infant Behavior and Development, 21*(2), 315-330. https://doi.org/10.1016/S0163-6383(98)90009-1

Carroll, J. B. (1993). *Human cognitive abilities: A survey of factor-analytic studies.* Cambridge University Press. https://doi.org/10.1017/CBO9780511571312

Case, R. (1992). *The mind's staircase: Exploring the conceptual underpinnings of children's thought and knowledge.* Psychology Press. https://doi.org/10.4324/9780203763186

Casey, B. T., Dunston, S., & Fossella, J. A. (2001). Evidence for a mechanistic model of cognitive control. *Clinical Neuroscience Research, 1*(4), 267-282.

Caspi, A., McClay, J., Moffitt, T. E., Mill, J., Martin, J., Craig, I. W., Taylor, A., & Poulton, R. (2002). Role of genotype in the cycle of violence in maltreated children. *Science, 297*(5582), 851-854. https://doi.org/10.1126/science.1072290

Cassidy, K. W. (1998). Preschoolers' use of desires to solve theory of mind problems in a pretense context. *Developmental Psychology, 34*(3), 503-511. https://doi.org/10.1037/0012-1649.34.3.503

Casteel, M. A. (1993). Effects of inference necessity and reading goal on children's inferential generation. *Developmental Psychology, 29*(2), 346-357. https://doi.org/10.1037/0012-1649.29.2.346

Cattell, R. B. (1963). Theory of fluid and crystallized intelligence: A critical experiment. *Journal of Educational Psychology, 54*(1), 1-22. https://doi.org/10.1037/h0046743

Cattell, R. B. (1971). *Abilities: Their structure, growth and action.* Houghton Mifflin.

Ceci, S. J., Papierno, P. B., & Kulkofsky, S. (2007). Representational constraints on children's suggestibility. *Psychological Science, 18*(6), 503-509. https://doi.org/10.1111/j.1467-9280.2007.01930.x

Cernoch, J. M., & Porter, R. H. (1985). Recognition of maternal axillary odors by infants. *Child Development, 56*(6), 1593-1598. https://doi.org/10.2307/1130478

Chen, X., Rubin, K. H., & Sun, Y. (1992). Social reputation and peer relationships in Chinese and Canadian children: A cross-cultural study. *Child Development, 63*(6), 1336-1343. https://doi.org/10.2307/1131559

Chess, S., & Thomas, A. (1984). *Origins and evolution of behavior disorders: From infancy to early adult life.* Harvard University Press.

Chi, M. T. H. (1978). Knowledge structures and memory development. In R. S. Siegler (Ed.), *Children's thinking: What develops?* (pp. 73-96). Lawrence Erlbaum Associates.

Choi, U.-S., Sung, Y.-W., Hong, S., Chung, J.-Y., & Ogawa, S. (2015). Structural and functional plasticity specific to musical training with wind instruments. *Frontiers in Human Neuroscience, 9,* Article 597. https://doi.org/10.3389/fnhum.2015.00597

Chomsky, N. (1957). *Syntactic structures.* Mouton. https://doi.org/10.1515/9783112316009

Chomsky, N. (1968). *Language and mind.* Harcourt Brace Jovanovich.

Christophersen, E. R. (1989). Injury control. *American Psychologist, 44*(2), 237-241. https://doi.org/10.1037/0003-066X.44.2.237

Chugani, H. T., Behen, M. E., Muzil, O., Juház, C., Nagy, F., & Chugani, D. C. (2001). Local brain functional activity following early deprivation: A study of postinstitutionalized Romanian orphans. *NeuroImage, 14*(6), 1290-1301. https://doi.org/10.1006/nimg.2001.0917

Cicchetti, D. (2002). The impact of social experience on neurobiological systems: Illustration from a constructivist view of child maltreatment. *Cognitive Development, 17*(3-4), 1407-1428.

https://doi.org/10.1016/S0885-2014(02)00121-1

Clarkson, M. G., & Berg, W. K. (1983). Cardiac orienting and vowel discrimination in newborns: Crucial stimulus parameters. *Child Development, 54*(1), 162-171. https://doi.org/10.2307/1129873

Clegg, D. J. (1971). Teratology. *Annual Review of Pharmacology, 11,* 409-424. https://doi.org/10.1146/annurev.pa.11.040171.002205

Coie, J. D., & Dodge, K. A. (1983). Continuities and changes in children's social status: A five-year longitudinal study. *Merrill-Palmer Quarterly, 29*(3), 261-282.

Coie, J. D., & Dodge, K. A. (1998). Aggression and antisocial behavior. In W. Damon (Ed.) & N. Eisenberg (Eds.), *Handbook of child psychology: Vol. 3. Social, emotional, and personality development* (5th ed., pp. 779-862). Wiley.

Coie, J. D., Dodge, K. A., & Kupersmidt, J. B. (1990). Peer group behavior and social status. In S. R. Asher & J. D. Coie (Eds.), *Peer rejection in childhood* (pp. 17-59). Cambridge University Press.

Colby, A., & Kohlberg, L. (1987). *The measurement of moral judgment: Vol. 1. Theoretical foundations and research validation.* Cambridge University Press.

Colby, A., Kohlberg, L., Gibbs, J., Lieberman, M., Fischer, K., & Saltzstein, H. D. (1983). A longitudinal study of moral judgment. *Monographs of the Society for Research in Child Development, 48*(1-2), 1-124. https://doi.org/10.2307/1165935

Cole, M. W., Yarkoni, T., Repovš, G., Anticevic, A., & Braver, T. S. (2012). Global connectivity of prefrontal cortex predicts cognitive control and intelligence. *Journal of Neuroscience, 32*(26), 8988-8999. https://doi.org/10.1523/JNEUROSCI.0536-12.2012

Collings, P. J., Brage, S., Ridgway, C. L., Harvey, N. C., Godfrey, K. M., Inskip, H. M., Cooper, C., Wareham, N. J., & Ekelund, U. (2013). Physical activity intensity, sedentary time, and body composition in preschoolers. *The American Journal of Clinical Nutrition, 97*(5), 1020-1028. https://doi.org/10.3945/ajcn.112.045088

Condon, W. S., & Sander, L. (1974). Neonate movement is synchronized with adult speech: Interactional participation and language acquisition. *Science, 183*(4120), 99-101. https://doi.org/10.1126/science.183.4120.99

Conger, R. D., Patterson, G. R., & Ge, X. (1995). It takes two to replicate: A mediational model for the impact of parents' stress on adolescent adjustment. *Child Development, 66*(1), 80-97. https://doi.org/10.1111/j.1467-8624.1995.tb00857.x

Cooley, C. H. (1902). *Human nature and the social order.* Charles Scribner's Sons.

Coopersmith, S. (1967). *The antecedents of self-esteem.* W. H. Freeman and Company.

Corah, N. L., Anthony, E. J., Painer, P., Stern, J. A., & Thurston, D. (1965). Effects of perinatal anoxia after seven years. *Psychological Monographs: General and Applied, 79*(3), 1-34. https://doi.org/10.1037/h0093876

Corbin, C. (1973). *A textbook of motor development.* William C. Brown Publishers.

Crick, N. R., & Ladd, G. W. (1993). Children's perceptions of their peer experiences: Attributions, loneliness, social anxiety, and social avoidance. *Developmental Psychology, 29*(2), 244-254. https://doi.org/10.1037/0012-1649.29.2.244

Crockenberg, S., & Litman, C. (1990). Autonomy as competence in 2-year-olds: Maternal correlates of child defiance, compliance, and self-assertion. *Developmental Psychology, 26*(6), 961-971. https://doi.org/10.1037/0012-1649.26.6.961

Crook, C. K. (1978). Taste perception in the newborn infant. *Infant Behavior and Development, 1,*

52–69. https://doi.org/10.1016/S0163-6383(78)80009-5

Dahlberg, L. L., & Simon, T. R. (2006). Predicting and preventing youth violence: Developmental pathways and risk. In J. R. Lutzker (Ed.), *Preventing violence: Research and evidence-based intervention strategies* (pp. 97–124). American Psychological Association. https://doi.org/10.1037/11385-004

Darwin, C. R. (1877). A biographical sketch of an infant. *Mind: Quarterly Review of Psychology and Philosophy, 2*(7), 285–294. https://doi.org/10.1093/mind/os-2.7.285

Davidson, D. (1996). The effects of decision characteristics on children's selective search of predecisional information. *Acta Psychologica, 92*(3), 263-281. https://doi.org/10.1016/0001-6918(95)00014-3

Day, R. H., & Mckenzie, B. E. (1981). Infant perception of the invariant size of approaching and receding objects. *Developmental Psychology, 17*(5), 670–677. https://doi.org/10.1037/0012-1649.17.5.670

de Villiers, P. A., & de Villiers, J. G. (1992). Language development. In M. H. Bornstein & M. E. Lamb (Eds.), *Developmental psychology: An advanced textbook* (pp. 337–418). Lawrence Erlbaum Associates.

Deary, I. J. (2012). Intelligence. *Annual Review of Psychology, 63,* 453–482. https://doi.org/10.1146/annurev-psych-120710-100353

DeCasper, A. J., & Fifer, W. P. (1980). Of human bonding: Newborn prefer their mothers' voices. *Science, 208*(4448), 1174-1176. https://doi.org/10.1126/science.7375928

DeCasper, A. J., & Spence, M. J. (1991). Auditorily mediated behavior during the perinatal period: A cognitive view. In M. J. S. Weiss & P. R. Zelazo (Eds.), *Newborn attention: Biological constraints and the influence of experience* (pp. 142–176). Ablex Publishing.

Dement, W. C. (1960). The effect of dream deprivation. *Science, 131*(3415), 1705-1707. https://www.science.org/doi/10.1126/science.131.3415.1705

Dempster, F. N. (1981). Memory span: Sources of individual and developmental differences. *Psychological Bulletin, 89*(1), 63–100. https://doi.org/10.1037/0033-2909.89.1.63

Denham, S. A. (1998). *Emotional development in young children.* Guilford Press.

DeWall, C. N., Finkel, E. J., Lambert, N. M., Slotter, E. B., Bodenhausen, G. V., Pond, R. S., Jr, Renzetti, C. M., & Fincham, F. D. (2013). The voodoo doll task: Introducing and validating a novel method for studying aggressive inclinations. *Aggressive Behavior, 39*(6), 419–439. https://doi.org/10.1002/ab.21496

Dewsbury, D. A. (1992). Comparative psychology and ethology: A reassessment. *American Psychologist, 47*(2), 208–215. https://doi.org/10.1037/0003-066X.47.2.208

Diaz, R. M. (1983). Thought and two languages: The impact of bilingualism on cognitive development. In E. W. Gordon (Ed.), *Review of research in education* (Vol. 10, pp. 23–54). American Educational Research Association. https://doi.org/10.2307/1167134

Dore, J. (1985). Holophrases revisited: their 'logical' development from dialog. In M. D. Barrett (Ed.), *Children's single-word speech* (pp. 23-58). Wiley.

Dubois, B., Feldman, H. H., Jacova, C., Hampel, H., Molinuevo, J. L., Blennow, K., Dekosky, S. T., Gauthier, S., Selkoe, D., Bateman, R., Cappa, S., Crutch, S., Engelborghs, S., Frisoni, G. B., Fox, N. C., Galasko, D., Habert, M. O., Jicha, G. A., Nordberg, A., ... Cummings, J. L. (2014). Advancing research diagnostic criteria for Alzheimer's disease: The IWG-2 criteria. *The Lancet Neurology, 13*(6), 614–629. https://doi.org/10.1016/S1474-4422(14)70090-0

Duncan, R. J., Schmitt, S. A., Burke, M., & McClelland, M. M. (2018). Combining a kindergarten readiness summer program with a self-regulation intervention improves school readiness. *Early Childhood Research Quarterly, 42,* 291-300. https://doi.org/10.1016/j.ecresq.2017.10.012

Dunfield, K., Kuhlmeier, V. A., O'Connell, L., & Kelley, E. (2011). Examining the diversity of prosocial behavior: Helping, sharing, and comforting in infancy. *Infancy, 16*(3), 227–247. https://doi.org/10.1111/j.1532-7078.2010.00041.x

Dunn, J., Brown, J., & Beardsall, L. (1991). Family talk about feeling states and children's later understanding of others' emotions. *Developmental Psychology, 27*(3), 448–455. https://doi.org/10.1037/0012-1649.27.3.448

Dweck, C. S. (2001). Caution—praise can be dangerous. In K. L. Frieberg (Ed.), *Human development 01/02* (29th ed., pp. 105–109). Guilford Press.

Dweck, C. S. (2002). The development of ability conceptions. In A. Wigfield & J. S. Eccles (Eds.), *Development of achievement motivation* (pp. 57–88). Academic Press. https://doi.org/10.1016/B978-012750053-9/50005-X

Eagly, A. H., & Steffen, V. J. (1986). Gender and aggressive behavior: A meta-analytic review of the social psychological literature. *Psychological Bulletin, 100*(3), 309–330. https://doi.org/10.1037/0033-2909.100.3.309

Eaton, W. O., & Enns, L. R. (1986). Sex differences in human motor activity level. *Psychological Bulletin, 100*(1), 19–28. https://doi.org/10.1037/0033-2909.100.1.19

Eccles, J. S., Jacobs, J. E., & Harold, R. D. (1990). Gender role stereotypes, expectancy effects, and parents' socialization of gender differences. *Journal of Social Issues, 46*(2), 183–201. https://doi.org/10.1111/j.1540-4560.1990.tb01929.x

Eccles, J. S., Wigfield, A., Harold, R. D., & Blumenfeld, P. (1993). Age and gender differences in children's task perceptions during elementary school. *Child Development, 64*(3), 830–847. https://doi.org/10.1111/j.1467-8624.1993.tb02946.x

Eder, R. A. (1990). Uncovering young children's psychological selves: Individual and developmental differences. *Child Development, 61*(3), 849-863. https://doi.org/10.2307/1130969

Eimas, P. D. (1975). Speech perception in early infancy, In L. B. Cohen & P. Salapatek (Eds.), *Infant perception: From sensation to cognition* (Vol. 2, pp. 193-231). Academic Press.

Eimas, P. D. (1985). The perception of speech in early infancy. *Scientific American, 252*(1), 46-52. https://doi.org/10.1038/scientificamerican0185-46

Eisenberg, N., & Spinrad, T. L. (2016). Multidimensionality of prosocial behavior. In L. M. Padilla-Walker & G. Carlo (Eds.), *Prosocial development: A multidimensional approach* (pp. 17-39). Oxford University Press.

Eisenberg, N., Cumberland, A., & Spinrad, T. L. (1998). Parental Socialization of Emotion. *Psychological Inquiry, 9*(4), 241–273. https://doi.org/10.1207/s15327965pli0904_1

Elicker, J. E., Englund, M. M., & Sroufe, L. A. (1992). Predicting peer competence and peer relationships in childhood from early parent-child relationships: Modes of linkage. In R. D. Parke & G. W. Ladd (Eds.), *Family-peer relationship: Modes of linkage* (pp. 77-107). Lawrence Erlbaum Associates.

Eliot, L., Ahmed, A., Khan, H., & Patel, J. (2021). Dump the "dimorphism": Comprehensive synthesis of human brain studies reveals few male-female differences beyond size. *Neuroscience & Biobehavioral Reviews, 125,* 667-697. https://doi.org/10.1016/j.neubiorev.2021.02.026

Elkind, D. (1967). Egocentrism in adolescence. *Child Development, 38*(4), 1025–1034. https://doi.org/10.2307/1127100

Elliott, J., Holland, J., & Thomson, R. (2008). Longitudinal and panel studies. In P. Alasuutari, L. Bickman, & J. Brannen (Eds.), *The Sage handbook of social research methods* (pp. 228-248). SAGE Publications.

Emde, R. N., Harmon, R. J., Metcalf, D., Koenig, K. L., & Wagonfeld, S. (1971). Stress and neonatal sleep. *Psychosomatic Medicine, 33*(6), 491-498. https://doi.org/10.1097/00006842-197111000-00002

Erikson, E. H. (1950). *Childhood and society.* Norton.

Erikson, E. H. (1963). *Childhood and society* (2nd ed.), Norton.

Erikson, E. H. (1968). *Identity: Youth and crisis.* Norton.

Fabricius, W. V., & Cavalier, L. (1989). The role of causal theories about memory in young children's memory strategy choice. *Child Development, 60*(2), 298–308. https://doi.org/10.2307/1130977

Fagan, J. F. (1979). The origins of facial pattern recognition. In M. H. Bornstein & W. Kessen (Eds.), *Psychological development from infancy: Image to intention* (pp. 83-113). Lawrence Erlbaum Associates. https://doi.org/10.4324/9781315163130

Fagot, B. I. (1985). Changes in thinking about early sex role development. *Developmental Review, 5*(1), 83–98. https://doi.org/10.1016/0273-2297(85)90031-0

Fagot, B. I., & Kavanagh, K. (1993). Parenting during the second year: Effects of children's age, sex, and attachment classification. *Child Development, 64*(1), 258–271. https://doi.org/10.2307/1131450

Fagot, B. I., & Leinbach, M. D. (1989). The young child's gender schema: Environmental input, internal organization. *Child Development, 60*(3), 663–672. https://doi.org/10.2307/1130731

Falbo, T. (1992). Social norms and the one-child family: Clinical and policy implications. In F. Boer & J. Dunn (Eds.), *Children's sibling relationships: Developmental and clinical issues* (pp. 71–82). Lawrence Erlbaum Associates.

Falbo, T., & Poston, D. L. (1993). The academic, personality, and physical outcomes of only children in China. *Child Development, 64*(1), 18–35. https://doi.org/10.2307/1131435

Fantz, R. L. (1963). Pattern vision in newborn infants. *Science, 140*(3564), 296-297. https://doi.org/10.1126/science.140.3564.296

Farrington, D. P. (2004). Conduct disorder, aggression, and delinquency. In R. M. Lerner & L. Steinberg (Eds.), *Handbook of adolescent psychology* (pp. 627–664). Wiley. https://doi.org/10.1002/9780471726746.ch20

Fauber, R., Forehand, R., Thomas, A. M., & Wierson, M. (1990). A mediational model of the impact of marital conflict on adolescent adjustment in intact and divorced families: The role of disrupted parenting. *Child Development, 61*(4), 1112–1123. https://doi.org/10.1111/j.1467-8624.1990.tb02845.x

Feingold, A. (1988). Cognitive gender differences are disappearing. *American Psychologist, 43*(2), 95-103. https://doi.org/10.1037/0003-066X.43.2.95

Feldman, R. (2012). Oxytocin and social affiliation in humans. *Hormones and Behavior, 61*(3), 380–391. https://doi.org/10.1016/j.yhbeh.2012.01.008

Fernyhough, C., & Fradley, E. (2005). Private speech on an executive task: Relations with task difficulty and task performance. *Cognitive Development, 20*(1), 103-120. https://doi.

org/10.1016/j.cogdev.2004.11.002

Field, T. M., Woodson, R., Greenberg, R., & Cohen, D. (1982). Discrimination and imitation of facial expressions by neonates. *Science, 218*(4568), 179-181. https://doi.org/10.1126/science.7123230

Fifer, W. P., Byrd, D. L., Kaku, M., Eigsti, I.-M., Isler, J. R., Grose-Fifer, J., Tarullo, A. R., & Balsam, P. D. (2010). Newborn infants learn during sleep. *Proceedings of the National Academy of Sciences, 107*(22), 10320–10323. https://doi.org/10.1073/pnas.1005061107

Filippi, C. A., Cannon, E. N., Fox, N. A., Thorpe, S. G., Ferrari, P. F., & Woodward, A. L. (2016). Motor system activation predicts goal imitation in 7-month-old infants. *Psychological Science, 27*(5), 675–684. https://doi.org/10.1177/0956797616632231

Fischer, K. W., & Rose, S. P. (1995). Concurrent cycles in the dynamic development of the brain and behavior. *SRCD Newsletter,* pp. 3–4, 15–16.

Fisichelli, V., & Karelitz, S. (1963). The cry latencies of normal infants and those with brain damage. *The Journal of Pediatrics, 62*(5), 724-734. https://doi.org/10.1016/s0022-3476(63)80042-6

Fiske, A., & Holmboe, K. (2019). Neural substrates of early executive function development. *Developmental Review, 52,* 42-62. https://doi.org/10.1016/j.dr.2019.100866

Fivush, R., Kuebli, J., & Clubb, P. A. (1992). The structure of events and event representations: A developmental analysis. *Child Development, 63*(1), 188-201. https://doi.org/10.2307/1130912

Flavell, J. H. (1996). Piaget's legacy. *Psychological Science, 7*(4), 200-203. https://doi.org/10.1111/j.1467-9280.1996.tb00359.x

Flavell, J. H., Miller, P. H., & Miller, S. A. (1993). *Cognitive development* (3rd ed.). Prentice Hall.

Flom, R., Whipple, H., & Hyde, D. (2009). Infants' intermodal perception of canine (Canis familairis) facial expressions and vocalizations. *Developmental Psychology, 45*(4), 1143-1151. https://doi.org/10.1037/a0015367

Flynn, J. R. (1987). Massive IQ gains in 14 nations: What IQ tests really measure. *Psychological Bulletin, 101*(2), 171–191. https://doi.org/10.1037/0033-2909.101.2.171

Flynn, J. R., & Weiss, L. G. (2007). American IQ gains from 1932 to 2002: The WISC subtests and educational progress. *International Journal of Testing, 7*(2), 209–224. https://doi.org/10.1080/15305050701193587

Fotopoulou, A., von Mohr, M., & Krah , C. (2022). Affective regulation through touch: Homeostatic and allostatic mechanisms. *Current Opinion in Behavioral Sciences, 43,* 80-87. https://doi.org/10.1016/j.cobeha.2021.08.008

Fox, N. A., Rubin, K. H., Calkine, S. D., Marshall, T. R., Coplan, R. J., Porges, S. W., Long, J. M., & Stewart, S. (1995). Frontal activation asymmetry and social competence at four years of age. *Child Development, 66*(6), 1770-1784. https://doi.org/10.1111/j.1467-8624.1995.tb00964.x

Fox, R., Aslin, R. N., Shea. S. L., & Dumais, S. T. (1980). Stereopsis in human infants. *Science, 207*(4428), 323-324. https://doi.org/10.1126/science.7350666

Fraiberg, S. H. (1959). *The magic years: Understanding and handling the problems of early childhood.* Charles Scribner's Sons.

Freud, S. (1960). *A general introduction to psychoanalysis* (J. Riviere, Trans.). Washington Square Press. (Original work published 1917)

Freud, S. (1961). The ego and the id (J. Strachey, Trans.). In J. Strachey (Ed.), *The standard edition of the complete psychological works of Sigmund Freud* (Vol. 19, pp. 12–66). Hogarth Press. (Original work published 1923)

Friend, M., & Davis, T. L. (1993). Appearance-reality distinction: Children's understanding of the physical and affective domains. *Developmental Psychology, 29*(5), 907–914. https://doi.org/10.1037/0012-1649.29.5.907

Gallinsky, E. (2006). *The economic benefits of high-quality early childhood programs: What makes the difference?* The Committee for Economic Development. https://library.bsl.org.au/jspui/bitstream/1/2507/1/economic%20benefits%20of%20highquality%20early%20childhood%20programs.pdf

Gallup, G. G. (1979). Self-recognition in chimpanzees and man: A developmental and comparative perspective. In M. Lewis & L. A. Rosenblum (Eds.), *The child and its family: Vol. 2. Genesis of behavior* (pp. 107-126). Springer. https://doi.org/10.1007/978-1-4684-3435-4_7

Ganchrow, J. R., Steiner, J. E., & Daher, M. (1983). Neonatal facial expressions in response to different qualities and intensities of gustatory stimuli. *Infant Behavior & Development, 6*(4), 473-484. https://doi.org/10.1016/S0163-6383(83)90301-6

Gandelman, R. (1992). *The Psychology of behavioral development.* Oxford University Press.

Garbarino, J., & Kostelny, K. (1992). Child maltreatment as a community problem. *Child Abuse & Neglect, 16*(4), 455-464. https://doi.org/10.1016/0145-2134(92)90062-v

Gardner, H. (1983). *Frames of mind: The theory of multiple intelligences.* Basic Books.

Gardner, H. (1999). Are there additional intelligences? The case for naturalist, spiritual, and existential intelligences. In J. Kane (Ed.), *Education, information, and transformation* (pp. 111–131). Prentice-Hall.

Garner, P. W., Jones, D. C., & Miner, J. L. (1994). Social competence among low-income preschoolers: Emotion socialization practices and social cognitive correlates. *Child Development, 65*(2), 622–637. https://doi.org/10.2307/1131405

Garon, N., Bryson, S. E., & Smith, I. M. (2008). Executive function in preschoolers: A review using an integrative framework. *Psychological Bulletin, 134*(1), 31-60. https://doi.org/10.1037/0033-2909.134.1.31

Garton, A. F., & Pratt, C. (1990). Children's pragmatic judgments of direct and indirect requests. *First Language, 10*(28), 51–59. https://doi.org/10.1177/014272379001002804

Gauvain, M. (2013). Sociocultural contexts of development. In P. D. Zelazo (Ed.), The *Oxford handbook of developmental psychology: Vol. 2. Self and other* (pp. 425-451). Oxford University Press.

Geary, D. C. (2005). *The origin of mind: Evolution of brain, cognition, and general intelligence.* American Psychological Association. https://doi.org/10.1037/10871-000

Gelman, R., & Shatz, M. (1977). Appropriate speech adjustments: The operation of conversational constraints on talk to two-year-olds. In M. Lewis & L. A. Rosenblum (Eds.), *Interaction, conversation, and the development of language* (pp. 27–61). Wiley.

Genesee , F. & Nicoladis , E. (2007). Bilingual acquisition. In E. Hoff & M. Shatz (Eds.) *Blackwell handbook of language development* (pp. 324–342). Blackwell.

Gentile, D. A., & Bushman, B. J. (2012). Reassessing media violence effects using a risk and resilience approach to understanding aggression. *Psychology of Popular Media Culture, 1*(3), 138–151. https://doi.org/10.1037/a0028481

Gershoff, E. T. (2002). Corporal punishment by parents and associated child behaviors and experiences: A meta-analytic and theoretical review. *Psychological Bulletin, 128*(4), 539–579. https://doi.org/10.1037/0033-2909.128.4.539

Gesell, A. (1933). Maturation and the patterning of behavior. In C. Murchison (Ed.), *A handbook of child psychology* (2nd ed., pp. 209–235). Russell & Russell/Atheneum Publishers. https://doi.org/10.1037/11552-004

Ghent, L. (1956). Perception of overlapping and embedded figures by children of different ages. *The American Journal of Psychology, 69*(4), 575-587. https://doi.org/10.2307/1419081

Gibson, E. J. (1969). *Principles of perceptual learning and development.* Appleton-Century-Crofts.

Gibson, E. J. (1987). Introductory essay: What does infant perception tell us about theories of perception? *Journal of Experimental Psychology: Human Perception and Performance, 13*(4), 515-523. https://doi.org/10.1037/0096-1523.13.4.515

Gibson, E. J. (1992). How to think about perceptual learning: Twenty-five years later. In H. L. Pick, Jr., P. W. van den Broek, & D. C. Knill (Eds.), *Cognition: Conceptual and methodological issues* (pp. 215–237). American Psychological Association. https://doi.org/10.1037/10564-009

Gibson, E. J., & Walk, R. D. (1960). The "visual cliff." *Scientific American, 202*(4), 64-71. https://doi.org/10.1038/scientificamerican0460-64

Gibson, E. J., & Walker, A. S. (1984). Development of knowledge of visual-tactual affordances of substance. *Child Development, 55*(2), 453-460. https://doi.org/10.2307/1129956

Gilligan, C. (1982). *In a different voice: Psychological theory and women's development.* Harvard University Press.

Gnepp, J. (1989). Personalized inferences of emotions and appraisals: Component processes and correlates. *Developmental Psychology, 25*(2), 277-288.

Goldin-Meadow, S., Mylander, C., de Villiers, J., Bates, E., & Volterra, V. (1984). Gestural communication in deaf children: The effects and noneffects of parental input on early language development. *Monographs of the Society for Research in Child Development, 49*(3–4). 1-121. https://doi.org/10.2307/1165838

Goldsmith, L. T. (2000). Tracking trajectories of talent: Child prodigies growing up. In R. C. Friedman & B. M. Shore (Eds.), *Talents unfolding: Cognition and development* (pp. 89–122). American Psychological Association. https://doi.org/10.1037/10373-005

Goleman, D. (1995). *Emotional intelligence.* Bantam Books.

Golinkoff, R. M., Hoff, E., Rowe, M. L., Tamis-LeMonda, C. S., & Hirsh-Pasek, K. (2019). Language matters: Denying the existence of the 30-million-word gap has serious consequences. *Child Development, 90*(3), 985–992. https://doi.org/10.1111/cdev.13128

Gollin, E. S. (1962). Factors affecting the visual recognition of incomplete objects: A comparative investigation of child and adults. *Perceptual and Motor Skills, 15*(3), 583-590. https://doi.org/10.2466/pms.1962.15.3.583

Gottesman, I. I. (1963). Genetic aspects of intelligent behavior. In N. Ellis (Ed.), *The handbook of mental deficiency: Psychological theory and research* (pp. 253-296). McGraw-Hill.

Gottlieb, G. (2007). Probabilistic epigenesis. *Developmental Science, 10*(1), 1–11. https://doi.org/10.1111/j.1467-7687.2007.00556.x

Granrud, C. E., & Yonas, A. (1984). Infants'perception of pictorially specified interposition. *Journal of Experimental Child Psychology, 37*(3), 500-511. https://doi.org/10.1016/0022-0965(84)90073-0

Greenberger, E., & O'Neil, R. (1993). Spouse, parent, worker: Role commitments and role-related experiences in the construction of adults' well-being. *Developmental Psychology, 29*(2), 181–197. https://doi.org/10.1037/0012-1649.29.2.181

Grimm, K. J., Stegmann, G., Jacobucci, R., & Serang, S. (2020). Big data in developmental psychology. In S. E. Woo, L. Tay, & R. W. Proctor (Eds.), *Big data in psychological research* (pp. 297–317). American Psychological Association. https://doi.org/10.1037/0000193-014

Gross, J. J. (2008). Emotion regulation. In M. Lewis, J. M. Haviland-Jones, & L. F. Barrett (Eds.), *Handbook of emotions* (pp. 497–512). Guilford Press.

Grotevant, H. D., & Cooper, C. R. (1986). Individuation in family relationships: A perspective on individual differences in the development of identity and role-taking skills in adolescence, *Human Development, 29,* 82-100. https://doi.org/10.1159/000273025

Guerra, N. G., & Slaby, R. G. (1990). Cognitive mediators of aggression in adolescent offenders: II. Intervention. *Developmental Psychology, 26*(2), 269–277. https://doi.org/10.1037/0012-1649.26.2.269

Guilford, J. P. (1967). *The nature of human intelligence.* McGraw-Hill.

Guilford, J. P. (1988). Some changes in the structure-of-intellect model. *Educational and Psychological Measurement, 48*(1), 1–4. https://doi.org/10.1177/001316448804800102

Gur, R. C., Mozley, L. H., Mozley, P. D., Resnick, S. M., Karp, J. S., Alavi, A., Arnold, S. E., & Gur, R. E. (1995). Sex differences in regional cerebral glucose metabolism during a resting state. *Science, 267(5197),* 528-531. https://doi.org/10.1126/science.7824953

Gurucharri, C., & Selman, R. L. (1982). The development of interpersonal understanding during childhood, preadolescence, and adolescence: A longitudinal follow-up study. *Child Development, 53*(4), 924-927. https://doi.org/10.2307/1129129

Hahn, W. K. (1987). Cerebral lateralization of function: From infancy through childhood. *Psychological Bulletin, 101*(3), 376-392. https://doi.org/10.1037/0033-2909.101.3.376

Haier, R. J. (2018). A view from the brain. In R. J. Sternberg (Ed.), *The nature of human intelligence* (pp. 167-182). Cambridge University Press. https://doi.org/10.1017/9781316817049.012

Haith, M. M., & Benson, J. B. (1998). Infant cognition. In W. Damon (Ed.), *Handbook of child psychology: Vol. 2. Cognition, perception, and language* (5th ed., pp. 199–254). Wiley.

Haith, M. M., Bergman, T., & Moore, M. J. (1977). Eye contact and face scanning in early infancy. *Science, 198*(4319), 853-855. https://doi.org/10.1126/science.918670

Hall, G. S. (1891). The contents of children's minds on entering school. *The Pedagogical Seminary, 1*(2), 139-173. http://dx.doi.org/10.1080/08919402.1891.10533930

Hall, G. S. (1904). *Adolescence its psychology and its relations to physiology, anthropology, sociology sex, crime, religion and education* (Vol. 2). D. Appleton & Company. https://doi.org/10.1037/10618-000

Hamlin, J. K., Wynn, K., & Bloom, P. (2007). Social evaluation in preverbal infants. *Nature, 450,* 557–559. https://doi.org/10.1038/nature06288

Hanna, E., & Meltzoff, A. N. (1993). Peer imitation by toddlers in the laboratory, home, and day-care contexts: Implications for social learning and memory. *Developmental Psychology, 29*(4), 701-710. https://doi.org/10.1037/0012-1649.29.4.701

Harlow, H. F., & Zimmerman, R. R. (1959). Affectional responses in the infant monkey. *Science, 130*(3373), 421-432. https://doi.org/10.1126/science.130.3373.421

Harper, L. V., & Huie, K. S. (1985). The effects of prior group experience, age, and familiarity on the quality and organization of preschoolers' social relationships. *Child Development, 56*(3), 704–717.

Harris, P. L. (1989). Children and emotion: *The development psychological understanding.* Basil Blackwell Oxford.

Harter, S. (1982). The perceived competence scale for children. *Child Development, 53*(1), 87–97. https://doi.org/10.2307/1129640

Harter, S. (1985). *Manual for the self-perception profile for children* [Unpublished manuscript]. University of Denver.

Harter, S. (1986). Cognitive-developmental processes in the integration of concepts about emotions and the self. *Social Cognition, 4*(2), 119-151. https://doi.org/10.1521/soco.1986.4.2.119

Harter, S. (1992). The relationship between perceived competence, affect, and motivational orientation within the classroom: Processes and patterns of change. In A. K. Boggiano & T. S. Pittman (Eds.), *Achievement and motivation: A social-developmental perspective* (pp. 77–114). Cambridge University Press.

Harter, S. (1998). The development of self-representations. In W. Damon & N. Eisenberg (Eds.), *Handbook of child psychology: Vol. 3. Social, emotional, and personality development* (5th ed., pp. 553–618). Wiley.

Harter, S. (1999). *The cognitive and social construction of the developing self.* Guilford Press.

Harter, S. (2006). The Self. In N. Eisenberg, W. Damon, & R. M. Lerner (Eds.), *Handbook of child psychology: Vol. 3. Social, emotional, and personality development* (pp. 505–570). Wiley.

Harter, S., & Monsour, A. (1992). Development analysis of conflict caused by opposing attributes in the adolescent self-portrait. *Developmental Psychology, 28*(2), 251–260. https://doi.org/10.1037/0012-1649.28.2.251

Hartup, W. W. (1983). Peer relations. In P. H. Mussen (Ed.), *Handbook of child psychology: Vol. 4. Socialization, personality, and social development* (4th ed., pp. 103-196). Wiley.

Hashima, P. Y., & Amato, P. R. (1994). Poverty, social support, and parental behavior. *Child Development, 65*(2), 394–403. https://doi.org/10.2307/1131391

Hastings, P. D., Miller, J. G., Kahle, S., & Zahn-Waxler, C. (2013). The neurobiological bases of empathic concern for others. In M. Killen & J. G. Smetana (Eds.), *Handbook of moral development* (2nd ed., pp. 411–434). Psychology Press. https://doi.org/10.4324/9780203581957.ch19

Hastings, P. D., Utendale, W. T., & Sullivan, C. (2007). The socialization of prosocial development. In J. E. Grusec & P. D. Hastings (Eds.), *Handbook of socialization: Theory and research* (pp. 638–664). Guilford Press.

Haviland, J. M., & Lelwica, M. (1987). The induced affect response: 10-week-old infants' responses to three emotion expressions. *Developmental Psychology, 23*(1), 97-104. https://doi.org/10.1037/0012-1649.23.1.97

Hawkins, J. N. (1994). Issues of motivation in Asian education. In H. F. O'Neil, Jr., & M. Drillings (Eds.), *Motivation: Theory and research* (pp. 101–115). Lawrence Erlbaum Associates.

Hearold, S. (1986). A synthesis of 1043 effects of television on social behavior. In G. Comstock (Ed.), *Public communications and behavior* (Vol. 1, pp. 65–133). Academic Press. https://doi.org/10.1016/B978-0-12-543201-6.50005-3

Hefner, R., Rebecca, M., & Oleshansky, B. (1975). Development of sex-role transcendence. *Human Development, 18*(3), 143–158. https://www.jstor.org/stable/26764312

Hertsgaard, L., Gunnar, M., Erickson, M. F., & Nachmias, M. (1995). Adrenocortical responses to the Strange Situation in infants with disorganized/disoriented attachment relationships. *Child Development, 66*(4), 1100–1106. https://doi.org/10.2307/1131801

Hetherington, E. M., & Parke, R. D. (2002). *Child psychology: A contemporary viewpoint* (5th ed.). McGraw-Hill.

Higgins, E. T., & Parsons, J. E. (1983). Stages as subcultures: Social-cognitive development and the social life of the child. In E. T. Higgins, W. W. Hartup, & D. N. Ruble (Eds.), *Social cognitive and social development: A sociocultural perspective.* Cambridge University Press.

Hirnstein, M., Hugdahl, K., & Hausmann, M. (2019). Cognitive sex differences and hemispheric asymmetry: A critical review of 40 years of research. *Laterality, 24*(2), 204-252. https://doi.org/10.1080/1357650X.2018.1497044

Hoff, E. (2014). *Language development* (5th ed.). Cengage Learning.

Hoffman, M. L. (2000). *Empathy and moral development: Implications for caring and justice.* Cambridge University Press. https://doi.org/10.1017/CBO9780511805851

Holmes, L. B. (2011). Human teratogens: Update 2010. *Birth Defects Research. Part A: Clinical and Molecular Teratology, 91*(1), 1-7. https://doi.org/10.1002/bdra.20748

Honzik, M. P., Macfarlane, J. W., & Allen, L. (1948). The stability of mental test performance between two and eighteen years. *The Journal of Experimental Education, 17*(2), 309-324. https://doi.org/10.1080/00220973.1948.11010388

Horn, J. (2007). Spearman's g, expertise, and the nature of human cognitive capacity. In P. C. Kyllonen, R. D. Roberts, & L. Stankov (Eds.), *Extending intelligence: Enhancement and new constructs* (pp. 159-194). Routledge.

Horn, J. L., & Donaldson, G. (1980). Cognitive development II: Adulthood development of human abilities. In O. G. Brim & J. Kagan (Eds.), *Constancy and change in human development* (pp. 445-529). Harvard University Press.

Howe, M. L., & Courage, M. L. (1993). On resolving the enigma of infantile amnesia. *Psychological Bulletin, 113*(2), 305-326. https://doi.org/10.1037/0033-2909.113.2.305

Howe, M. L., & Courage, M. L. (1997). The emergence and early development of autobiographical memory. *Psychological Review, 104*(3), 499-523. https://doi.org/10.1037/0033-295X.104.3.499

Huesmann, L. R., Eron, L. D., Lefkowitz, M. M., & Walder, L. O. (1984). Stability of aggression over time and generations. *Developmental Psychology, 20*(6), 1120-1134. https://doi.org/10.1037/0012-1649.20.6.1120

Hughes, C., & Graham, A. (2008). Executive functions and development. In J. Reed & J. Warner-Rogers (Eds.), *Child neuropsychology: Concepts, theory, and practice* (pp. 264-283). Wiley-Blackwell.

Huttenlocher, P. R., & Dabholker, A. S. (1997). Regional differences in synaptogenesis in human cerebral cortex. *The Journal of Comparative Neurology, 387*(2), 167-178. https://doi.org/10.1002/(sici)1096-9861(19971020)387:2<167::aid-cne1>3.0.co;2-z

Hyde, J. S. (1984). How large are sex-gender differences in aggression? A developmental meta-analysis. *Developmental Psychology, 20*(4), 722-736. https://doi.org/10.1037/0012-1649.20.4.722

Hyde, J. S. (2007). New directions in the study of gender similarities and differences. *Current Directions in Psychological Science, 16*(5), 259-263. https://doi.org/10.1111/j.1467-8721.2007.00516.x

Hyde, J. S., Fennema, E., & Lamon, S. J. (1990). Gender differences in mathematics performance: A meta-analysis. *Psychological Bulletin, 107*(2), 139-155. https://doi.org/10.1037/0033-2909.107.2.139

Hyde, J. S., Lindberg, S. M., Linn, M. C., Ellis, A. B., & Williams, C. C. (2008). Gender similarities characterize math performance. *Science, 321*(5888), 494-495. https://doi.org/10.1126/science.1160364

Hymel, S., Bowker, A., & Woody, E. (1993). Aggressive versus withdrawn unpopular children: Variations in peer and self-perceptions in multiple domains. *Child Development, 64*(3), 879–896. https://doi.org/10.1111/j.1467-8624.1993.tb02949.x

Inhelder, B., & Piaget, J. (1958). *The growth of logical thinking: From childhood to adolescence.* (A. Parsons & S. Milgram, Trans.). Basic Books. https://doi.org/10.1037/10034-000

Irwin, R. J., Ball, A. K. R., Kay, N., Stillman, J. A., & Rosser, J. (1985). The development of auditory temporal acuity in children. *Child Development, 56*(3), 614-620. https://doi.org/10.2307/1129751

Izard, C. E. (1982). *Measuring emotions in infants and children.* Cambridge University Press.

Izard, C. E. (1991). *The psychology of emotions.* Plenum Press.

Izard, C. E. (1993). Four systems for emotion activation: Cognitive and noncognitive processes. *Psychological Review, 100*(1), 68-90. https://doi.org/10.1037/0033-295X.100.1.68

Izard, C. E., Hembree, E. A., & Huebner, R. R. (1987). Infants'emotion expressions to acute pain: Developmental change and stability of individual differences. *Developmental Psychology, 23*(1), 105-113. https://doi.org/10.1037/0012-1649.23.1.105

Jacklin, C. N. (1989). Female and male: Issues of gender. *American Psychologist, 44*(2), 127–133. https://doi.org/10.1037/0003-066X.44.2.127

James, W. (2018). *The principles of psychology* (Vol. 1-2). e-artnow. (Original work published 1890)

Jensen, A. R. (1998). *The g factor: The science of mental ability.* Praeger.

Johnson, J. S., & Newport, E. L. (1989). Critical period effects in second language learning: The influence of maturational state on the acquisition of English as a second language. *Cognitive Psychology, 21*(1), 60-99. https://doi.org/10.1016/0010-0285(89)90003-0

Johnson, M. H. (2000). Functional brain development in infants: Elements of an interactive specialization framework. *Child Development, 71*(1), 75–81. https://doi.org/10.1111/1467-8624.00120

Johnson, M. H., & de Haan, M. (2015). *Developmental cognitive neuroscience: An introduction* (4th ed.). Wiley-Blackwell.

Kabali, H. K., Irigoyen, M. M., Nunez-Davis, R., Budacki, J. G., Mohanty, S. H., Leister, K. P., & Bonner, R. L., Jr. (2015). Exposure and use of mobile media devices by young children. *Pediatrics, 136*(6), 1044–1050. https://doi.org/10.1542/peds.2015-2151

Kagan, J. (1972). Do infants think? *Scientific American, 226*(3), 74-82. https://doi.org/10.1038/scientificamerican0372-74

Kagan, J. (1976). Emergent themes in human development. *American Scientist, 64*(2), 186-196. https://www.jstor.org/stable/27847159

Kagan, J. (2000). Temperament. In A. E. Kazdin (Ed.), *Encyclopedia of psychology* (Vol. 8, pp. 34–37). American Psychological Association.

Kagan, J. (2003). Biology, context and developmental inquiry. *Annual Review of Psychology, 54.* 1-23. https://doi.org/10.1146/annurev.psych.54.101601.145240

Kagan, J., & Snidman, N. (1991). Infant predictors of inhibited and uninhibited profiles. *Psychological Science, 2*(1), 40–44. https://www.jstor.org/stable/40062582

Kagan, J., Kearsley, R., & Zelazo, P. (1978). *Infancy: Its place in human development.* Harvard University Press.

Katz, D. A., Sprang, G., & Cooke, C. (2011). Allostatic load and child maltreatment in infancy. *Clinical Case Studies, 10*(2), 159-172. https://doi.org/10.1177/1534650111399121

Kaufman, A. S., & Kaufman, N. L. (1983). *Kaufman Assessment Battery for Children (KABC).* American Guidance Service.

Kaufmann-Hayoz, R., Kaufmann, F., & Stucki, M. (1986). Kinetic contours in infants' visual perception. *Child Development, 57*(2), 292-299.

Keller, T. A., Carpenter, P. A., & Just, M. A. (2001). The neural bases of sentence comprehension: A fMRI examination of syntactic and lexical processing. *Cerebral Cortex, 11*(3), 223-237. https://doi.org/10.1093/cercor/11.3.223

Kellman, P. J., & Spelke, E. S. (1983). Perception of partly occluded objects in infancy. *Cognitive Psychology, 15*(4), 483-524. https://doi.org/10.1016/0010-0285(83)90017-8

Keogh, J., & Sugden, D. (1985). *Movement skill development.* Macmillan.

Kerns, K. A., & Berenbaum, S. A. (1991). Sex differences in spatial ability in children, *Behavior Genetics, 21,* 383-396. https://doi.org/10.1007/BF01065974

Kerr, M., Lambert, W. W., & Bem, D. J. (1996). Life course sequelae of childhood shyness in Sweden: Comparison with the United States. *Developmental Psychology, 32*(6), 1100-1105. https://doi.org/10.1037/0012-1649.32.6.1100

Kerr, M., Lambert, W. W., Stattin, H., & Klackenberg-Larsson, I. (1994). Stability of inhibition in a Swedish longitudinal sample. *Child Development, 65*(1), 138-146. https://doi.org/10.2307/1131371

Kinsbourne, M. (1989). Mechanisms and Development of Hemisphere Specialization in Children. In C. R. Reynolds & E. Fletcher-Janzen (Eds.). *Handbook of Clinical Child Neuropsychology* (pp. 69-85). Springer. https://doi.org/10.1007/978-1-4899-6807-4_4

Kircher, T. T., Brammer, M., Tous, A. N., Williams, S. C., & McGurie, P. K. (2001). Engagement of right temporal cortex during processing of linguistic context. *Neuropsychologia, 39*(8), 798-809. https://doi.org/10.1016/s0028-3932(01)00014-8

Kisilevsky, B. S., & Muir, D. W. (1984). Neonatal habituation and dishabituation to tactile stimulation during sleep. *Developmental Psychology, 20*(3), 367-373. https://doi.org/10.1037/0012-1649.20.3.367

Klaus, M. H., & Kennell, J. H. (1982). *Parent-infant bonding.* The C. V. Mosby.

Klinnert, M. D., Emde, R. N., Butterfield, P., & Campos, J. J. (1986). Social referencing: The infant's use of emotional signals from a friendly adult with mother present. *Developmental Psychology, 22*(4), 427-432. https://doi.org/10.1037/0012-1649.22.4.427

Knafo, A., & Plomin, R. (2006). Prosocial behavior from early to middle childhood: Genetic and environmental influences on stability and change. *Developmental Psychology, 42*(5), 771-786. https://doi.org/10.1037/0012-1649.42.5.771

Kochanska, G. (1993). Toward a synthesis of parental socialization and child temperament in early development of conscience. *Child Development, 64*(2), 325-347. https://doi.org/10.2307/1131254

Kochanska, G., & Kim, S. (2012). Toward a new understanding of legacy of early attachments for future antisocial trajectories: Evidence from two longitudinal studies. *Development and Psychopathology, 24*(3), 783-806. https://doi.org/10.1017/S0954579412000375

Kohlberg, L. (1963). The development of children's orientations toward a moral order I. Sequence in the development of moral thought. *Vita Humana, 6*(1-2), 11-33. https://www.jstor.org/stable/26762149

Kohlberg, L. (1966). A cognitive-developmental analysis of children's sex-role concepts and attitudes. In E. E. Maccoby (Ed.), *The development of sex differences* (pp. 82-173). Stanford University Press.

Kohlberg, L. (1969). Stage and sequence: The cognitive developmental approach to socialization. In D. Goslin, (Ed.), *Handbook of socialization theory and research* (pp. 347-480). Rand McNally.

Kopp, C. B. (1983). Risk factors in development. In M. M. Haith & J. J., Campos (Eds.), *Handbook of child psychology: Vol. 2. Infancy and developmental psychology* (4th ed., pp. 1081-1088). Wiley.

Korner, A. F. (1972). State as variable, as obstacle, and as mediator of stimulation in infant research. *Merrill-Palmer Quarterly of Behavior and Development, 18*(2), 77-94. https://www.jstor.org/stable/23083964

Krauss, R. M., & Glucksberg, S. (1977). Social and nonsocial speech. *Scientific American, 236*(2), 100-105. https://doi.org/10.1038/scientificamerican0277-100

Kretch, K. S., Franchak, J. M., & Adolph, K. E. (2014). Crawling and walking infants see the world differently. *Child Development, 85*(4), 1503-1518. https://doi.org/10.1111/cdev.12206

Kuchuk, A., Vibbert, M., & Bornstein, M. H. (1986). The perception of smiling and its experiential correlates in three-month-old infants. *Child Development, 57*(4), 1054-1061. https://doi.org/10.2307/1130379

Kuhl, P. K. (2004). Early language acquisition: Cracking the speech code. *Nature Reviews Neuroscience, 5*(11), 831-843. https://doi.org/10.1038/nrn1533

Kuhl, P. K., Tsao, F. M., & Liu, H. M. (2003). Foreign-language experience in infancy: Effects of short-term exposure and social interaction on phonetic learning. *Proceedings of the National Academy of Sciences of the United States of America, 100*(15), 9096-9101. https://doi.org/10.1073/pnas.1532872100

Kuhl, P. K., Williams, K. A., Lacerda, F., Stevens, K. N., & Lindblom, B. (1992). Linguistic experience alters phonetic perception in infants by 6 months of age. *Science, 255*(5044), 606-608. https://doi.org/10.1126/science.1736364

Kuhn, D. (2011). What is scientific thinking and how does it develop? In U. Goswami (Ed.), *The Wiley-Blackwell handbook of childhood cognitive development* (2nd ed., pp. 497-523). Wiley-Blackwell. https://doi.org/10.1002/9780470996652.ch17

Kuhn, D., Nash, S. C., & Brucken, L. (1978). Sex role concepts of two- and three-year-olds. *Child Development, 49*(2), 445-451. https://doi.org/10.2307/1128709

Kurdek, L. A., & Krile, D. (1982). A developmental analysis of the relation between peer acceptance and both interpersonal understanding and perceived social self-competence. *Child Development, 53*(6), 1485-1491. https://doi.org/10.2307/1130075

Lambert de Rouvroit, C., & Goffinet, A. M. (2001). Neuronal migration. *Mechanism of Development, 105*(1-2), 47-56. https://doi.org/10.1016/S0925-4773(01)00396-3

Lamborn, S. D., Mounts, N. S., Steinberg, L., & Dornbusch, S. M. (1991). Patterns of competence and adjustment among adolescents from authoritative, authoritarian, indulgent, and neglectful families. *Child Development, 62*(5), 1049-1065. https://doi.org/10.1111/j.1467-8624.1991.tb01588.x

Langlois, J. H. (1986). From the eye of the behavioral reality: Development of social behaviors and social relations as a function of physical attractiveness. In C. P. Herman, M. P. Zanna & E. T. Higgins (Eds.), *Physical appearance, stigma, and social behavior: The Ontario symposium* (Vol. 3, pp. 23-51). Lawrence Erlbaum Associates.

Langlois, J. H., Ritter, J. M., Roggman, L. A., & Vaughn, L. S. (1991). Facial diversity and infant preferences for attractive faces. *Developmental Psychology, 27*(1), 79-84. https://doi.org/10.1037/0012-1649.27.1.79

Langlois, J. H., Roggman, L. A., & Rieser-Danner, L. A. (1990). Infants' differential social responses to attractive and unattractive faces. *Developmental Psychology, 26*(1), 153–159. https://doi.org/10.1037/0012-1649.26.1.153

Lansford, J. E., Criss, M. M., Laird, R. D., Shaw, D. S., Pettit, G. S., Bates, J. E., & Dodge, K. A. (2011). Reciprocal relations between parents' physical discipline and children's externalizing behavior during middle childhood and adolescence. *Development and Psychopathology, 23*(1), 225–238. https://doi.org/10.1017/S0954579410000751

Lavigne, H. J., Hanson, K. G., & Anderson, D. R. (2015). The influence of television coviewing on parent language directed at toddlers. *Journal of Applied Developmental Psychology, 36,* 1–10. https://doi.org/10.1016/j.appdev.2014.11.004

Leinbach, M. D,. & Fagot, B. I. (1993). Categorical habituation to male and female faces: Gender schematic processing in infancy. *Infant Behavior and Development, 16*(3), 317-322.

Lenneberg, E. H. (1967). *Biological foundations of language.* Wiley.

Lerner, J. V., Nitz, K., Talwar, R., & Lerner, R. M. (1989). On the functional significance of temperamental individuality: A developmental contextual view of the concept of goodness of fit. In G. A. Kohnstamm, J. E. Bates, & M. K. Rothbart (Eds.), *Temperament in childhood* (pp. 509–522). Wiley.

Lester, B. M. (1984). A biosocial model of infant crying. In L. P. Lipsitt (Ed.), *Advances in infant behavior and development* (pp. 167-212). Ablex.

Lester, B. M., Kotelchuck, M., Spelke, E., Seller, M. J., & Klein, R. E. (1974). Separation protest in Guatemalan infants: Cross-cultural and cognitive findings. *Developmental Psychology, 10*(1), 79-85. https://doi.org/10.1037/h0035562

Levy, Y. (1996). Modularity of language reconsidered. *Brain and Language, 55*(2), 240-263. https://doi.org/10.1006/brln.1996.0103

Lewis, M., & Brooks-Gunn, J. (1979). *Social cognition and the acquisition of self.* Plenum Press. http://dx.doi.org/10.1007/978-1-4684-3566-5

Lewis, M., & Ramsay, D. S. (1999). Effect of maternal soothing on infant stress response. *Child Development, 20,* 11–20.

Lewis, M., Alessandri, S. M., & Sullivan, M. W. (1990). Violation of expectancy, loss of control, and anger expressions in young infants. *Developmental Psychology, 26*(5), 745-751. https://doi.org/10.1037/0012-1649.26.5.745

Lewis, M., Stanger, C., & Sullivan, M. W. (1989). Deception in 3-year-olds. *Developmental Psychology, 25*(3), 439–443. https://doi.org/10.1037/0012-1649.25.3.439

Lewkowicz, D. J., Leo, I., & Simion, F. (2010). Intersensory perception at birth: Newborns match nonhuman primate faces and voices. *Infancy, 15*(1), 46-60. https://doi.org/10.1111/j.1532-7078.2009.00005.x

Liben, L. S., & Signorella, M. L. (1993). Gender-schematic processing in children: The role of initial interpretations of stimuli. *Developmental Psychology, 29*(1), 141–149.

Lindberg, M. A. (1980). Is knowledge base development a necessary and sufficient condition for memory development? *Journal of Experimental Child Psychology, 30*(3), 401-410. https://doi.org/10.1016/0022-0965(80)90046-6

Lips, H. M. (2006). *A new psychology of women: Gender, culture, and ethnicity* (3rd ed.). McGraw-Hill.

Lipsitt, L. P. (1979). Critical conditions in infancy: A psychological perspective. *American Psychologist, 34*(10), 973-980. https://doi.org/10.1037/0003-066X.34.10.973

Lipsitt, L. P., & Kaye, H. (1964). Conditioned sucking in the human newborn. *Psychonomic*

Science, 1, 29-30. https://doi.org/10.3758/BF03342772

Lipsitt, L. P., & Levy, N. (1959). Electrotactual threshold in the neonate. *Child Development, 30*(4), 547-554. https://doi.org/10.2307/1126121

Locke, J. (1922). *Some thoughts concerning education.* Cambridge University Press. (Original work published 1693)

Loeber, R. (1982). The stability of antisocial and delinquent child behavior: A review. *Child Development, 53*(6), 1431–1446. https://doi.org/10.2307/1130070

Long, N., & Forehand, R. (1987). The effects of parental divorce and parental conflict on children: An overview. *Journal of Developmental and Behavioral Pediatrics, 8*(5), 292–296. https://doi.org/10.1097/00004703-198710000-00010

Lorenz, K. Z. (1937). The companion in the bird's world. *The Auk, 54*(3), 245-273. https://doi.org/10.2307/4078077

Lorenz, K. Z. (1943). Die angeborenen formen möglicher erfahrung [The innate forms of possible experience]. *Zeitschrift für Tierpsychologie, 5*(2), 235–409. https://doi.org/10.1111/j.1439-0310.1943.tb00655.x

Lorenz, K. Z. (1952). *King Solomon's ring: New light on animal ways* (M. K. Wilson, Trans.). Crowell. (Original work published 1949)

Lorenz, K. Z. (1981). *The foundations of ethology* (R. W. Kickert Trans.). Springer-Verlag Publishing. (Original work published 1978)

Lozoff, B. (1989). Nutrition and behavior. *American Psychologist, 44*(2), 231-236. https://doi.org/10.1037/0003-066X.44.2.231

Luders, E., Narr, K. L., Thompson, P. M., & Toga, A. W. (2009). Neuroanatomical correlates of intelligence. *Intelligence, 37*(2), 156-163. https://doi.org/10.1016/j.intell.2008.07.002

Luders, E., Narr, K. L., Thompson, P. M., Rex, D. E., Jancke, L., Steinmetz, H., & Toga, A. W. (2004). Gender differences in cortical complexity. *Nature Neuroscience, 7*(8), 799-800. https://doi.org/10.1038/nn1277

Luengo Kanacri, B. P., Pastorelli, C., Eisenberg, N., Zuffianò, A., & Caprara, G. V. (2013). The development of prosociality from adolescence to early adulthood: The role of effortful control. *Journal of Personality, 81*(3), 302-312. https://doi.org/10.1111/jopy.12001

Luria, A. R. (1961). *The role of speech in the regulation of normal and abnormal behavior.* Liverigth.

Luria, A. R. (1980). *Higher cortical functions in man* (2nd rev. ed.) (B. Haigh, Trans.). Basic Books. (Original work published 1962)

Luria, A. R., Pribram, K. H., & Homskaya, E. D. (1964). An experimental analysis of the behavioral disturbance produced by a left frontal arachnoidal endothelioma (meningioma). *Neuropsychologia, 2*(4), 257–280. https://doi.org/10.1016/0028-3932(64)90034-X

Lytton, H., & Romney, D. M. (1991). Parents'differential socialization of boys and girls: A meta-analysis. *Psychological Bulletin, 109*(2), 267-296. https://doi.org/10.1037/0033-2909.109.2.267

Maccoby, E. E. (1990). Gender and relationships: A developmental account. *American Psychologist, 45*(4), 513–520. https://doi.org/10.1037//0003-066x.45.4.513

Maccoby, E. E. (2000). Parenting and its effects on children: On reading and misreading behavior genetics. *Annual Review of Psychology, 51,* 1–27. https://doi.org/10.1146/annurev.psych.51.1.1

Maccoby, E. E., & Jacklin, C. N. (1974). *The psychology of sex differences.* Stanford University Press.

Maccoby, E. E., & Martin, J. A. (1983). Socialization in the context of the family. In E. M. Hetherington (Ed.), *Handbook of child psychology: Vol. 4. Socialization, personality, and social development* (4th ed., pp. 1-101). Wiley.

MacFarlane, A. (1977). *The Psychology of Childbirth.* Harvard University Press.

Madison, L. S., Madison, J. K., & Adubato, S. A. (1986). Infant behavior and development in relation to fetal movement and habituation. *Child Development, 57*(6), 1475-1482. https://doi.org/10.2307/1130425

Magen, H., & Berger-Mandelbaum, A. (2018). Encoding strategies in self-initiated visual working memory. *Memory & Cognition, 46*(7), 1093–1108. https://doi.org/10.3758/s13421-018-0823-7

Magenis, R. E., Overtone, K. M., Chamberlin, J., Brady, T., & Lovrien, E. (1977). Parental origin of the extra chromosome in Down's syndrome. *Human Genetics, 37,* 7-16. https://doi.org/10.1007/BF00293766

Mahn, H., & John-Steiner, V. (2013). Vygotsky and sociocultural approaches to teaching and learning. In G. E. Miller, W. M. Reynolds, & I. B. Weiner (Eds.), *Handbook of psychology: Vol. 7. Educational psychology* (2nd ed. pp. 117-146). Wiley.

Main, M., & Solomon, J. (1990). Procedure for identifying infants as disorganized/disoriented during the Ainsworth Strange Situation. In M. T. Greenberg, D. Cicchetti, & E. M. Cummings (Eds.), *Attachment in the preschool years: Theory, research, and intervention* (pp. 121-160). University of Chicago Press.

Marcia, J. E. (1980). Identity in adolescence. In J. Adelson (Ed.), *Handbook of adolescent psychology.* Wiley.

Marcus, G. F., Pinker, S., Ullman, M., Hollander, M., Rosen, T. J., & Xu, F. (1992). Overregularization in language acquisition. *Monographs of the Society for Research in Child Development, 57*(4). https://doi.org/10.2307/1166115

Marean, G. C., Werner, L. A., & Kuhul, P. K. (1992). Vowel categorization by very young infants. *Child Development, 28*(3), 396-405. https://doi.org/10.1037/0012-1649.28.3.396

Mares, M., & Pan, Z. (2013). Effects of Sesame Street: A meta-analysis of children's learning in 15 countries. *Journal of Applied Developmental Psychology, 34*(3), 140–151. https://doi.org/10.1016/j.appdev.2013.01.001

Marian, V., & Shook, A. (2012). *The cognitive benefits of being bilingual. Cerebrum: The Dana forum on brain science.* The Dana Foundation.

Markman, E. M. (1991). The whole object, taxonomic, and mutual exclusivity assumptions as initial constraints on word meanings. In J. P. Byrnes & S. A. Gelman (Eds.), *Perspectives on language and cognition: Interrelations in development* (pp.72-106). Cambridge University Press. https://doi.org/10.1017/CBO9780511983689.004

Marsh, H. W., & Ayotte, V. (2003). Do multiple dimensions of self-concept become more differentiated with age? The differential distinctiveness hypothesis. *Journal of Educational Psychology, 95*(4), 687–706. https://doi.org/10.1037/0022-0663.95.4.687

Marshall, P. J., & Meltzoff, A. N. (2014). Neural mirroring mechanisms and imitation in human infants. *Philosophical Transactions of the Royal Society B: Biological Sciences, 369*(1644), 20130620. https://doi.org/10.1098/rstb.2013.0620

Martin, C. L. (1989). Children's use of gender-related information in making social judgments. *Developmental Psychology, 25*(1), 80–88. https://doi.org/10.1037/0012-1649.25.1.80

Martin, C. L. (1990). Attitudes and expectations about children with nontraditional and traditional gender roles. *Sex Roles, 22*(3-4), 151-165. https://doi.org/10.1007/BF00288188

Martin, C. L., & Halverson, C. F., Jr. (1981). A schematic processing model of sex typing and stereotyping in children. *Child Development, 52*(4), 1119-1134. https://doi.org/10.2307/1129498

Martin, C. L., & Halverson, C. F., Jr. (1987). The roles of cognition in sex role acquisition. In D. B. Carter (Ed.), *Current conceptions of sex roles and sex typing: Theory and research* (pp. 123-137). Pareger

Martinez, A. B., Co, M., Lau, J., & Brown, J. S. L. (2020). Filipino help-seeking for mental health problems and associated barriers and facilitators: A systematic review. *Social Psychiatry and Psychiatric Epidemiology, 55*(11), 1397-1413. https://doi.org/10.1007/s00127-020-01937-2

Matos, A. P., Ferreira, J. A., & Haase, R. F. (2012). Television and aggression: A test of a mediated model with a sample of Portuguese students. *The Journal of Social Psychology, 152*(1), 75-91. https://doi.org/10.1080/00224545.2011.555645

Maurer, D., & Lewis, T. L. (2013). Sensitive periods in visual development. In P. D. Zelazo (Ed.), *The Oxford handbook of developmental psychology: Vol. 1. Body and mind* (pp. 202-234). Oxford University Press. https://doi.org/10.1093/oxfordhb/9780199958450.013.0008

Maurer, D., & Salapatek, P. (1976). Developmental changes in the scanning of faces by young infants. *Child Development, 47*(2), 523-527. https://doi.org/10.2307/1128813

Mayer, J. D., & Salovey, P. (1993). The intelligence of emotional intelligence. *Intelligence, 17*(4), 433-442. https://doi.org/10.1016/0160-2896(93)90010-3

McCall, R. B., & Carriger, M. S. (1993). A meta-analysis of infant habitation and recognition memory performance as predictors of later IQ. *Child Development, 64*(1), 57-79. https://doi.org/10.2307/1131437

McCall, R. B., Appelbaum, M. I., & Hogarty, P. S. (1973). Developmental changes in mental performance. *Monographs of The Society for Research in Child Development, 38*(3), 1-84.

McCoy, C. L., & Masters, J. C. (1985). The development of children's strategies for the social control of emotion. *Child Development, 56*(5), 1214-1222. https://doi.org/10.2307/1130236

McDonald, K. L., Malti, T., Killen, M., & Rubin, K. H. (2014). Best friends' discussions of social dilemmas. *Journal of Youth and Adolescence, 43*(2), 233-244. https://doi.org/10.1007/s10964-013-9961-1

McDowell, D. J., O'Neil, R., & Parke, R. D. (2000). Display rule application in a disappointing situation and children's emotional reactivity: Relations with social competence. *Merrill-Palmer Quarterly, 46*(2), 306-324. http://www.jstor.org/stable/23093718

McKenzie, B. E., Tootell, H. E., & Day, R. H. (1980). Development of visual size constancy during the first year of human infancy. *Developmental Psychology, 16*(3), 163-174. https://doi.org/10.1037/0012-1649.16.3.163

McLean, K. C., & Thorne, A. (2003). Late adolescents' self-defining memories about relationships. *Developmental Psychology, 39*(4), 635-645. https://doi.org/10.1037/0012-1649.39.4.635

McRae, K., & Gross, J. J. (2020). Emotion regulation. *Emotion, 20*(1), 1-9. https://doi.org/10.1037/emo0000703

Meilman, P. W. (1979). Cross-sectional age changes in ego identity status during adolescence. *Developmental Psychology, 15*(2), 230-231. https://doi.org/10.1037/0012-1649.15.2.230

Meltzoff, A. N. (1988a). Imitation of televised models by infants. *Child Development, 59*(5), 1221-

1229. https://doi.org/10.1111/j.1467-8624.1988.tb01491.x

Meltzoff, A. N. (1988b). Infant imitation after a 1-week delay: Long-term memory for novel acts and multiple stimuli. *Developmental Psychology, 24*(4), 470-476. https://doi.org/10.1037/0012-1649.24.4.470

Meltzoff, A. N. (1995). Understanding the intentions of others: Re-enactment of intended acts by 18-month-old children. *Developmental Psychology, 31*(5), 838-850. https://doi.org/10.1037/0012-1649.31.5.838

Meltzoff, A. N., & Moore, M. K. (1989). Imitation in newborn infants: Exploring the range of gestures initiated and the underlying mechanisms. *Developmental Psychology, 25*(6), 954-962. https://doi.org/10.1037/0012-1649.25.6.954

Miller, N., & Maruyama, G. (1976). Ordinal position and peer popularity. *Journal of Personality and Social Psychology, 33*(2), 123-131. https://doi.org/10.1037/0022-3514.33.2.123

Miller, P. H. (1990). The development of strategies of selective attention. In D. F. Bjorklund (Ed.), *Children's strategies: Contemporary views of cognitive development* (pp. 157-184). Lawrence Erlbaum Associates

Miller, P. H. (2011). Piaget's theory: Past, present, and future. In U. Goswami (Ed.), *The Wiley-Blackwell handbook of childhood cognitive development* (2nd ed., pp. 649-672). Wiley-Blackwell. https://doi.org/10.1002/9781444325485.ch25

Miller, P. H. (2016). *Theories of developmental psychology* (6th ed.). Worth Publishing.

Miller, P., & Sperry, L. (1988). Early talk about the past: The origins of conversational stories of personal experience. *Journal of Child Language, 15*(2), 293-315. https://doi.org/10.1017/S0305000900012381

Mischel, W. (1986). *Introduction to personality* (4th ed.). Holt, Rinehart & Winston.

Mischel, W., & Ebbesen, E. B. (1970). Attention in delay of gratification. *Journal of Personality and Social Psychology, 16*(2), 329-337. https://doi.org/10.1037/h0029815

Mischel, W., Shoda, Y., & Peake, P. K. (1988). The nature of adolescent competencies predicted by preschool delay of gratification. *Journal of Personality and Social Psychology, 54*(4), 687-696. https://doi.org/10.1037/0022-3514.54.4.687

Mitchell, D. E., Freeman, R. D., Millodot, M., & Haegerstorm, G. (1973). Meridional amblyopia: Evidence for modification of the human visual system by early visual experience. *Vision Research, 13,* 535-558. https://doi.org/10.1016/0042-6989(73)90023-0

Miyake, A., Friedman, N. P., Emerson, M. J., Witzki, A. H., Howerter, A., & Wager, T. D. (2000). The unity and diversity of executive functions and their contributions to complex "frontal lobe" tasks: A latent variable analysis. *Cognitive Psychology, 41*(1), 49-100. https://doi.org/10.1006/cogp.1999.0734

Moely, B. E., Hart, S. S., Leal, L., Santulli, K. A., Rao, N., Johnson, T., & Hamilton, L. B. (1992). The teacher's role in facilitating memory and study strategy development in the elementary school classroom. *Child Development, 63*(3), 653-672. https://doi.org/10.2307/1131353

Moffitt, T. E., & Caspi, A. (2001). Childhood predictors differentiate life-course persistent and adolescence-limited antisocial pathways among males and females. *Development and Psychopathology, 13*(2), 355-375. https://doi.org/10.1017/S0954579401002097

Money, J., & Ehrhardt, A. (1972). *Man and woman, boy and girl: The differentiation and dimorphism of gender identity from conception to maturity.* Johns Hopkins University Press. https://wellcomecollection.org/works/p6c882nw

Moog, H. (1976). The development of musical experience in children of pre-school Age. *Psychology of Music, 4*(2), 38–45. https://doi.org/10.1177/030573567642005

Moon, C., Cooper, R. P., & Fifer, W. P. (1993). Two-day-olds prefer their native language. *Infant Behavior and Development, 16*(4), 495-500. https://doi.org/10.1016/0163-6383(93)80007-U

Moore, K. L., Persaud, T. V. N., & Torchia, M. G. (2008). *Before we are born: Essentials of embryology and birth defects* (7th ed.). Saunders.

Morey, C. C, Mareva, S., Lelonkiewicz, J. R., & Chevalier, N. (2018). Gaze-based rehearsal in children under 7: A developmental investigation of eye movements during a serial spatial memory task. *Developmental Science, 21*(3). Article e12559. https://doi.org/10.1111/desc.12559

Morison, P., & Masten, A. S. (1991). Peer reputation in middle childhood as a predictor of adaptation in adolescence: A seven-year follow-up. *Child Development, 62*(5), 991–1007. https://doi.org/10.1111/j.1467-8624.1991.tb01585.x

Moss, H. A., & Robson, K. S. (1968, August 30-September 3). *The role of protest behavior in the development of mother-infant attachment* [Paper presentation]. American Psychological Association Meeting, San Francisco, CA, United States.

Moulson, M. C., Fox, N. A., Zeanah, C. H., & Nelson, C. A. (2009). Early adverse experiences and the neurobiology of facial emotion processing. *Developmental Psychology, 45*(1), 17-30. https://doi.org/10.1037/a0014035

Mullally, S. L., & Maguire, E. A. (2014). Learning to remember: The early ontogeny of episodic memory. *Developmental Cognitive Neuroscience, 9,* 12–29. https://doi.org/10.1016/j.dcn.2013.12.006

Mullis, A. K., Mullis, R. L., & Normandin, D. (1992). Cross-sectional and longitudinal comparisons of adolescent self-esteem. *Adolescence, 27,* 51-61.

Nagin, D., & Tremblay, R. E. (1999). Trajectories of boys' physical aggression, opposition, and hyperactivity on the path to physically violent and nonviolent juvenile delinquency. *Child Development, 70*(5), 1181–1196. https://doi.org/10.1111/1467-8624.00086

Naglieri, J. A., & Das, J. P. (1997). *Cognitive assessment system interpretive handbook*. Riverside Publishing. https://doi.org/10.1007/978-1-4615-1185-4_12

Nelson, C. A. (1987). The recognition of facial expressions in the first two years of life: Mechanisms of development. *Child Development, 58*(4), 889-909. https://doi.org/10.2307/1130530

Nelson, C. A. (2014). *Romania's abandoned children.* Harvard University Press. https://doi.org/10.4159/harvard.9780674726079

Nelson, C. A., Fox, N. A., & Zeanah, C. H. (2014). *Romania's abandoned children: Deprivation, brain development, and the struggle for recovery.* Harvard University Press.

Nelson, K. (1996). *Language in cognitive development: Emergence of the mediated mind.* Cambridge University Press. https://doi.org/10.1017/CBO9781139174619

Nelson, S. A. (1980). Factors influencing young children's use of motives and outcomes as moral criteria. *Child Development, 51*(3), 823–829. https://doi.org/10.2307/1129470

NICHD Early Child Care Research Network (2005). Duration and developmental timing of poverty and children's cognitive and social development from birth through third grade. *Child Development, 76*(4), 795–810. https://doi.org/10.1111/j.1467-8624.2005.00878.x

Nisbett, R. E., Aronson, J., Blair, C., Dickens, W., Flynn, J., Halpern, D. F., & Turkheimer, E.

(2012). Intelligence: New findings and theoretical developments. *American Psychologist, 67*(2), 130-159. https://doi.org/10.1037/a0026699

Oakes, L. M. (2012). Advances in eye tracking in infancy research. *Infancy, 17*(1). 1-8. https://doi.org/10.1111/j.1532-7078.2011.00101.x

Oberecker, R., & Friederici, A. D. (2006). Syntactic event-related potential components in 24-month-olds' sentence comprehension. *Neuroreport, 17*(10), 1017-1021. https://doi.org/10.1097/01.wnr.0000223397.12694.9a

Oppenheim, D., Sagi, A., & Lamb, M. E. (1988). Infant-adult attachments on the kibbutz and their relation to socioemotional development 4 years later. *Developmental Psychology, 24*(3), 427-433. https://doi.org/10.1037/0012-1649.24.3.427

Palincsar, A. S., Brown, A. L., & Campione, J. C. (1993). First grade dialogues for knowledge acquisition and use. In E. A. Forman, N. Minick, & C. A. Stone (Eds.), *Contexts for learning: Sociocultural dynamics in children's development* (pp. 43-57). Oxford University Press.

Palkovitz, R. (1984). Parental attitudes and fathers' interactions with their 5-month-old infants. *Developmental Psychology, 20*(6), 1054-1060. https://doi.org/10.1037/0012-1649.20.6.1054

Pantell, R. H., & Committee on Psychosocial Aspects of Child and Family Health. (2017). The child witness in the courtroom. *Pediatrics, 139*(3), Article e20164008. https://doi.org/10.1542/peds.2016-4008

Papousek, H. (1967). Experimental studies of appetitional behavior in human newborns and infants. In H. W. Stevenson, E. H. Hess, & H. L. Rheingold (Eds.), *Early behavior: Comparative and developmental approaches* (pp. 249-277). Wiley.

Parke, R. D., & Buriel, R. (1998). Socialization in the family: Ethnic and ecological perspectives. In W. Damon & N. Eisenberg (Eds.), *Handbook of child psychology: Vol. 3. Social, emotional, and personality development* (5th ed., pp. 463-552). Wiley.

Parkhurst, J. T., & Asher, S. R. (1992). Peer rejection in middle school: Subgroup differences in behavior, loneliness, and interpersonal concerns. *Developmental Psychology, 28*(2), 231-241. https://doi.org/10.1037/0012-1649.28.2.231

Pascual-Leone, J. (1987). Organismic processes for neo-Piagetian theories: A dialectical causal account of cognitive development. *International Journal of Psychology, 22*(5-6), 531-570. https://doi.org/10.1080/00207598708246795

Patterson, G. R. (1982). *Coercive family process*. Castalia Press.

Patterson, G. R., DeBaryshe, B. D., & Ramsey, E. (1989). A developmental perspective on antisocial behavior. *American Psychologist, 44*(2), 329-335. https://doi.org/10.1037/0003-066X.44.2.329

Pavlov, I. P. (2010). *Conditioned reflexes: An investigation of the physiological activity of the cerebral cortex* (G. V. Anrep, Trans.). Oxford University Press. (Original work published 1927)

Peeples, D. R., & Teller, D. Y. (1975). Color vision and brightness discrimination in two-month-old human infants. *Science, 189*(4208), 1102-1103. https://doi.org/10.1126/science.1162362

Pempek, T. A., Kirkorian, H. L., & Anderson, D. R. (2014). The effects of background television on the quantity and quality of child-directed speech by parents. *Journal of Children and Media, 8*(3), 211-222. https://doi.org/10.1080/17482798.2014.920715

Perris, E. E., Myers, N. A., & Clifton, R. K. (1990). Long-term memory for a single infancy experience. *Child Development, 61*(6), 1796-1807. https://doi.org/10.2307/1130838

Petitto, L. A. (2000). On the biological foundations of human language. In K. Emmorey & H. Lane (Eds.), *The signs of language revisited: An anthology in honor of Ursula Bellugi and Edward Klima* (pp. 449–473). Lawrence Erlbaum Associates.

Pfeiffer, U. J., Vogeley, K., & Schilbach, L. (2013). From gaze cueing to dual eye-tracking: Novel approaches to investigate the neural correlates of gaze in social interaction. *Neuroscience & Biobehavioral Reviews, 37*(10), 2516-2528. https://doi.org/10.1016/j.neubiorev.2013.07.017

Pfiefer, J. H., & Allen, N. B. (2012). Arrested development? Reconsidering dual-systems models of brain function in adolescence and disorders. *Trends in Cognitive Sciences, 16*(6), 322–329. https://doi.org/10.1016/j.tics.2012.04.011

Phinney, J. S. (1993). A three-stage model of ethnic identity development in adolescence. In M. E. Bernal & G. P. Knight (Eds.), *Ethnic identity: Formation and transmission among Hispanics and other minorities* (pp. 61-79). State University of New York Press.

Piaget, J. (1954). *The construction of reality in the child* (M. Cook, Trans.). Basic Books. https://doi.org/10.1037/11168-000 (Original work published 1937)

Piaget, J. (1964). Development and learning. In R. E. Ripple & V. N. Rockcastle (Eds.), *Piaget rediscovered* (pp. 7-20). Cornell University Press.

Piaget, J. (1965). *The moral judgment of the child* (M. Gabain, Trans.). The Free Press. (Original work published 1932)

Piaget, J. (1966). *The psychology of intelligence* (M. Pierce & D. Berlyne, Trans.). Adams & Co. (Original work published 1947)

Piaget, J. (2001). *The language and thought of the child* (G. Marjorie & G. Ruth, Trans.). Routledge. (Original work published 1923)

Piaget, J. (2015). *Judgment and reasoning in the child* (M. Warden, Trans.). Routledge. (Original work published 1928)

Piaget, J., & Inhelder, B. (1969). *The psychology of the child* (H. Weaver, Trans.). Basic Books. (Original work published 1966)

Pino-Pasternak, D., Valcan, D., & Malpique, A. (2019). Associations between the home environment, parenting and self-regulation in early childhood. In D. Whitebread, V. Grau, K. Kumpulainen, M. McClelland, N. Perry, & D. Pino-Pasternak (Eds.), *The Sage handbook of developmental psychology and early childhood education* (pp. 487-501). Sage.

Pinto, A., Folkers, E., & Sines, J. O. (1991). Dimensions of behavior and home environment in school-age children: India and the United States. *Journal of Cross-Cultural Psychology, 22*(4), 491–508. https://doi.org/10.1177/0022022191224004

Pipp, S., Easterbrooks, M. A., & Harmon, R. J. (1992). The relation between attachment and knowledge of self and mother in one-to three-year-old infants. *Child Development, 63*(3), 738-750. https://doi.org/10.1111/j.1467-8624.1992.tb01658.x

Plomin, R. (1990). *Nature and nurture: An introduction to behavior genetics.* Brooks/Cole.

Plomin, R., Reiss, D., Hetherington, E. M., & Howe, G. W. (1994). Nature and nurture: Genetic contributions to measures of the family environment. *Developmental Psychology, 30*(1), 32-43. https://doi.org/10.1037/0012-1649.30.1.32

Powell, L. F. (1974). The effect of extra stimulation and maternal involvement on the development of low-birth-weight infants and on maternal behavior. *Child Development, 45*(1), 106-113. https://doi.org/10.2307/1127756

Powers, M. K., Schneck, M., & Teller, D. Y. (1981). Spectral sensitivity of human infants at absolute visual threshold. *Vision Research, 21*(7), 1005-1016. https://doi.org/10.1016/0042-6989(81)90004-3

Powlishta, K. K., Serbin, L. A., Doyle, A., & White, D. R. (1994). Gender, ethnic, and body type biases: The generality of prejudice in childhood. *Developmental Psychology, 30*(4), 526-536. https://doi.org/10.1037/0012-1649.30.4.526

Pratt, K. C. (1954). The neonate. In L. Carmichael (Ed.), *Manual of child psychology* (2nd ed., pp. 215-291). Wiley. https://doi.org/10.1037/10756-000

Preyer, W. T. (2010). *The mind of the child: Vol. 2. The development of the intellect, international education* (W. T. Harris Ed.). Fili-Quarian Classics. (Original work published 1882)

Puig, J., Englund, M. M., Simpson, J. A., & Collins, W. A. (2013). Predicting adult physical illness from infant attachment: A prospective longitudinal study. *Health Psychology, 32*(4), 409-417. https://doi.org/10.1037/a0028889

Quinn, B., & Goldberg, S. (1977, March 17-20). *Feeding and fussing: Parent-infant interaction as a function of newborn medical status* [Paper presentation]. Symposium on Disturbances in Parent-Infant interaction, New Orleans, LA, United States. https://eric.ed.gov/?id=ED143456

Quinn, R. A., Houts, A. C., & Graesser, A. C. (1994). Naturalistic conceptions of morality: A question–answering approach. *Journal of Personality, 62*(2), 239-262. https://doi.org/10.1111/j.1467-6494.1994.tb00293.x

Reeder, K. (1981). How young children learn to do things with words. In P. S. Dale & D. Ingram (Eds.), *Child language: An international perspective* (pp. 135-150). University Park Press.

Reissland, N. (1988). Neonatal imitation in the first hour of life: Observations in rural Nepal. *Developmental Psychology, 24*(4), 464-469. https://doi.org/10.1037/0012-1649.24.4.464

Rescorla, L. (1980). Overextension in early language development. *Journal of Child Language, 7*(2), 321-335. https://doi.org/10.1017/S0305000900002658

Rest, J. R., Narv ez, D., Thoma, S. J., Bebeau, M. J., & Bebeau, M. J. (1999). *Postconventional moral thinking: A neo-Kohlbergian approach.* Psychology Press. https://doi.org/10.4324/9781410603913

Reznick, J. S., & Goldfield, B. A. (1992). Rapid change in lexical development in comprehension and production. *Developmental Psychology, 28*(3), 406-413. https://doi.org/10.1037/0012-1649.28.3.406

Rice, M. L., Huston, A. C., Truglio, R., & Wright, J. C. (1990). Words from "Sesame Street": Learning vocabulary while viewing. *Developmental Psychology, 26*(3), 421-428. https://doi.org/10.1037/0012-1649.26.3.421

Richards, M. H., & Duckett, E. (1994). The relationship of maternal employment to early adolescent daily experience with and without parents. *Child Development, 65*(1), 225-236. https://doi.org/10.2307/1131377

Robinson, B. E., & Green, M. G. (1981). Beyond androgyny: The emergence of sex-role transcendence as a theoretical construct. *Developmental Review, 1*(3), 247-265. https://doi.org/10.1016/0273-2297(81)90020-4

Robinson, B. F., Mervis, C. B., & Robinson, B. W. (2003). The roles of verbal short-term memory and working memory in the acquisition of grammar by children with Williams syndrome. *Developmental Neuropsychology, 23*(1-2), 13-31. https://doi.org/10.1080/87565641.2003.9651885

Roebers, C. M., & Schneider, W. (2001). Individual differences in children's eyewitness recall: The influence of intelligence and shyness. *Applied Developmental Science, 5*(1), 9-20. https://doi.org/10.1207/S1532480XADS0501_2

Roffwarg, H. P., Muzio, J. N., & Dement, W. C. (1966). Ontogenetic development of the human sleep-dream cycle. *Science, 152*(3722), 604-619. https://doi.org/10.1126/science.152.3722.604

Rogoff, B. (2003). *The cultural nature of human development.* Oxford University Press.

Roseberry, S., Hirsh-Pasek, K., & Golinkoff, R. M. (2014). Skype me! Socially contingent interactions help toddlers learn language. *Child Development, 85*(3), 956-970. https://doi.org/10.1111/cdev.12166

Rosen, L. D., Lim, A. F., Felt, J., Carrier, L. M., Cheever, N. A., Lara-Ruiz, J. M., Mendoza, J. S., & Rokkum, J. (2014). Media and technology use predicts ill-being among children, preteens and teenagers independent of the negative health impacts of exercise and eating habits. *Computers in Human Behavior, 35,* 364-375. https://doi.org/10.1016/j.chb.2014.01.036

Rosenberg, M. (1965). *Rosenberg Self-Esteem Scale* (RSES) [Database record]. APA PsycTests. https://doi.org/10.1037/t01038-000

Rosenthal, M. K. (1982). Vocal dialogues in the neonatal period. *Developmental Psychology, 18*(1), 17-21. https://doi.org/10.1037/0012-1649.18.1.17

Ross, J. L., Roeltgen, D. P., Kushner, H., Zinn, A. R., Reiss, A., Bardsley, M. Z., McCauley, E., & Tartaglia, N. (2012). Behavioral and social phenotypes in boys with 47,XYY syndrome or 47,XXY Klinefelter syndrome. *Pediatrics, 129*(4), 769-778. https://doi.org/10.1542/peds.2011-0719

Rothbart, M. K. (2012). Advances in temperament: History, concepts, and measures. In M. Zentner & R. L. Shiner (Eds.), *Handbook of temperament* (pp. 3-20). Guilford.

Rothbart, M. K., & Bates, J. E. (1998). Temperament. In W. Damon & N. Eisenberg (Eds.), *Handbook of child psychology: Vol. 3. Social, emotional, and personality development* (5th ed., pp. 105-176), Wiley.

Rousseau, J. J. (1979). *Emile, or on education* (A. Bloom, Trans.). Basic Books. (Original work published 1762)

Rovee-Collier, C. K. (1987). Learning and memory in infancy. In J. D. Osofsky (Ed.), *Handbook of infant development* (2nd ed., pp. 98-148). Wiley.

Rovee-Collier, C. K. (1997). Dissociations in infant memory: Rethinking the development of implicit and explicit memory. *Psychological Review, 104*(3), 467-498. https://doi.org/10.1037/0033-295X.104.3.467

Rovee-Collier, C. K., & Lipsitt, L. P. (1982). Learning, adaptation, and memory in the newborn. In P. Stratton (Ed.), *Psychobiology of the human newborn* (pp. 147-190). Wiley.

Ruble, D. N. (1983). The development of social comparison processes and their role in achievement related self-socialization. In E. Higgins, D. Ruble & W. Hartup (Eds.), *Social cognitive and social development: A social-cultural perspective* (pp. 134-157). Cambridge University Press.

Ruble, D. N., Eisenberg, R., & Higgins, E. T. (1994). Developmental changes in achievement evaluations: Motivational implications of self-other differences. *Child Development, 65*(4), 1095-1110. https://doi.org/10.1111/j.1467-8624.1994.tb00805.x

Rueda, M. R., & Posner, M. I. (2013). Development of attentional networks. In P. D. Zelazo (Ed.), *The Oxford handbook of developmental psychology: Vol. 1. Body and mind* (pp. 683-705). Oxford University Press.

Ruff, H. A., & Lawson, K. R. (1990). Development of sustained, focused attention in young children during free play. *Developmental Psychology, 26*(1), 85-93. https://doi.org/10.1037/0012-1649.26.1.85

Ruffman, T., Olson, D. R., Ash, T., & Keenan, T. (1993). The ABCs of deception: Do young children understand deception in the same way as adults? *Developmental Psychology, 29*(1), 74-87. https://doi.org/10.1037/0012-1649.29.1.74

Runco, M. A. (1992). Children's divergent thinking and creative ideation. *Developmental Review, 12*(3), 233-264. https://doi.org/10.1016/0273-2297(92)90010-Y

Rutter, M. (1981). *Maternal deprivation revisited* (2nd ed.). Penguin Books.

Rutter, M. (1987). Psychosocial resilience and protective mechanisms. *American Journal of Orthopsychiatry, 57*(3), 316-331. https://doi.org/10.1111/j.1939-0025.1987.tb03541.x

Saarni, C. (1999). *The development of emotional competence.* Guilford Press.

Sameroff, A. J., Seifer, R., Baldwin, A., & Baldwin, C. (1993). Stability of intelligence from preschool to adolescence: The influence of social and family risk factors. *Child Development, 64*(1), 80-97. https://doi.org/10.2307/1131438

Santrock, J. W. (2020). *A topical approach to life-span development* (10th ed.). McGraw-Hill.

Savage-Rumbaugh, S., Shanker, S. G., & Taylor, T. J. (1998). *Apes, language, and the human mind.* Oxford University Press.

Saywitz, K. J., Wells, C. R., Larson, R. P., & Hobbs, S. D. (2019). Effects of interviewer support on children's memory and suggestibility: Systematic review and meta-analyses of experimental research. *Trauma, Violence, & Abuse, 20*(1), 22-39. https://doi.org/10.1177/1524838016683457

Scarr, S. (1997). Behavior-genetic and socialization theories of intelligence: Truce and reconciliation. In R. J. Sternberg & E. L. Grigorenko (Eds.), *Intelligence, heredity, and environment* (pp. 3-41). Cambridge University Press. https://doi.org/10.1017/CBO9781139174282.002

Scarr, S., & McCatney, K. (1983). How people make their own environments: A theory of genotype → environment effects. *Child Development, 54*(2), 424-435. https://doi.org/10.2307/1129703

Schaffer, H. R. (1977). *Mothering.* Harvard University Press. https://doi.org/10.4159/harvard.9780674422186

Schaffer, H. R., & Emerson, P. E. (1964). The development of social attachments in infancy. *Monographs of the Society for Research in Child Development, 29*(3), 1-77. https://doi.org/10.2307/1165727

Schaie, K. W. (2005). *Developmental influences on adult intelligence: The Seattle longitudinal study.* Oxford University Press. https://doi.org/10.1093/acprof:oso/9780195156737.001.0001

Schaie, K. W. (2016). Theoretical perspectives for the psychology of aging in a lifespan context. In K. W. Schaie & S. L. Willis (Eds.), *Handbook of the psychology aging* (8th ed., pp. 3-13). Academic Press.

Schiff, S., Casa, M., Di Caro, V., Aprile, D., Spinelli, G., De Rui, M., Angeli, P., Amodio, P., & Montagnese, S. (2016). A low-cost, user-friendly electroencephalographic recording system for the assessment of hepatic encephalopathy. *Hepatology, 63*(5), 1651-1659. https://doi.org/10.1002/hep.28477

Schmidt, F. L., & Hunter, J. (2004). General mental ability in the world of work: Occupational attainment and job performance. *Journal of Personality and Social Psychology, 86*(1), 162-173. https://doi.org/10.1037/0022-3514.86.1.162

Schneider, W., & Pressley, M. (1989). *Memory development between 2 and 20.* Springer-Verlag Publishing. https://doi.org/10.1007/978-1-4613-9717-5

Schore, A. N. (2000). Attachment and the regulation of the right brain. *Attachment & Human Development, 2*(1), 23-47. https://doi.org/10.1080/146167300361309

Schore, J. R., & Schore, A. N. (2008). Modern attachment theory: The central role of affect regulation in development and treatment. *Clinical Social Work Journal, 36*(1), 9–20. https://doi.org/10.1007/s10615-007-0111-7

Schulman, J. D., & Black, S. H. (1993). Genetics of some common inherited diseases. In R. G. Edwards (Ed.), *Preconception and preimplantation diagnosis of human genetic disease* (pp. 101-126). Cambridge University Press.

Schwartz, R., Leonard, L., Loeb, D., & Swanson, L. (1987). Attempted sounds are sometimes not: An expanded view of phonological selection and avoidance. *Journal of Child Language, 14*(3), 411-418. https://doi.org/10.1017/S0305000900010205

Scrimsher, S., & Tudge, J. (2003). The teaching/learning relationship in the first years of school: Some revolutionary implications of Vygotskya's theory. *Early Education and Development, 14*(3), 293-312. https://doi.org/10.1207/s15566935eed1403_3

Seifer, R., Dickstein, S., Parade, S., Hayden, L. C., Magee, K. D., & Schiller, M. (2014). Mothers' appraisal of goodness of fit and children's social development. *International Journal of Behavioral Development, 38*(1), 86–97. https://doi.org/10.1177/0165025413507172

Selman, R. L. (1980). *The growth of interpersonal understanding.* Academic Press.

Senghas, A., & Coppola, M. (2001). Children creating language: How Nicaraguan sign language acquired a spatial grammar. *Psychological Science, 12*(4), 323-328. https://doi.org/10.1111/1467-9280.00359

Serbin, L. A., Powlishta, K. K., & Gulko, J. (1993). The development of sex typing in middle childhood. *Monographs of the Society for Research in Child Development, 58*(2), 1–99. https://doi.org/10.1111/j.1540-5834.1993.tb00379.x

Shaffer, D. R., Kipp, K., Wood, E., Willoughby, T., & Roberts, K., Gottardo, A., Krettenauer, T., Lee, J., & Newton, N. (2020). *Developmental psychology: Infancy and childhood* (5th ed.). Nelson.

Shaw, D. S., Keenan, K., & Vondra, J. I. (1994). Developmental precursors of externalizing behavior: Ages 1 to 3. *Developmental Psychology, 30*(3), 355–364. https://doi.org/10.1037/0012-1649.30.3.355

Shweder, R. A., Mahapatra, M., & Miller, J. G. (1990). Culture and moral development. In J. W. Stigler, R. A. Shweder, & G. Herdt (Eds.), *Cultural psychology: Essays on comparative human development* (pp. 130–204). Cambridge University Press. https://doi.org/10.1017/CBO9781139173728.005

Siegel, L. S. (1982). Reproductive, perinatal, and environmental factors as predictors of the cognitive and language development of preterm and full-term infants. *Child Development, 53*(4), 963-973. https://doi.org/10.2307/1129135

Siegler, R. S. (2000). The rebirth of children's learning. *Child Development, 71*(1), 26–35. https://doi.org/10.1111/1467-8624.00115

Siegler, R. S., & Alibali, M. W. (2004). *Children's thinking* (4th ed.). Prentice-Hall.

Siegler, R. S., DeLoache J. S., Eisenberg N., & Saffran J. (2014). *How children develop* (4th ed.). Worth Publishers.

Sigelman, C. K., Miller, T. E., & Whitworth, L. A. (1986). The early development of stigmatizing reactions to physical differences. *Journal of Applied Developmental Psychology, 7*(1),

17-32. https://doi.org/10.1016/0193-3973(86)90016-X

Simmons, R. G., & Blyth, G. A. (1987). *Moving into adolescence: The impact of pubertal change and school context.* De Gruyter.

Simons, R. L., Lei, M. K., Beach, S. R., Brody, G. H., Philibert, R. A., & Gibbons, F. X. (2011). Social environmental variation, plasticity genes, and aggression: Evidence for the differential susceptibility hypothesis. *American Sociological Review, 76*(6), 833-912. https://doi.org/10.1177/0003122411427580

Simonton, D. K. (2000). Creativity: Cognitive, personal, developmental, and social aspects. *American Psychologist, 55*(1), 151-158. https://doi.org/10.1037/0003-066X.55.1.151

Singleton, J. L., & Newport, E. L. (2004). When learners surpass their models: The acquisition of American sign language from inconsistent input. *Cognitive Psychology, 49*(4), 370-407. https://doi.org/10.1016/j.cogpsych.2004.05.001

Skinner, B. F. (1953). *Science and human behavior.* Macmillan.

Slaby, R. G., & Crowley, C. G. (1977). Modification of cooperation and aggression through teacher attention to children's speech. *Journal of Experimental Child Psychology, 23*(3), 442-458. https://doi.org/10.1016/0022-0965(77)90038-8

Slobin, D. I. (1985). Crosslinguistic evidence for the language-making capacity. In D. I. Slobin (Ed.), *The crosslinguistic study of language acquisition: Vol. 1. The data* (pp. 1157-1256). Lawrence Erlbaum Associates.

Smith, C. L., & Tager-Flusberg, H. (1982). Metalinguistic awareness and language development. *Journal of Experimental Child Psychology, 34*(3), 449-468. https://doi.org/10.1016/0022-0965(82)90071-6

Smith, P. K., & Daglish, L. (1977). Sex differences in parent and infant behavior in the home. *Child Development, 48*(4), 1250-1254. https://doi.org/10.2307/1128482

Smith, R. L., Rose, A. J., & Schwartz-Mette, R. A. (2010). Relational and overt aggression in childhood and adolescence: Clarifying mean-level gender differences and associations with peer acceptance. *Social Development, 19*(2), 243-269. https://doi.org/10.1111/j.1467-9507.2009.00541.x

Snow, M. E., Jacklin, C. N., & Maccoby, E. E. (1983). Sex-of-child differences in father-child interaction at one year of age. *Child Development, 54*(1), 227-232. https://doi.org/10.2307/1129880

Somerville, L. H., Jones, R. M., & Casey, B. J. (2010). A time of change: Behavioral and neural correlates of adolescent sensitivity to appetitive and aversive environmental cues. *Brain and Cognition, 72*(1), 124-133. https://doi.org/10.1016/j.bandc.2009.07.003 .

Somerville, S. C., Wellman, H. M., & Cultice, J. C. (1983). Young children's deliberate reminding. *The Journal of Genetic Psychology, 143*(1), 87-96. https://doi.org/10.1080/00221325.1983.10533537

Sostek, A. M., & Anders, T. F. (1981). The biosocial importance and environmental sensitivity of infant sleep-wake behaviors. In K. Bloom (Ed.), *Prospective issues in infancy research* (pp. 90-118). Lawrence Erlbaum Associates.

Sparrow, S. S., & Davis, S. M. (2000). Recent advances in the assessment of intelligence and cognition. *Journal of Child Psychology and Psychiatry, 41*(1), 117-131. https://doi.org/10.1111/1469-7610.00552

Spearman, C. (1927). *The abilities of man.* Macmillan.

Spelke, E. S., & Newport, E. L. (1998). Nativism, empiricism, and the development of knowledge. In W. Damon & R. M. Lerner (Eds.), *Handbook of child psychology: Vol. 1. Theoretical models of human development* (5th ed., pp. 275–340). Wiley.

Spinrad, T. L., & Eisenberg, N. (2019). Socialization of moral emotions and behavior. In D. J. Laible, G. Carlo, & L. M. Padilla-Walker (Eds.), *The Oxford handbook of parenting and moral development* (pp. 57–71). Oxford University Press. https://doi.org/10.1093/oxfordhb/9780190638696.013.7

Spitz, H. H., & Borland, M. D. (1971). Redundancy in line drawings of familiar objects: Effect of age and intelligence. *Cognitive Psychology, 2*(2), 196-205. https://doi.org/10.1016/0010-0285(71)90009-0

Spitz, R. A. (1965). *The first year of life: A psychoanalytic study of normal and deviant object relations.* International Universities Press.

Sroufe, L. A., Egeland, B., & Kreutzer, T. (1990). The fate of early experience following developmental change: Longitudinal approaches to individual adaptation in childhood. *Child Development, 61*(5), 1363–1373. https://doi.org/10.2307/1130748

St. James-Roberts, I., & Plewis, I. (1996). Individual differences, daily fluctuations, and developmental changes in amounts of infant waking, fussing, crying, feeding, and sleeping. *Child Development, 67*(5), 2527–2540. https://doi.org/10.2307/1131638

Steinberg, L. (1985). *Adolescence.* Alfred A. Knopf.

Steiner, J. E. (1979). Human facial expressions in response to taste and smell stimulation. *Advances in Child Development and Behavior, 13,* 257–295.https://doi.org/10.1016/s0065-2407(08)60349-3

Steinschneider, A. (1975). Implications of the sudden infant death syndrome for the study of sleep in infancy. In A. D. Pick (Ed.), *Minnesota symposia on child psychology* (Vol. 9, pp. 106-134). University of Minnesota Press.

Sternberg, R. J. & Lubart, T. I. (1996). Investing in creativity. *American Psychologist, 51*(7), 677-688. https://doi.org/10.1037/0003-066X.51.7.677

Sternberg, R. J. (1985). *Beyond IQ: A triarchic theory of human intelligence.* Cambridge University Press.

Sternberg, R. J. (1991). Theory-based testing of intellectual abilities: Rationale for the triarchic abilities test. In H. A. Rowe (Ed.), *Intelligence: Reconceptualization and measurement* (pp. 183-202). Lawrence Erlbaum Associates.

Sternberg, R. J. (1999). The theory of successful intelligence. *Review of General Psychology, 3*(4), 292-316. https://doi.org/10.1037/1089-2680.3.4.292

Sternberg, R. J. (2003). A broad view of intelligence: The theory of successful intelligence. *Consulting Psychology Journal: Practice and Research, 55*(3), 139-154. https://doi.org/10.1037/1061-4087.55.3.139

Stewart, R. B. (1983). Sibling attachment relationships: Child–infant interaction in the strange situation. *Developmental Psychology, 19*(2), 192–199. https://doi.org/10.1037/0012-1649.19.2.192

Stipek, D. J., Gralinski, J. H., & Kopp, C. B. (1990). Self-concept development in the toddler years. *Developmental Psychology, 26*(6), 972–977. https://doi.org/10.1037/0012-1649.26.6.972

Strayer, J., & Roberts, W. (1989). Children's empathy and role taking: Child and parental factors, and relations to prosocial behavior. *Journal of Applied Developmental Psychology, 10*(2), 227-239. https://doi.org/10.1016/0193-3973(89)90006-3

Streri, A., & Pecheux, M. (1986). Tactual habituation and discrimination of form in infancy: A comparison with vision. *Child Development, 57*(1), 100-104. https://doi.org/10.2307/1130641

Stryker, M. P., Sherk, H., Leventhal, A. G., & Hirsch, V. H. B. (1978). Physiological consequences for the cat's visual cortex of effectively restricting early visual experience with oriented contours. *Journal of Neurophysiology, 41*(4), 896-909. https://doi.org/10.1152/jn.1978.41.4.896

Stukas, A. A., Snyder, M., & Clary, E. G. (1999). The effects of "mandatory volunteerism" on intentions to volunteer. *Psychological Science, 10*(1), 59–64. https://doi.org/10.1111/1467-9280.00107

Sudhalter, V., & Braine, M. (1985). How does comprehension of passives develop? A comparison of actional and experiential verbs. *Journal of Child Language, 12*(2), 455-470. https://doi.org/10.1017/S0305000900006541

Swaab, D. F., Chung, W. C., Kruijver, F. P., Hofman, M. A., & Ishunina, T. A. (2001). Structural and functional sex differences in the human hypothalamus. *Hormones and Behavior, 40*(2), 93-98. https://doi.org/10.1006/hbeh.2001.1682

Sykes, C. J. (1995). *Dumbing down our kids: Why America's children feel good about themselves but can't read, write, or add.* St. Martin's Press.

Tamis-LeMonda, C. S., & Bornstein, M. H. (1989). Habituation and maternal encouragement of attention in infancy as predictors of toddler language, play and representational competence. *Child Development, 60*(3), 738-751. https://doi.org/10.2307/1130739

Tannen, D. (1990). Gender differences in topical coherence: Creating involvement in best friends' talk. *Discourse Processes, 13*(1), 73–90. https://doi.org/10.1080/01638539009544747

Tanner, J. M. (1981). Growth and maturation during adolescence. *Nutrition Reviews, 39*(2), 43-55. https://doi.org/10.1111/j.1753-4887.1981.tb06734.x

Tanner, J. M. (1990). *Fetus into man: Physical growth from conception to maturity.* Harvard University Press. https://www.hup.harvard.edu/catalog.php?isbn=9780674306929

Tarquinio, N., Zelazo, P. R., & Weiss, M. J. (1990). Recovery of neonatal head turning to decreased sound pressure level. *Developmental Psychology, 26*(5), 752-758. https://doi.org/10.1037/0012-1649.26.5.752

Teller, D. Y., & Bornstein, M. H. (1987). Infant color vision and color perception. In P. Salapatek & L. B. Cohen (Eds.), *Handbook of infant perception* (pp. 185-236). Academic Press.

Telzer, E. H., Fuligni, A. J., Lieberman, M. D., & Galván, A. (2013). Meaningful family relationships: Neurocognitive buffers of adolescent risk taking. *Journal of Cognitive Neuroscience, 25*(3), 374-387. https://doi.org/10.1162/jocn_a_00331

Terry, R., & Coie, J. D. (1991). A comparison of methods for defining sociometric status among children. *Developmental Psychology, 27*(5), 867–880. https://doi.org/10.1037/0012-1649.27.5.867

The Society for Research in Child Development. (2021). *Ethical principles and standards for developmental scientists.* https://www.srcd.org/about-us/ethical-principles-and-standards-developmental-scientists

Thelen, E. (1989). The (re)discovery of motor development: Learning new things from an old field. *Developmental Psychology, 25*(6), 946-949. https://doi.org/10.1037/0012-1649.25.6.946

Thomas, A., & Chess, S. (1957). An approach to the study of sources of individual difference in child behavior. *Journal of Clinical and Experimental Psychopathology, 18*(4), 347-357.

Thomas, A., & Chess, S. (1977). *Temperament and development.* Brunner/Mazel.

Thomas, A., Chess, S., & Birch, H. G. (1970). The origin of personality. *Scientific American, 223*(2), 102–109. https://doi.org/10.1038/scientificamerican0870-102

Thompson, R. A. (1994). Emotion regulation: A theme in search of definition. *Monographs of the Society for Research in Child Development, 59*(2-3). https://doi.org/10.1111/j.1540-5834.1994.tb01276.x

Thompson, R. A. (2019). Early moral development and attachment theory. In D. J. Laible, G. Carlo, & L. M. Padilla-Walker (Eds.), *The Oxford handbook of parenting and moral development* (pp. 21–39). Oxford University Press. https://doi.org/10.1093/oxfordhb/9780190638696.013.2

Thompson, R. A., & Nelson, C. A. (2001). Developmental science and the media: Early brain development. *American Psychologist, 56*(1), 5-15. https://doi.org/10.1037/0003-066x.56.1.5

Thurstone, L. L. & Thurstone, T. G. (1941). Factorial studies of intelligence. *Psychometric Monographs, 2*, 94.

Tomasello, M. (1995). Language is not an instinct. *Cognitive Development, 10*(1), 131–156. https://doi.org/10.1016/0885-2014(95)90021-7

Tomasello, M. (2006). Acquiring linguistic constructions. In D. Kuhn & R. Siegler (Eds.), *Handbook of child psychology: Vol. 2. Cognition, perception, and language* (pp. 255–298). Wiley. https://doi.org/10.1002/9780470147658.chpsy0206

Tomasello, M., & Vaish, A. (2013). Origins of human cooperation and morality. *Annual Review of Psychology, 64*(1), 231-255. https://doi.org/10.1146/annurev-psych-113011-143812

Tomlinson-Keasey, C., & Keasey, C. B. (1974). The mediating role of cognitive development in moral judgment. *Child Development, 45*(2), 291–298. https://doi.org/10.2307/1127947

Toner, I. J., Moore, L. P., & Emmons, B. A. (1980). The effect of being labeled on subsequent self-control in children. *Child Development, 51*(2), 618-621. https://doi.org/10.2307/1129308

Trehub, S. E. (1985). Auditory pattern perception in infancy. In S. E. Trehub & B. Schneider (Eds.), *Advances in the study of communication and affect: Vol. 10. Auditory development in infancy* (pp. 183-195). Springer. https://doi.org/10.1007/978-1-4757-9340-6_10

Tremblay, M. S., LeBlanc, A. G., Carson, V., Choquette, L., Gorber, S. C., Dillman, C., Duggan, M., Gordon, M. J., Hicks, A., Janssen, I., Kho, M. E., Latimer-Cheung, A. E., Leblanc, C., Murumets, K., Okely, A. D., Reilly, J. J., Stearns, J. A., Timmons, B. W., & Spence, J. C. (2012). Canadian sedentary behaviour guidelines for the early years (aged 0–4 years). *Applied Physiology, Nutrition, and Metabolism, 37*(2), 370-380. https://doi.org/10.1139/h2012-019

Tremblay, R. E. (2000). The development of aggressive behaviour during childhood: What have we learned in the past century? *International Journal of Behavioral Development, 24*(2), 129-141. https://doi.org/10.1080/016502500383232

Truglio, R. T., & Kotler, J. (2017). Smarter, stronger, kinder—developing effective media-based tools for at-risk populations: Commentary on chapter 15. In R. Barr & D. Linebarger (Eds.), *Media exposure during infancy and early childhood* (pp. 249-257). Springer. https://doi.org/10.1007/978-3-319-45102-2_16

Trzesniewski, K. H., Donnellan, M. B., & Robins, R. W. (2003). Stability of self-esteem across the life span. *Journal of Personality and Social Psychology, 84*(1), 205–220. https://doi.org/10.1037/0022-3514.84.1.205

Tuchmann-DuPlessis, H. (1965). Design and interpretation of teratogenic tests. In J. N. Robson, J. M.Sullivan & R. L. Smith (Eds.), *A symposium of embryopathic activity of drugs.* (pp. 56-87). Brown.

Turiel, E. (2013). Morality: Epistemology, development, and social opposition. In M. Killen & J. G. Smetana (Eds.), *Handbook of moral development* (2nd ed., pp. 3–22). Psychology Press.

https://doi.org/10.4324/9780203581957

Twenge, J. M., & Crocker, J. (2002). Race and self-esteem: Meta-analyses comparing Whites, Blacks, Hispanics, Asians, and American Indians and comment on Gray-Little and Hafdahl (2000). *Psychological Bulletin, 128*(3), 371–408. https://doi.org/10.1037/0033-2909.128.3.371

Underwood, M. K. (2003). *Social aggression among girls*. Guilford Press.

Vaish, A., Carpenter, M., & Tomasello, M. (2010). Young children selectively avoid helping people with harmful intentions. *Child Development, 81*(6), 1661-1669. https://doi.org/10.1111/j.1467-8624.2010.01500.x

van Ijzendoorn, M. H., & Kroonenberg, P. M. (1988). Cross-cultural patterns of attachment: A meta-analysis of the strange situation. *Child Development, 59*(1), 147-156. https://doi.org/10.2307/1130396

van Ijzendoorn, M. H., Juffer, F., & Poelhuis, C. W. K. (2005). Adoption and cognitive development: A meta-analytic comparison of adopted and nonadopted children's IQ and school performance. *Psychological Bulletin, 131*(2), 301-316. https://doi.org/10.1037/0033-2909.131.2.301

Vaughn, B. E., Kopp, C. B., & Krakow, J. B. (1984). The emergence and consolidation of self-control from eighteen to thirty months of age: Normative trends and individual differences. *Child Development, 55*(3), 990–1004. https://doi.org/10.2307/1130151

Vihman, M. M., & Miller, R. (1988). Words and babble at the threshold of language acquisition. In M. D. Smith & J. L. Locke (Eds.), *The emergent lexicon: The child's development of a linguistic vocabulary* (pp. 151-183). Academic Press.

Visser, B. A., Ashton, M. C., & Vernon, P. A. (2006). Beyond g: Putting multiple intelligences theory to the test. *Intelligence, 34*(5), 487–502. https://doi.org/10.1016/j.intell.2006.02.004

Vlatkovic, I. B., Hafner, T., Miskovic, B., Vicic, A., Poljak, B., & Stipoljev, F. (2014). Prenatal diagnosis of sex chromosome aneuploidies and disorders of sex development–a retrospective analysis of 11-year data. *Journal of Perinatal Medicine, 42*(4), 529-534. https://doi.org/10.1515/jpm-2013-0279

Vurpillot, E. (1968). The development of scanning strategies and their relation to visual differentiation. *Journal of Experimental Child Psychology, 6*(4), 632-650. https://doi.org/10.1016/0022-0965(68)90108-2

Vygotsky, L. S. (1962). *Thought and Language* (A. Kozulin, Trans.). MIT Press. https://doi.org/10.1037/11193-000 (Original work published 1934)

Vygotsky, L. S. (1978). *Mind in society: The development of higher mental processes* (M. Cole, V. John-Steiner, S. Scribner, & E. Souberman, Eds.). Harvard University Press. https://doi.org/10.2307/j.ctvjf9vz4 (Original work published 1930, 1933, 1935)

Waddington, C. H. (1966). *Principles of development and differentiation*. Macmillan.

Waldman, I. D., Tackett, J. L., Van Hulle, C. A., Applegate, B., Pardini, D., Frick, P. J., & Lahey, B. B. (2011). Child and adolescent conduct disorder substantially shares genetic influences with three socioemotional dispositions. *Journal of Abnormal Psychology, 120*(1), 57–70. https://doi.org/10.1037/a0021351

Walk, R. D. (1981). *Perceptual development*. Brooks/Cole.

Walker, A. S. (1982). Intermodal perception of expressive behaviors by human infants. *Journal of Experimental Child Psychology, 33*(3), 514–535. https://doi.org/10.1016/0022-0965(82)90063-7

Walker, L. J. (1980). Cognitive and perspective-taking prerequisites for moral development. *Child Development, 51*(1), 131-139. https://doi.org/10.2307/1129599

Waterman, A. S., & Archer, S. L. (1990). A life-span perspective on identity formation: Developments in form, function, and process. In P. B. Baltes, D. L. Featterman, & R. M. Lerner (Eds.), *Life-span development and behavior* (Vol. 10, pp. 29-57). Lawrence Erlbaum Associates.

Waters, E., Wippman, J., & Sroufe, L. A. (1979). Attachment, positive affect, and competence in the peer group: Two studies in construct validation. *Child Development, 50*(3), 821-829. https://doi.org/10.2307/1128949

Watson, J. B. (1926). Behaviorism: A psychology based on reflexes. *Archives of Neurology & Psychiatry, 15*(2), 185-204. https://doi.org/10.1001/archneurpsyc.1926.02200200036003.

Watson, J. B., & Raynor, R. (1920). Conditioned emotional reactions. *Journal of Experimental Psychology, 3*(1), 1-14. https://doi.org/10.1037/h0069608

Watson, M. W., & Peng, Y. (1992). The relation between toy gun play and children's aggressive behavior. *Early Education and Development, 3*(4), 370-389. https://doi.org/10.1207/s15566935eed0304_7

Wechsler, D. (2014). *Wechsler Intelligence Scale for Children-V (WISC-V): Technical and interpretive manual.* Pearson.

Wellman, H. M. (1985). *Children's searching: The development of search skill and spatial representation.* Psychology Press. https://doi.org/10.4324/9780203781746

Wellman, H. M., & Bartsch, K. (1988). Young children's reasoning and beliefs. *Cognition, 30*(3), 239-277. https://doi.org/10.1016/0010-0277(88)90021-2

Wellman, H. M., & Woolley, J. (1990). From simple desires to ordinary beliefs: The early development of everyday psychology. *Cognition, 35*(3), 245-275. https://doi.org/10.1016/0010-0277(90)90024-E

Westermann, G., Thomas, M. S. C., & Karmiloff-Smith, A. (2011). Neuroconstructivism. In U. Goswami (Ed.), *The Wiley-Blackwell handbook of childhood cognitive development* (pp. 723-747). Wiley-Blackwell. https://doi.org/10.1111/j.1467-7687.2007.00567.x

Widdowson, E. M. (1951). Mental contentment and physical growth. *The Lancet, 257*(6668), 1316-1318. https://doi.org/10.1016/S0140-6736(51)91795-3

Williams, J. E., & Best, D. L. (1990). *Measuring sex stereotypes: A multination study.* Sage Publications.

Williamson, R. A., Donohue, M. R., & Tully, E. C. (2013). Learning how to help others: Two-year-olds' social learning of a prosocial act. *Journal of Experimental Child Psychology, 114*(4), 543-550. https://doi.org/10.1016/j.jecp.2012.11.004

Wilson, R. S. (1983). The Louisville twin study: Developmental synchronies in behavior. *Child Development, 54*(2), 298-316. https://doi.org/10.2307/1129693

Wimmer, H., & Perner, J. (1983). Beliefs about beliefs: Representation and constraining function of wrong beliefs in young children's understanding of deception. *Cognition, 13*(1), 103-128. https://doi.org/10.1016/0010-0277(83)90004-5

Windsor, J. (1993). The functions of novel word compounds. *Journal of Child Language, 20*(1), 119-138. https://doi.org/10.1017/S0305000900009156

Witelson, S. F., Kigar, D. L., & Harvey, T. (1999). The exceptional brain of Albert Einstein. *The Lancet, 353*(9170), 2149-2153. https://doi.org/10.1016/S0140-6736(98)10327-6

Witkin, H. A. (1967). A cognitive style approach to cross-cultural research. *International Journal of Psychology, 2*(4), 233-250. https://doi.org/10.1080/00207596708247220

Witkin, H. A., Goodenough, D. R., & Oltman, P. K. (1979). Psychological differentiation: Current status. *Journal of Personality and Social Psychology, 37*(7), 1127-1145. https://doi.org/10.1037/0022-3514.37.7.1127

Witkin, H. A., Mednick, S. A., Schulsinger, F., Bakkestrom, E., Christiansen, K. O., Goodenough, D. R., Hirschhorn, K., Lundsteen, C., Owen, D. R., Philip, J., Rubin, D. B., & Stocking, M. (1976). Criminality in XYY and XXY men. *Science, 193*(4253), 547-555. https://doi.org/10.1126/science.959813

Wolff, P. H. (1966). The causes, controls and organization of behavior in the neonate. *Psychological Issues, 5*(1), 1-105.

Wolff, P. H. (1969). The natural history of crying and other vocalizations on early infancy. In B. M. Foss (Ed.), *Determinants of infant behavior* (Vol. 4, pp. 81-109). Methuen.

Wood, L. R. J., Blagojevic-Bucknall, M., Stynes, S., D'Cruz, D., Mullis, R., Whittle, R., Peat, G., & Foster, N. E. (2016). Impairment-targeted exercises for older adults with knee pain: A proof-of-principle study (TargET-Knee-Pain). *BMC Musculoskeletal Disorders, 17.* https://doi.org/10.1186/s12891-016-0899-9

Yonas, A., Cleaves, W. T., & Pettersen, L. (1978). Development of sensitivity to pictorial depth. *Science, 200*(4337), 77-79. https://doi.org/10.1126/science.635576

Yonas, A., Granrud, C. E., & Pettersen, L. (1985). Infants' sensitivity to relative size information for distance. *Developmental Psychology, 21*(1), 161-167. https://doi.org/10.1037/0012-1649.21.1.161

Younger, A. J., & Daniels, T. M. (1992). Children's reasons for nominating their peers as withdrawn: Passive withdrawal versus active isolation. *Developmental Psychology, 28*(5), 955-960. https://doi.org/10.1037/0012-1649.28.5.955

Zelazo, P. D. (2006). The Dimensional Change Card Sort (DCCS): A method of assessing executive function in children. *Nature Protocols, 1*(1), 297-301. https://doi.org/10.1038/nprot.2006.46

Zelazo, P. D. (2015). Executive function: Reflection, iterative reprocessing, complexity, and the developing brain. *Developmental Review, 38,* 55-68. https://doi.org/10.1016/j.dr.2015.07.001

Zelazo, P. D., & Müller, U. (2010). Executive function in typical and atypical development. In U. Goswami (Ed.), *The Wiley-Blackwell handbook of childhood cognitive development* (2nd ed., pp. 574-603). Wiley-Blackwell. https://doi.org/10.1002/9781444325485.ch22

Zelazo, P. D., Blair, C. B., & Willoughby, M. T. (2016). *Executive function: Implications for education (NCER 2017-2000).* National Center for Education Research.

Zevin, J. D., Datta, H., & Skipper, J. I. (2012). Sensitive periods for language and recovery from stroke: Conceptual and practical parallels. *Developmental Psychobiology, 54*(3), 332-342. https://doi.org/10.1002/dev.20626

Zimmerman, F. J., Gilkerson, J., Richards, J. A., Christakis, D. A., Xu, D., Gray, S., & Yapanel, U. (2009). Teaching by listening: The importance of adult-child conversations to language development. *Pediatrics, 124*(1), 342-349. https://doi.org/10.1542/peds.2008-2267

찾아보기●

ㄹ

ㅁ

ㅂ

ㅅ

ㅇ

번호

영문

인명

저자 소개

최경숙

Kent State University 심리학과 석사 (발달심리학 전공)
Kent State University 심리학과 박사 (발달심리학 전공)
연세대학교 아동학과 교수
성균관대학교 아동학과 교수
Harvard Yenching Institute 객원교수
성균관대학교 생활과학대학 학장
한국아동학회 회장, 한국심리학회 산하 발달심리학회 회장
현재 성균관대학교 아동청소년학과 명예교수

송하나

University of Wisconsin–Madison 박사 (인간발달/재활심리 전공)
Cabell Huntington Hospital Postdoc 연구원
Marshall University 심리학과 강사
현재 성균관대학교 아동청소년학과 교수

정진나

Syracuse University 아동가족학과 석사 (아동발달 전공)
성균관대학교 아동학과 박사 (아동심리 및 교육 전공)
현재 용인예술과학대학교 유아교육과 교수

강민희

성균관대학교 아동학과 석사 (아동심리 및 교육 전공)
성균관대학교 아동학과 박사 (아동심리 및 교육 전공)
현재 아동청소년발달지원센터 마음과 마음 센터장
성균관대학교 아동청소년학과 겸임교수